本丛书名由中国科学院院士母国光先生题写

光学与光子学丛书

《光学与光子学丛书》编委会

主　　编　　周炳琨
副主编　　郭光灿　　龚旗煌　　朱健强
编　　委　　(按姓氏拼音排序)：

陈家璧	高志山	贺安之	姜会林	李淳飞
廖宁放	刘　旭	刘智深	陆　卫	吕乃光
吕志伟	梅　霆	倪国强	饶瑞中	宋菲君
苏显渝	孙雨南	魏志义	相里斌	徐　雷
宣　丽	杨怀江	杨坤涛	郁道银	袁小聪
张存林	张书练	张卫平	张雨东	赵　卫
赵建林	朱晓农			

中国科学院科学出版基金资助出版

"十二五"国家重点图书出版规划项目

光学与光子学丛书

卫星光通信瞄准捕获跟踪技术

于思源 著

科学出版社

北京

内 容 简 介

卫星光通信是未来天地一体化信息网络中不可或缺的高速数据传输技术手段，近些年来已成为国内外研究热点。卫星光通信系统中的瞄准捕获跟踪主要用于激光链路快速建立和稳定保持，是激光链路和组网的核心关键技术。由于激光光束发散角窄，要在卫星姿轨动态变化和复杂大气干扰等条件下，实现远距离激光信号"对好、捕好、跟好和传好"，技术难度极大。本书在哈尔滨工业大学卫星光通信课题组教师和学生相关工作基础上，结合作者多年研究体会，从工作原理、理论方法、仿真试验、地面模拟试验和在轨试验验证等方面介绍了瞄准捕获跟踪技术。

本书可供卫星光通信、卫星组网以及相关学科的科技工作者参考，也可作为高年级本科生和研究生的教材或参考书。

图书在版编目（CIP）数据

卫星光通信瞄准捕获跟踪技术 / 于思源著. —北京：科学出版社，2016.6
（光学与光子学丛书）
"十二五"国家重点图书出版规划项目
ISBN 978-7-03-048458-1

Ⅰ.①卫… Ⅱ.①于… Ⅲ.①卫星通信-光通信 Ⅳ.①TN927②TN929.1

中国版本图书馆 CIP 数据核字（2016）第 119657 号

责任编辑：钱 俊 裴 威 / 责任校对：张凤琴
责任印制：张 倩 / 封面设计：陈 敬

科学出版社 出版
北京东黄城根北街 16 号
邮政编码：100717
http://www.sciencep.com
北京建宏印刷有限公司印刷
科学出版社发行 各地新华书店经销
*
2016 年 6 月第 一 版　开本：720×1000　1/16
2025 年 2 月第二次印刷　印张：23　彩插：1
字数：460 000
定价：138.00 元
（如有印装质量问题，我社负责调换）

丛 书 序

长期以来，我一直想组织同行出一套适合于光学、光学工程工作者和研究人员需求的光学与光子学的丛书. 如今, 在科学出版社同志们的努力推进和工作在光学和光子学科研、教学一线的广大专家们的大力支持下, 这样一个愿望终于得以实现, 这使我感到由衷的欣慰和喜悦, 我深信这样一套丛书的出版必将有效地促进我国光学、光电子以及光学工程技术的创新发展.

当今世界科学技术发展日新月异. 科技创新能力已成为一个地区、一个国家, 尤其是一个大国经济和社会发展的核心竞争力. 在众多纷繁的科技领域中, 光学与光子学的发展直接影响到其他诸多学科领域的发展及其可能取得的成就. 不但物理学、化学、生命科学、天文学等基础科学的发展离不开光学与光子学, 对现代人类社会和人类生活影响甚大的一些技术科学如照明、通信、洁净能源、遥感、显示、环境监测、国防和空间开发、医疗与诊断、先进制造等都需要光学与光子学的知识. 光学与光子学是渗透到各个学科领域内的前沿科学, 光学与光子学涉及到几乎所有技术前沿的核心技术. 中华民族要真正走向繁荣昌盛离不开对光的驾驭.

编委会把丛书的名称定为《光学与光子学丛书》, 是想以此既包含经典光学(classical optics)的精华, 也容纳现代光学(modern optics)即光子学(photonics)的最新研究进展. 我和所有编委们一同期待着这套丛书能够在涉及光科学和光学技术知识的深度和广度上都达到一个崭新的高度. 积跬步至千里, 汇小溪成江河. 改革开放三十年的成就使得我国的光学事业处在了一个新的起点上. 让我们大家共同努力, 以此套高质量、高水准的《光学与光子学丛书》作为对中国光学事业大发展的鼎力贡献.

母国光
2011年1月

前　言

卫星光通信就是用无线激光把距离成千上万公里的两颗卫星"连接起来"，形成通信数据传输链路，具有通信容量大、传输距离远、保密性好等优点。随着卫星通信系统的飞速发展，海量信息的传输成为瓶颈，加强我国卫星光通信技术的应用已成为当务之急。

卫星光通信系统中，要在卫星运动、姿态变化、平台振动和复杂大气干扰条件下，建立星间、星地激光链路，在成千上万公里的动态距离下实现"对好、捕好、跟好、传好"，技术难度极大。美国、欧洲、日本分别于20世纪60~80年代开始投入大量人力物力开展卫星激光通信技术的研究，目前仍未能很好地解决激光链路捕获跟踪的难题，存在激光链路捕获时间过长、保持时间短、跟踪稳定度差等问题。即使是这样，国外对卫星光通信捕获跟踪技术一直实行严密封锁，公开发表的可借鉴资料甚少。

由于存在卫星姿态测量误差、卫星轨道预测误差、时钟校准精度、激光终端瞄准坐标系误差和瞄准控制误差等不确定因素，激光通信链路的捕获角范围一般在数毫弧度量级，而链路激光光束的发散角为数十微弧度，两者相差百倍；在激光通信链路的跟踪过程中还要补偿两终端相对运动角速率、卫星平台角振动和大气扰动等。卫星激光通信技术的核心难点就是在上述恶劣情况下利用极窄光束实现精确对准、快速捕获和稳定跟踪保持。

我国卫星光通信捕获跟踪技术的研究从20世纪90年开始，历经了概念研究、关键技术研究、终端技术研究和链路系统技术研究四个阶段。2011年，哈尔滨工业大学进行了我国首次卫星光通信在轨捕获跟踪试验，功能和技术指标达到国际同类系统中的领先水平。本书就是在上述工作基础上整理完成的，主要包括卫星光通信捕获跟踪技术研究进展、工作原理、技术方法和试验应用等，各章主要内容如下。

第1章首先介绍了卫星光通信系统的基本组成和专用术语，在此基础上综述了国内外研究进展，并对捕获跟踪技术的发展现状和今后研究方向进行了分析。

第2章总结了卫星光通信终端和链路系统的基本工作原理，并介绍了研究卫星光通信捕获跟踪技术所需的技术基础知识，如轨道姿态动力学、大气激光传输和补偿技术等。

第3~5章是本书的主要部分，分别介绍了卫星光通信预瞄准技术、提前瞄准技术、扫描捕获技术、跟踪技术和振动补偿技术，并给出了相应的工程实现范例。

第6，7章分别介绍了卫星光通信捕获和跟踪技术的地面仿真方法、地面等效试验方法和典型在轨试验情况。

本书可供卫星光通信、卫星高速组网、卫星激光测距以及相关学科的科研和工程人员参考，也可作为高年级本科生和研究生的教材或相关课程的参考书。

本书的撰写，得到了哈尔滨工业大学马晶教授、谭立英教授的大力支持和全程指导，同时也部分参考了课题组中作者协助指导的潘峰博士、王强博士、吴世臣博士、李鑫博士和姜诗琦博士的毕业论文，在此表示衷心的感谢。

卫星光通信捕获跟踪是一种较新的技术，今后还需要不断创新和发展以满足航天工程应用中日益提升的需求。本书是在哈尔滨工业大学卫星光通信课题组多年相关工作的基础上，结合作者多年从事卫星光通信捕获跟踪技术的研究体会整理完成的。由于成书匆忙，难免存在疏漏和不妥之处，诚望读者交流指正。

作　者

目　录

第1章　卫星光通信技术概述 ·· 1
1.1　概述 ·· 1
1.2　光通信系统基本组成 ·· 3
- 1.2.1　信号发射子系统 ··· 4
- 1.2.2　信号接收子系统 ··· 5
- 1.2.3　捕获跟踪子系统 ··· 6
- 1.2.4　二次电源子系统 ··· 8
- 1.2.5　热控子系统 ·· 10

1.3　国内外卫星光通信技术发展现状 ·· 11
- 1.3.1　美国 ··· 11
- 1.3.2　欧洲 ··· 16
- 1.3.3　日本 ··· 18
- 1.3.4　中国 ··· 20
- 1.3.5　卫星光通信技术国内外发展总结 ·· 23

1.4　国内外捕获跟踪在轨试验结果和技术分析 ····································· 25
- 1.4.1　日本 ETS-VI 在轨试验 ··· 25
- 1.4.2　美国 STRV-2 在轨试验 ·· 26
- 1.4.3　欧空局 SILEX 在轨试验 ·· 28
- 1.4.4　日美联合 OICETS 在轨试验 ··· 30
- 1.4.5　中国 HY-2 在轨试验 ··· 32

1.5　捕获跟踪技术发展现状分析 ·· 34
- 1.5.1　瞄准与探测关键器件技术 ··· 34
- 1.5.2　链路快速捕获技术 ·· 36
- 1.5.3　链路稳定跟踪技术 ·· 38

参考文献 ··· 40

第2章　卫星光通信系统工作原理和技术基础 ··························· 43
2.1　概述 ·· 43

2.2 光学子系统工作原理 ·········· 44
2.2.1 光学天线 ·········· 44
2.2.2 收发光路 ·········· 47
2.3 捕获跟踪子系统工作原理 ·········· 48
2.3.1 粗瞄装置 ·········· 49
2.3.2 精瞄和提前瞄准装置 ·········· 52
2.3.3 捕获跟踪探测器 ·········· 54
2.4 通信子系统工作原理 ·········· 56
2.4.1 相干通信系统概述 ·········· 57
2.4.2 波分复用技术 ·········· 59
2.4.3 自差相干通信系统简介 ·········· 60
2.5 链路在轨工作模式 ·········· 62
2.5.1 链路建立 ·········· 63
2.5.2 链路保持和通信 ·········· 64
2.5.3 链路拆除 ·········· 65
2.6 捕获跟踪链路光接收功率冗余估算 ·········· 65
2.7 卫星轨道和姿态 ·········· 67
2.7.1 卫星轨道 ·········· 67
2.7.2 卫星姿态 ·········· 68
2.7.3 卫星平台振动 ·········· 71
2.8 激光大气传输 ·········· 73
2.8.1 大气湍流理论 ·········· 74
2.8.2 光束在湍流中的传播理论 ·········· 76
2.8.3 光束漂移 ·········· 78
2.8.4 到达角起伏 ·········· 80
2.8.5 强度起伏 ·········· 81
2.8.6 光束衰减 ·········· 84
2.9 星地链路中的大气传输补偿技术 ·········· 86
2.9.1 多光束补偿技术 ·········· 86
2.9.2 自适应光学补偿技术 ·········· 92
参考文献 ·········· 96

第 3 章 光束预瞄准和提前瞄准技术 ·········· 98
3.1 概述 ·········· 98

3.2 光束瞄准和提前瞄准原理 ·· 99
　　3.2.1 光束瞄准 ··· 99
　　3.2.2 光束提前瞄准 ·· 100
3.3 粗瞄准和精瞄准实现方法 ·· 100
　　3.3.1 粗瞄准机构 ·· 101
　　3.3.2 精瞄准机构 ·· 104
3.4 激光链路预瞄准和提前瞄准角度获取方法 ··· 106
　　3.4.1 预瞄准角度获取方法 ·· 106
　　3.4.2 提前瞄准角度获取方法 ·· 113
3.5 GEO-LEO 激光链路瞄准 ··· 115
　　3.5.1 链路次数和链路时间 ·· 115
　　3.5.2 链路传输损耗和多普勒频移 ··· 117
　　3.5.3 上行链路瞄准和提前瞄准角度 ·· 119
　　3.5.4 下行链路瞄准和提前瞄准角度 ·· 123
3.6 LEO-LEO 激光链路瞄准 ··· 127
　　3.6.1 链路传输损耗和多普勒频移 ··· 128
　　3.6.2 链路瞄准和提前瞄准角度 ··· 129
3.7 预瞄准和提前瞄准精度影响因素 ·· 132
　　3.7.1 粗瞄准定位角误差 ··· 132
　　3.7.2 精瞄准定位角误差 ··· 135
3.8 瞄准机构误差补偿技术 ·· 137
　　3.8.1 粗瞄准机构误差补偿 ·· 138
　　3.8.2 精瞄准机构误差补偿 ·· 138
参考文献 ·· 140

第 4 章 光束扫描捕获技术 ··· 143
4.1 概述 ··· 143
4.2 捕获理论和方法 ·· 145
　　4.2.1 捕获基本理论 ·· 145
　　4.2.2 单场扫描捕获 ·· 148
　　4.2.3 多场扫描捕获 ·· 150
　　4.2.4 窄信标捕获 ·· 154
　　4.2.5 扩展信标捕获 ·· 160
　　4.2.6 基于线偏振光捕获 ··· 167

    4.2.7 基于点噪声拓扑特性捕获方法 ·················· 178
  4.3 捕获性能影响因素 ·· 187
    4.3.1 瞄准误差对通信链路的影响 ······················ 188
    4.3.2 预瞄准误差 ··· 189
    4.3.3 卫星姿态稳定度 ····································· 190
    4.3.4 光终端系统误差 ····································· 192
    4.3.5 点噪声 ··· 195
  4.4 捕获扫描工程实现方法 ··· 196
    4.4.1 扫描方式及时间 ····································· 196
    4.4.2 扫描范围选取 ·· 198
    4.4.3 扫描重叠角设置 ····································· 199
    4.4.4 捕获探测方法选择 ································· 199
参考文献 ·· 200

第 5 章 光束跟踪和振动补偿技术 ·· 202
  5.1 概述 ··· 202
  5.2 跟踪和振动补偿理论 ··· 203
    5.2.1 开环跟踪 ·· 204
    5.2.2 闭环跟踪 ·· 206
    5.2.3 跟踪稳定性 ··· 208
    5.2.4 前馈振动补偿 ·· 209
    5.2.5 自适应跟踪补偿技术 ······························ 211
  5.3 跟瞄偏差角度的获取方法 ··· 214
    5.3.1 跟瞄偏差角度探测机理 ··························· 214
    5.3.2 跟瞄偏差角度探测实现方法 ···················· 216
    5.3.3 几种常用的光斑定位获取方法 ················· 217
  5.4 扩展信标的跟踪 ·· 220
    5.4.1 扩展信标跟踪理论分析 ··························· 221
    5.4.2 扩展信标跟踪计算机仿真 ························ 224
    5.4.3 扩展信标跟踪方法 ································· 226
  5.5 基于线偏振光的偏振跟踪模型 ······································ 232
    5.5.1 基于线偏振光的偏振跟踪方法 ················· 232
    5.5.2 基于偏振跟踪系统的偏振跟踪理论建模 ···· 233
  5.6 跟踪和振动补偿影响因素 ··· 234

	5.6.1	星上微振动	234
	5.6.2	终端与卫星平台间动力学耦合	235
	5.6.3	探测器测角误差	238
	5.6.4	背景噪声	241
5.7	跟踪控制工程实现方法		246
	5.7.1	粗跟踪控制	246
	5.7.2	精跟踪控制	248
	5.7.3	链路跟踪稳定保持时间估算	249
参考文献			250

第 6 章 卫星光通信瞄准捕获试验与应用 ··· 253

- 6.1 概述 ··· 253
- 6.2 捕获仿真分析技术 ··· 256
  - 6.2.1 链路捕获需求分析 ··· 256
  - 6.2.2 Monte Carlo 仿真技术 ··· 258
  - 6.2.3 捕获模拟技术 ··· 259
- 6.3 瞄准捕获测试模拟研究 ··· 262
  - 6.3.1 模拟实验装置 ··· 262
  - 6.3.2 实验方案 ··· 264
  - 6.3.3 卫星动态参量对捕获影响模拟实验 ··· 265
  - 6.3.4 不同扫描方式对捕获影响模拟实验 ··· 266
- 6.4 终端捕获预瞄准角度误差地面补偿技术 ··· 267
  - 6.4.1 潜望式光终端 CCD 测角算法误差和实验验证 ··· 268
  - 6.4.2 光终端瞄准误差测试实验 ··· 273
  - 6.4.3 光终端瞄准误差实验结果分析 ··· 280
  - 6.4.4 光终端瞄准误差地面补偿实验验证 ··· 285
- 6.5 捕获预瞄准角度偏差在轨修正技术 ··· 288
  - 6.5.1 瞄准偏差修正矩阵 ··· 288
  - 6.5.2 卫星本体坐标系与参考坐标系 ··· 289
  - 6.5.3 瞄准偏差地面测量及修正 ··· 293
  - 6.5.4 瞄准偏差在轨测量及修正 ··· 294
  - 6.5.5 捕获扫描轨迹在轨实时修正 ··· 296
- 6.6 海洋二号星地链路捕获 ··· 298

参考文献 ··· 300

第 7 章 卫星光通信跟踪通信试验与应用 302
7.1 概述 302
7.2 双向光束跟踪过程稳定性 305
7.2.1 影响跟踪性能因素分析 306
7.2.2 双向光束稳定跟踪条件 312
7.2.3 基于稳态跟踪的控制算法 315
7.3 双向跟踪计算机仿真 317
7.3.1 仿真系统组成 317
7.3.2 仿真结果分析 318
7.4 激光链路跟踪室内模拟实验 322
7.4.1 室内模拟实验装置 322
7.4.2 跟踪模拟测试实验 326
7.4.3 实验数据处理 327
7.4.4 实验结果与理论结果比较 330
7.5 激光链路跟踪外场对接实验 331
7.5.1 外场实验系统概述 331
7.5.2 跟踪性能测试结果 333
7.5.3 大气影响测量结果 337
7.6 激光链路跟踪在轨试验 344
7.6.1 国外星间激光链路试验 344
7.6.2 海洋二号星地激光链路试验 348
参考文献 351

彩图

第 1 章
卫星光通信技术概述

1.1 概　　述

21世纪是信息的时代，随着科技的发展、社会的进步，人们对信息容量的需求越来越高的同时，要求在任何时间、任何地点都可以进行快速实时的通信。现代通信网络中，卫星通信是实现全球无缝覆盖和无障碍通信的关键和枢纽。目前卫星微波通信由于频段低、调制速率受限，已无法满足现代社会对通信速率和带宽日益增长的需求。为了缓解现代通信网络中信息流量的压力，世界各国发射的人造通信卫星数目与日俱增，而这势必会造成各卫星微波链路之间的串扰。此时，可以很好地解决以上问题的新一代空间通信技术——卫星激光通信应运而生。

国家边疆的概念在战略上已经延伸至深空和远海，发展空间信息网与发展海陆空装备同等重要，制空权、制海权、制天权归根结底是制信息权。我国空间信息传输面临反应不及时的困境，海量数据实时传输已经成为卫星通信的瓶颈，急需建立空间实时信息网络。在卫星通信方面，随着多媒体等通信业务的发展，通信数据率也在迅猛增加；而在其他卫星应用方面，如卫星水利观测、地震预报、矿产资源勘测、海洋观测、精细农业、环境保护等对卫星技术的需求越来越大，对星载相机分辨率的要求越来越高，对图像质量的要求越来越苛刻，随之而来的严重问题是需要传输的信息量大大增加。

目前最先进的光学遥感卫星影像的空间分辨率已接近衍射极限，像元分辨率可达 0.1m，光谱分辨率可达纳米量级，波段从数十个增加到了数百个，这都使遥感卫星对通信系统信息容量要求急剧增大，预计在一二十年，遥感卫星的码数率可突破吉比特每秒。同时遥感卫星对通信误码率要求又很高，一般电子类和微波类的遥感卫星要求误码率小于 10^{-6}，而光学类则要求小于 10^{-7}。目前的微波卫星通信系统虽然可以采用数据压缩的方式来降低对通信容量的要求。但是对于光学遥感卫星，其静止图像数据压缩比必须达到 8∶1 或 16∶1 以上，才能将码数率降低至数百兆比特每秒，这样大的压缩比将严重影响解压缩后重构图像时的质量。

随着我国空间技术的发展，卫星与地面以及卫星与卫星之间的信息传输变得越来越频繁，需要传输的信息量也日益提高，这使得空间海量数据传输面临挑战，已成为现有卫星通信技术的瓶颈。空间高速信息传输已经成为我国急需解决的问题，建立空间实时高速信息网络刻不容缓。另外，在国防和经济的快速发展中，出于军事安全或商业安全等原因，对信息传递安全性的要求也越来越高。目前以微波为信息载体的通信技术，其数据传输能力和安全性已经不能满足对卫星通信的这些要求，因此需要寻求传输数据率更高和通信安全性更好的卫星通信技术。

卫星光通信是一种采用光波作为信息载体的卫星通信技术，由于光波频率比微波频率高几个数量级，因此卫星光通信具有更高的传输速率，其数据率可达数十吉比特每秒以上。另外，由于卫星光通信采用激光作为信息载体，光束可以被压缩在一个很小的范围内，因此其通信安全性比微波通信要高。总体来说，相对于传统的微波通信而言，卫星光通信具有通信容量大，保密性好，抗电磁干扰能力强，不需要无线电频率使用许可，设备的体积小、功耗低和重量轻等优点，受到了很多国家和地区的重视。卫星激光通信技术被视为建立高速卫星通信链路的有效手段，受到了国际上的广泛重视。美国、欧洲、日本、中国等国家和地区已相继进行了空间实验，成功实现了星间和星地高速激光通信。

卫星光通信的信号传输光束束宽窄、传输距离长，在目前的空间环境下建立和保持激光链路面临着较大的困难。因此，必须建立一套瞄准、捕获和跟踪系统来防止由于链路错误而造成的信号损失。对卫星光通信中瞄准、捕获和跟踪系统的控制精度要求远高于对卫星微波通信系统的要求，技术难度特别大。

20 世纪 60~80 年代，美国、欧洲、日本相继开展了卫星激光通信技术研究，已进行了多次空间试验，但均未达到应用阶段。美国 2000 年星地激光链路试验失败，2008 年和 2009 年相继进行的激光链路试验捕得慢、跟不稳、通不好，在 2013 年加快了空间激光通信试验的步伐，一年内进行了 2 次在轨试验，2014 年 6 月进行了空间站对地光通信试验，并计划在 2017 年进行中继卫星与地面激光通信试验。欧洲太空局（欧空局，ESA）2013 年发射的 Alphasat 中继卫星主要任务之一也是进行激光链路捕获跟踪（捕跟）试验，其目的主要是解决激光链路捕获跟踪等难题。可见，目前国外极窄光束空间捕获跟踪技术尚需完善。我国的卫星光通信技术在 20 世纪 90 年代开始研究。2011 年 10 月 25 日，成功实现了我国首次星地激光链路试验，空间光束捕获和双向跟踪等综合技术指标达到了国际领先水平。我国后续将陆续开展星间和深空探测激光通信试验，预计在 2020 年左右将陆续实现卫星光通信技术的工程化应用。上述卫星光通信研究进展和计划在国内外文献中进行了部分介绍，具体参见本章的参考文献[1]~[29]。

本书结合作者在卫星光通信领域的多年研究成果，对卫星光通信系统中的瞄准、捕获和跟踪技术的工作原理、基本实现方式以及在航天工程应用中的优化策略等进行了论述。

1.2 光通信系统基本组成

卫星光通信系统中，信息源所产生的某种形式的信息（随时间变化的波形、数字系统等）将被从一颗卫星传送到远处的另一颗卫星。信息源的输出被调制到一个光载波上，光载波以光场或光束的形式通过空间光通道（自由空间、湍流大气层）进行传输。在接收端，光场被接收和处理（光检测）。通常，检测时会伴有噪声干扰、信号变形、背景辐射等。在卫星光通信系统中传输载波是光波频段，系统的工作方式与其他采用调制方式的通信系统是相同的，但激光星间链路终端所采用的器件与无线电射频系统所采用的器件却不相同。

卫星光通信系统一般由五部分构成：信号发射子系统、信号接收子系统、捕获跟踪子系统、二次电源子系统和热控子系统。其中二次电源子系统和热控子系统为卫星光通信终端配套设备，一般由卫星平台根据卫星光通信系统的具体要求进行统筹设计和布局。图1-1为典型卫星间光通信系统基本构成框图。

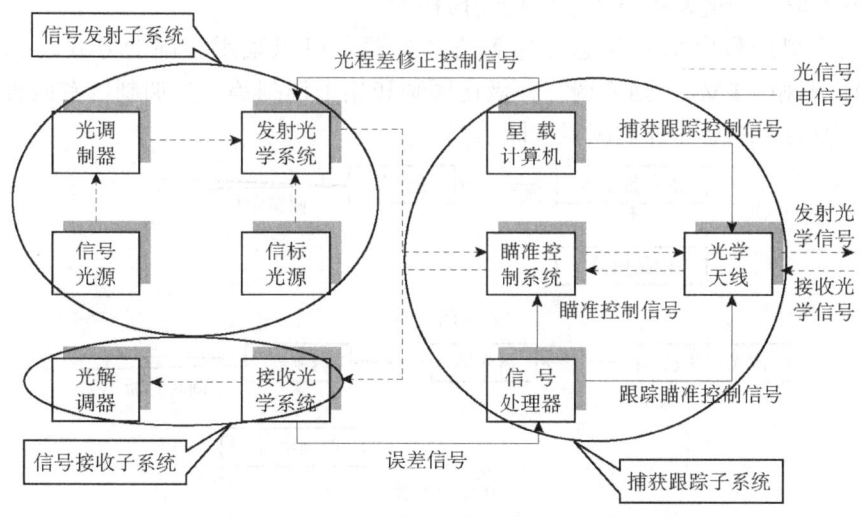

图1-1 典型卫星间光通信系统基本构成框图

信号光束经调制后，同信标光束一起经信号发射子系统、捕获跟踪子系统后，由光学天线发射。星载计算机控制由光学天线出射的光束瞄准角度，以补偿卫星相对运动和进行光束捕获跟踪。接收到的光束经光学天线和捕获跟踪子系统后，进入信号接收子系统。一部分光入射到光解调器，用于通信信号接收；另一部分光入射到捕获探测器，用于入射光角度偏差信号的实时检测。

1.2.1 信号发射子系统

信号发射子系统用于发射光信号，分为信标光（beacon light）和信号光（signal light）两种。信标光指在空间光通信系统的捕获和跟踪过程中，用于为光终端中的捕获探测器和跟踪探测器提供角度偏差检测信息的激光光束，还可分为捕获信标光和跟踪信标光两种。信号光指在空间光通信系统的通信过程中，用于传输通信信号的激光光束。

考虑到小型化和低功耗等工程应用要求，卫星间光通信终端一般采用半导体激光器作为信标光和信号光的光源，早期的终端信号发射子系统输出波长在800nm附近。随着光纤器件技术的不断成熟应用，最近十多年大部分卫星光通信系统采用1550nm和1064nm波段的光纤激光器作为信号发射子系统的信号光光源，采用800nm波段的光纤激光器作为信号发射子系统的信标光光源。由于半导体激光器或尾纤输出的激光光束质量较差，在发射之前通常要对光束进行整形和压缩。一般要求整形后半导体激光器的输出光束为近高斯分布，经过光学天线压缩后的输出光束宽通常在微弧度量级。激光光源功率和发射天线增益的选择在很大程度上取决于链路的自由空间传输损耗大小。

把模拟或数字信号信息叠加到信号光源上可以采用不同的方式，如调频（FM）、调相（PM）、强度调制、极化调制和相干调制等。光调制器有两种基本类型，即内调制器和外调制器（图1-2）。

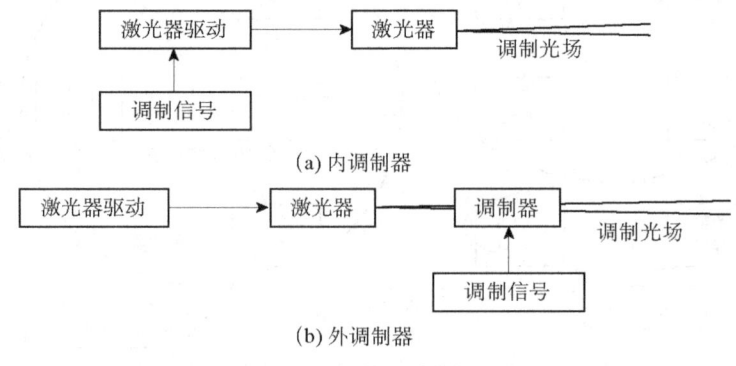

图1-2 信号发射子系统光调制器

内调制器是电信号对信号光源本身直接进行调制，产生调制的光场输出。通过改变偏置电流，可对光源进行幅度或强度调制，而改变激光器的腔长可实现频率或相位的调制。外调制器是通过外部器件调制信号，使信号光光波的输出特性产生变化，一般通过物质的电光或声光效应来实现。外调制器会引入较大的耦合损耗，调制深度也有所限制，并且要求较高的调制驱动功率。

为了满足卫星间光通信终端的小型化要求，通常采用卡塞格林望远镜作为光学发射和接收共用天线。有的卫星间光通信系统采用收发分离天线，则接收天线为卡塞格林望远镜，而发射天线为开普勒望远镜。采用收发共用天线的优点是光终端体积小，但由于增加分光镜等分光器件，光能有较大损耗，发射通道内的光学器件产生的后向反射对信号探测器会造成一定的影响。而采用收发不共用天线的优点是可降低损耗，缺点是使终端体积和重量增大。

1.2.2 信号接收子系统

信号接收子系统用于收集入射的光场并处理、恢复传输的信息。典型的光接收机包括两部分，第一部分是光接收前端（通常包括一些光学透镜或聚光部件），第二部分是光探测器及后续处理器。光探测器分捕获探测器（acquisition detector）、跟瞄探测器（tracking & pointing detector）和通信探测器（communication detector）三种，在空间光通信系统的光终端中分别用于接收捕获信标光、跟踪信标光和信号光。不同探测器的输出响应特性可能有所不同，但其基本的工作原理模型是相同的，一般包括电荷耦合器件（charge-coupled device，CCD）、互补金属氧化物半导体（complementary metal oxide semiconductor，CMOS）、四象限探测器（quadrant detector，QD）、光电管、光电二极管和光电倍增管等。信号接收子系统中，光接收前端把接收的光场进行滤波和聚焦，使其入射到光探测器上。光探测器把光信号变换为电信号，并完成必要的信号放大、信号处理及过滤处理，以从探测器的输出中恢复所需要的捕跟或通信信息。

如图 1-3 所示，信号接收子系统可以分为两种基本类型，即功率探测接收型和外差接收型。功率探测接收型也称为直接检测或非相干接收机，透镜系统和光电探测器用于检测所接收到的光场瞬间光功率。这种光接收机的工作方式是最简单的一种，只要传输的信息体现在接收光场的功率变化之中，就可以采用这种光接收机。外差接收型的本地产生光波场与接收到光场经前端镜面（或光纤）加以合成，然后由光探测器检测这一合成的光波。外差式接收机可接收以幅度调制、频率调制、相位调制方式传输的信息。对于卫星光通信终端，外差式接收机实现起来比较困难，它对两个待合成的光场在空间相干性方面有严格的要求。

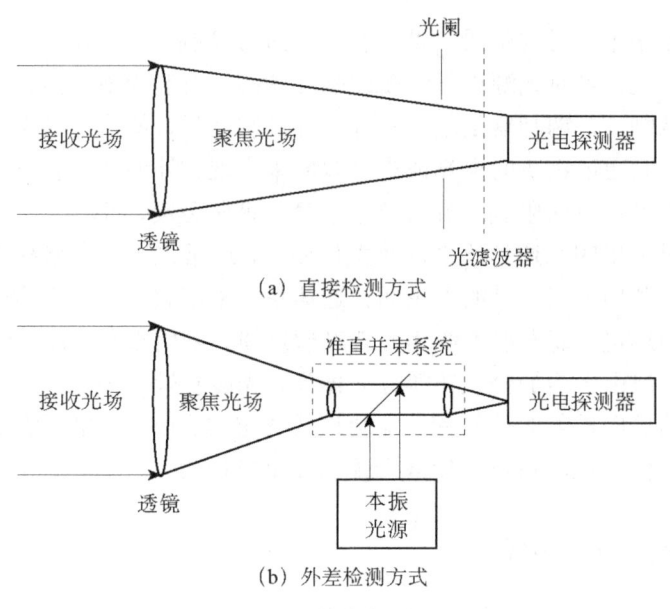

图 1-3 光接收机原理图

在信号接收子系统中存在各种噪声源,这对于光场的探测是一种阻碍。在远距离的卫星光通信中,最主要影响来自背景光或杂散辐射光,它们伴随着传输光场被接收机的透镜系统收集。信号接收子系统的光接收前端除了把光场聚焦到光探测器,还具有一定程度的滤波作用,以减小背景辐射光的影响。滤波器可以是空间滤波(如极化滤波、光阑滤波等),也可以是频率滤波,即让某一频带通过,而阻止其余频带。一般采用窄带滤波器和原子滤光器实现光学滤波,对于卫星光通信,由于链路过程中存在波长漂移现象,需要折中选择光学滤波的带宽。

图 1-3(b)为外差接收机前端示意图,本地光场与接收到的光场经前端镜面加以合成,然后由光电探测器检测合成的光场。外差接收机可接收以幅度调置、频率调置和相位调制方式传输的信息。采用外差式接收可提高信号探测系统克服背景辐射和内部噪声的能力,进而改善检测性能。但由于外差式接收对两个待合成光场的空间相干性有严格的要求,还必须考虑链路过程中的由于温度变化和多普勒频移效应造成的激光长漂移,在工程实现方面存在一定的困难。

1.2.3 捕获跟踪子系统

瞄准捕获跟踪(pointing acquisition tracking)是用于实现空间激光通信链路建立和保持的关键技术,由瞄准、捕获、跟踪三个系统操作过程组成,通常简称 PAT。

瞄准（pointing）定义：在空间光通信系统中，控制某个光终端（发射端）的发射光束对准某一预定的方向，以便对面光终端（接收端）进行捕获或接收。瞄准分为粗瞄准（coarse pointing）、精瞄准（fine pointin）和提前瞄准（advance pointing）三种方式：粗瞄准由粗瞄装置（coarse pointing assembly）完成，用于实现大角度对准；精瞄准由精瞄装置（fine pointing assembly）完成，用于实现小角度高精度对准；提前瞄准由提前瞄准装置或精瞄装置完成，用于预补偿两个链路光终端间的相对角运动。

捕获（acquisition）定义：在激光链路中，两个光终端通过瞄准和扫描补偿捕获不确定角，实现探测（接收）对方光终端发射来的光束（光信号）。捕获用于激光链路的建立和中断后的恢复，分为单向捕获（unidirectional acquisition）和双向捕获（bidirectional acquisition）两种方式：单向捕获指仅通过一个光终端粗瞄装置扫描完成的捕获；双向捕获指通过两个光终端粗瞄装置同时扫描完成的捕获。

跟踪（tracking）定义：在空间光通信系统中的两个终端完成瞄准和捕获后，为补偿相对角运动和其他干扰，根据测得的角度偏差和轨道姿态数据实时控制粗瞄、精瞄和提前瞄准以保持链路中两终端的双向对准过程称为跟踪。跟踪用于激光链路的保持，要求达到一定的跟踪精度以确保光通信质量。

图 1-4 为比较典型的瞄准捕获跟踪系统框图，包括粗瞄装置、精瞄装置和提前瞄准装置三部分。粗瞄装置包括万向转台、粗瞄控制器和粗瞄探测器，用于捕获和粗跟踪。在捕获阶段，粗瞄控制器根据卫星的轨道和姿态参数调整万向转台的瞄准方向，然后以一定的方式进行天线扫描捕获。利用粗瞄探测器判断捕获是否成功及测定对方光束到达的方向，并通过粗瞄探测器进一步调整万向转台使入射光斑进入精瞄探测器视阈范围。在卫星光通信链路的粗跟踪过程中，粗瞄控制器利用万向转台的反馈装置进行底层机电闭环控制，利用粗瞄探测器进行顶层光机电闭环控制。

精瞄装置包括精瞄镜、精瞄控制器和精瞄探测器。精瞄装置主要用于补偿粗瞄装置的瞄准误差及跟踪过程中星上微振动的干扰。提前瞄准装置包括提前瞄准镜、提前瞄准控制器和提前瞄准探测器，主要用于补偿链路过程中在光束弛豫时间内所发生的卫星间的附加移动。在卫星光通信链路的精跟踪过程中，精瞄控制器（或提前瞄准控制器）利用精瞄镜（提前瞄准镜）的反馈装置进行底层机电闭环控制，利用精瞄探测器（提前瞄准探测器）进行顶层光机电闭环控制。图 1-4 中为提前瞄准探测器与精瞄探测器共用，在有些系统中也可以是分离的。

在捕获跟踪子系统的设计中，对于粗瞄装置，需要了解由于卫星轨道运动和姿态控制造成的动态链路偏差范围，以进行粗瞄范围设定；对于精瞄装置，需要

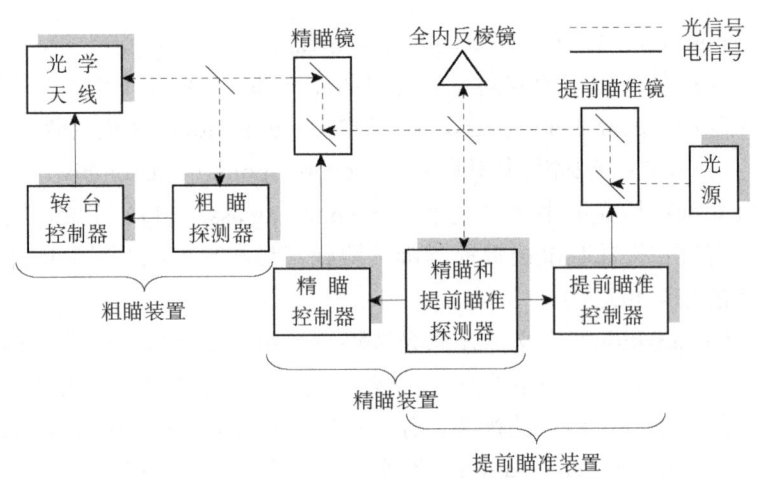

图 1-4 瞄准捕获跟踪系统框图

了解星上微振动的变化情况及影响，以进行补偿能力需求分析；对于提前瞄准装置，则需要了解提前瞄准角度的变化，以进行提前瞄准范围设定。

由于卫星光通信系统的通信信号光束发散角非常小，因此如果利用信号光束进行瞄准、捕获将会是非常困难的。所以在空间光通信系统中都要单独设立一个捕获信标光，主要是给瞄准、捕获过程提供一个较宽的光束，以便在扫描过程中易于探测到对方终端发出的光束，进而进行后面的调整过程。以欧空局的 SILEX 激光通信系统为例，信号光束的发散角是 16μrad，在距离 40000km 的对方终端接收天线处的光斑直径只有 640m；而信标光束的发散角为 700μrad，在对方终端接收天线处的光斑直径扩展到 28km，可大大降低链路捕获的难度。

1.2.4　二次电源子系统

卫星提供一路一次母线电源给激光通信分系统。电压额定值一般为 100V 或 28V，激光通信分系统内部的一次电源配电和二次电源转换由二次电源子系统完成。星上设备的二次电源在卫星寿命期内任何时刻不允许发生短路故障和对一次母线性能造成影响。要求对一次电源主母线采取有效的故障隔离措施，同时二次电源对一次母线产生的反射纹波电压应不大于要求值。激光通信分系统的典型供配电拓扑如图 1-5 所示。

作为一次母线直接用电负载的电源变换器模块输入端有滤波电容，在开机加电瞬间由于滤波电容的充电，会有很大的瞬时输入充电浪涌电流。输入消浪涌电路应针对解决输入滤波电容充电浪涌电流而设计。二次电源内部各路电源可以作为独立电源模块研制，最终形成整个电源变换器设备。根据输出功率大小分别设

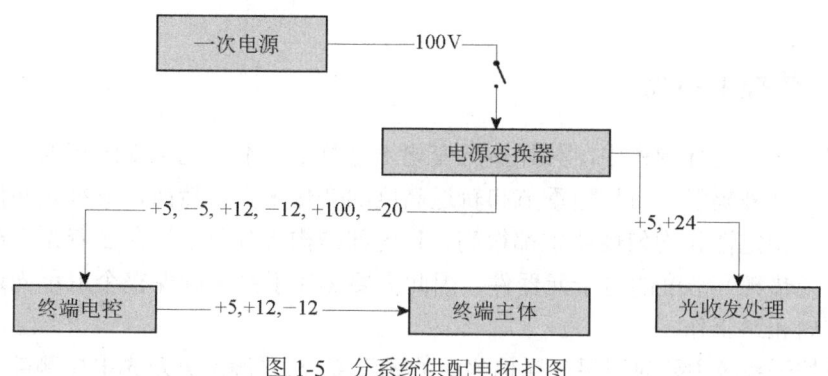

图 1-5 分系统供配电拓扑图

计功率变换拓扑，小功率的采用单端反激多路输出，大功率的采用推挽变换。二次电源内部一般可分为输入滤波电路、降压隔离启动电路、PWM 电路、过流保护电路、功率变换电路和输出整形滤波电路六个部分。

输入滤波电路为由差、共模电感和电容器组成的低通滤波电路，允许直流和低频的脉冲电流流过，对于频率较高的噪声干扰进行抑制。其作用是防止二次电源单机本身产生的电磁干扰进入一次母线，同时防止一次电源母线上的干扰进入二次电源单机内部，影响二次电源的正常工作。输入保护电路由输入保险丝和功率电阻组成，其作用是：当二次电源单机内部出现短路时，将保险丝烧断，避免给一次母线造成危害而影响整个卫星的正常工作。降压隔离启动电路为单管自激振荡电路，将输入母线电压隔离变换为稳定的二次输出，给主电路 PWM 供电。

PWM 电路由 PWM 及外围的电阻、电容组成。其主要功能为：用于产生振荡波，进行稳压反馈、软启动、过流保护、过压保护等多种功能，是电源变换器的核心部分。电流型控制又称峰值电流控制模式，是一种双环控制。过流保护电路由电流互感器、电阻和电容组成。当二次电源输出出现过载时，互感器上的感应电压将变大，控制 PWM 的误差放大器的输出电压，限制脉冲宽度，实现输出限流保护功能；当过载现象消除后，二次电源自动恢复输出。功率变换电路由功率 VMOS 管、功率变压器、RDC 吸收电路组成。其作用是：将 PWM 电路产生的驱动信号进行功率放大，使一次母线电压/功率转换成各用电设备所需要的电压/功率（交流），并实现输入与输出隔离。

二次电源子系统一般采用成熟的航天技术实现，未来将逐步融合到卫星平台综合电子系统中，以实现激光通信终端（laser communication equipment，LCE）的小型化设计，满足未来组网多终端安装需求。本书仅在本章对二次电源子系统基本组成和工作原理进行简单的介绍。

1.2.5 热控子系统

卫星在轨运行规程中，其外热流变化十分复杂，不仅包括太阳辐射、地球反照和地球红外辐射，而且随季节和轨道高度的变化很大。然而，卫星光通信终端对温度的稳定性和均匀性要求都很高，且内部结构十分复杂，存在着光学部件和高功率（热耗）密度的电子元器件，因此需要热控子系统确保整个卫星光通信终端的在轨正常工作。

热控子系统主要对卫星光通信终端的光学部分、光源部分及光电探测部分进行主动和被动热控。根据卫星光通信终端对温度的要求，热控的一般原则归纳如下：

（1）采取光、机、电、热一体化设计，合理选用光学材料、光机结构材料和装配方法，以保证终端光学相关部分的温度特性均匀；

（2）充分合理地利用热控资源，采取主动和被动热控措施相结合的热控方案；

（3）按照优化设计原则和方法，尽可能减小热控措施重量和功率；

（4）尽可能采用经过飞行验证过的热控材料、元器件和产品，尽可能采用成熟的和经过飞行验证过的热控实施工艺，对未经飞行验证的新热控材料、新元器件、新产品和新的热控实施工艺全部进行必要和充分的地面试验验证。

针对卫星光通信终端的光机设计特点，可采用隔热设计、导热设计、主动温控设计和散射面设计等方式完成热控要求。

（1）**隔热设计**：为减小外界环境通过辐射传热对激光通信终端本体温度的影响，保证激光通信终端本体的温度均匀性和稳定性，在除终端进光口之外的全部外表面应均包覆多个单元的多层隔热组件。对于星外部分，多层隔热组件的外表面膜为带ITO（氧化铟锡）导电涂层的单面镀铝聚酰亚胺膜（ITO导电涂层面朝外，镀铝面朝内）；对于星内部分，多层隔热组件的外表面膜为双面镀铝聚酯膜。为减小舱板通过传导传热对激光通信终端本体温度的影响，保证激光通信终端本体的温度均匀性和稳定性，在激光通信终端与舱板的机械安装接口之间，安装一定厚度的玻璃钢隔热垫，并采用钛螺栓连接。为减小转台隔热罩温度波动对转台内光路以及状态温度的影响，在转台遮光罩外表面安装多层隔热组件，多层隔热组件的外表面膜为双面镀铝聚酯膜。

（2）**导热设计**：考虑到激光通信终端的结构特点以及在整星上的安装位置，在光学平台背面安装热量收集的导热铜条，导热铜条一端与TEC安装面连接，另一端安装在光学平台上。为避免散热面温度波动对光学平台温度的影响，要求热管以及导热铜条与光学平台隔热安装。热管通过螺钉和硅橡胶安装在支架底面导热铜条上，导热铜条通过隔热垫和钛螺钉安装在光学平台背面。激光器和光电

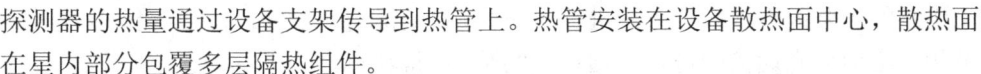

探测器的热量通过设备支架传导到热管上。热管安装在设备散热面中心，散热面在星内部分包覆多层隔热组件。

（3）**高精度主动温控设计**：为了保证这些器件不工作时的温度水平不致过低，还需设计一定补偿功率进行加热，以器件工作热耗与补偿加热自动切换的方法，保证其温度的稳定性。主动温控设备负责主备路温度信号的采集和处理，并通过中心遥测及应答机向地面发回温度数据。热控采用的电加热器均为单层单回路聚酰亚胺康铜箔薄膜型电加热片。

（4）**散热面设计**：根据光通信终端热耗和工作模式，在卫星上布置设备散热面。根据热分析计算终端需要在卫星表面布置的 OSR 散热面尺寸，散热面背面安装多层隔热组件。

热控子系统一般采用成熟的航天技术实现，为降低对卫星平台资源的需求，目前热控子系统的电控部分已经融合到卫星平台综合电子系统中。本书仅在本章对热控子系统基本组成和工作原理进行简单的介绍。

1.3 国内外卫星光通信技术发展现状

1.3.1 美国

自从 20 世纪 60 年代中期开始，美国就对空间光通信技术的发展和应用制订了相应的研究计划，同时针对大气湍流的影响，积极开展了长期的自由空间激光传输理论和实验研究。目前，美国国家航空航天局（NASA）、喷气推进实验室（JPL）、美国弹道导弹防御组织（BMDO）和麻省理工学院（MIT）林肯实验室等机构均在从事卫星激光通信相关技术的理论和实验研究。

1968 年，JPL 进行了地面和轨道高度为 1250km 的 GEOS-Ⅱ卫星之间的地星激光传输实验，主要研究了接收光强的起伏特性，实验结果证明了接收光强的概率密度函数服从对数正态分布，为研究激光传输的光强概率统计分布奠定了实验基础。

1980 年，美国利用研制的机载飞行试验系统（AFTS）进行了飞机与地面站间 10km 的激光通信实验，其通信数据率为 1Gbit/s。

1995 年，美国 JPL 的光学地面站（TMF）中的地面激光通信终端与日本 ETS-Ⅵ卫星上搭载的激光通信终端进行了星地激光通信实验，该实验是国际上首次星地激光通信实验。实验对跟瞄特性进行了演示验证，对星地链路（SGL）中大气湍流引起的光强闪烁效应等问题进行了研究,测量得到的 2Mbit/s 通信误码率为 10^{-5} 量级,星地激光通信的可行性通过该实验得到验证。

另外,美国在 1995 年还进行了 STRV-2(Space Technology Research Vehicle 2)实验计划,该计划由 BMDO 负责实施,目的是进行低轨卫星与地面站间的双向激光通信在轨实验,其传输的数据率为单路 600Mbit/s。图 1-6 为 STRV-2 激光通信终端和 TSX-5 卫星。

(a)　　　　　　　　　　(b)

图 1-6　(a) STRV-2 终端和 (b) TSX-5 卫星

2000 年 6 月,STRV-2 激光通信终端随 TSX-5 卫星进入近地轨道。由于 TSX-5 卫星的轨道定位和姿态测量精度无法满足预定要求,且试验对备份方案考虑不足,最终导致捕获无法实现,经过 17 次试验后宣告失败。

美国的月地激光通信演示验证计划(LLCD)由 MIT 林肯实验室和 NASA 的 Goddard 空间飞行中心共同承担,是第一次尝试在绕月轨道与地面站间进行的激光通信实验。该项目的星上激光通信终端安装于月球大气与尘埃环境探测器(LADEE)上,与地面激光通信终端建立激光通信链路完成下行最高 622Mbit/s、上行最高 20Mbit/s 的演示验证实验。该计划将同时验证飞行试验测量技术(time-of-flight measurement),可实现星上与地面终端间亚厘米级定位修正。

LLCD 主要包括三个组成部分:星上终端(lunar lasercom space terminal,LLST)、地面终端(lunar lasercom ground terminal,LLGT)、月地激光通信操作中心(lunar lasercom operation center,LLOC)。林肯实验室完成此三部分的全部制造、测试工作,在轨运行由 NASA Goddard 空间飞行中心进行管理。

LLST 的承载平台 LADEE 由 NASA 的 Ames 研究中心设计研制,该飞船带有三个科学载荷,在其飞行任务中进行约 100 天的科学实验,科学实验中该飞行器距月球表面几十千米高。在科学实验前有 1 个月的试运行阶段,其中 16 天飞船将进行星地激光通信实验。试运行阶段飞船距月球表面约 250km,轨道周期约 2h。由于受到能源限制同时考虑热控,在每个轨道周期 LLST 仅工作 15min。考虑地面终端的可见性,一天有 3~5 个轨道周期可进行月地激光通信。

LLST 主要包含三个模块:光学模块、调制解调模块、控制器电子学模块。其中光学模块安装于 LADEE 飞船载荷仓的外表面,调制解调模块、控制器电子学模块安装于飞船内部。LLST 整体质量 30kg 左右,平均功耗 50~140W。光学模块的主要部分是口径为 10cm 的卡赛格林望远镜,安装于两轴转台上,用于实现大范围光学对准,如图 1-7 所示。

图 1-7 LLST 终端的光学模块

为实现目标的空间捕获与跟踪,LLST 在信号接收子系统中使用了大视域的 InGaAs 四象限探测器。在信号发射和接收子系统中,发射光通过光纤出射经由望远镜发射,入射光经由望远镜耦合入光纤中。这些光纤固定在压电陶瓷上,以实现超前瞄准和对目标的精跟踪。

激光光源与光电接收探测器安装在调制解调模块中,光纤将其与卫星光通信终端的光学模块连接起来。调制解调模块如图 1-8 所示。

图 1-8 LLST 终端的调制解调模块

调制解调模块中的数字电路集成了下行链路不同的数据源，包括LADEE的科学实验数据、LLST的高速遥测数据、光上行信号的回放数据等。调制解调模块利用高效半速码进行数据编码，编码后的数据通过高带宽脉冲位置调置加载到光信号源上，之后通过掺铒光纤放大器（EDFA）放大到0.5W的平均功率。光电接收探测器为直接探测器，装有一个基于低噪EDFA的前置放大器。基于双PPM解调器的硬判决脉冲位置解调器对上行链路光信号进行解调，之后由FPGA处理芯片进行解码。

控制电子学模块是单板机构成的航天电子学模块，实现对光学模块中所有执行机构的闭环控制，如图1-9所示。该模块同时还为LLST终端与LADEE飞船间提供命令与遥测接口，对调制解调进行设置与控制。

图1-9　LLST终端的控制电子学模块

LLCD项目的地面终端LLGT如图1-10所示。该地面光终端由发射天线阵列、接收天线阵列、控制室组成。采用天线阵列的方式不但增加了天线口径，同时通过空间分离的方式降低了大气湍流对光信号传输的影响。

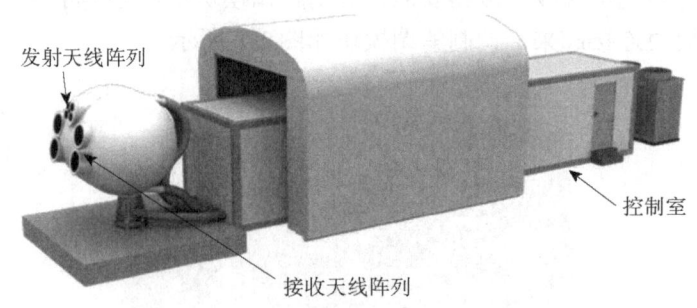

图1-10　LLCD项目的地面终端LLGT

LLGT的发射天线由4个15cm口径的透射式望远镜组成，接收天线由4个40cm口径的反射式望远镜组成。每一个望远镜的光信号都通过光纤耦合至控制室中,与光发射器、接收器相连。这 8 个望远镜安装于同一个二维转台上,转台可在半球空间内实现光学天线的粗对准。每一个光学天线的后续光学系统都包括一个焦平面阵列和一个高速偏转镜,以实现对下行光束的跟踪,同时对每一个光学天线的光轴进行在线校准。望远镜阵列安装在玻璃纤维保护罩中,可以保证它们在地面大气中的工作环境。

LLGT 的所有电子学设备安装在控制室中,实现对转台与天线的控制及对光信号的调制解调。光发射器通过 EDFA 放大输出功率为 10W 的光束,调制方式为脉冲位置调制。发射光束通过偏振保持单模光纤耦合至发射望远镜中。LLGT 的接收器为光子计数超导纳米线阵列(photon-counting superconducting nanowire arrays),工作在低温环境中,具有极高的光子探测效率。在 LLGT 的接收光学系统中,为了提高大气湍流条件下的光耦合效率,同时考虑下行光信号的偏振性,使用了特制的多模保偏光纤。

2013 年 1 月,NASA 在 Goddard 空间飞行中心成功地将达芬奇名画《蒙娜丽莎的微笑》的数码影像,通过激光脉冲发送至 LADEE,数据的传输速率大约是 300bit/s。2013 年 9 月,成功进行了 LADEE 与地面站的高速激光通信试验,通信数据率高达 622Mbit/s,这也是国际上首次进行的月地高速激光通信试验。

2014 年 4 月,欧空局位于西班牙的光学地面站也接收到了 NASA LADEE 的激光信号,下行数据率 80Mbit/s。

2014 年 6 月 5 日,NASA 利用激光把一段高清视频从国际空间站传回地面,传输时间 3.5s,传输数据率 50Mbit/s,如图 1-11 所示。NASA 2014 年 6 月 6 日宣布:"利用激光束把一段高清视频从国际空间站传送回地面,成功完成一种可能根本性改变未来太空通信的技术演示。"

图 1-11 国际空间站星地激光链路试验

NASA 的 Goddard 空间飞行中心、喷气动力实验室和林肯实验室正在联合进行 LCRD(laser communication relay demonstration)计划,该计划中包括一台星地激光通信终端，该终端将搭载在一颗商业中继卫星上，该卫星预计2016年发射，将在轨进行星地激光通信试验演示2年，采用相干探测体制，计划实现通信数据率为2.88Gbit/s的透明数据传输。同时，该终端具有数据存储功能，可用于对延时传输网络的数据进行存储和转发。

21世纪初，美国推出了集宽带、受保护、战术通信于一身的"转型卫星通信系统"（TSAT）研究计划。由于经济危机等原因，美国转型卫星计划在2009年年初被终止。但在2009年9月，作为转型卫星通信计划的延续，奥巴马政府批准了美国空军采购一颗激光通信演示卫星的计划，该卫星将使用激光向空中平台高速传输数据，目标是将这颗卫星发射入轨进行一年的演示试验。该项试验完成后，美国拟利用其卫星激光通信技术建立空间高速实时信息网，并计划在2020年后逐步进行应用。

1.3.2 欧洲

欧洲空间局（ESA）对卫星激光通信的研究始于20世纪70年代，在二十余年的时间里，对卫星激光通信的相关技术进行了有步骤的研究，制订了一系列的阶段性研究计划。早期进行的基础技术研究有TRP（technology research program）计划、远程通信准备计划（TPP计划），而后进行了卫星光通信系统及技术研究的ASTP（advanced system technology project）计划。在1987~1992年间，ESA实施了有效载荷模拟以及实验计划（PSDE计划），在1987~1995年间又进行了数据中继准备计划（DRPP）。

在1986年之前，ESA的星间光通信项目首选方案为采用10.6μm CO_2 激光器的零差探测系统，而后改用1.06μm Nd：YGA激光器。然而，由于相干体制所必需的窄线宽高稳频激光器尚未成熟，最后选择了当时较成熟的830nm半导体激光器作为通信光源，通信体制采用IM/DD，这就是著名的欧空局SILEX系统。

SILEX计划于1989年开始实施，德国、法国、英国、意大利、奥地利、荷兰、比利时、西班牙以及瑞士等许多欧洲国家都参与了该项计划。SILEX计划研制了两个卫星激光通信终端，PASTEL终端于1998年3月22日随法国卫星SPOT-4发射进入近地轨道，OPALE终端于2001年7月12日由高轨卫星ARTEMIS携带进入太空。PASTEL终端和OPALE终端均为L臂型经纬仪结构，PAT子系统包括粗瞄机制、精瞄机制和提前瞄准机制。由于PASTEL终端没有用于空间扫描的信标光，其捕获探测器视域要比OPALE中捕获探测器的视域大得多。

2001年11月，成功地进行了世界上首次星间激光链路实验（图1-12）。其中PASTEL终端至OPALE终端的反向链路通信数据率为50Mbit/s，OPALE终端至

PASTEL 终端的前向链路通信数据率为 2Mbit/s，平均误码率均小于 10^{-6}。在空间实验过程中，平均捕获时间小于等于 150s，捕获成功概率为 95%。

图 1-12　SILEX 星间激光链路实验

SILEX 空间实验的成功验证了光通信终端星间链路功能以及光电元器件在太空运行的可靠性。然而，PASTEL 终端重 80kg，功耗为 130W；OPALE 终端重 160kg，功耗为 150W，与微波通信系统相比，在重量、功耗以及通信性能方面没有体现出卫星激光通信系统的优势。为此，出于将卫星激光通信技术逐步推向商用化和实用化的考虑，ESA 随后研制的光通信终端不断向着小型化和小功耗方向发展。

继 SILEX 计划之后，由德国航天中心（DLR）资助的 LCTSX 计划（采用 BPSK/零差探测体制），于 2002 年 11 月正式启动。图 1-13 给出了 TerraSAR-X 上的光通信终端的照片。

图 1-13　TerraSAR-X 及其光通信终端

2008年2月，德国的TerraSAR-X卫星上的激光通信终端与美国的NFIRE卫星上的激光通信终端成功进行了世界上首次星间相干激光通信试验，链路距离3700～4700km、链路持续时间50～650s、通信数据率高达5.625Gbit/s、误码率优于10^{-9}。此后，又进行了TerraSAR-X卫星与地面站的星地相干激光通信试验，研究了大气湍流对星地链路的影响，目的是为后续光学地面站的自适应补偿系统优化设计提供参考。

除欧空局和德国外，法国于2006年12月进行了飞机与ARTEMIS卫星间的激光通信实验，瑞士研制了一系列的光通信终端，英国、意大利、以色列等国家也在积极开展对卫星光通信技术的研究工作。

2012年10月6日，俄罗斯利用国际空间站与地面站成功进行了星地激光通信传输，链路通信距离小于1000km，通信数据率为125Mbit/s。本次试验链路持续时间约为100s，总的通信数据量为2.8GB。

2013年，欧洲Alphasat中继卫星搭载相干激光终端成功发射，定轨于东经25°。2014年11月完成了星间激光链路捕获跟踪试验，链路距离45000km，设计数据传输速率1.8Gbit/s。

欧洲计划于2015年、2016年先后发射中继卫星EDRS-A、EDRS-C，分别定轨于东经9°、东经31°，开始为欧洲、美国、日本等西方国家和地区的低轨对地观测卫星提供激光数据中继业务；预计在2017年后，欧洲将完成中继卫星的激光通信组网，骨干链路的数据传输速率为1.8Gbit/s。

1.3.3 日本

20世纪80年代中期，日本开始对卫星光通信技术进行研究，尽管相对于欧美，日本的研究起步较晚，但得益于先进的电子工业、材料技术和良好的外部研究环境，日本的卫星激光通信技术发展十分迅速。日本的通信试验卫星ETS-VI和OICETS的发射，更显现出日本卫星光通信在轨试验的实力，欧空局和美国在早期都曾利用过这两个卫星进行星间或星地激光通信实验。日本进行卫星光通信技术研究的主要机构有邮政省的通信研究室（CRL）、宇宙开发事业团（NASDA）和高级长途通信研究所（ATR）的光学及无线电通信研究室。

CRL进行的地面站与工程试验卫星ETS-VI之间激光通信实验计划始于1986年，在ETS-VI上搭载的光通信终端（LCE）主要由CRL设计完成。LCE质量为22.4kg，功耗为90W，束散角为60μrad，口径为7.5cm。所采用的技术包括最初的捕获、跟踪，双向激光通信，卫星高度测量，激光光束传输，空间光学装置实验。如图1-14所示是日本LCE和CRL光学地面站的实物照片。

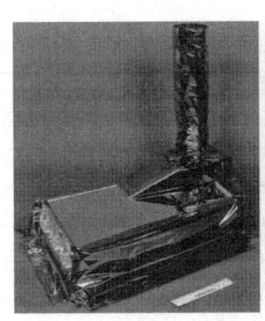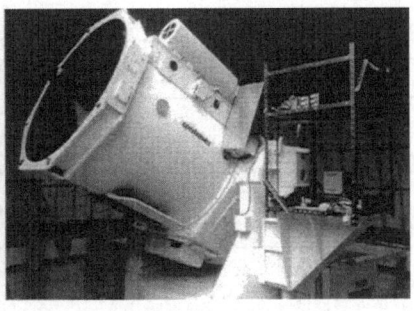

图 1-14　LCE 和 CRL 的光学地面站

ETS-VI 于 1994 年 8 月发射，但由于助推火箭出现了故障，无法按预定将其送入地球同步轨道，使 ETS-VI 只好在大椭圆轨道上运行，原定的实验计划无法进行。从 1994 年 12 月起，上行和下行激光发射实验开始进行。实验内容主要包括瞄准捕获跟踪、双向光通信、卫星三轴姿态测量、激光光束模式和传播性能测量以及光学器件在空间的性能测试等。由于要克服大气湍流和各种闪烁引起的上行激光光束严重衰减和闪烁，经过长时间的努力，ETS-VI 与地面站的光通信实验终于在 1995 年 7 月成功完成。这是世界上首次成功进行的卫星光通信实验，实验结果证明了星地链路的可行性。同年，NASDA、CRL 及 NASA、JPL 进行了联合试验。从 1995 年 10 月到 1996 年 5 月，利用搭载于 ETS-VI 卫星上的 LCE 光通信终端成功地与美国光学地面站进行了光通信实验，该实验首次实现了超远距离（大于 40000km）的星地激光传输，从而验证了高轨卫星与地面站实现激光传输技术的可行性。

1989 年，日本启动了光学在轨通信工程试验卫星（optical inter-orbit communications engineering test satellite, OICETS）计划，主要目的是验证空间轨道激光通信并评价激光通信技术及装置。NASDA 研制了装载于低轨光学星间通信工程测试卫星 OICETS 上的 LUCE（laser utilizing communications equipment）激光通信终端，该终端光收发接口指标与 SILEX 激光通信终端兼容，图 1-15 是 LUCE 终端的照片，LUCE 终端的参数由表 1-1 给出。

图 1-15　光通信终端 LUCE

表 1-1　光通信终端 LUCE 技术参数

系统参数名称		系统参数指标
光学天线	天线型式	卡塞格林反射式，收发共用
	有效口径	260mm
信号发射子系统	平均输出功率	100mW
	波长	847nm
	出射光发散角（1/e²）	9.4μrad
	调制方式	NRZ
	传输数据率	50Mbit/s
	偏振态	左旋圆偏振
信号接收子系统	波长	815～825nm
	传输数据率	2.048Mbit/s
	调制方式	2-PPM
	偏振态	左旋圆偏振

OICETS 卫星（后期更名为 KIRARI 卫星）于 2005 年 8 月 24 日成功发射，进入高度约为 600km 的近地轨道，并于同年 12 月 9 日首次实现了 LUCE 终端与 ARTEMIS 卫星上 OPALE 终端之间的激光通信。2006 年 3 月至 5 月期间，LUCE 终端与日本情报通信研究机构（NICT）的光学地面站 KODEN 进行了星地激光通信试验，这是世界上首次低轨卫星与地面站间的激光通信试验。此外，2006 年 6 月，LUCE 又与德国宇航中心的移动光学地面站 OGS-OP 之间进行了数次星地激光通信试验，该试验的成功意味着低轨卫星与移动光学地面站间建立灵活通信网络的可行性。

NASDA 自 1998 年以来还进行了大量星间相干光通信的理论研究，计划将 1550 nm 波段激光应用于卫星相干光通信系统，对各种相干通信方案进行集中分析，包括外差/零差幅移键控（ASK）、频移键控（FSK）、相移键控（PSK）、差分相移键控（DPSK）星间通信效果的对比研究。光源采用 1550nm 分布反馈式激光器（DFB），线宽小于 50kHz；在发射端和接收端分别采用了 EDFA 作为功率放大器和低功率前置放大器，用窄带光滤波器（0.1～1nm）抑制 EDFA 放大输出后的 ASE 噪声，中频部分采用电锁相环补偿多普勒频移。通过进行 GEO-GEO 链路的地面等效模拟实验，在最高码速率为 2.5Gbit/s、发射功率 500mW、误码率优于 10^{-9} 的条件下，外差 PSK 的探测灵敏度可达到优于 50photons/bit。

1.3.4　中国

卫星光通信是一个新兴的研究领域，我国对此方面的投资还很有限。目前，国内进行有关空间光通信方面研究的单位主要有哈尔滨工业大学、北京大学、电子科技大学、中国空间技术研究院 504 所、中国科学院上海光学精密机械研究所（上海光机所）、武汉大学、长春理工大学等。哈尔滨工业大学是国内最早开展卫星光通信技术研究的单位，在卫星光通信技术研究方面和相应的研究基础设施建设方面均进行了大量的工作，有关这方面的基本情况将在后面简要叙述。下面先介绍国内其他相关单位在卫星光通信方面的相关研究情况。

北京大学主要进行了在卫星光通信中具有潜在应用价值的原子滤波器方面的研究工作，这为卫星光通信技术的发展提供了一种单元器件。但目前原子滤波器的研究，距离在卫星光通信系统中的实际应用要求差距还较大。

电子科技大学在"七五"期间进行了有关大气光通信方面的研究工作，在"九五"期间对卫星光通信的相关技术也进行过原理研究，完成了一台地面原理样机。

上海光机所在"十五"期间为中国空间技术研究院 504 所研制了一台对光通信终端进行部分基本指标检测的测试设备。此外，中国空间技术研究院 504 所作为微波卫星通信有效载荷的研制单位，从数传角度对卫星光通信系统提出了研制接口要求，对今后卫星光通信系统的正式运行具有一定意义。

长春理工大学从事的有关空间光通信方面的研究主要有地面坦克之间的近距离光通信终端的研制。"十五"期间承担了飞机与地面光通信链路终端的研制工作，"十一五"承担了浮空器间激光通信终端的研制工作。

武汉大学在"十五""十一五"期间，开展了空间光通信关键技术及单元技术研究。

综上所述，尽管国内上述研究单位对卫星光通信也开展了一些研究工作，得到了一定的经费资助，但总体看来，研究缺乏系统性和长期规划。同时，这些研究单位在卫星光通信研究基础设施方面的投资较少，深入的理论研究工作较少。

哈尔滨工业大学自 1991 年就开展了卫星光通信的研究工作，迄今已历时 20 年，是国内最早开展卫星光通信技术研究的单位。自开展该项研究工作以来，有步骤、按计划开展了卫星光通信技术的研究工作。"九五"期间承担了卫星光通信的预研项目及多项基金项目，在研究中找出卫星光通信研究中的科学问题，进行了深入理论研究。

哈尔滨工业大学在国内外首先对卫星光通信理论进行了系统论述，出版卫星光通信理论方面专著两本（分别在科学出版社和国防工业出版社出版）。在理论上，进行了卫星光通信系统中各参量间的相互制约优化分析，在远距离不同光场分布情况下的光通信系统各参量之间的相互影响研究，卫星平台振动影响下光通信系统参量之间的优化分析，卫星平台振动下光信号瞄准捕获与跟踪研究等。上述工作为我国卫星光通信技术的发展提供了重要的理论依据。

由于具有了深厚的理论基础以及对研究中的科学和技术问题的深入理解与掌握，"十五"期间哈尔滨工业大学承担了以工程应用为背景的星地、星间激光通信终端研制的多项重大项目，研制了星地、星间激光通信系统工程样机。在研制过程中，不拘泥于国外的研究经验，提出了自己独有的理论、方法和技术。终端的质量、体积、功耗及数据率等技术指标都优于目前国际激光链路空间试验中正在使用的终端，卫星光通信系统研制达到国际先进水平，系统的各项主要指标与国际领先研究的终端指标相当。

2006年，哈尔滨工业大学以海洋二号卫星（HY-2）为试验平台，开始研制星载激光通信终端，建立星-地、地-星双向激光链路，开展我国首次卫星光通信在轨试验。星地激光通信需要在卫星运动、轨道姿态变化、平台微振动和大气干扰条件下实现高精度稳定光束控制和距离近2000km的高速信号传输。

在终端研制过程中，建立了高校独具特色的质量管理体系。按航天产品研制要求，质量从设计阶段抓起，自始至终全面落实质量责任，从器件、板级、单机到分系统均建立了质量跟踪档案。抓质量、定工艺、控过程，按期完成了各阶段研制任务。2011年1月，完成正样产品验收，交付卫星总体进行整星测试（图1-16）。2011年8月16日，激光通信星上终端随HY-2卫星发射入轨。2011年10月25日，实现了我国首次星地激光链路双向捕获和跟踪。链路一直稳定保持到HY-2卫星离开链路区。图1-17为地面监测设备给出的跟踪过程中的照片。

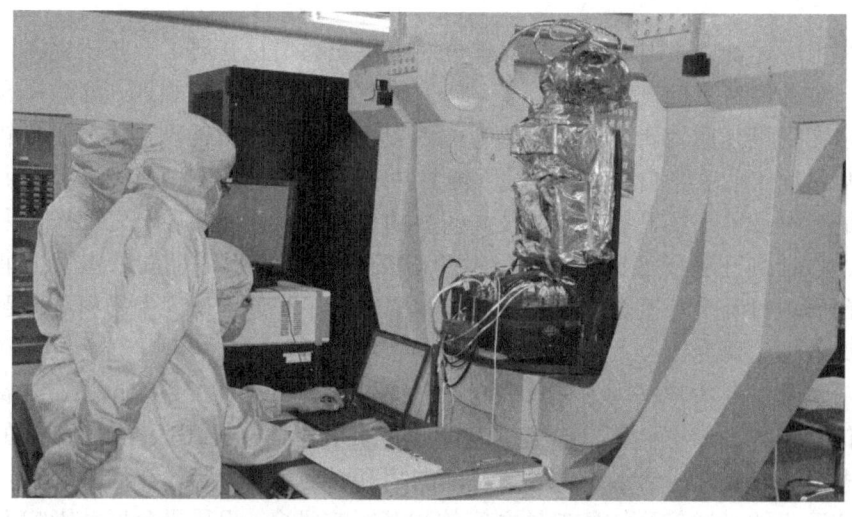

图1-16 哈尔滨工业大学研制的HY-2卫星激光通信终端

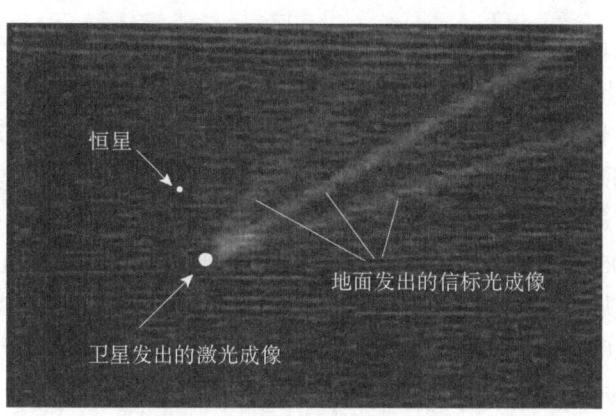

图 1-17 地面检测设备拍摄图像

测试结果表明,星地激光通信链路实现了快速捕获、全链路稳定跟踪和高速通信,圆满完成了预定的试验任务。试验期间,中国航天科技集团公司第五研究院卫星总体对激光通信 252Mbit/s/504Mbit/s 下传海洋测试数据进行了分析,经比对与微波数传数据一致,达到国际领先水平。星地激光通信星上终端工作状态稳定,各项功能和性能满足研制总要求;该终端为我国首次自主创新研发,具有独立知识产权,性能优于国际同类产品。

综上所述,我国已开展的工作为今后的激光通信技术应用、系列化终端研制和天地一体化高速信息网建立奠定了基础。我国的卫星激光通信技术领域研究已达到国际领先水平,已进入了一个崭新的发展时代,对我国空间战略的发展具有十分重大的意义。

1.3.5 卫星光通信技术国内外发展总结

从 20 世纪 60、70 和 80 年代起,美国、欧洲、日本分别开展了卫星光通信技术研究,按概念研究、关键技术和系统技术逐步发展。到 20 世纪末和 21 世纪初,美国、欧洲、日本相继开展了空间试验。在近 10 年和未来 5 年内,美国、欧洲、日本加快了空间试验的步伐,并陆续进行了星地、星间激光链路空间试验,但尚未进入实际应用阶段。预计在 2020 年左右,美国、欧洲、日本将陆续进入应用阶段。

通过分析卫星光通信技术国内外技术发展情况可以看出,在卫星光通信技术实现工程化应用之前,需要重点解决以下几个方面的技术难题:快速捕获和长时间稳定跟踪技术(捕获时间 10s 以内,稳定跟踪时间 1h 以上);高速通信和波分复用技术(单通道通信数据率 5~20Gbit/s);终端进一步小型化和轻量化技术(平均质量30kg以内）；终端可靠性和长寿命保证技术（高轨卫星终端在轨寿命10～15年，低轨卫星终端在轨寿命5～8年）。

中国在20世纪90年代初开始卫星光通信技术研究，起步较晚，但发展速度快。如图1-18所示，在国家相关部门的大力支持下，我国仅用十多年的时间就完成了概念研究（1991～1995年）、关键技术研究（1995～2000年）和系统集成研究（2000～2005年）工作和技术攻关，取得了突出的成果。2011年10月，我国成功进行了低轨卫星与地面间的激光通信，实现了我国首次星地激光链路，仅比美国和日本（2009年）的联合试验晚了2年。而在技术指标方面，我国远优于美日系统，标志着我国跨入了空间试验研究阶段。

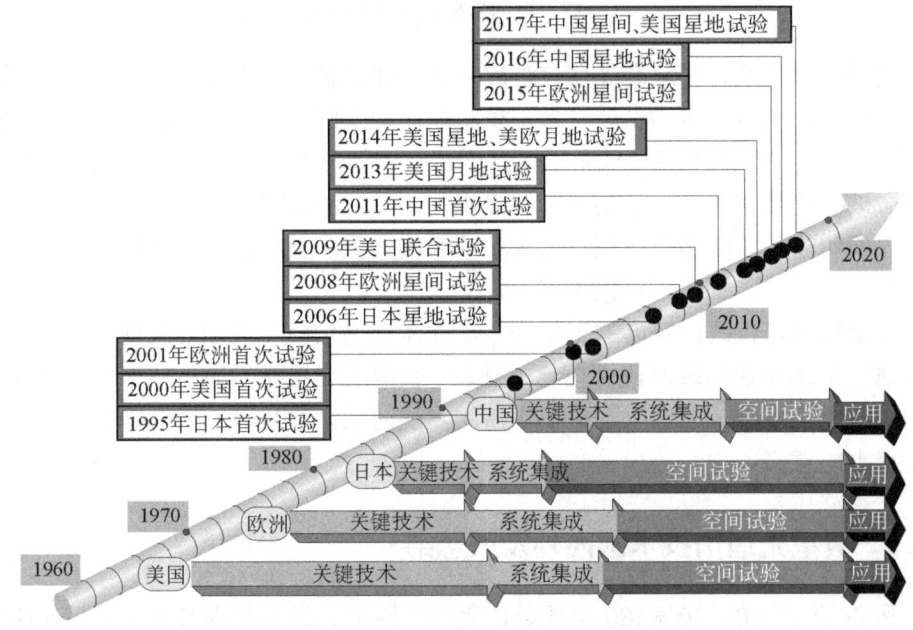

图1-18 卫星光通信国内外发展情况

2014年6月6日，NASA高调宣布，该机构利用激光光束把一段高清视频从国际空间站传回地面，成功完成了一种可能根本性改变未来太空通信的技术演示，传输数据率50Mbit/s，将开启"太空宽带时代"。与此次试验结果对比可发现，我国在2011年完成的星地链路试验最大捕获时间仅为11s，数据率高于美国试验10倍，跟踪精度高近5倍。综上所述，我国在卫星激光通信空间试验技术领域已达到了世界领先水平。

预计在2017年左右，我国将完成高轨卫星-地面间试验和高轨卫星-低轨卫星间试验，激光通信技术将陆续进入高速卫星通信网络应用阶段。到2020年，我国的卫星光通信技术将成为卫星高速通信网络的关键手段之一。

1.4 国内外捕获跟踪在轨试验结果和技术分析

本节对国内外已开展的卫星光通信典型捕获跟踪在轨试验进行介绍，比对试验中采用的技术手段和试验效果进行分析。

1.4.1 日本 ETS-VI 在轨试验

1994年12月，日本通信研究实验室利用CRL地面站与ETS-VI卫星上的LEC终端建立了星地激光链路，实现了ETS-VI和地面站之间的双向激光通信，国际上首次完成了星地激光通信试验。搭载在ETS-VI卫星上的LCE激光通信终端质量为22.4kg，功耗81W，收发光学天线口径7.5cm，信标和信号光源（复用）激光器为AlGaAs，波长830nm，平均输出功率为30mW，光束发散角为30μrad/60μrad（两束LD）。信号光接收探测器为Si-APD，探测中心波长为510nm。由于当时大功率光纤激光器技术不够成熟，位于日本境内的CRL地面站使用氩离子激光器作为信标和信号光源，以实现较大功率的输出，波长为514.5nm，发散角度在0.01～2.0mrad可调。

在ETS-VI星地激光链路在轨试验中，首次在捕获跟踪子系统中对粗瞄、精瞄复合探测进行进行了在轨验证。LCE激光通信终端的粗跟踪探测器类型为CCD，探测阈值为-63.7dBm；精跟踪探测器类型为Si-QD，探测阈值为-53.8dBm。LCE激光通信终端的粗瞄准和扫描视场角为±15°，捕获视场为8mrad，捕获精度为32μrad，跟踪视场角为0.4mrad，跟踪范围为±0.4mrad，跟踪精度为2μrad。CRL地面站在捕获阶段的扫描角度为±120mrad，精瞄准精度为3μrad，接收视场角为±55μrad。

跟踪ETS-VI卫星的CRL地面站采用20cm望远镜发射上行链路激光光束，用1.5m的卡塞格林望远镜接收下行激光光束。夜间实验过程中，地面站的接收望远镜将图像成像到CCD相机上，通过CCD监控卫星图像和LCE发射激光光束，以便地面瞄准系统调整发射方向，在白天则还需要发射一束信标光来捕获ETS-VI卫星。上行链路的捕获一般可以在几分钟之内完成。

在进行的初次PAT实验中，捕获和粗跟踪取得了成功。LCE激光通信终端通过粗瞄装置和精瞄装置结合对上行链路的光束进行跟踪，跟踪精度约为2mrad，但大气湍流造成的上行激光严重衰减和闪烁使得精瞄系统有些不稳定。在增大 CRL 地面站氩离子激光器的发射功率一倍以后，整个 PAT 子系统开始正常工作，激光通信实验的数据率为 1.04Mbit/s，比特误码率 10^{-6}。此外，利用 LCE 激光通信终端还进行了地球表面背景反射率的测试。实验表明，地球上的云层反射率大于 90%，而地面和海洋反射率约为 12%。该结果对研究背景光噪声对星间激光通信的影响有重要的意义。

日本后续几年一直利用 LCE 进行空间实验，得到了一些重要的实验结果：

（1）成功完成了卫星和地面之间 40000km 范围内的双向激光信号传输实验，证明了星载激光通信系统可在指定的状态下工作。

（2）从地面到卫星的上行激光通信在白天和夜间都可以进行，大气对激光通信的干扰比预期的要小（具体实验数据文献中未给出）。

（3）经测试，激光链路终端特性、上行与下行链路光束的传播特性、通信特性、地面背景光特性等均已达到预期的标准。

（4）实验表明，卫星的抖动的影响在开环情况下比闭环情况下明显。因此，通过闭环控制能够对卫星的抖动影响进行补偿，从而提高激光链路跟踪精度。

1.4.2 美国 STRV-2 在轨试验

从 1995 年起，美国的 BMDO 实施了 STRV-2 实验计划。该项计划的主要目的是演示 LEO 卫星 TSX-5 与地面站间的上行和下行激光链路，验证卫星光通信技术在这方面的准备情况。STRV-2 终端采用了极化复用技术，数据率为 2×600Mbit/s。TSX-5 于 2000 年 6 月 7 日成功发射。

STRV-2 的光通信终端的发射和接收孔径分离，采用多个发射孔径以减轻大气闪烁的影响。例如，星上终端采用 8 束信号光（810nm）和 2 束信标光（852nm）进行集成。信号光和信标光均采用半导体激光器（AlGaAs）作为光源，并对信号光行了极化复用，其中有 4 束为左旋极化，另外 4 束为右旋极化。

STRV-2 采用了两套捕获跟踪探测装置：一套在太阳光干扰较强时使用，包括 14cm 口径望远镜、0.02nm 带宽 Cs 原子线性滤波器（atomic line filter，ALF）和 CCD 探测器；另一套作为备用和在太阳光干扰较弱时使用，包括 3.8cm 口径望远镜、4nm 带宽干涉滤光片和 CCD 探测器。在信号发射和接收子系统中，信号光平均功率为 36mW，束宽 80μrad；对应的地面终端信标光平均功率为 45mW，束宽 400μrad。在 STRV-2 星地激光链路系统中，仅在地面终端设置了精瞄装置，星上的瞄准、捕获和跟踪全部由万向转台来完成。瞄准装置为基于一种新式的水平俯仰设计的半球视域轻重量复合万向转台，由中空无刷三相直流电机驱动，避免了由于齿轮传动造成的瞄准偏差。STRV-2 星上终端中 PAT 子系统的主要参数见表 1-2。

表 1-2 STRV-2 星上终端 PAT 参数

瞄准	瞄准范围	El：-90°～90°；Az：-55°～70°
	瞄准精度	±20μrad
捕获	扫描范围	60mrad×60mrad（单场）
	设计捕获时间	2～3min
	CCD 参数	像元数 324×242；帧频 86.5Hz
跟踪	跟踪精度	<±200μrad
	控制带宽	150Hz
	CCD 参数	像元数 12×12；帧频 1.59kHz

美国 STRV-2 所在的低轨道卫星 TSX-5 在近地轨道上运行，近地点 410km，远地点 1750km，轨道倾角 70°，轨道周期 107min。设计有效载荷的使用寿命为 1 年。在前六个月，计划每个月进行一次周期为五天的激光通信实验。每天有两次 10min 的链路机会，一次在白天，一次在晚上。在一次典型的实验过程中，当前时刻的轨道参数将会在链路开始的 18h 前传送给卫星。预期的信标光位置将通过微波上载到卫星，这样卫星激光通信终端将获悉从何角度开始进行扫描捕获。实验中，地面终端以+/-200μrad 的精度开环瞄准卫星上的信标光。星上终端以预设的扫描方式捕获地面终端的信标光。一旦卫星锁定和闭环跟踪信标光，其信号光将开始瞄准地面终端，开始星地之间的双向通信。由于信号光的束宽很小，实验中需要以极高的精度瞄准运动的目标，而 TSX-5 的过顶时间只有 4～10min，因此实验最困难的部分是光束的捕获和跟踪。

令人遗憾的是，地面站对 TSX-5 的捕获和跟踪实验最终宣告失败了，这使得后续的 STRV-2 与地面站之间激光通信实验无法进行。实验失败的主要原因是 TSX-5 卫星的轨道和姿态精度与预计的精度相差太大。通过 STRV-2 实验得出了对后续卫星光通信实验研究的几点建议，其中包括：

（1）系统设计中考虑尽可能大的冗余，对系统的关键器件（如捕获探测器 CCD）可考虑设置备份，以避免由于调整浪费有限的空间实验时间。

（2）采用多套方案实现捕获跟踪，降低捕获和跟踪的难度，避免因为某一部分实效而使整个捕获和跟踪失败。

（3）通过全球定位系统（GPS）利用微波链路实时传输轨道参数以降低轨道预测偏差对捕获和跟踪的影响。

（4）通过微波链路对星上的万向转台进行实时控制；STRV-2 实验中无法对

星上终端进行实时控制，捕获和跟踪只能靠地面站一端进行调整，在轨道和姿态控制精度不高的情况下，捕获和跟踪很难成功。

1.4.3 欧空局 SILEX 在轨试验

2001 年 11 月 20 日，SPOT-4 和 ARTEMIS 间建立了激光通信链路，成功地实现了世界首次星间激光通信。本次星间激光链路利用复合轴粗-精跟瞄系统进行捕获和跟踪，采用扫描-凝视的方式实现了链路捕获。粗瞄装置采用 L 型臂经纬仪结构，方位轴扫描范围为±160°，俯仰轴扫描范围为±90°，两轴的粗瞄瞄准精度分别为 140μrad 和 209μrad，粗瞄控制带宽为 0.2Hz。精瞄装置安装在光信号收发光路中，捕获模式下带宽为 300Hz，跟踪模式带宽为 2kHz，偏转范围为±10mrad，相对精度优于 5%（3σ），瞄准噪声优于 5μrad（1σ）。提前瞄准装置安装在信号发射子系统中，偏转范围为±6mrad，精度优于 5μrad（1σ），噪声优于 5μrad（1σ）。整个星间链路系统中，低轨卫星的捕获不确定角为 3.5mrad，高轨卫星的捕获不确定角为 3mrad。高轨卫星发射的信标光扫描视场为 8.6mrad，扫描周期为 130s，扫描准确度优于 0.01°，扫描结束阶段的收敛时间为 0.17s，捕获成功概率为 95%，捕跟切换前可将精度控制在±0.5 个捕跟探测器像素内。

SPOT-4 和 ARTEMIS 激光通信链路中，搭载在低轨卫星 SPOT-4 平台上的 PASTEL 终端光学天线类型为卡塞格林反射式，收发共用，发射接收使用的天线口径均为 250mm，天线接收视场角为 8500μrad。搭载在高轨卫星 ARTEMIS 平台上的 OPALE 终端天线类型也为卡塞格林反射式，收发共用，接收天线使用的口径为 250mm，发射天线使用的口径为 125mm；信标光激光器为 19 支 801nm 波段的 GaAlAs 半导体激光器合束输出，每个激光器的输出功率为 900mW，总输出光功率为 3.8W，发散角为 750μrad。

SILEX 星间链路系统中的两个激光通信终端的探测器类型均为 CCD。搭载在低轨卫星 SPOT-4 平台上的 PASTEL 终端捕获探测器的像素数为 384×288，像元尺寸为 23μm×23μm，视域为 8640μrad×8640μrad，帧频为 30Hz；跟踪探测器像素数为 14×14，像元尺寸为 23μm×23μm，视域为 238μrad×238μrad，帧频为 1kHz/4kHz/8kHz 三种可选。搭载在高轨卫星 ARTEMIS 平台上的 OPALE 终端捕获探测器像素数为 70×70，像元尺寸为 23μm×23μm，视域为 1050μrad×1050μrad，帧频为 130Hz；跟踪探测器像素数为 2×4，像元尺寸为 23μm×23μm，视域为 238μrad×238μrad，帧频为 4kHz/8kHz 两种可选。

法国空间局的 SPOT-4 为对地观测卫星，位于高度 830km、倾角 98.7°的太阳同步轨道。利用 SPOT-4 所做的空间实验包括 CCD 的标定、激光二极管的标定、发射装置的准直、提前瞄准机械装置的精度测试、利用天体捕获和跟踪、日光灵敏度以及平台与光学终端的动力学耦合特性。在与 ARTEMIS 进行激光链路实验之前,对 SPOT-4 进行了九个月的在轨测试,没有检测到系统性能退化现象。测试的主要结果如下:

(1)所有指定和冗余的单元器件都顺利通过在轨性能检测。

(2)对于天体的空间捕获和跟踪能力满足测试瞄准、捕获和跟踪关键技术的要求,而且比预期的要好。

(3)光学平台的温度非常稳定。遥测过程中未检测到温度变化,望远天线的二级反射镜和支架的温度变化在预期范围之内。通过遥测判断光学传输和传感器响应基本稳定。

(4)总偏离校准和对发射接收调整的短期稳定性监控表明,系统的提前瞄准性能比预期的要好。

(5)证实了卫星平台和终端之间的动态兼容特性。在地面测试的终端对太阳光敏感性在轨道上得到了验证,测得的杂散光不会造成非预期的影响。

ESA 的 ARTEMIS 在 2001 年 7 月 12 日发射,运载火箭上面级出现故障,致使卫星停留在低地球轨道,后来靠卫星自身的动力系统将轨道高度提升到 31000km。2001 年 11 月 22 日夜,ARTEMIS 卫星与 SPOT-4 地球观测卫星首次在轨实现了激光通信,通过前者将后者拍摄的图像近实时地传输给位于法国图卢兹的 SPOT-4 图像处理中心,从而大大减少了从图像拍摄到将其传输给处理中心的时间。为推入 36000km 高的静止轨道,卫星启用了新设计的离子推进系统,在 2002 年夏季,卫星被推入最终的静止轨道位置。ARTEMIS 与 SPOT-4 激光链路实验的主要过程如下:

(1)当 ARTEMIS 与 SPOT-4 分别到达预定的空间位置后,通过其他的定位方式,控制两星上的光学通信终端粗瞄装置相互瞄准。由于定位精度所限,一般情况下粗瞄装置不可能完全对准,但可以确定它们瞄准的不确定范围。

(2)ARTEMIS 上终端向 SPOT-4 卫星发送信标光,信标光的束宽大于信号光的束宽。如图 1-19 所示,SPOT-4 上终端开始在不确定范围内扫描,一旦 SPOT-4 上终端接收到信标光信号,立即调整瞄准方向以进一步对准信标光的入射方向,并向 ARTEMIS 回送信号光。

(3)ARTEMIS 上终端接收到 SPOT-4 的回送信号光后,也立即进一步调整瞄准方向,并向 SPOT-4 发送信号光。当 SPOT-4 上终端接收到 ARTEMIS 的回送信号后,双方进入跟踪状态,此时关闭 ARTEMIS 上终端的信标光。

(4)在整个通信过程中,通信双方利用信号光进行跟踪。如果某种原因使通信中断,信标光立即打开,重复进行上述过程。

ARTEMIS 收到 SPOT-4 的信号数据后，通过微波传输到地面站。

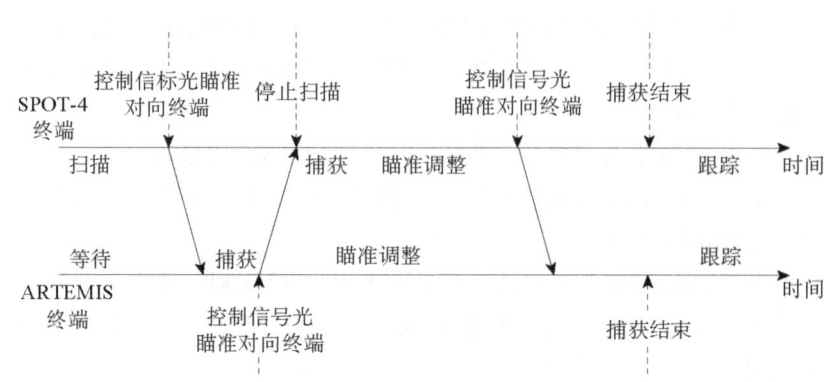

图 1-19 捕获时间线图

通过上面的捕获过程可以看出，星间激光链路中光束捕获信标光的作用主要表现在以下两个方面：

（1）减少扫描时间。通过较大发散角的捕获信标光可以在短时间内实现对捕获不确定角的功率覆盖，有效缩短捕获时间。

（2）确保链路建立初期的稳定。两个激光链路终端分别捕获对方的光信号后，需要快速进行大角度对准，对系统的控制稳定性要求较高。如存在捕获信标光，对大角度控制精度的要求可适当降低，有利于避免链路初期的意外中断。

1.4.4 日美联合 OICETS 在轨试验

1989 年，日本启动 OICETS 项目，并参与到 SILEX 后续计划中，与 ARTEMIS 卫星进行激光对接。OICETS 项目由 NASDA 资助和领导，参与单位有日本宇宙航空研究开发机构（JAXA）和 NEC TOSHIBA 公司。OICETS 卫星重 550kg，OICETS 项目中研制的 LUCE 光通信终端的天线望远镜口径为 260mm，发射质量为 140kg，捕获和通信工作模式下的功耗分别为 310W 和 130W。

LUCE 光学终端由光学部分和电学部分组成。激光器采用 GaAlAs 半导体激光二极管，发射平均功率为 100mW，波长为 830nm。光学部分安装在背对地球一面，电学部分安装在光学天线和中继光学平台上。捕获跟踪子系统由粗跟踪系统和精跟踪系统构成，两个控制系统相互独立。粗跟踪控制带宽为 0.3Hz，跟踪精度为±174μrad；精跟瞄控制带宽为 200Hz，跟踪精度为±1μrad。LUCE 终端的捕获跟踪子系统中采用了两类探测器：粗跟踪探测器为最大像素数 450×350 的 CCD 阵列探测器；精跟踪探测器则由三个四象限探测器（QD）组成。粗跟踪探测器和精跟踪探测器的具体参数见表 1-3。

表 1-3　LUCE 光通信终端中探测器参数

参数	捕获/粗跟踪探测器	精跟踪探测器
探测器类型	CCD	QD
视域	7mrad×7mrad	400μrad×400μrad
质心视窗尺寸	8×8 像素	2×2 像素
灵敏度	−85.0dBm	−75.0dBm
跟瞄精度	±0.01°	±1μrad

2005 年 8 月光通信终端 LUCE 搭载 OICETS 成功发射并进入 610km 的太阳同步轨道。2005 年 12 月，OICETS 成功与 ARTEMIS 建立双向激光链路。空间实验结果表明，LUCE 的捕获概率大于 90%，通信数据率为上行（ARTEMIS→OICETS）2Mbit/s，下行（OICETS→ARTEMIS）50Mbit/s，平均误码率小于 10^{-6}。

OICETS 卫星和 ARTEMIS 卫星的星间激光链路主要过程如下：首先，LUCE 终端等待 ARTEMIS 卫星的瞄准信标光，LUCE 终端能够通过轨道数据和数学模型计算出 OICETS 卫星向 ARTEMIS 和的方向，同时把卫星姿态误差信息发送给姿态控制系统进行瞄准坐标系修正。LUCE 终端捕获跟踪子系统的开环瞄准直驱电机驱动的方位轴和俯仰轴分别由单独光学编码器闭环控制。LUCE 终端的捕获探测器视域的大小为±0.2°，一旦检测到 ARTEMIS 信标光就开始执行粗跟踪，并发射信标光信号。ARTEMIS 卫星终端收到 LUCE 终端的捕获信标光后停止扫描，关闭信标光，然后向 OICETS 发出信号光。为了维持星间光通信链路，两个光通信终端持续向对方传输信号光，并不断调整控制系统，维持链路的链接并控制跟瞄在一定精度范围内。

此外，2006 年 3 月至 5 月，日本进行了地面站和 OICETS 卫星之间的激光通信试验。OICETS 卫星的姿态控制系统可以有两种工作模式，其中正常模式进行姿态控制，惯性参考模式（IRM）为反向姿态控制模式。在 IRM 下，卫星姿态被固定在一个惯性空间中，此时 OICETS 卫星上的 LUCE 终端可以对地面站进行瞄准。2009 年 5～6 月，美国 JPL 联合 JAXA 和 NICT 进行了 OICETS 和光通信地面站（OCTL）之间的双向星地链路试验。图 1-20（a）为低轨道卫星 OICETS，轨道高度 610km，搭载 LUCE 激光通信终端。图 1-20（b）为 OCTL 地面站，位于美国加利福尼亚州。

根据对本次试验的文献报道，星地链路的捕获时间较长，平均 150s 左右，对后续的数据传输时间影响较大。与欧空局的卫星光通信系统相同，本次的捕获跟踪子系统仍采用复合轴控制策略，粗跟踪精度 200μrad（1σ），精跟踪精度 20μrad（1σ）。由于对天气条件影响的补偿能力不强，较差天气时的链路保持比仅为 43%。链路的上行通信数据率为 2Mbit/s，下行通信数据率为 50Mbit/s。同样，由于受大气条件的影响,通信误码率仅在 $10^{-4} \sim 10^{-6}$ 范围。

(a) OICETS卫星

(b) OCTL地面站

图 1-20　美国与日本联合进行的星地链路试验终端

1.4.5　中国 HY-2 在轨试验

HY-2 激光通信星上终端采用收发共用天线,口径 100mm,发射质量为 60kg,捕获、跟踪和通信工作模式下的最大功耗为 100W。星上终端采用潜望式天线结构,信号发射子系统、信号接收子系统和光学天线均安装在卫星舱内。捕获跟踪子系统中的粗瞄二维转台安装在卫星舱外,水平轴偏转范围 0~270°,方位轴偏转范围 0~90°。激光通信星上终端信标光波长 800nm,信号光波长 1550nm,采用强度调制和直接探测方式进行通信。激光通信星上终端单独配置了二次电源子系统和热控子系统,还配置了多种数据率高速复接设备。

如图 1-21 所示,激光通信地面终端位于中国科学院国家天文台长春人造卫星观测站(长春人卫站),地理位置为:东经 125.4°,北纬 43.8°,海拔 280m。激光通信地面终端采用经纬仪结构,反射式光学接收天线口径 1m。为了降低大气对激光信号传输的影响,激光通信地面终端采用了 3 路信标光和 3 路信号光并行发射。

图 1-21　激光通信地面终端

通过本次试验,可对星地激光链路的瞄准、捕获、跟踪策略进行验证,在轨实测捕获概率、捕获时间等重要参数。同时，进行星地双向激光通信数据传输试验，包括低速（下行 20Mbit/s，上行 2Mbit/s）与高速（下行 252Mbit/s/504Mbit/s）通信。此外，试验中还可对各种影响卫星光通信系统的空间环境因素和大气信道进行实测研究。

HY-2 于北京时间 2011 年 8 月 16 日发射后进入太阳同步轨道。2011 年 10 月 25 日，成功进行了星地激光链路捕获跟踪试验，采用单向扫描捕获、双向闭环跟踪控制的方式实现了中国首次高精度高稳定的双向快速捕获和全链路稳定跟踪。在星地链路各个瞄准捕获跟踪的相关在轨工作模式下，通过遥测和地面显示检测激光通信星上终端和地面终端的关键参数情况，判断是否具备瞄准捕获跟踪功能。

图 1-22 为试验过程中激光通信星上终端粗瞄的控制量与反馈量变化情况，从中可以看出终端瞄准捕获跟踪全过程情况。整个链路从地面仰角 30°开始，直至仰角 30°结束，最大链路距离 1650km。

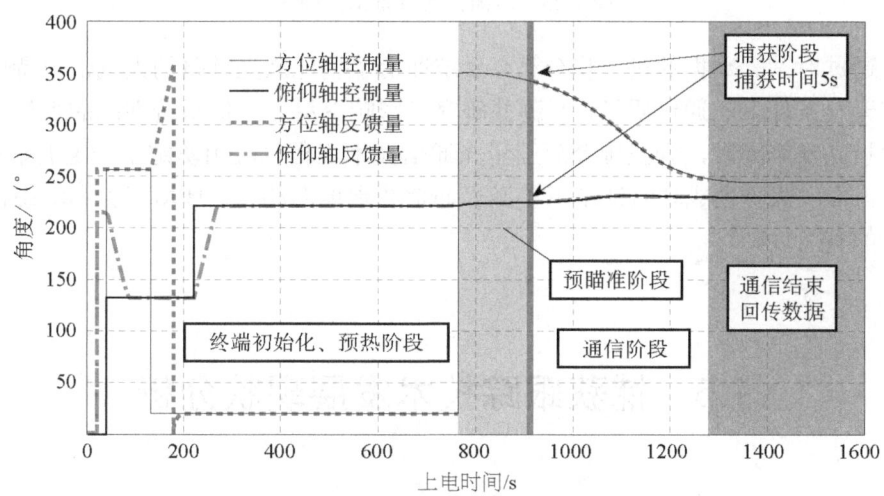

图 1-22　粗瞄装置的控制量与反馈量变化

在 2011 年 10 月至 2012 年 5 月的试验中，通过地面上注方式进行在轨校准和修正，缩短了星地激光链路捕获不确定范围，有效提高了激光星地链路的捕获跟踪性能，链路平均捕获时间 4.5s。通过双向闭环跟踪技术，提供了星地激光链路跟踪精度和稳定度，实现了跟踪精度优于 2μrad，跟踪保持比为 100%。图 1-23 为地面监测设备给出的捕获跟踪过程中的照片。

在终端信号接收单元中采用了容差探测新方法，实现了通信误码率优于 1×10^{-7} 的高质量通信。试验期间，对激光通信 252Mbit/s/504Mbit/s 下传测试数据的分析比对结果表明,激光链路传输数据与微波数传数据一致,从另一方面验证了激光通信传输数据的性能。HY-2 星地激光链路圆满完成了各项试验任务,链路系统技术指标达到了同期国际先进水平。

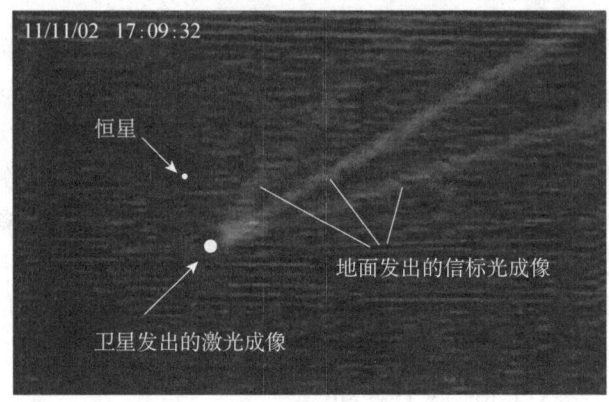

图 1-23　地面检测设备拍摄图像

通过对试验数据的进一步分析,系统评价了星地激光链路的大气信道特性和不同天气条件下的通信质量,实测并研究了影响卫星光通信系统性能的大气干扰和背景光噪声因素,为我国今后卫星光通信技术工程化应用奠定了一定的基础。此外,本次试验也成功验证了卫星激光通信终端地面测试、环境试验和动态模拟试验的有效性。

1.5　捕获跟踪技术发展现状分析

1.5.1　瞄准与探测关键器件技术

在粗瞄装置的万向转台中,一般采用伺服电机或步进电机进行驱动,通过齿轮传动实现对万向转台的控制。美国的 OCD、日本的 LUCE 和 LCE 都选用伺服电机驱动万向转台。伺服电机系统的瞄准速度快、控制精度较高,但控制过程较复杂。ESA 的 SILEX 选用步进电机驱动万向转台,并通过减速器细分提高步进电机的控制精度。步进电机系统的控制过程较简单,但瞄准速度和控制精度受到一定的限制。上述系统都存在着无法消除的齿轮传动误差,为此,美国在 STRV-2 激光通信终端上采用中空无刷直流电机驱动万向转台,避免了由于齿轮传动造成的瞄准偏差。在 STRV-2 中，望远镜和光路安装在直流电机的中空部分，通过电机直接进行驱动。

由于粗瞄装置的体积和重量一般占整个卫星光通信终端的三分之一以上，其减重设计是今后应用研究中的重点。除了优化机械结构和选用新型材料外，针对粗瞄装置低转速特点，人们也在考虑采用超声电机替代直流电机以实现小型化。然而，超声电机的在轨使用寿命问题目前尚未解决，现有卫星光通信终端粗瞄装置驱动大部分仍为直流电机。

在精瞄装置的精瞄镜中，通常采用压电陶瓷驱动和电磁驱动两种方式实现偏转镜驱动。日本的卫星光通信终端精瞄反射镜多采用压电陶瓷驱动，而美国和 ESA 的卫星光通信终端精瞄反射镜大多采用电磁驱动。压电驱动器的控制精度很高，但存在非线性和磁滞效应；电磁驱动器虽然加有位置传感器反馈，但其控制精度仍然较低（几十微弧度）。因此，无论采用哪一种驱动器，都要进行光学闭环控制，这时两种方式的精瞄控制均可达到 $1\mu rad$ 的瞄准精度。在其他方面，压电驱动器的偏转范围较小（$1\sim 3mrad$），而电磁驱动器的偏转范围较大（大于 $7mrad$）。较大的偏转范围有利于跟踪，并且通过精瞄镜扫描来部分代替粗瞄装置扫描还可以缩短捕获时间。压电驱动器具有较高的响应频率（大于 $1kHz$），而目前的电磁驱动器的响应频率只有几百赫兹。为了更好地补偿星上的高频微振动，电磁驱动器的响应频率还须提高。此外，在体积和重量方面，压电驱动器较电磁驱动器有一定的优势。

在捕获跟踪光学信号探测器方面，目前主要采用 CCD 和 QD 两类。日本的卫星光通信终端，以及美国和 ESA 早期的卫星光通信终端大都采用具有大视域的 CCD 作为粗瞄和捕获探测器，采用具有高采样频率的 QD 作为精瞄跟踪探测器。在 ESA 的 SILEX 和美国的 OCD 中，采用 CCD 同时作为粗瞄和精瞄探测器。通过控制 CCD 输出像素面阵的大小改变探测视阈和采样频率，捕获过程中使用大视阈和较低采样频率，跟踪过程中则使用小视阈和较高采样频率。上述两种信标光信号探测方式中，第一种的处理电路较简单，但采用的光学元器件较多；第二种的处理电路较复杂，但整个瞄准捕获跟踪系统的光路大大简化。从目前的发展趋势来看，"采用 CCD 同时作为粗瞄和精瞄探测器"的信标光信号探测方案还有较高的发展潜力，更被各国的研究机构看好。

综上所述，瞄准与探测关键器件技术的主要发展现状如下：在粗瞄装置中，为了避免齿轮传动影响瞄准精度，现有技术一般采用中空电机直接驱动技术；在精瞄装置中，大多采用压电陶瓷驱动和电磁驱动两种方式，分别在响应频率和偏转范围方面具有优势，可根据终端设计需求进行选择使用；在捕获跟踪光电探测器方面，为了实现激光终端的小型化，通常采用 CCD 同时实现捕获和跟踪光电反馈探测功能。表 1-4 和表 1-5 分别给出了现有文献中可以查到的典型空间激光链路瞄准与探测关键器件技术参数。

表 1-4 典型空间激光链路跟瞄性能指标

	参数名称	ETS-VI LCE	SILEX PASTEL	SILEX OPALE	OICETS LUCE	OPTEL OPTEL-25	HY-2
粗瞄装置	瞄准精度	—	170μrad		±174μrad	0.5mrad	30μrad
	控制带宽	2Hz	0.2Hz		0.3Hz	5 Hz	3Hz
	捕获精度	32μrad	30μrad		—	—	30μrad
精瞄装置	精瞄范围	±0.4mrad	±10mrad		±0.2mrad	±7mrad	±0.3mrad
	跟踪带宽	500Hz	200Hz		200Hz	1kHz	300Hz
	瞄准精度	2μrad	0.07μrad		5.2μrad	—	1μrad
	跟踪精度	3μrad	15μrad		7.2μrad	—	2μrad

表 1-5 典型激光通信链路信标探测器性能指标

	参数名称	SILEX PASTEL	SILEX OPALE	OICETS LUCE	ETS-VI LCE	OPTEL OPTEL-25	LADEE LLST	LADEE LLGT	HY-2
捕获探测器	探测器类型	CCD	CCD	CCD	CCD	CCD	QD	QD	CCD
	像素尺寸	23μm	23μm	—	—	22μm	20μm	20μm	10μm
	视场	8.6mrad	1.0mrad	6.8mrad	8mrad	5.3mrad	2mrad	2mrad	3mrad
跟踪探测器	探测器类型	CCD	QD	Si-APD	CCD	单光子探测器	单光子探测器		CCD
	视场	476μrad	400μrad	400μrad	400μrad	—	—		±300μrad

1.5.2 链路快速捕获技术

激光通信链路开始建立的初期，受到卫星姿态控制精度、轨道预测误差、卫星平台振动和时钟校准精度等因素的影响，会存在一个较大的初始瞄准偏差角。因此，为了实现激光通信，需要通过捕获来对初始瞄准偏差角进行补偿，以实现两终端的相互对准，进而完成跟踪和通信工作。通常情况下，由于地球遮挡，卫星光通信的链路时间是有限的，捕获的快速完成是每次激光链路进行大容量数据传输的前提。

捕获过程中，两个光终端之间的相互协作方式、反馈信号的处理模式、信标光扫描方式等的不同决定了链路捕获性能的不同。两个光终端之间的相互协作方式指的就是捕获方式。可应用于卫星激光通信的几种捕获方式包括：凝视/凝视（stare/stare）方式、凝视/扫描（stare/scan）方式、扫描/扫描（scan/scan）方式以及扫描/凝视（scan/stare）方式等。根据对反馈信号处理方式的不同，星间激光通信链路的捕获可以分为快速全场扫描和步进式扫描两种模式。信标光扫描方式是决定捕获概率和捕获时间的关键,主要有以下几种方式:光栅(raster)扫描、螺旋(spiral)扫描、光栅式螺旋(raster spiral)扫描、李萨如图形(Lissajo)扫描以及玫瑰形(rose)扫描等。

在发表的文献中:提高卫星光通信扫描捕获概率的方法研究中,对光栅扫描和螺旋扫描的单场捕获进行了理论建模,推导了星上动力学环境下光通信终端的捕获性能,分别得到了光栅扫描方式下平均捕获时间的解析表达式和螺旋扫描方式下平均捕获时间的非解析表达式;通过数值仿真和地面模拟实验,比较了光栅扫描和螺旋扫描方式下系统的平均捕获时间,结果表明当随机瞄准偏差角在俯仰轴方向和方位轴方向的方差对称时,螺旋扫描优于光栅扫描。

随着卫星激光通信空间试验的成功,为了适应市场需求,卫星光通信终端向着高度集成化、小型化、轻量化的方向发展。在这种趋势下,美国空军基地(Air Force Base,AFB)的空军研究实验室(Air Force Research Laboratory,AFRL)提出用信号光代替信标光进行空间扫描,即无捕获信标光(beaconless)捕获机制,从而对光通信系统进行简化。这种捕获机制可适用于未来小卫星(微卫星、纳卫星等)上搭载的小型化的光通信终端。2004年,AFRL基于Monte Carlo仿真对螺旋扫描的无信标光捕获机制的捕获性能进行了研究,论证了其可行性。分析结果表明,对于今后的无捕获信标光捕获机制,有必要进行多场扫描从而使捕获概率达到期望水平。

现有的星地和星间链路均采用宽光束信标进行捕获,捕获信标光在捕获过程中发挥了重要的作用。然而,对于资源要求更为紧张的深空探测,设置捕获信标光存在如下缺点:

(1)捕获信标光只是在捕获阶段使用,其余的链路时间内均关闭。以GEO-LEO星间链路为例,捕获信标光的开启时间仅为链路时间的2%~5%,使用效率较低。

(2)为了实现较大的发散角,要求捕获信标光的输出功率较高,一般是信号光的10~20倍。在捕获信标光输出过程中,对于激光链路终端引入了一个较大的峰值功耗,对卫星平台供电和终端二次电源提出了较高要求。

(3)捕获信标光源本身的质量一般为3~5kg,在终端中还需专门增加上位控制、电源、整形光路和分光光路,质量为1~2kg,系统体积、重量和复杂度明显增大。

综上所述,在保证捕获性能的情况下,去掉捕获信标光可实现深空探测终端的简化,降低对卫星平台的要求。无信标捕获技术是未来捕获的重要发展方向,主要通过信号光束实现链路建立,在不对卫星平台提出更高的姿态和轨道精度要求情况下实现光束的快速捕获和锁定。窄光束信号光覆盖范围较小，为了控制捕获时间，需要通过有效的方法缩小捕获不确定角。通过地面站或恒星校准，可对终端捕获不确定角进行迭代修正。无信标捕获时，平台振动和姿态漂移对捕获影响较大，需要重新考虑扫描策略。此外，对于信号光，捕获锁定阶段的大角度瞄准控制有可能造成失锁，需重点考虑控制策略的优化问题。

1.5.3 链路稳定跟踪技术

捕获完成后，激光链路进入跟踪阶段。跟踪是指跟踪子系统根据跟踪探测器上的光斑信息给出误差信号驱动控制回路对入射光方向进行瞄准的过程。跟踪的目的是在星间相互运动、卫星平台姿态变化、角振动和大气干扰的影响下尽量将接收光斑保持在精跟踪探测器中心。高稳定、高精度的跟踪是卫星激光链路可靠通信信号传输的保障。

激光通信系统的跟踪精度和跟踪稳定性是由粗跟踪和精跟踪子系统联合工作性能最终决定的。此外，卫星平台姿态变化、角振动和精跟踪探测器噪声等外部条件也是影响跟踪性能的主要因素。根据链路卫星的不同情况，可采用的跟踪方式有以下两种：

（1）单向跟踪。由一个跟踪终端上的粗瞄和精瞄装置根据卫星轨道参数进行开环瞄准，而由另一个终端利用实际测量的跟踪偏差，由粗瞄和精瞄装置进行补偿。单向跟踪方式对卫星的定位和姿态控制精度较高。在卫星环境条件允许的情况下，甚至可仅采用粗瞄装置来完成跟踪。例如，美国的 STRV-2 星地激光通信实验系统，其星上终端就没有设置精瞄装置，而仅通过伺服电机控制粗瞄装置来完成光束跟踪。

（2）双向跟踪。两个终端均进行闭环瞄准跟踪。在卫星的定位和姿态控制精度较低时，必须采用双向跟踪方式。双向跟踪方式对跟踪系统的控制精度有较高的要求，当跟踪精度达不到要求时，会产生跟踪误差发散的现象，最终导致通信失败。

由于卫星平台和大气环境对于激光链路跟踪保持的影响非常大，跟瞄执行机构一般为复合轴粗-精跟瞄系统，跟踪方式基本为双向跟踪。双向光束跟踪是一个复杂的过程，需要两个链路终端的粗瞄装置、精瞄装置和光电探测装置共 6 个相互关联单元密切配合工作。为了实现稳定跟踪，除了对终端粗瞄、精瞄和光电探测各个小回路控制参数进行优化外，还应重点对每个终端的大回路控制参数进行优化，具体包括粗精比例、粗精指令更新频率、粗精切换条件和探测窗口等控制参数。同时，应根据实测的光信号远场分布情况，结合通信探测器性能，进一步优化大回路控制参数。

卫星激光通信目前仍处于试验阶段的主要原因就是激光通信保持时间短，不能确保通信数据的稳定传输。而激光链路光束的稳定跟踪是保证激光通信稳定传输的前提，因此如何实现高精度稳定跟踪是未来激光通信发展的重要方向。基于星间激光链路跟瞄性能和跟踪稳定性能的研究现状，目前该领域仍存在一些有待完善和解决的问题：减少系统的复杂性，减轻光学终端的质量；采用双向跟踪方式提高链路的跟踪稳定性；综合分析探测精度、姿轨信息、远场光束质量等因素对链路稳定性的影响。

通过近些年来的卫星光通信的空间实验，人们逐渐开始重视研究星上微振动对卫星光通信跟踪的影响研究。以色列的 Arnon 等对小卫星星座中振动对光通信的影响进行了分析，推导了激光光束的能量为平均分布时振动造成影响的平均效果。其中，对小卫星星座中的振动影响的复杂传递过程作了简化，单个卫星上采用高斯型随机振动假设建立理论模型。整个分析过程侧重于振动对卫星光通信误码率的影响，而没有包括振动对于瞄准捕获跟踪系统的影响研究。

对于卫星平台的微振动，首先必须采用振动隔离方式来减轻振动对通信终端的影响。美国空气动力实验室研制了专门用于卫星光通信的微型振动隔离系统（MVIS）。MVIS 在传统的被动隔离方式的基础上，采用了压电（PZT）驱动器和微电机械系统（MEMS）传感器进行主动减震控制，在 5～200Hz 的动态范围内减震比可达 20dB。

为了保证通信的可靠性，仅靠振动隔离一种方式是不够的，还需要精瞄系统来克服振动的影响。美国的宾厄姆顿大学和罗马实验室前馈式自适应振动抑制技术，通过传感器实时测量振动噪声，利用高速精瞄镜进行补偿，该项技术已进行了仿真试验，空间实验的结果还未见报道。

上述有关星上微振动对卫星光通信影响的研究工作中，只涉及了理论方面的初步分析以及振动衰减和补偿器件的研制。在目前公开发表的文献中，未见有关星上微振动对瞄准捕获跟踪影响较全面的分析，以及相应的实验室模拟实验验证。而这项工作将关系到捕获跟踪能否成功和卫星光通信能否顺利实现，具有重要的意义。美国的 JPL 最近建立了用于测试瞄准捕获跟踪系统的振动模拟平台，但文献中只给出了振动模拟平台的系统结构和物理特性（最大角振幅 200μrad，最大振动频率 200Hz），进一步的实验还未见报道。

目前，激光通信链路的稳定性是影响星间光通信技术发展的关键因素之一。欧空局的 SILEX 的 LEO-LEO 相距 4900km 的双向光通信实验的通信链路可仅保持在 50～650s，有效数据传输效率较低。进一步研究双向跟踪过程的稳定特性，明确双向跟踪稳定条件，对提高通信链路稳定性，延长通信保持时间具有重要意义。

对于跟踪过程稳定特性的研究，主要集中在提高通信终端的控制系统的控制精度，旨在提高通信终端对扰动的抑制能力。在跟踪过程中采用复合轴控制可以有效提高跟瞄系统的性能。对于跟踪控制算法，目前普遍使用的有 PID 控制、H∞控制等。在对扰动因素的研究中，由于通信距离远，卫星间存在相对运动，卫星上的瞄准装置必须考虑到在光束弛豫时间内卫星所发生的附加移动，采用提前瞄准的方法，可以有效抑制其对跟踪过程产生的影响。对由于卫星间距离造成的时间延迟进行补偿。通过对星上的微振动预测及补偿，达到提高跟踪精度的效果。

综上所述，在粗瞄和精瞄装置的两个闭环控制系统基础上，终端的跟踪控制部分是由粗瞄装置、精瞄装置和光电探测器组成的大闭环控制系统。双向光束跟踪时，两个光通信终端同时对来自另一个终端的光束进行跟踪，卫星光通信系统的两端都将产生瞄准角度误差且一端的瞄准精度将影响另一端的误差。因此，两个终端上的瞄准角度误差均为时间和统计上的联合随机变量。在每个终端的粗瞄装置和精瞄装置均满足设计性能要求的前提下，还应选择合理的大闭环系统控制策略，避免出现双向跟踪发散现象，尽可能提高链路保持的稳定特性。

通过分析国内外的文献，当前链路稳定跟踪技术存在的主要问题如下：为提高链路保持稳定性，采用宽光束进行跟踪，对于窄光束跟踪的问题定性分析很少；接收光信号强度变化频率过高；受瞄准控制脉冲冲击的影响，接收段的光信号强度变化过快，容易造成通信信号检测失锁，影响通信的质量。为解决上述问题，今后的技术发展趋势是研究窄光束双向稳定跟踪技术，突破链路稳定跟踪技术；根据终端粗瞄性能、精瞄性能、卫星平台相关性及链路背景，优化大闭环系统控制策略，确保窄光束链路长时间稳定，提高链路通信质量。

参 考 文 献

[1] Cesarone R J, Abraham D S, Deutsch L J. Prospects for a next generation deep space network. Proceedings of the IEEE, 2007, 95（10）：1902-1915

[2] Kunimori H, Shoji Y, Toyoshima M, et al. Research and development activities on space laser communications in NICT. Proc. of SPIE, 2009, 7199：（719904-1）-（719904-7）

[3] Toyoshima M, Leeb W R, Kunimori H, et al. Comparison of microwave and light wave communication systems in space application. Proc. of SPIE, 2005, 5296：1-12

[4] Chan V W S. Optical satellite networks. Journal of Lightwave Technology, 2003, 21（11）：2811-2827

[5] Sodnik Z, Lutz H, Furch B, et al. Optical satellite communications in Europe. Proc. of SPIE, 2010, 7587：（758705-1）-（758705-9）

[6] Vanhove J L, Nldeke C. In-orbit demonstration of optical IOL/ISL—the SILEX Project. International Journal of Satellite Communications, 1988, 6: 119-126

[7] Laurent B, Planche G. SILEX overview after flight terminals campaign. Proc. of SPIE, 1997, 2990: 10-22

[8] Nielsen T T. Pointing acquisition and tracking system for the free space laser communication system, SILEX. Proc. of SPIE, 1995, 2381: 194-205

[9] Lange R, Smutny B. BPSK laser communication terminals to be verified in space. 2004 IEEE Military Communications Conference, 2004: 441-444

[10] Lange R, Smutny B. Optical inter-satellite links based on homodyne BPSK mudulation: Heritage, status and outlook. Proc. of SPIE, 2005, 5712: 1-12

[11] Nielsen T T. Pointing, acquisition and tracking system for the free space laser communication system. Proc. SPIE, 1995, 2381: 194-205

[12] Toyoda M, Toyoshima M, Fukazawa T. Measurement of laser link scintillation between ETS-VI and a ground optical station. Proc. of SPIE, 1996, 2990: 287-295

[13] Shikatani M, Toyoda M, Takami H. Ground system development for the ETS-VI/LCE laser communications experiment. Proc. of SPIE, 1993, 1866: 21-29

[14] Baister G, Dreischer T, Fischer E, et al. OPTEL family of optical terminals for space based and airborne platform communications links. Proc. of SPIE, 2005, 5986: 1-10

[15] Baister G, Dreischer T, Tuchler M. OPTEL terminal for deep space telemetry links. Proc. of SPIE, 2007, 6457: 1-10

[16] Arimoto Y, Okazawa H, Shikatani M. Laser communication experiment using ETS-VI satellite. CRL Journal, 1995, 42 (3): 285-292

[17] Yrimoto Y, Toyoshima M, Toyoda M. Preliminary result on laser communication experiment using ETS-VI. Proc. of SPIE, 1995, 2381: 151-158

[18] Biswas A, Kovalik J M, Wrigh M W. LLCD operations using the Optical Communications Telescope Laboratory (OCTL). Proc. Of SPIE, 2014 89710X: 1-16

[19] Sodnik Z, Smit H, Sans M. LLCD operations using the lunar lasercom OGS terminal. Proc. of SPIE, 2014, 89710W: 1-13

[20] Chakravarthi P R, Chen C C. Spatial acquisition in the presence of satellite vibrations for free space optical communcation link. Proc. of SPIE, 1994, 2221: 248-259

[21] Scheinfeild M, Kopeika N S. Acquisition system for microsatellites laser communication in space. Proc. of SPIE, 2000, 3932: 166-175

[22] Scheinfeild M, Kopeika N S. Acquisition time calculation and influence of vibrations for micro-satellite laser communication in space. Proc. of SPIE, 2001, 4365: 195-205

[23] Scheinfeild M, Kopeika N S. Acquisition system for microsatellites laser communication in space. Proc. of SPIE, 2000, 3932: 166-175

[24] Scheinfeild M, Kopeika N S. Acquisition time calculation and influence of vibrations for micro-satellite laser communication in space. Proc. of SPIE, 2001, 4365: 195-205

[25] Hove P V, Chan V W S. Spatial acquisition algorithms and systems for optical ISL. Proc. IEEE, 1983, E1.6: 19-22

[26] Kaufmann J E, Chan V W S. Coherent optical intersatellite crosslink systems. Proc. IEEE, 1988, 32: 0533-0540

[27] 于思源, 马晶, 谭立英. 提高卫星光通信扫描捕获概率的方法研究. 光电子激光, 2005, 16(1): 57-62

[28] 陈云亮, 于思源, 马晶, 等. 卫星间光通信中多场扫描捕获的仿真优化. 中国激光, 2004, 31(8): 975-978

[29] 杨玉强, 谭立英, 马晶. 星间光通信中局部波前畸变对捕获精度的影响. 强激光与粒子束, 2009, 21(2): 161-165

第 2 章
卫星光通信系统工作原理和技术基础

2.1 概　　述

按在激光链路中完成的功能划分，卫星光通信系统可分为光学子系统、捕获跟踪子系统和通信子系统三部分，本章将逐一介绍上述子系统的工作原理。为了使读者更好地理解后续章节内容，本章还重点介绍了研究捕获跟踪技术的基础——两体轨道动力学和轨道预测技术，最后简要介绍与星地捕获跟踪技术直接相关的激光大气传输理论及影响补偿技术。本章内容在卫星光通信终端组件工作原理、卫星轨道姿态变化情况和地面自适应补偿技术方面部分参考了国内外研究成果，具体见参考文献[1]~[28]。

卫星光通信系统的主体部分包括光学子系统、捕获跟踪子系统和通信子系统等。上述几部分是卫星光通信终端中最基本也是最重要的部分，其设计优劣直接影响卫星光通信系统的主要技术指标。卫星光通信系统中的二次电源子系统和热控子系统属于终端专用配套设备，一般可由卫星平台根据卫星光通信系统的具体要求进行统筹设计和布局。

卫星光通信系统中，由于卫星平台振动、姿态漂移及空间摄动力的影响，其捕获跟踪系统转台不同于地面转台具有稳定的基地，而是随着空间轨道自由浮动。在空间微动力环境下，光通信终端和卫星平台之间存在运动学和动力学上的耦合，并可能相互影响。空间动力学影响下，光通信终端的转动可能导致卫星姿态偏差甚至失控，同时卫星上其他载荷的振动和旋转等也会导致光通信终端瞄准轴的抖动，影响跟踪和通信。首先，存在姿态干扰性。卫星载体在控件处于浮动状态，使得卫星平台姿态变化不稳定。同时光通信终端捕获跟踪过程中的运动对卫星平台产生反作用力和力矩，也导致卫星姿态的不稳定。其次，光通信终端的捕获跟踪视轴和在地面工作一样,用三维变量描述。由于卫星平台基准坐标系不稳定,系统具有非完整性。光通信终端个体的闭合运动不能使卫星返回初始工作状态,需要维持一种动态平衡以确保链路的两个终端相互对准。因此,卫星平台的轨道和姿态动力学是卫星激光通信瞄准、捕获和跟踪技术研究中的重要理论基础。

在星地激光链路中,激光光束要穿过地球表面的大气层,因此要考虑大气对激光信号传输的影响问题。地球表面大气的随机运动会形成大气湍流,引起大气折射率的随机起伏,进而导致激光波振面产生畸变,破坏空间光场的相干性,从而产生光束漂移、光强起伏、相位起伏等一系列光学效应。对于通信系统来说,差错概率是衡量系统性能的一个重要指标,在进行链路设计以及实际的通信过程中,总是希望信息的传输具有较低的差错概率。对于星地激光链路而言,大气湍流引起的上述光学效应将导致系统接收光强的随机起伏,增加系统的能量损耗,进而影响通信信号传输过程中的差错概率。除大气湍流的影响外,星地激光链路的通信性能还受到调制方式、发射和接收口径、光束束散角和探测器噪声等诸多因素的影响,系统的差错概率是这些因素和大气湍流效应共同作用的结果,因此在综合考虑上述这些因素的基础上,研究大气湍流对星地激光链路通信性能的影响对整个链路系统的设计具有重要的意义。

在星地光通信终端中,采用自适应光学系统可以校正波前,提高光束的成像质量,进而提高瞄准精度。自适应光学系统主要由波前探测器、控制系统、变形反射镜及光学系统等组成。其工作过程是先由波前探测器检测失真波前,由控制系统产生驱动信号来改变变形反射镜的形状以补偿波前失真。地面终端的接收孔径一般远大于下行传输光束的相干长度,为了提高激光链路性能,地面终端一般采用自适应光学技术。

2.2 光学子系统工作原理

光学子系统主要包括光学天线、发射光路和接收光路,本节首先对光学天线的作用、望远镜的要求进行阐述,然后对光学发射和接收光路的工作原理进行介绍。

2.2.1 光学天线

在卫星光通信终端中为了满足系统小型化、轻量化要求,光学天线通常采用收发共用结构,作用主要有以下两个方面:对发射光束进行进一步的扩束准直,扩大发射系统的光斑的尺寸,压缩输出光束的发散角;接收另一个终端发送过来的光信号,将其压缩整形,最后聚焦并且耦合到光电探测器上。

1. 光学发射增益

对于光束发射,光学天线发射增益的物理意义是:天线发射光波强度和相同辐射功率条件下理想的各向同性辐射强度的比值。若不考虑望远镜遮挡,经光学天线发射后的光束平面发散角为 θ_t(全角),对应的光束立体发散角为

$$\Omega_t = \frac{\pi}{4}\theta_t^2 \tag{2-1}$$

对于各向同性辐射,光束立体发散角为 4π,根据前面的定义可知光学天线发射增益为

$$G_t = \frac{4\pi}{\Omega_t} = \frac{16}{\theta_t^2} \tag{2-2}$$

通常采用对数方式表示增益的大小:

$$G_T = 10\lg G_t = 10\lg \frac{16}{\theta_t^2} \tag{2-3}$$

其中,θ_t 在衍射极限情况下的数值计算公式为

$$\theta_t = \frac{1.22\lambda}{D} \tag{2-4}$$

式中,λ 为光波长;D 为发射孔径。对于光通信终端,考虑到光学天线的加工和装配误差,实际的 θ_t 要偏大一些。以天线的孔径大小为 20cm,$\lambda=0.8\mu m$ 为例,光学天线的发射增益理论上可以达到 118dB。同等天线口径,波长越短则增益越大。由于光波长较微波短得多,可实现更高的发射增益,适应卫星载荷的小型化和轻量化要求。

2. 光学接收增益

对于光束接收,光学接收增益的物理意义是:相同辐射功率条件下理想的各向同性辐射强度和天线接收光波强度的比值。接收的光波对应的平面角度为 θ_r(全角),相应的立体角为

$$\Omega_r = \frac{\pi}{4}\theta_r^2 \tag{2-5}$$

卫星光通信过程中,由于远距离传输,到达接收天线附近的光斑尺寸远大于接收天线的直径 d,可以认为在接收天线上的光束为平面光波,其能量分布是均匀的。设传输距离为 z,考虑到 z 远大于 d,可进行小角度近似,则

$$\Omega_\mathrm{r} = \frac{\pi}{4}\theta_\mathrm{r}^2 = \frac{\pi}{4}\left(\frac{d}{z}\right)^2 \tag{2-6}$$

对于各向同性辐射，光束立体角为 4π，根据前面的定义可知光学接收增益为

$$G_\mathrm{r} = \frac{\Omega_\mathrm{r}}{4\pi} = \left(\frac{d}{4z}\right)^2 \tag{2-7}$$

通常采用对数方式表示增益的大小：

$$G_{R0} = 10\lg G_\mathrm{r} = 10\lg\left(\frac{d}{4z}\right)^2, \quad z \gg d \tag{2-8}$$

为了和现有的微波通信系统链路冗余项对应比较，现有的文献中通常将光学接收增益分解成自由空间传输损耗 FSL 和天线接收增益 G_R 两部分，分别表示为

$$\mathrm{FSL} = 10\lg\left(\frac{\lambda}{4\pi z}\right)^2 \tag{2-9}$$

$$G_R = 10\lg\left(\frac{\pi d}{\lambda}\right)^2 \tag{2-10}$$

其中，引入的 λ 为光波长，用于量纲的匹配。显然

$$G_{R0} = \mathrm{FSL} \cdot G_R \tag{2-11}$$

可以看出，光学接收增益与光波长 λ 无关。空间传输距离 z 直接决定了自由空间传输损耗 FSL，天线口径 d 直接决定了天线接收增益 G_R。

卫星光通信系统的发射、接收天线实际上就是一个光学望远镜，天线的型式根据具体情况可采用反射式的卡塞格林型反射式天线或透射式天线。采用透视式光学天线可避免次镜遮挡引起的收发功率损耗，但体积和重量较大，且镀膜效率低。采用反射式光学天线体积较小，尽管会引入一定的次镜遮挡损耗，在卫星光通信终端中采用较多。一般说来，现在选用的空间光通信波段范围，对于孔径较大的天线，如 SILEX 系统的 25cm 天线，可采用反射式天线，这有助于降低天线的制造难度，提高天线的可靠性，减轻重量；而在天线孔径较小时，则选用透射式天线，如小光学用户终端（SOUT）的天线系统。

从光学天线的光信号收发功能上可划分为收发共用和收发分离两种，如图 2-1 所示。卫星光通信终端中光学天线多采用收发共用方式以尽可能实现小型化。对于星地激光链路中的地面光通信终端，光学天线多采用收发分离方式，可有效避免发射光信号后向反射对信号接收的影响。

美国 JPL 的空间光通信模拟系统中收发天线不共用，且用两个 600Mbit/s 的通道实现 1.2Gbit/s 的通信数据率，而欧、日是收发天线共用，单通道通信。收发不共用的优点是可降低损耗，缺点是可使终端体积增大，而收发共用的优点是光终端体积小，但由于增加分光镜等分光器件，使光能的损耗增加。

(a) 收发分离　　　　　　　　　　　(b) 收发共用

图 2-1　典型的光学收发望远天线实物图

接收天线孔径越大，可实现的光信号发射和接收增益越大。但随着孔径增大，天线的体积和重量也要增加，需要考虑卫星平台的承受能力对上述指标进行综合优化。考虑到中继卫星平台承载能力较强，终端天线口径一般为 20～30cm；用户卫星平台承载能力较弱，终端天线口径一般为 10～15cm；地面站发射天线口径一般为 20～30cm，接收天线口径一般为 50～200cm。

2.2.2　收发光路

考虑到卫星间光通信终端的小型化和低功耗等要求，一般采用半导体激光器作为信号光和信标光的光源，波长在 800nm 附近。考虑到应用光纤器件的成熟技术，近年来一些卫星光通信系统采用了 1550nm 波长作为光源。由于半导体激光器输出的激光光束质量很差，在发射之前通常要对光束进行整形和压缩。一般要求整形后半导体激光器的输出光束为近高斯分布，而经过压缩后的输出光束发散角通常为微弧度量级。激光光源的功率和发射天线的增益的选择在很大程度上取决于链路的自由空间传输损耗的大小。

典型的卫星光通信终端收发光路如图 2-2 所示。收发光路主要包括：800nm 波段信标激光器及配套的激光光束整形透镜组；1550nm 波段信号激光器及配套的激光光束整形透镜组；收发光路分光及反射器件；精瞄镜组件两套；窄带滤光器两套；信标探测器及配套的成像透镜组；通信探测器及配套的成像透镜组。

激光发射光路包括信标光发射和信号光发射两路光学通道；信标光输出端及其光束整形透镜组组成信标光发射通道，在激光链路建立的捕获过程中进行大束散角连续光输出；信号光及其光束整形透镜组组成信号光发射通道，在激光链路建立后的跟踪过程中进行小束散角调制光输出。

激光接收光路包括信标光探测和信号光探测两路光学通道；跟瞄探测器及其

透镜组、滤光片组成跟瞄探测接收通道，在激光链路建立与保持过程中探测入射信标光；通信探测器及其透镜组、滤光片组成信号光探测通道，在激光链路保持过程中对上行信号光进行接收探测。

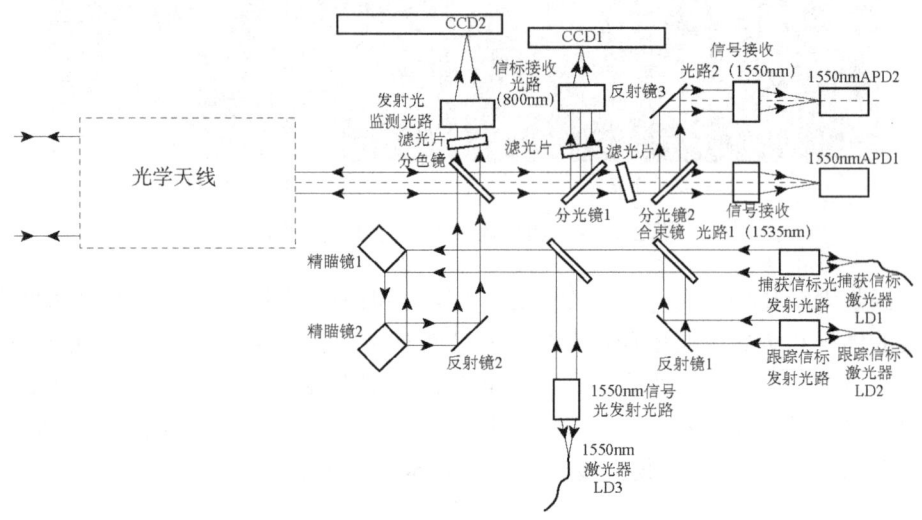

图 2-2　终端收发光路原理图

收发光路要求在满足指标要求的前提下，优化像质使其尽量接近衍射极限，其中光束质量优劣直接影响系统跟瞄和通信性能。接收光路的设计采用光学成像原理，成像光斑质量影响系统视域和跟瞄精度；发射光路设计时通常采用反向设计的方法，按照成像光路的设计优化方式进行初步设计与优化，然后按照正向发射光路设计，主要以光束质量和光束发散角为优化约束条件，使得设计出的发射光路在加工装配公差范围内满足系统指标要求。此外，整个光学系统应尽量减少各个单元透镜组的镜片数和增加公差范围，以降低透镜组装配难度，减小透镜组体积与重量。

2.3　捕获跟踪子系统工作原理

捕获跟踪子系统是空间光通信系统中的一个相当重要的子系统，它关系到空间光通信的成败。本节主要介绍捕获跟踪子系统的工作原理，包括粗瞄装置、精瞄装置、提前瞄准装置及捕获跟踪探测器等。

2.3.1 粗瞄装置

粗瞄过程是由具有两个旋转轴的万向节的转动完成的,由于它的转动使得望远镜的方向发生改变,从而达到粗瞄的目的。粗瞄装置包括万向转台(机械部分)、粗瞄控制器(驱动电子学部分),通过与捕跟探测器的配合,可实现捕获和粗跟踪。在捕获阶段,粗瞄控制器根据卫星的轨道和姿态数据调整万向转台的瞄准方向,然后以一定的方式进行天线扫描捕获。利用捕跟探测器判断捕获是否成功及测定对方光束到达的方向,并通过进一步调整万向转台使入射光斑进入精瞄控制范围。跟踪过程中,粗瞄根据捕跟探测器解算出的控制补偿量,进行大角度低频偏差角度实时补偿。

粗瞄装置万向转台一般有以下 4 种结构:潜望式、O 型架式、摆镜式和经纬仪式。

1.潜望式结构

潜望式结构的粗瞄转台主要通过控制两片反射镜的旋转实现光束二维角度大范围偏转控制,如图 2-3 所示。由于该结构可将光学天线和收发光路安装在卫星舱内,故称潜望式。潜望式结构在粗瞄控制过程中光学天线和收发光路不随动,具有粗瞄控制转动惯量小的优点。同时,由于光学天线和收发光路均不在卫星舱外,终端光学部分温控环境较好,对卫星平台温控的技术要求不高。

潜望式结构主要适合安装 100～150mm 口径光学收发天线的光通信终端,当口径大于 150mm 后,采用潜望式载荷主体结构的终端能效比下降,重量较同等天线口径的其他结构大很多,一般不采用。

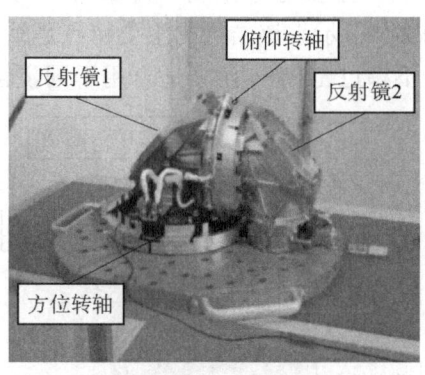

图 2-3 潜望式结构粗瞄转台

2. O 型架式结构

O 型架式的粗瞄转台通过二维转轴驱动整个光信号收发装置实现二维角度偏转控制，俯仰转轴支撑为 U 型框，方位转轴支撑为 O 型框，如图 2-4 所示。O 型架式的粗瞄转台主要针对安装在对地面的卫星光通信终端设计，可有效避免卫星对地面站或低轨卫星时可能遇到的瞄准死区问题，增加链路的可用时段。O 型架式适合安装大口径收发光学天线的光通信终端，尤其对 200～300mm 口径光学收发天线终端的能效比较高。由于光学天线和收发光路均随粗瞄转台转动，粗瞄控制转动惯量较大，配套的驱动电机体积、重量和功耗均较大。同时，由于光学天线和收发光路均在卫星舱外，终端光学部分温控环境恶劣，对卫星平台温控的技术要求较高。

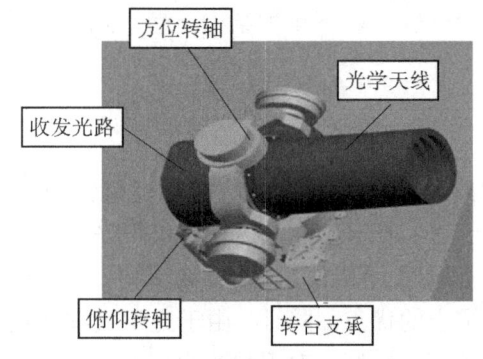

图 2-4　O 型架式结构粗瞄转台

3. 摆镜式结构

摆镜式结构的粗瞄转台主要通过控制一片反射镜的二维旋转实现光束小范围角度偏转控制，如图 2-5 所示。该结构的主要特点是重量轻、控制程序简单，但偏转范围较小，一般不超过±10°，主要适合用于同步轨道星地激光链路（覆

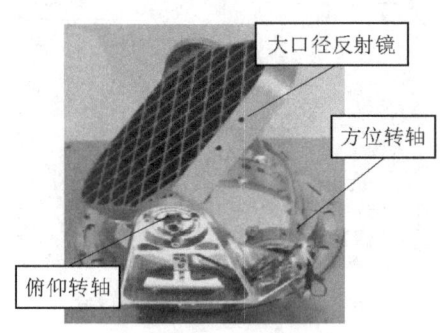

图 2-5　摆镜式结构粗瞄转台

盖我国境内偏转角度仅需 2°)。由于光学天线和收发光路安装在卫星舱内，摆镜式结构同时也具备潜望式结构的优点。摆镜式结构的粗瞄转台研制的技术难点是大口径偏转镜，要求保证轻量化和光学平面度要求的前提下，同时具备较强的力学特性。国外多采用铍合金材料加工实现，但研制成本较高。

4.经纬仪式结构

经纬仪式结构的粗瞄转台与典型的地面天文观测望远镜转台类似，通过一个主旋转轴实现方位角度偏转，通过 U 型框支撑实现俯仰角度偏转，如图 2-6 所示。用户星终端多采用此结构，特点是偏转范围大，对于 100～200mm 光学收发天线能效比较高。与 O 型架式的粗瞄转台相同，由于经纬仪式结构终端光学天线和收发光路均在卫星舱外，终端光学部分温控环境恶劣，对卫星平台温控的技术要求较高。此外，为避免出现瞄准死区，经纬仪式结构的粗瞄转台一般不能安装在卫星的对地面和对天面。

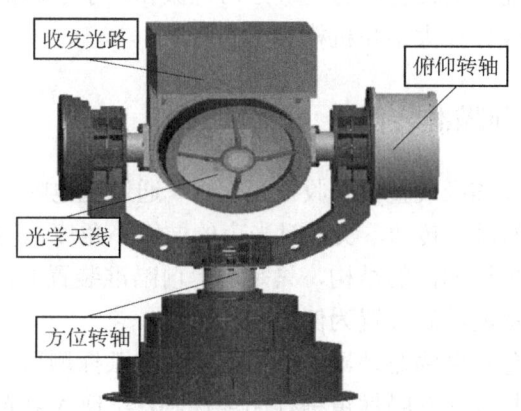

图 2-6　经纬仪式结构粗瞄转台

一种典型的粗瞄装置性能参数见表 2-1。粗瞄装置的瞄准范围主要取决于卫星光通信终端的应用需求。对于低轨卫星光通信终端，要求粗瞄装置的瞄准范围一般较大，通常为 90°～180°。对于高轨星间链路光通信终端，对低轨卫星激光链路时要求粗瞄装置的瞄准范围通常为±15°左右；对高轨卫星激光链路时通常为±70°左右；对地面激光链路时通常为±5°左右。

表 2-1　粗瞄装置典型性能参数

瞄准范围	200°	单轴 1s 稳定度	0.003°
瞄准角速度	0.2°/s	单轴 70ms 稳定度	0.001°
瞄准角加速度	0.02°/s^2		

续表

瞄准平均偏差	0.02°	机械部分质量	20.8kg
瞄准随机偏差	0.02°（3σ）	驱动电子学部分质量	12.4kg
单轴60s稳定度	0.008°	功耗	48W

粗瞄装置的瞄准角速度和角加速度要求主要取决于卫星光通信终端的链路类型，对于卫星间激光链路和低轨星地激光链路，由于两终端间相对运动速率较大，对粗瞄装置的瞄准角速度和角加速度要求较高；对于高轨星地激光链路，由于两终端间相对运动速率极低，对粗瞄装置的瞄准角速度和角加速度要求较低。粗瞄装置的瞄准平均偏差量决定了卫星光通信终端初始瞄准精度，直接影响捕获扫描的设定范围。粗瞄装置的瞄准随机偏差量决定了卫星光通信终端捕获扫描曲线的精度，需要设置扫描重叠量进行补偿，直接影响捕获扫描时间和捕获漏扫概率。粗瞄装置的单轴不同时段稳定度关系到复合轴跟踪策略的设定，直接影响光通信终端的跟踪性能。粗瞄装置的质量分为机械和电子学两部分，其中机械部分质量主要受光学天线口径大小和机构类型的影响。

2.3.2 精瞄和提前瞄准装置

精瞄装置和提前瞄准装置位于收发光路内，通过压电陶瓷或电磁驱动光学反射镜绕 X 轴、Y 轴的微小转动，实现对光束的二维小角度偏转控制。精瞄装置和提前瞄准装置一般采用相同的结构，只是对提前瞄准装置的控制频率要求较低。下面以压电陶瓷驱动的精瞄装置为例进行介绍。

精瞄控制装置包括精瞄驱动器、精瞄摆镜和捕跟探测器三部分。精瞄驱动器跟据上位机发出的指令对精瞄摆镜进行闭环控制，实现入射光束的二维瞄准角度控制。同时，光束的实际偏转角度还可以通过捕跟探测器进行实时检测，进一步提高光束控制精度。

精瞄摆镜的工作原理是利用压电陶瓷的逆压电效应驱动偏转镜片。由于压电陶瓷的输出位移存在着非线性、迟滞、蠕变三个重要的输出特性，并且压电陶瓷自身所呈现的电特性近似为电容特性且容量较大，所以在使用要求较高的场合对于压电陶瓷的控制难度较大。改善压电陶瓷的位移输出特性和解决动态控制特性，是解决激光通信性能与质量的关键技术之一。精瞄驱动器主要作用是为精瞄摆镜压电陶瓷提供所需的驱动能量和处理压电陶瓷自身电阻应变片式传感器的信号，并通过控制算法电路改善压电陶瓷的位移输出和动态控制特性。

非线性是指压电陶瓷在理想情况下，压电陶瓷的输出位移与外加电压成正比关系，上升曲线和下降曲线应该都是一次函数，但由于材料和工艺本身的原因，压电陶瓷伸长或缩短都不是线性关系。迟滞特性是指压电陶瓷升压曲线和降压曲线之间存在位移差。蠕变特性是指当施加在压电陶瓷的电压值不再变化时,位移值不是稳定在一固定值上,而是随着时间缓慢变化,并在一定时间之后才会达到稳定值。压电陶瓷的迟滞、蠕变、非线性三个主要特性,可以通过在压电陶瓷自身粘贴电阻应变片式传感器,再配以合适的驱动、检测、控制算法电路,便可以有效地改善压电陶瓷迟滞、蠕变、非线性对压电陶瓷输出位移的影响。

精瞄摆镜的机械结构为柔性铰链机构,其主要特点为结构紧凑、体积小、无机械摩擦、无间隙的传动导向机构。通过精瞄镜的执行器压电陶瓷驱动柔性铰链杠杆结构,实现了精瞄镜的偏转平台发生微小偏转,如图 2-7 所示。

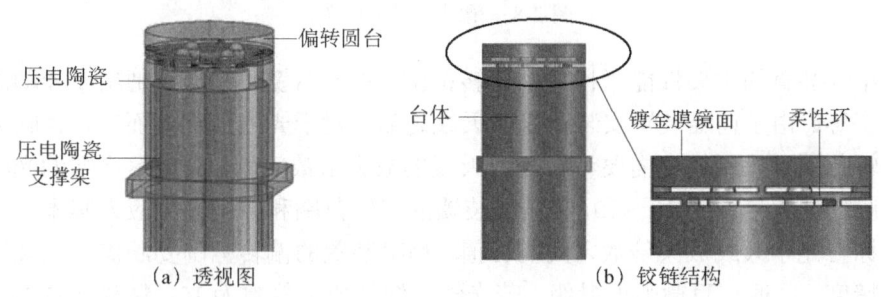

图 2-7 精瞄摆镜结构

该结构方式可以保证运动平稳、无间隙、无机械摩擦,利用金属材料的弹性形变来实现偏转角度的高分辨率和高响应速度。精瞄摆镜的执行器压电陶瓷,按一定规则环形分布,同一轴线的两根压电陶瓷差动工作,一个伸长推动精瞄摆镜的偏转平台,一个缩短使精瞄摆镜的偏转平台绕另一轴产生微小偏转。通过优化精瞄控制反馈检测模块,可以有效地抑制因温度变化和共模干扰所引起的偏转不稳定,提高精瞄的动态性能。

为达到精确的偏转角度的控制,精瞄驱动器必须对压电陶瓷的实际位移进行准确测量。采用应变片式传感器进行测量,当平台的角度发生变化时,应变片发生形变,从而导致电阻值发生变化,破坏电桥平衡,因应变片形变与阻值变化成线性关系。通过测量输出电压信号的变化量,根据事先标定的数据,可计算出实际的偏转角度的变化量。同时,光束的实际偏转角度还可以通过光电探测器进行检测,实现更高精度的光电双闭环控制。如图 2-8 所示,在精瞄摆镜前安装分光片,信标光源发射的光信号经过精瞄摆镜的发射后,一部分由分光镜透射到光学天线,另一部分由分光镜反射到捕跟探测器。经过精瞄摆镜控制后的信标光束实际偏转角度可以通过捕跟探测器进行实时检测,检测出的精瞄角度偏差发送到上位机。上位机根据事先标定的算法对精瞄驱动器发出控制指令,进一步调整精瞄的控制角度，可实现更好精度的光束瞄准角度控制。

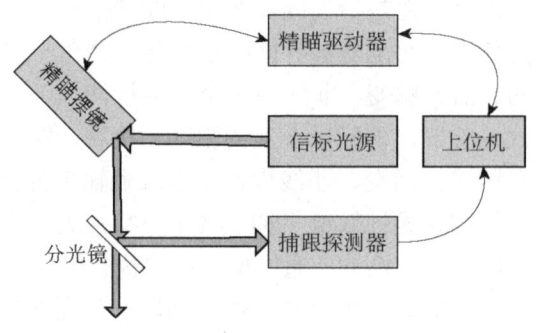

图 2-8　精瞄装置构成图

精瞄装置的主要性能指标包括偏转范围、控制带宽、静态控制精度和动态控制精度等。由于精瞄装置安装在光学天线之后，对于光通信终端而言，精瞄装置的偏转范围和控制精度需要考虑光学天线的放大倍数问题。光通信终端的光学天线一般的放大倍数为 10～20，则精瞄装置的偏转范围和控制精度应为其本单元性能指标与光学天线放大倍数之间的比值。精瞄装置的偏转范围要涵盖粗瞄装置的控制精度，一般在百微弧度量级。若光学天线的放大倍数为 10，精瞄装置单元的偏转范围为±1.5mrad，则光通信终端的精瞄偏转范围为±150μrad。精瞄装置的控制带宽应为粗瞄装置控制带宽的 10 倍以上，通常为 500～1000Hz。精瞄装置的静态控制精度和动态控制精度分别决定了提前瞄准和精跟踪的控制精度，是保证光通信终端实现高质量通信的关键指标，一般在微弧度量级。

2.3.3　捕获跟踪探测器

捕获跟踪探测器由捕获跟踪传感器部分和捕获跟踪传感器电子学部分组成。根据捕获跟踪传感器的感光器件类型不同可分为 CCD 型和 CMOS 型。CCD 面阵型器件是由微型光电二极管来记录图像的光强分布，再通过电荷的逐个依次转移读出每个像素上的电荷量。根据电荷转移方式的不同又分为帧转移 CCD、行转移 CCD 和开关型 CCD。面阵 CMOS 器件则是靠 MOS 芯片上所制造的微型光电管阵列来记录图像的光强分布，并由 CMOS 开关阵列控制每个像素电荷信号的读取，其中行控制电路和列控制电路分别控制一个行开关和一个列开关，由该行开关和列开关坐标决定被选中的像素，从而通过闭合的开关输出光电信号。

CCD 型传感器经历了较长的发展时期，在成像质量、成像分辨率上优于 CMOS 型传感器，而 CMOS 型传感器在产品价格、耗电等方面又有独特的优势。

近几年来CMOS型传感器的性能发展很快，其更大的优势在于可以将信号放大、数模转换、数字图像处理与存储等功能电路，部分或全部地集成到一块CMOS芯片上，形成片上成像系统（camera on chip），这无疑对光通信终端的小型化、低功耗化具有重要的意义。由于CMOS成像器件是通过开关电路实施像素上光电信号传输，因此，通过对开关逻辑的控制，图像信息完全可以根据应用的目的有选择地获取，从而形成智能像素器件（active pixel sensor）。该性能对于满足卫星光通信中终端捕获和跟踪模式下对光斑成像性能的不同需求具有重要的价值。

在卫星光通信的终端捕获阶段，要求终端具有毫弧度量级的光斑信号探测视域，探测帧频数十赫兹；在终端跟踪阶段，要求终端具有数十弧度量级的光斑信号探测视域，探测帧频数上百至一千赫兹。以国外文献报道的某卫星光通信终端为例，采用THOMSON公司的TH7863型传感器，该传感器有384×288像素，每个像素大小为23μm，如图2-9所示。该终端的捕获跟踪探测器有两种工作模式：对应于288×288像素帧频为32Hz，而对应于70×70像素帧频为130Hz，在不同的工作模式下只采用其中一种方式。尽管CCD型传感器也可实现上述功能，但捕获传感器电子学部分非常复杂。由于CMOS型传感器的特有性能，可以通过简单的电路控制实现上述功能。

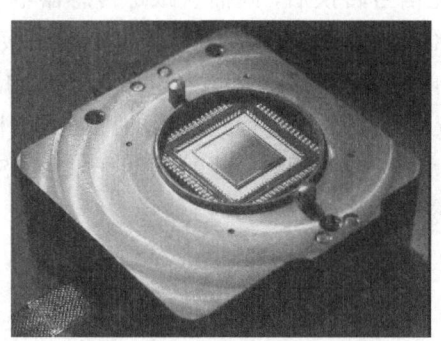

图2-9 CMOS型图像传感器

对CMOS探测器有效像元阵列输出的模拟电压信号进行如放大等模拟处理后，进行模数转换，最后向捕获跟踪传感器电子学部分输出数字电压信号。同时，CMOS图像传感装置内部还设置了控制寄存器、定时于控制逻辑等。由于CMOS直接输出数字信号，成像数据采集部分可以省去前置放大器和模数转换电路两部分，简化了捕获跟踪传感器电子学部分。以Micron公司生产的一款300万像素（2048×1536）的MT9T001图像传感器为例，该传感器具有接口简单、功能寄存器多、控制功能丰富的特点，例如，窗口大小（水平和垂直）随意变动、图像坐标原点任意定义、帧速率可调和隔行或列（隔1、2、3、7）输出等。选用的MT9T001

性能参数见表 2-2，该表给出了芯片的物理尺寸、有效像素个数、有效像素大小、数据格式、帧频、模数转换分辨率、响应度、动态范围、信噪比、工作电压和功耗等参数。

表 2-2　MT9T001 性能参数

光敏面尺寸	6.554mm（水平方向）×4.915mm（垂直方向）
像元数	2048（水平方向）×1536（垂直方向）
像元尺寸	3.2μm×3.2μm
帧频	窗口 2048×1536，帧频 12Hz；窗口 1600×200，帧频 20Hz；窗口 1280×1024，帧频 27 Hz；窗口 1024×768，帧频 43Hz；窗口 640×480，帧频 93 Hz
模数转换分辨率	10bit
响应	>1.0V/lux-sec（550nm）
动态范围	61dB
信噪比（SNR）	43dB
供电电压	3.0～3.6V（额定电压 3.3 V）
功耗	240mW

CMOS 探测器将光信号转换后，向捕获跟踪传感器电子学部分输出成像数据数字信号。上述信号经捕获跟踪传感器电路单元中的粘接逻辑电路（CPLD）读出后输入到 FIFO 缓存电路。捕获跟踪传感器电路单元中的数字信号处理器（DSP）从 FIFO 缓存电路读取图像数据，进行处理后的出捕跟信标角度位置相关信息，通过接口电路传输到上位机中。同时，上位机对于 CMOS 探测器的控制指令也可以通过捕获跟踪传感器电路单元进行发送。

2.4　通信子系统工作原理

将激光通信技术应用于空间海量数据的高速传输，已成为目前国际上空间光通信技术的一个发展热点。欧洲计划在其首个数据中继卫星系统 EDRS 系统中采用光通信技术，在低轨卫星与同步轨道卫星间以 1.8Gbit/s 速率传输数据，传输距离超过 40000km。日本正在为其下一代数据中继卫星系统研制小型、轻量的光通信终端，新一代终端具有在低轨卫星与同步轨道卫星间速率高达 2.5Gbit/s 的通信能力。美国则希望通过即将进行的、持续两年的 GEO-地高速双向光通信试验，为其下一代中继卫星积累经验。由此可见，国际上空间光通信正从理论研究和试

第 2 章 卫星光通信系统工作原理和技术基础

验阶段逐步向航天工程应用方向发展。

早期研制阶段，受光电元器件性能限制，所研制的卫星激光通信终端多采用强度调制/直接探测（IM/DD）体制，比较典型的是欧空局的 SILEX 计划。在 IM/DD 体制下，高速通信时系统探测灵敏度较低，无法满足未来越来越高的通信容量需求，光载波所带来的通信带宽优势没有得到完全体现。随着光电器件的逐渐成熟以及大量关键技术的突破，应用于卫星激光通信系统的相干体制探测技术越来越受到重视。

随着卫星光通信的发展，远距离、高速率通信需求增加，但星载光通信终端的体积、重量和功耗严格受限，如何有效地解决传输距离和速率与终端体积、重量和功耗的矛盾，成为空间光通信技术能否真正实用化的关键因素。在相同码速率和误码率条件下，采用相干体制较经典的直接探测体制能给通信系统带来更高的探测灵敏度，但增加了整个系统的体积、重量和功耗，且相对卫星平台的温控要求较高。直接探测系统具有体积、质量、功耗小的优点，且对卫星平台的温控要求合理。近些年来，随着小信号光放大器的飞速发展，直接探测系统在单路 2.5Gbit/s 以内的探测灵敏度得到了显著提升，也已成为各国卫星光通信系统的主要选择之一。

综上所述，直接探测系统和相干探测系统各有优缺点，未来的发展趋势是两种技术并行发展，根据不同的激光链路系统需求分别或同时进行应用。由于直接探测通信系统工作原理比较简单，本节重点介绍相干通信原理。

2.4.1 相干通信系统概述

在相干光通信中主要利用了相干调制和外差检测技术。所谓相干调制，就是利用要传输的信号来改变光载波的频率、相位和振幅，这就要求光信号有确定的频率和相位（而不像常见的自然光那样没有确定频率和相位），即应是相干光。所谓外差检测，就是利用一束本机振荡产生的激光与输入的信号光在光混频器中进行混频，得到与信号光的频率、相位和振幅按相同规律变化的中频信号。采用相干光通信技术的接收灵敏度可比直接检测技术高 10~18dB。

在激光通信发送端，采用外调制方式将信号调制到光载波上进行传输。光信号到达接收端时，首先与一本振光信号进行相干耦合，然后由平衡接收机进行探测。相干光通信系统本地振荡光源输出的光波与接收到的已调光波在满足波前匹配和偏振匹配的条件下，进行光电混频。混频后输出的信号光波场强和本振光波场强之和的平方成正比，从中可选出本振光波与信号光波的差频信号。由于该差频信号的变化规律与信号光波的变化规律相同，而不像直检波通信方式那样，检测电流只反映光波的强度，因而可以实现幅度、频率、相位和偏振等各种调制方式。根据本振光波的频率与信号光波的频率是否相等可以将相干光通信系统分为两类：当本振光频率和信号光频率之差为一非零定值时，该系统称为外差接收系统；当本振光波的频率和相位与信号光波的频率和相位相同时，称为零差接收系统。前者光信号经光电转换后获得的是中频信号，还需二次解调才能被转换成基带信号。后者光信号经光电转换后被直接转换成基带信号，不用二次解调，但要求本振光频率与信号光频率严格匹配，并且要求本振光与信号光的相位锁定。

外差探测系统中需要设立一束单独的本振光来完成对于接收光的相干解调。对于入射光和本振光的频率稳定性和线宽均要求极高，且要求本振光的偏振方向与接收到的信号光偏振方向一致，如果某种原因（如卫星平台的运动和振动）使得接收光的偏振方向发生改变，则需要本振光的偏振光方向可以随时调节到与其相一致的方向，即需要具有偏振跟踪功能。而零差探测系统相对于外差探测系统要求更加严苛，除要满足外差探测的要求外，还需要本振光与接收到的入射光的频率完全一致。因此，需要本振光具有高精度快速频率调谐功能，并且接收系统要具有频率探测和跟踪功能。因为外差（零差）探测系统对于激光器频率稳定性和线宽的严苛要求，导致星上外差（零差）光通信系统对温控要求极高，将会极大地增加卫星平台的负担和复杂度。

为了获得高传输数据率、高探测灵敏度，同时降低技术实现难度，易于卫星平台搭载，近些年来发展了 DPSK/自差探测技术。自差探测系统将入射光中分出一束光并延迟 1bit，然后与入射光相干叠加进行解调，不需要单独设立本振光源，所以自差探测系统不需要采用技术难度很高的高精度快速可调谐激光器和频率自动探测跟踪技术。相对外差（零差）探测系统，自差探测系统对于入射光的频率稳定性和线宽要求都宽松很多，要差几个数量级，且无需考虑偏振方向匹配。而采用了前置放大技术后，自差探测系统的灵敏度与外差探测系统相当。

对于星地激光链路，由于大气的退相干效应，自差和外差（零差）相干探测系统中的接收光场的空间相干性退化严重，降低相干探测效率，而对于采用外差（零差）探测的相干接收系统，大气的退偏振效应会使得外差（零差）探测效率进一步下降。与相干探测系统相比，直接探测系统虽然对激光器的线宽、频率稳定性、大气湍流的退相干和退偏效应以及温控的要求较低，但受接收灵敏度的限制可实现的通信速率也较低，无法满足未来卫星大数据量传输的发展要求。

自差探测、外差探测和直接探测三种方式的主要特性和工作要求比对见表 2-3。

表 2-3 不同探测方式比较

比较项目	自差探测	外差（零差）探测	直接探测
数据率	数到数十吉比特/秒	数到数十吉比特/秒	几百兆比特/秒
激光器波长调谐性要求	不要求	要求有较宽的调谐范围且需要鉴频器	不要求
相位锁定	不需要	极严格的相位锁定和跟踪	不需要
偏振匹配	不需要	需要严格的偏振匹配，必须有偏振跟踪系统，且各种退偏效应均会对接收产生影响	不需要
温控要求	较宽松	很严苛	较宽松
平台振动对接收影响	有影响	有影响	没影响
星地链路中大气湍流对通信性能的影响	受相位起伏和振幅起伏的共同影响	受相位起伏和振幅起伏的共同影响	仅受振幅起伏的影响

综上所述，虽然外差（零差）探测系统具有理论上较高的灵敏度，但是当应用到实际的卫星光通信系统时，将会遇到实际条件、星上器件的选择和星上环境的制约等问题，从而导致最终实现的系统与理想系统存在较大差异。对于卫星光通信系统，采用自差探测技术，对于入射光的频率稳定性和线宽要求都宽松很多，要差几个数量级，可以放宽对温控的要求，无须考虑卫星平台摆动对接收光偏振方向的影响。因此，自差探测系统中不需要频率探测和频率调谐技术及器件，也不需偏振跟踪装置，使得系统简化，可靠性高，更易于在星上的工程实现。而且自差探测系统接收机采用前置光放大器后可获得与外差（零差）探测系统相媲美的接收灵敏度，易于实现高速的卫星激光通信。

2.4.2 波分复用技术

为了进一步提高卫星光通信链路传输数据率，一种直接有效的技术手段是波分复用（wavelength division multiplexing，WDM），该技术同时适用于相干探测系统和直接探测系统。

MITRE 公司以美国第二代中继星 TDRSS II 为背景需求而研制的卫星光通信终端采用了波分复用技术。在该系统中，可提供两个 300 Mbit/s 通道或一个 650 Mbit/s 通道；采用的光源为六个输出功率 1 W 的半导体激光器，波长范围在 780~875nm（同时用于捕获和跟踪）。一个波长为 780nm 的激光器被用作前向链路的数据传输；三个波长分别在 810nm、830nm、860nm 的激光器被用作返向高数据率链路。一个 795nm 的激光器用来作为前向链路的捕获和跟踪；而返向链路的捕获和跟踪则采用波长为 875nm 的激光器。表 2-4 给出了此系统各波长的用途。

表 2-4　波分复用模拟系统的波长分配表

序号	波长/nm	发射：返向链路	接收：前向链路
1	780	—	接收：前向链路
2	795	—	接收：捕获和跟踪
3	810	信号：返向通道 A	—
4	830	信号：返向通道 B	—
5	860	信号：返向通道 C	—
6	875	信标：捕获和跟踪	—

在探测系统中采用光学带通滤波片来分开各个不同波长的信号光，同时对激光器采用主动温控装置以稳定输出波长。在卫星光通信系统设计中，直接探测系统允许入射激光信号的波长有±3nm 的漂移，故对温控系统的要求是应将温度控制在 18～24℃范围内，即波长漂移在 6nm 以内。滤光片的设计要满足中心波长为 807nm、827nm、857nm，分别允许中心波长有±1nm 的偏差，并且在 6nm 的带通范围内透射率大于 90%。在离滤光片中心频率超过 12nm 的相邻通道之间的衰减在 60～80dB。该系统选用 Si-APD 作探测器，波分复用装置设计示意图如图 2-10 所示，其中 F_1、F_2、F_3 分别为中心波长对应于要求波长的滤光片，D_1、D_2、D_3 分别为三个 Si-APD 探测器。

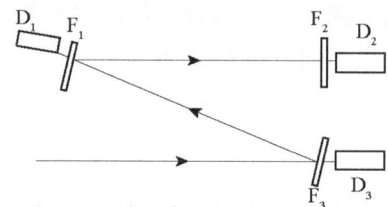

图 2-10　波分复用装置设计示意图

上述为光信号空间入射探测系统的波分复用方法，受滤光片镀膜带宽限制，复用的路数较少。若采用光纤耦合探测，将波分复用装置安装在接收端低功率信号放大器之后，则波分复用的通道可以大大增加。

2.4.3　自差相干通信系统简介

图 2-11 为基于 DPSK/自差探测体制的卫星激光通信终端结构示意图。信号发射子系统主要实现将传输数据调制到光载波上，并进行高功率光放大，将光放大器的输出光束进行整形和压缩后通过光学天线发射出去。考虑到应用地面光纤

器件的成熟技术，采用 1550nm 波长的激光器作为光源，采用马赫-曾德尔外调制器实现 DPSK 调制，马赫-曾德尔外调制器具有无啁啾、消光比高和光束质量好等优点。目前铒镱共掺光纤放大器（erbium-ytterbium co-dopted fiber amplifier，EYDFA）的输出功率可达 10W，适合在发射端做功率放大器，满足卫星激光通信高发射功率的要求。

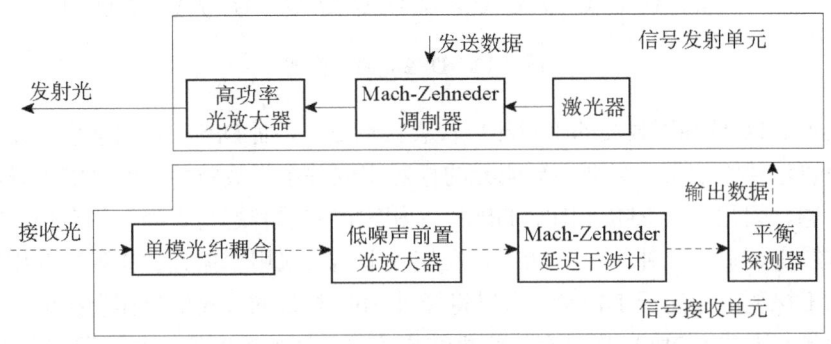

图 2-11　基于 DPSK/自差探测体制的卫星激光通信终端结构示意图

信号接收子系统的主要功能是对 DPSK 信号进行自差探测。将空间激光耦合到单模光纤内，采用低噪声前置光放大器实现对微弱光信号的高灵敏度探测，用马赫-曾德尔延迟干涉计将相位信息转换为振幅信息，从而再生基带信号输出数据。

调制前的光波电场可表示为

$$E(t) = \hat{e} A \cos(2\pi f_0 t + \phi) \tag{2-12}$$

式中，$\hat{e}$ 为偏振单位矢量；A 为振幅；f_0 为光载波频率；ϕ 为相位。根据承载信息的光载波物理量的不同，调制格式可以分为偏振键控（PolSK）、幅移键控（ASK）、频移键控（FSK）以及相移键控（PSK），数字调制被称为"键控"。在卫星光通信系统中，最常用的调制格式为开关键控（OOK），即在每个比特位上用有光代表"1"码，无光代表"0"码，OOK 实际上就是一种特殊的二进制 ASK。

DPSK 是 PSK 的衍生格式，它利用相邻码元间的相位差来承载信息。本书研究的自差探测方式是专门针对 DPSK 调制格式进行解调的一种探测方法。如图 2-12 所示，发送 0 码时，相邻码元相位保持不变；发送 1 码时，相邻码元相位改变 π，即

$$\Delta\phi = \phi_{n-1} - \phi_n = \begin{cases} 0, & \text{"1" 码} \\ \pi, & \text{"0" 码} \end{cases} \tag{2-13}$$

式中，ϕ_n 为第 n 个比特位的相位；ϕ_{n-1} 为第 $n-1$ 个比特位的相位；$\Delta\phi$ 为第 n 和 $n-1$ 比特位的相位差。

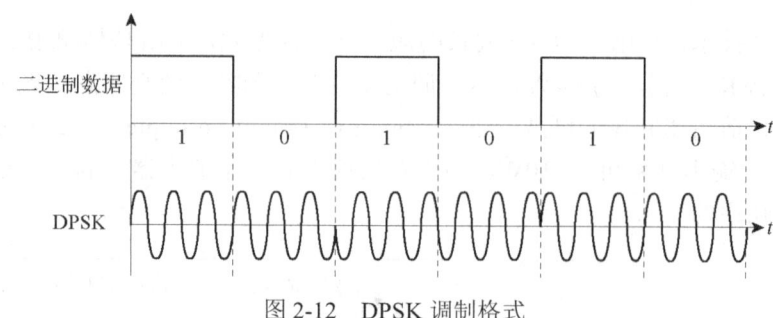

图 2-12 DPSK 调制格式

由于 PSK 是利用载波的绝对相位代表传输信息,而 DPSK 是用前后码元的相对相位差表示传输信息,只要前后码元的相对相位关系不被破坏,就可以正确地恢复传输信息。因此,与 PSK 相比,DPSK 对相位误差的容忍力更强,具有相对宽松的激光器线宽要求。此外,对于 PSK,在接收端需要采用本振光源作为基准相位参考进行相干探测;而对于 DPSK,可以将经过 1bit 时延的接收信号作为相位参考进行自差探测。因此,DPSK 还具有接收机结构简单、技术难度低以及易于实现等优点。

2.5 链路在轨工作模式

以 GEO 卫星和 LEO 卫星之间的星间激光链路为例描述在轨工作过程。由于地球和大气层的遮挡,LEO 卫星运行轨迹可分为试验弧段和非试验弧段两个区域,如图 2-13 所示。星间激光链路主要在试验弧段进行;在非试验弧段中,卫星光通信终端将进行休眠、自检、试验准备等工作。如图 2-13 所示,LEO 卫星和 GEO 卫星之间的星间链路试验分为三个步骤:①链路建立;②链路保持和通信;③链路拆除。

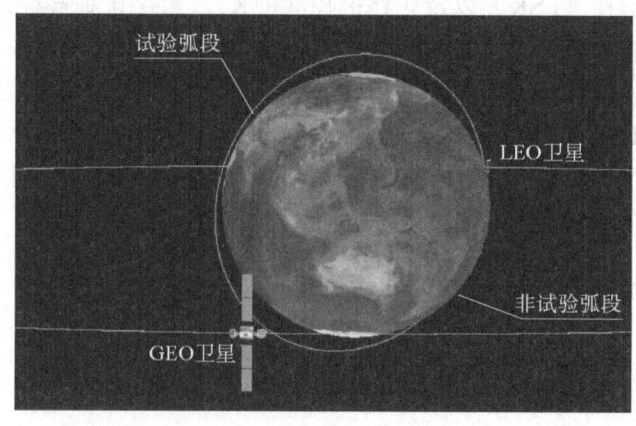

图 2-13 试验区域划分

2.5.1 链路建立

当两颗链路卫星进入试验弧段后,LEO 卫星和 GEO 卫星激光终端分别根据提前获得的轨道和姿态信息向对方进行预测瞄准。

LEO 卫星激光终端向预测的 GEO 卫星激光终端所在位置发射窄信标光,信标光束宽一般为数百微弧度。由于预测的瞄准角度偏差大于信标光束的覆盖范围,需要 LEO 卫星激光终端控制信标光束进行捕获扫描,如图 2-14 所示。

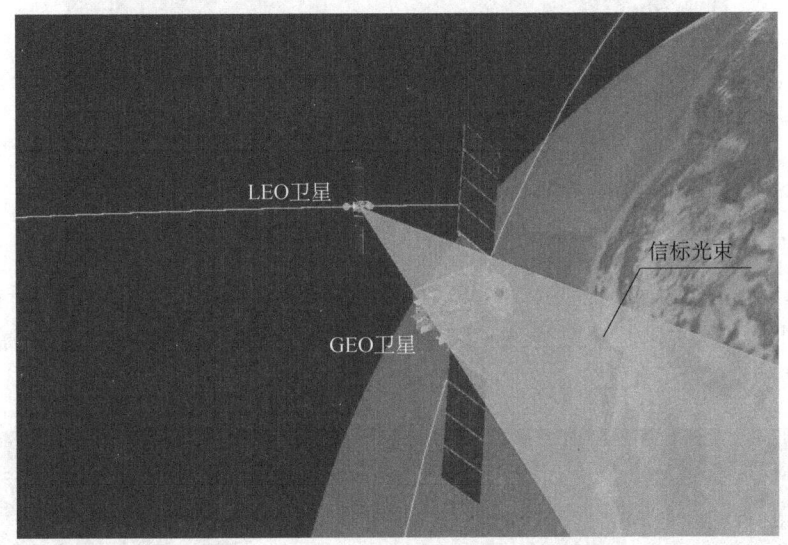

图 2-14 星间链路激光载荷信标光扫描

通过系统设计,确保 LEO 卫星激光终端的信标光发射功率具有足够的冗余,以确保即使 GEO 卫星激光终端位于信标光发散角的边缘,仍能探测到光信号。同时,GEO 卫星激光终端的捕获视场为毫弧度量级,一般可以大于直接覆盖星间链路激光载荷的预瞄准不确定范围。因此,在扫描过程中,只要 LEO 卫星激光终端的信标光覆盖到 GEO 卫星激光终端,就可以被探测到而实现光信号捕获。GEO 卫星激光终端完成信标光捕获后,可以通过成像光斑偏差量准确判断出 LEO 卫星激光终端的空间位置,并发射信标光以覆盖 LEO 卫星激光终端,如图 2-15 所示。

GEO 卫星激光终端对 LEO 卫星激光终端的定位瞄准精度在微弧度量级,其信标光将完全覆盖用户卫星终端。LEO 卫星激光终端的信标探测视场角也为毫弧度量级,GEO 卫星激光终端的信标光将直接入射到 LEO 卫星激光终端信标探测

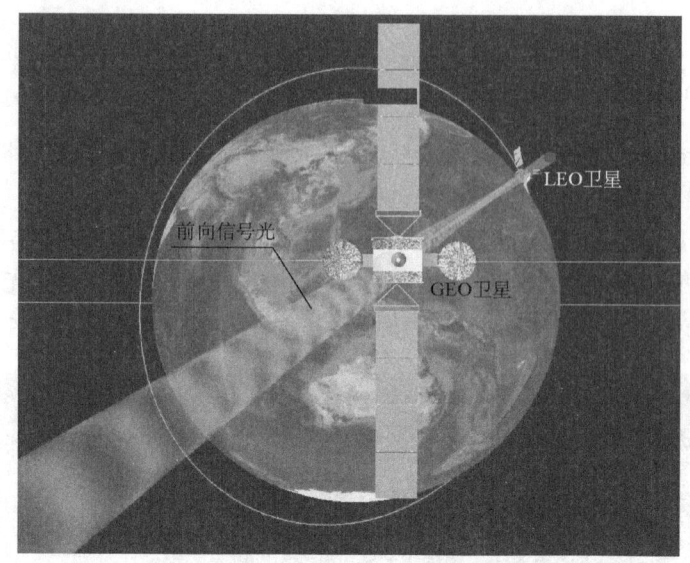

图 2-15　两激光终端互相发射信标光

器。LEO 卫星激光终端根据成像光斑位置，进一步精确确定 GEO 卫星所在方位，并进行对准。此时，两个激光通信终端完成了相互信标光的锁定，星间激光链路建立完成，如图 2-16 所示。

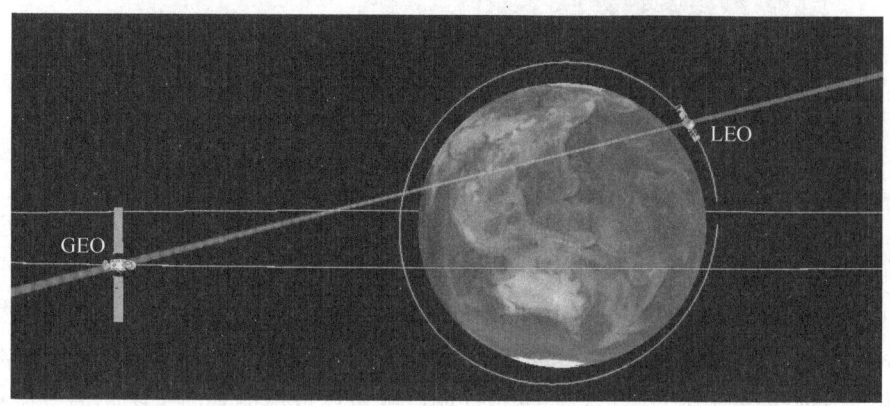

图 2-16　星间激光通信链路建立

2.5.2　链路保持和通信

星间激光链路建立完成后，GEO 卫星激光终端和 LEO 卫星激光终端分别利用信标光进行闭环控制，相互锁定，保持链路稳定。在终端主控确认跟踪精度达到通信要求后，两终端相互发射信号光，进行前向链路和返向链路通信。

前向链路通信中，GEO 卫星激光终端将通信数据通过信号光传输至 LEO 卫星激光终端。LEO 卫星激光终端接收到光信号后，对信号进行光电转换和解调，恢复通信数据信号。

反向链路通信中，LEO 卫星激光终端将通信数据通过信号光传输至 GEO 卫星激光终端。GEO 卫星激光终端接收到光信号后，对信号进行光电转换和解调，恢复通信数据信号。

2.5.3 链路拆除

链路保持过程将持续到试验区域的边缘，GEO 卫星激光终端和 LEO 卫星激光终端均关闭信号光和信标光，链路中断。激光通信终端重新进入休眠，等待下一个工作周期。

2.6 捕获跟踪链路光接收功率冗余估算

对于激光链路的捕获和跟踪过程，冗余公式可表示为

$$M = P_{LD} + \tau_{tx} + G_T + PL + \tau_{at} + FSL + G_R + \tau_{rx} - S_{req} \tag{2-14}$$

式中的各个参量均以分贝表示，其中 M 为激光链路冗余。下面详述各个参量的物理意义和计算方法。

P_{LD} 为激光器的输出功率（dBW）：

$$P_{LD} = 10 \lg P_{even} \tag{2-15}$$

其中，P_{even} 为激光器的平均功率，单位为 W。

G_T 和 G_R 分别为发射和接收望远天线增益：

$$G_T = 10 \lg \frac{16}{\theta_b^2} \tag{2-16}$$

$$G_R = 10 \lg \left(\frac{\pi d}{\lambda}\right)^2 \tag{2-17}$$

其中，θ_b 为捕获信标光束散角；d 为接收天线的口径；λ 为捕获信标光波长。

PL 为光束瞄准损耗，与光信号跟踪误差有关。在目前的系统设计中，终端发射出的光束在垂直于传输方向的截面上光强分布按高斯分布考虑。考虑一维情况，对应的分布函数为

$$f(\varphi_e) = \exp\left(-\frac{8\varphi_e^2}{\theta_b^2}\right) \tag{2-18}$$

其中，φ_e 为终端瞄准误差；θ_b 为激光束散角。激光链路中，当瞄准误差 $\varphi_e=\varphi_x$ 时，终端接收到的功率为

$$P(\varphi_x) = \int_{\varphi_x-\frac{d}{2z}}^{\varphi_x+\frac{d}{2z}} f(\varphi_e) d\varphi_e \tag{2-19}$$

考虑到 $d/z \to 0$，可得

$$P(\varphi_x) = f(\varphi_x) \int_{\varphi_x-\frac{d}{2z}}^{\varphi_x+\frac{d}{2z}} d\varphi_e = P_0 f(\varphi_x) = P_0 \exp\left(-\frac{8\varphi_x^2}{\theta_b^2}\right) \tag{2-20}$$

其中，$P_0 = d/z$。可见，瞄准误差为零时接收端接收到的相对功率为 P_0；瞄准误差为 $\pm\theta_b/2$ 时（即光束发射束散角的一半），接收端接收到的功率为 P_0/e^2。

在激光星间链路的冗余计算公式中，P_{even} 为激光的平均功率，则

$$P_{even} = \frac{P_0}{\theta_b} \int_{-\infty}^{\infty} f(\varphi_e) d\varphi_e = \frac{P_0}{\theta_b} \sqrt{\frac{\pi}{8}} \theta_b \mathrm{erfc}(0) = \sqrt{\frac{\pi}{8}} P_0 \tag{2-21}$$

综上所述，链路冗余计算中的瞄准损耗项 PL 为

$$\mathrm{PL} = 10\lg\left[\frac{P(\varphi_x)}{P_{even}}\right] = 5\lg\left[\frac{8}{\pi}\exp\left(-\frac{16\varphi_x^2}{\theta_b^2}\right)\right] \tag{2-22}$$

对于捕获链路，考虑扫描捕获阶段可能的捕获信标光最大瞄准误差为 $\pm\theta_b/2$，则 PL=-6.7dB。对于跟踪链路，为确保链路稳定和高质量通信接收，跟踪信标光的最大瞄准误差一般控制在 $\pm 3\mu\mathrm{rad}$ 以内，以信标光束发散角 $80\mu\mathrm{rad}$ 为例，PL 值为 2.0dB。跟踪链路瞄准损耗为正值，主要原因是链路预算中对激光器输出功率按高斯分布的平均值考虑。

τ_{at} 为由于大气衰减和湍流等造成的功率损耗项，对于星间激光链路 $\tau_{at}=0$，对于星地激光链路，对应不同的天气情况和终端补偿能力，τ_{at} 一般在-12~-3dB。

FSL 为光在自由空间的传输损耗

$$\mathrm{FSL} = 10\lg\left(\frac{\lambda}{4\pi z}\right)^2 \tag{2-23}$$

其中，z 为激光链路捕获和跟踪过程中两终端之间的距离，对于高轨卫星与低轨卫星间激光链路，一般取值 45000km；对于高轨卫星与地面站间激光链路，一般取值 42000km；对于低轨卫星与地面站间激光链路，一般取值 1000~1500km。

其余参量中，τ_{tx} 为发射光学系统的衰减比率；τ_{rx} 为接收光学系统的衰减比率；S_{req} 为保证链路捕获跟踪接收所需的最低光功率，即卫星光通信终端捕获跟踪探测单元的接收灵敏度，单位为 dBW。

2.7 卫星轨道和姿态

卫星轨道和姿态是卫星激光通信瞄准、捕获和跟踪的基础，轨道预测、姿态测量和卫星平台振动情况对捕获跟踪性能影响极大。本节对卫星平台轨道和姿态相关技术基本情况进行介绍。

2.7.1 卫星轨道

卫星初始轨道确定的含义是，由地面卫星观测站通过若干次少量观测数据直接计算出卫星轨道的六要素。以单个雷达站为例，单次观测的数据可以包含若干独立的变量：单脉冲雷达可测得卫星至雷达站的斜距 ρ，由多普勒频移可测得该斜距的变化率 $\dot{\rho}$，雷达天线二维转台的角度传感器可测得卫星相对雷达站的方位角 A 和仰角 E，由二维转台跟踪系统可测得方位角、仰角的变化率 $\dot{A}$ 和 $\dot{E}$，上述共计同时测得六个独立参数。定义雷达站测量坐标系 $Ox_r y_r z_r$，原点在雷达基准中心，$x_r y_r$ 为地面站当地水平面，x_r 轴指东，y_r 轴指北，z_r 轴沿当地垂线指向天顶。在测站坐标中，斜距矢量 ρ 可表示为

$$\boldsymbol{\rho} = \begin{bmatrix} \rho \cos E \sin A \\ \rho \cos E \cos A \\ \rho \sin E \end{bmatrix} \tag{2-24}$$

方位角 A 是卫星斜距在水平面的投影距北向的夹角，由测量数值可直接得出卫星相对雷达站的速度是

$$\dot{\boldsymbol{\rho}} = \begin{bmatrix} \dot{\rho} \cos E \sin A - \rho \sin E \sin A \dot{E} + \rho \cos E \cos A \dot{A} \\ \dot{\rho} \cos E \cos A - \rho \sin E \cos A \dot{E} - \rho \cos E \sin A \dot{A} \\ \dot{\rho} \sin E + \rho \cos E \dot{E} \end{bmatrix} \tag{2-25}$$

设地面雷达站的位置矢量为 $\boldsymbol{R}$，由雷达站测量参数 $\boldsymbol{\rho}$ 和 $\dot{\boldsymbol{\rho}}$，可得卫星在地心赤道惯性坐标系的位置 $\boldsymbol{r}$ 和速度 $\boldsymbol{v}$：

$$\begin{aligned} \boldsymbol{r} &= \boldsymbol{R} + \boldsymbol{\rho} \\ \boldsymbol{v} &= \dot{\boldsymbol{\rho}} + \boldsymbol{\omega}_e \times \boldsymbol{r} \end{aligned} \tag{2-26}$$

其中，$\boldsymbol{\omega}_e$ 为地球自转矢量。若雷达站的地理位置为经度 λ，维度 ϕ，高度为 h，地面雷达站的位置矢量 $\boldsymbol{R}$ 在地球坐标系下可表示为

$$\boldsymbol{R} = \begin{bmatrix} (H+h)\cos\phi\cos\lambda \\ (H+h)\cos\phi\sin\lambda \\ [(1-e^2)H+h]\sin\phi \end{bmatrix} \quad (2\text{-}27)$$

式中，e 为地球扁状的偏心率（e=0.08182）；H 为辅助参数，有

$$H = \frac{R_e}{(1-e^2\sin^2\phi)^{1/2}} \quad (2\text{-}28)$$

其中，R_e 为地球赤道的半径（6378.145km）。根据雷达站测量坐标系的定义，与地球坐标系的转换矩阵 $\boldsymbol{R}_{re}$ 为

$$\boldsymbol{R}_{re} = \begin{bmatrix} -\sin\lambda & \cos\lambda & 0 \\ -\cos\lambda\sin\phi & -\sin\lambda\sin\phi & \cos\phi \\ \cos\lambda\cos\phi & \sin\lambda\cos\phi & \sin\phi \end{bmatrix} \quad (2\text{-}29)$$

根据地球格林尼治的恒星时角 G，可以得到地球坐标和赤道惯性坐标的转换矩阵 $\boldsymbol{R}_{el}$。因此，在地心赤道惯性坐标系中，卫星的轨道位置和速度是

$$\begin{aligned} \boldsymbol{r} &= \boldsymbol{R}_{el}(\boldsymbol{R} + \boldsymbol{R}_{re}^{\mathrm{T}}\boldsymbol{\rho}) \\ \boldsymbol{v} &= \boldsymbol{R}_{el}^{\mathrm{T}}\boldsymbol{R}_{re}\dot{\boldsymbol{\rho}} + \tilde{\boldsymbol{\omega}}_e\boldsymbol{r} \end{aligned} \quad (2\text{-}30)$$

GPS 能持续、全天候提供低轨卫星高精度跟踪数据，使卫星跟踪数据达到真正意义上的全飞行覆盖，为低高度航天器精密轨道确定创造了一个新途径。几何法定轨是星载 GPS 低轨卫星轨道确定的最基本方法，定轨得到的低轨卫星的位置将用于确定卫星光通信系统的初始瞄准角度。

对于卫星轨道的确定问题，其动力学模型、观测量和预测值都不是十分精确，主要原因包括：①在一定的条件下，轨道动力学模型中略去了一些摄动因素，对没有略去的摄动因素也作了某些近似和简化；②在已考虑的摄动因素中，各模型的参数和计算处理只是一定程度的近似；③各种轨道测量数据不可避免地都带有随机误差和系统误差。轨道确定的基本过程就是对一个其微分方程并不精确知道的动力学过程，使用带有误差的观测数据以及不够精确的初始状态求解在某种意义之下卫星运动状态的"最佳"估值。因此，卫星光通信终端利用轨道数据进行的瞄准必然存在一定的固有偏差，使得通信过程无法有效完成，需要通过激光链路的捕获和双向跟踪进行补偿。

2.7.2 卫星姿态

卫星姿态是指卫星星体在轨道上运行所处的空间位置状态。定义卫星质心为坐标原点，沿轨道前进的切线方向为 x 轴，垂直轨道面的方向为 y 轴，垂直 xy 平面的为 z 轴，则卫星的姿态有三种情况：绕 x 轴旋转的姿态角，称为横滚角；

绕 y 轴旋转的姿态角,称为俯仰角;绕 z 轴旋转的姿态角,称为偏航角。姿态角可以用姿态测量仪测定。

激光通信终端本体坐标系与卫星坐标系固联,若卫星不发生旋转、偏转,在正常情况下卫星本体坐标系与轨道坐标系同名轴重合。通常卫星有纵轴和纵对称面,测试 Ox 将与纵对称轴重合指向前进方向,Oy 垂直于纵对称面,Oz 与它们互补为右手正交系。卫星在受到扰动或者控制力矩的作用时会产生角运动,使得 $Oxyz$ 坐标系不再与 $OXYZ$ 坐标系重合。这时绕 Ox 轴的转角称为滚动角,该轴为滚动轴;绕 Oy 和 Oz 轴的转角分别为俯仰角和偏航角,而 Oy 和 Oz 轴也就称为俯仰轴和偏航轴。

令当前时刻滚动角为 θ_{G0},俯仰角为 θ_{F0},偏航角为 θ_{P0},通过以上的定义,则在 t 时刻的卫星三个姿态角度的大小为

$$\begin{cases} \theta_G = \theta_{G0} + \mathrm{d}t_{\mathrm{sat\_p}} \cdot \dot{\theta}_G \\ \theta_F = \theta_{F0} + \mathrm{d}t_{\mathrm{sat\_p}} \cdot \dot{\theta}_F \\ \theta_P = \theta_{P0} + \mathrm{d}t_{\mathrm{sat\_p}} \cdot \dot{\theta}_P \end{cases} \tag{2-31}$$

其中,$\dot{\theta}_G, \dot{\theta}_F, \dot{\theta}_P$ 分别为滚动轴、俯仰轴、偏航轴的转动角速度,在利用以上三个角度进行坐标系变换时,有 12 种不同的方法(对称方法 6 种,非对称方法 6 种),然而在进行卫星姿态控制时,通常采用的是 312 的非对称方法。这里相应的变换矩阵为

$$\boldsymbol{R}_{\mathrm{O-S(312)}} = \begin{bmatrix} \cos\theta_F \cos\theta_P - \sin\theta_F \sin\theta_G \sin\theta_P & \cos\theta_F \sin\theta_P + \sin\theta_F \sin\theta_G \cos\theta_P & -\sin\theta_F \cos\theta_G \\ -\sin\theta_P \cos\theta_G & \cos\theta_G \cos\theta_P & \sin\theta_G \\ \sin\theta_F \cos\theta_P + \cos\theta_F \sin\theta_G \sin\theta_P & \sin\theta_F \sin\theta_P - \cos\theta_F \sin\theta_G \cos\theta_P & \cos\theta_F \cos\theta_G \end{bmatrix} \tag{2-32}$$

所以在星上本体坐标系中激光通信终端瞄准矢量的表达形式为

$$\boldsymbol{r}_S = \boldsymbol{R}_{\mathrm{O-S(312)}} \cdot \boldsymbol{r}_O \tag{2-33}$$

卫星姿态角度的变化直接影响激光通信终端的瞄准角度,尤其在捕获初始阶段,卫星姿态角度是决定捕获扫描范围的关键因素。为此,在激光通信系统设计中,首要考虑的问题就是卫星的姿态定位精度和姿态稳定度问题。

卫星在高空中沿局部地球铅垂方向和轨道矢量方向运行。不时地产生对三轴的偏移。为保证星体运行中姿态的稳定,一般应使 Z 轴指向精度达到与局部铅垂方向误差 $\leqslant 0.4°$,不致产生过度的俯仰和滚动,对偏航而言也应使速度矢量的偏差保持在 $0.6°$ 之内。姿态控制是通过卫星平台的姿态控制分系统(ACS)来实现的,使用地平扫描仪可感应俯仰和滚动轴的姿态误差,使用速度陀螺仪和罗盘可感应偏航轴的姿态误差。此外,还可通过星敏感器等进行精确的卫星平台姿态测量。

根据对卫星的不同工作要求，卫星姿态的控制方法也是不同的。按是否采用专门的控制力矩装置和姿态测量装置，通常把卫星的姿态控制分为被动姿态控制和主动姿态控制两类。

被动姿态控制是利用卫星本身的动力特性和环境力矩来实现姿态稳定的方法。被动姿态控制方式有自旋稳定、重力梯度稳定等。

自旋稳定方式的卫星要求卫星的一个轴始终指向空间固定方向，通过卫星本体围绕这个轴转动来保持稳定，这种姿态稳定方式就叫自旋稳定。它的原理是利用卫星绕自旋轴旋转所获得的陀螺定轴性，使卫星的自旋轴方向在惯性空间定向。自旋稳定方式的控制方式简单，早期的卫星大多采用这种控制方式。使卫星产生旋转可以用在卫星的表面沿切线方向对称地装上小火箭发动机，需要时就点燃小发动机，产生力矩，使卫星起旋或由末级运载火箭起旋。我国的东方红一号卫星、东方红二号通信卫星和风云二号气象卫星都是采用自旋稳定的方式。由于自旋稳定的卫星无法对地定向，一般采用全向天线，通信终端体积较大。

重力梯度稳定是利用卫星绕地球飞行时，卫星上离地球距离不同的部位受到的引力不等而产生的力矩（重力梯度力矩）来实现卫星姿态稳定。例如，在卫星上装一个伸杆，卫星进入轨道后，将其向上伸出，伸出部分的顶端比卫星的其他部分离地球远，因而所受的引力较小；而伸杆的另一端离地球近，所受的引力较大。上述形成的引力之差对卫星的质心形成一个恢复力矩，如果卫星的姿态（伸杆）偏离了当地铅垂线，这个力矩就可使它恢复到原来姿态。该种控制方式简单、实用，但控制精度较低。

主动姿态控制（三轴姿态控制），就是根据姿态误差（测量值与标称值之差）形成控制指令，产生控制力矩来实现姿态控制的方式。卫星在飞行时要对其相互垂直的三个轴都进行控制，不允许任何一个轴产生超出规定值的转动和摆动，这种稳定方式称为卫星的三轴姿态稳定。目前，卫星基本上都采用三轴姿态稳定方式来控制，该方式适用于在各种轨道上运行的、具有各种指向要求的卫星，也可用于卫星的返回、交会、对接及变轨等过程。

实现卫星三轴姿态控制的系统一般由姿态敏感器、姿态控制器和姿态执行机构三部分组成。姿态敏感器的作用是敏感和测量卫星的姿态变化；姿态控制器的作用是把姿态敏感器送来的卫星姿态角变化值的信号，经过一系列的比较、处理，产生姿态调整控制信号输送到姿态执行机构；姿态执行机构的作用是根据姿态控制器送来的控制信号产生力矩，使卫星姿态恢复到正确的位置。

2.7.3 卫星平台振动

在卫星光通信技术研究的初期，星上微振动的影响在 PAT 系统设计过程中考虑的不多。近些年来，随着卫星光通信技术研究的不断深入和空间实验的进行，卫星平台环境尤其是微振动对瞄准捕获跟踪的影响越来越被人们重视。

在跟瞄系统的工程设计过程中，有必要细致了解星上振动噪声的情况。国外对卫星平台的微振动进行了空间实测，近些年来欧洲和日本在这方面的工作报道比较详细。美国 NASA 委托休斯飞机制造公司测试了 Landsat-4 卫星上的振动功率谱密度，这是最早的星上振动在轨测试。ESA 在卫星 Olympus 上以相互垂直方式安装了 3 个微加速度计，通过在轨方式测量了推进器点火时星上的振动情况，对星上光学有效载荷需要克服的微振动环境进行了评测。

日本的 NASDA 利用星地激光链路实验卫星 ETS-VI 进行了卫星振动的测量，该实验是首次通过星上光通信终端进行的在轨卫星振动测试。在粗瞄和精瞄系统同时工作的情况下，测量 LCE 上精瞄镜的角度微振动，数据通过星地激光链路传到地面站，最高采样频率 500Hz，测量误差小于 1μrad。通过 JPL 的地面站发射稳定的光信号作为上行信标，该处的大气湍流影响较小。大气湍流的瞬态干扰对低采样频率的粗瞄探测器 CCD 影响不大，对于高采样频率的精瞄探测器 QD，文献中采用插值的方法进行了消除。在测量过程中，粗瞄装置不动，仅由精瞄装置进行控制操作。这样测得的角度微振动数据中不包含万向转台粗瞄的误差，最终可得到卫星在滚动和倾斜角方向上的振动情况。

图 2-17～图 2-19 给出了仅由精瞄进行跟踪控制时，通过精瞄镜偏转角度得出的星上角微振动情况，测量采样频率分别为 500Hz、100Hz 和 1Hz。

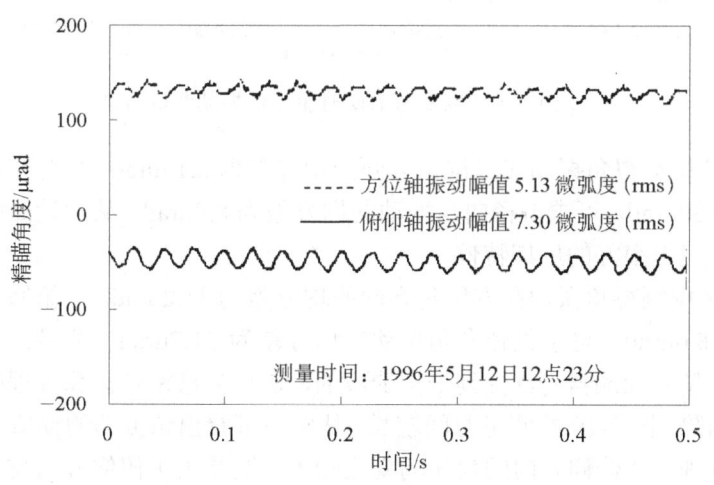

图 2-17 采样频率为 500Hz 时星上微振动测量结果

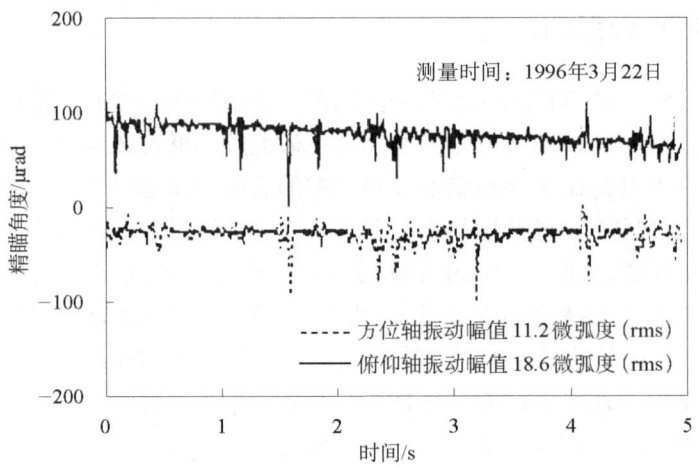

图 2-18　采样频率为 100Hz 时星上微振动测量结果

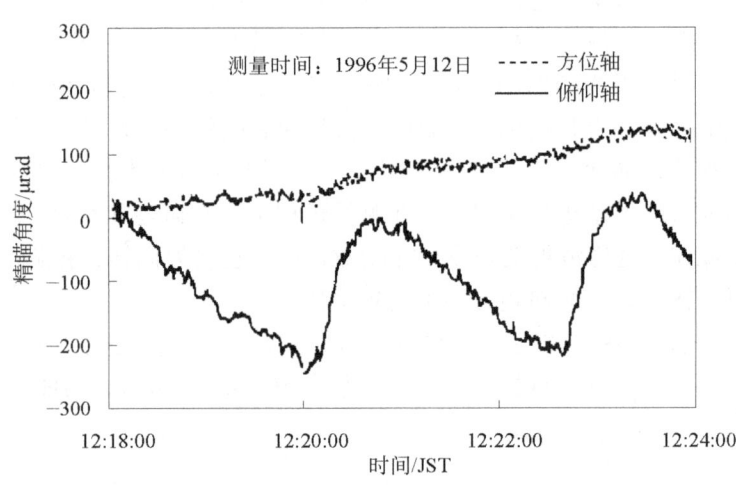

图 2-19　采样频率为 1Hz 时星上微振动测量结果

图 2-17 中测得角振动在方位角方向的均方差为 5.13μrad，在俯仰角方向上的均方差为 7.30μrad，可求得径向角振动的均方差为 8.9μrad。从测量曲线中可以看出角振动呈现出很好的周期特性。

图 2-18 中测得角振动在方位角方向的均方差为 11.2μrad，在俯仰角方向上的均方差为 18.6μrad，可求得径向角振动的均方差为 21.7μrad。测量曲线中的尖峰部分是由于精瞄探测器 QD 受到干扰造成的，在功率谱密度计算过程中通过线性插值进行消除。图 2-19 的测量时间较长，从图中可看出角振动的幅值为 200μrad，周期为数分钟。在俯仰方向的角振动变化较大，这是由于俯仰方向与卫星太阳帆板的旋转方向相同，振动干扰比较强。

第 2 章　卫星光通信系统工作原理和技术基础

对测量结果的功率谱密度分析结果表明，卫星平台角振动在 0.39～250Hz 范围内的径向均方差为 16.3μrad，大部分振动处于频率小于 100Hz 的低频段。从上述在轨测试和仿真给出的结果看，尽管卫星平台的振动看起来比较复杂，但是各种因素单独存在时引起的振动基本上可以归结为某种简单振动，如正弦振动、方波振动和三角波振动等。因此，在研究卫星振动对瞄准捕获跟踪的影响时，可以先从简单振动开始研究，然后再逐步深入。

2.8　激光大气传输

卫星光通信传输的数据大部分要通过星地激光链路发送至地面，而大气湍流是星地激光链路所面临的一个重要问题。对于在随机信道中的光波传输而言，光束的扩展、光斑抖动和相干性退化是限制激光传输的重要因素。光波通过大气传输和成像是激光通信、卫星遥感、光学雷达等领域湍流大气环境中进行光学系统和捕跟控制系统设计所必须考虑的问题。

一般可将大气层的情况大致分为三个基本类型：透明空气（天气非常晴朗平和）、云（阴天）和雨（雨天）。透明空气信道为最佳，然而透明空气仍然包含有涡流和温度梯度（透明空气扰动），可引起透射场折射率变化。折射率变化的作用像光学透镜一样，可会聚光束或改变光束的传播方向。但由日本星地激光链路实测结果，在晴朗的天气情况下，大气对星地激光链路的影响要比人们想象的要小，实验结果是令人兴奋的。多云大气层中含有湿气、雾和浓云，覆盖范围从地表面附近延伸到 1000m 左右高度，云的情况的大气层有水蒸气积聚，存在更高的衰减。雨中有大尺度水珠，根据降雨的速率和雨云的程度，可产生更严重的影响。

大气湍流的主要形成原因包括：地球表面对气流拖曳形成的风速剪切、太阳对地球表面的不均匀加热、地表热辐射导致的热对流等。这些因素导致大气温度和速度场的不均匀性，进而形成大气湍流。大气湍流的存在造成了大气折射率的随机起伏，进而对光束的波面和传播产生影响。在星地激光通信过程中，当光束穿过地球大气层时，大气湍流对传输光场的影响将导致光通信终端接收光强的随机起伏，从而对链路系统的捕获、跟踪和通信性能产生影响。

由于大气总是处于不停的运动中，形成了温度、压强、密度、大小等不同的气体旋涡。这些旋涡相互交联、叠加，形成了随机的大气湍流运动。激光在湍流大气中传输时，传输光束的波前将随机起伏，从而引起光束漂移、光束展宽和光强闪烁等效应。由于湍流尺寸在湍流内尺度和湍流外尺度连续分布，传播光束的直径在传播过程中不断变化，上述湍流效应总是同时发生，大致规律如下：①当光束直径远小于湍流内尺度时，湍流主要使光束产生随机方向偏折，在光信号接收面表现为光束漂移，等效于卫星光通信链路发射端瞄准误差；②当湍流尺度约等于光束直径时，湍流主要使传输光束截面发生随机偏转，从而形成到达角起伏，光通信终端捕跟探测器接收面焦平面上出现像点抖动，等效于卫星光通信链路接收端瞄准误差；③当光束直径远大于湍流尺度时，将引起光通信终端接收光强的闪烁，等效于卫星光通信链路发射端瞄准误差。本节在国内外大气理论研究的基础上，介绍激光大气传输理论。

2.8.1 大气湍流理论

作为一种黏滞流体，大气有层流和湍流两种运动状态，当大气的速度场比较稳定或者均匀变化时，大气处于层流状态，当速度场不再均匀变化而是随机变化时，大气就处于湍流状态。

流体处于层流还是湍流状态通常由雷诺数来进行判断，这一物理量是 Regnolds 在 1883 年提出的，其定义式为

$$Re = \frac{UL_c}{\mu_v} \qquad (2\text{-}34)$$

其中，U 是流体的特征速度；L_c 是流体的特征尺度；μ_v 是分子动力黏滞系数。当雷诺数大于某一临界值时，流体即从层流变为湍流状态。

对湍流的研究已经经历了几个世纪，但迄今为止人们对湍流的基本物理机制仍然没有清楚的认识，只是通过实验发现湍流是层流在流速很大的情况下失去稳定性所形成的复杂的随机运动。

在对湍流的研究中，一般认为湍流是一个非线性过程，其运动规律可以由 Navier-Stokes 方程进行描述，但该方程的求解过程十分复杂。1941 年，Kolmogrov 建立了一种简化和近似理论模型，该理论在湍流研究中获得了广泛的应用，并一直延用至今，本书所涉及的湍流介质中的光传播理论就建立在该理论模型的基础上。

为了比较直观地理解湍流的结构，Richardson 给出了如图 2-20 所示的湍流级串模型。根据 Richardson 级串模型，湍流中存在着不同尺度的湍涡，最大湍涡的尺度称为湍流的外尺度 L_0，最小湍涡的尺度为内尺度 l_0。能量来自外尺度湍涡的外界，并从外尺度湍涡到内尺度湍涡进行逐级传递，最终在最小的湍涡尺度上完全耗散。

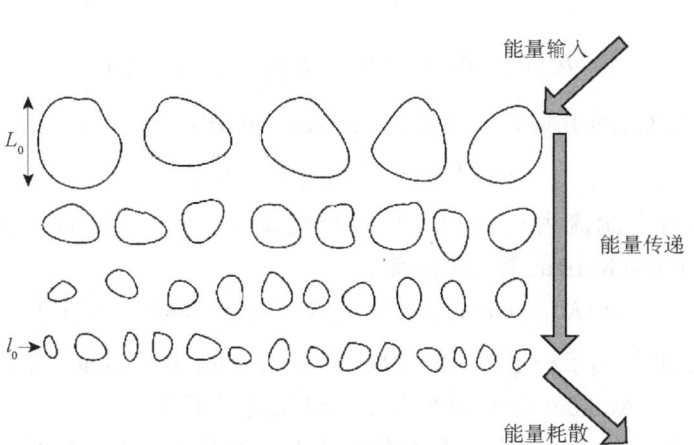

图 2-20 湍流的 Richardson 级串模型

按照尺度大小，湍涡可分为三个区域，大于外尺度的区域称为"输入区"，在该区域，大气的黏滞效应几乎不起作用，湍流运动的统计特性只与当地的地理和气象条件有关；在外尺度和内尺度之间的区域称为"惯性区"，在该区域，湍流运动的统计特性由能量耗散确定；小于内尺度的区域称为"耗散区"，在该区域，湍流运动的统计特性在很大程度上受黏滞性的影响，能量最终在该区间完全耗散，湍涡消失。

对于大气光传输来说，我们所关心的是对光场的传播产生影响的折射率起伏，称为光学湍流。

折射率的起伏一般由折射率结构函数 $D_n(r',r'')$ 来描述，其定义式为

$$D_n(r',r'') = \langle [n(r') - n(r'')]^2 \rangle \tag{2-35}$$

式中，$n(r')$ 和 $n(r'')$ 分别为位置在 r' 和 r'' 处的折射率；$\langle \cdot \rangle$ 表示系综平均。

对于均匀介质而言，$D_n(r',r'') = D_n(r'-r'') = D_n(\rho)$，根据 Kolmogrov 理论，上述三个区间的折射率结构函数可以分别表示为

$$\begin{aligned} D_n(\rho) &= 2\sigma_n^2, \quad \rho > L_0 (\text{输入区}) \\ D_n(\rho) &= C_n^2 \rho^{2/3}, \quad l_0 \leqslant \rho \leqslant L_0 (\text{惯性区}) \\ D_n(\rho) &= M_c \rho^2, \quad \rho < l_0 (\text{耗散区}) \end{aligned} \tag{2-36}$$

式中，σ_n^2 是折射率起伏方差；C_n^2 是大气折射率结构常数；M_c 为常数。

在局部均匀各向同性的情况下，折射率起伏功率谱与湍流的空间波数 $K=1/l$ 有关，这里的 l 为湍涡的尺度。在外尺度为无穷大，内尺度为零的情况下，折射率起伏的三维功率谱为 Kolmogrov 谱，即

$$\Phi_n(K) = 0.033 C_n^2 K^{-11/3} \tag{2-37}$$

传统的研究一般采用 Tatarskii 引入的耗散区呈高斯下降趋势的谱模型：

$$\varPhi_n(K) = 0.033 C_n^2 K^{-11/3} \exp\left[-(Kl_0/5.92)^2\right] \quad (2\text{-}38)$$

考虑外尺度的作用时，一般采用 von Karman 谱：

$$\varPhi_n(K) = 0.033 C_n^2 \left(K^2 + L_0^{-2}\right)^{-11/6} \quad (2\text{-}39)$$

在同时考虑湍流内尺度和外尺度的情况下，应用最为广泛的谱模型是 Tatarskii 谱和 von Karman 谱的综合谱：

$$\varPhi_n(K) = 0.033 C_n^2 (K^2 + L_0^{-2})^{-11/6} \exp\left[-(Kl_0/5.92)^2\right] \quad (2\text{-}40)$$

另外，Hill 提出了一个普适的谱模型，Churnside 和 Frehlich 分别给出了这个谱的拟合形式，Andrew 等在 1999 年对 Hill 谱进行了修正。

上述中涉及的 C_n^2 是大气折射率结构常数，它是衡量大气折射率起伏的一个重要的物理参量。对于星地激光链路，C_n^2 是随着高度的变化而变化的，关于 C_n^2 随高度变化的模型有许多，目前应用最为广泛的是 Hufnagel-Valley5/7 模型，其表达式如下：

$$C_n^2(h) = 0.0059(v/27)^2 (10^{-5} h)^{10} \exp(-h/1000)$$
$$+ 2.7 \times 10^{-16} \exp(-h/1500) + C_0 \exp(-h/100) \quad (2\text{-}41)$$

式中，h 是距离地面的高度；C_0 是地面附近的折射率结构常数；v 是垂直于传输路径的风速。C_0 和 v 的典型值分别为 $1.7 \times 10^{-14} \text{m}^{-2/3}$ 和 21m/s。

2.8.2 光束在湍流中的传播理论

大气湍流效应的定性描述如下：当光通过湍流时，大气湍流造成了折射率的微小变化，从而造成了波前相位畸变，畸变波前的继续传播使其进一步畸变，虽然单个畸变量很小，但是沿大气路程上传播的累积影响非常大，最终在接收端产生光强起伏、光束漂移和扩展等湍流效应。在湍流中传播的麦克斯韦方程为

$$\nabla^2 E + k^2 n^2 E = 0 \quad (2\text{-}42)$$

式中，$k=2\pi/\lambda$ 是波数；n 是大气折射率。由于式中有 n^2 项，该式是一个不能精确求解的随机方程，为此应用各种近似法建立多种理论模型。其中运用较广的是 Born 近似、Rytov 方法和广义惠更斯-菲涅耳法。

Born 近似的基本思想是：首先折射率表示为 $n=n_0+n_1$，且 $n_1 \ll n_0$；其次假设接收光场 $E=E_0+E_1+\cdots$，E_0 是入射光场，E_1 是一阶散射场，E_n 是多次散射场。假定光束波长小于任何湍流旋涡（湍涡）尺度，即小角度正向散射在传输中处于主导地位。进一步假设湍流散射很弱，即只取零阶和一阶散射项。从而得

$$\nabla^2 E_1 + k^2 E_1 = -2k^2 n_1(\boldsymbol{r}) E_0(\boldsymbol{r}) \quad (2\text{-}43)$$

基于以上假设和应用菲涅耳近似，得到一阶散射场的表达式

$$E_1(r,z) = \frac{k^2}{\pi}\int\frac{\exp\left[ik|r-r'|^2/(2|z-z'|)\right]}{|z-z'|}n_1(r,z)E_0(r,z)\exp(ik|z-z'|)\mathrm{d}r \quad (2\text{-}44)$$

该式适用于折射率起伏量较小，散射场的起伏远小于初始场的情况，有效范围限于非常弱的湍流。

Rytov 方法在 Born 近似上作了改进。首先，将接收光场作 Rytov 变换，即

$$E(r,z) = E_0(r,z)\exp[\psi(r,z)] \quad (2\text{-}45)$$

式中，$\psi(r,z) = \psi_1(r,z) + \psi_2(r,z) + \cdots$ 是湍流引起的综合相位扰动项。忽略高于 $\psi_1(r,z)$ 的扰动项，将式（2-45）代入式（2-43）得

$$\nabla^2\psi_1 + 2\nabla\ln(E_0)\cdot\nabla\psi_1 + 2k^2 n_1(r,z) = 0 \quad (2\text{-}46)$$

求解式（2-46），得

$$\psi_1(r,z) = \frac{k^2}{2\pi E_0(r,z)}\int\frac{\exp(ik|r-r'|)}{|r-r'|}n_1(r')E_0(r',z)\mathrm{d}r' \quad (2\text{-}47)$$

将式（2-47）代入式（2-45），可得到一阶散射近似下的接收光场。该式虽然也仅适用于弱起伏情况，但是相对于 Born 近似限制较少，只要求扰动的变化在波长规模上很小。

广义惠更斯-菲涅耳法是将标量衍射理论用于光波在随机介质中传播的问题中，利用特定边界上的场描述随机介质中传播的场，得到适用于散射场的衍射型积分

$$E(r,z) = -\frac{ik}{2\pi}\int\frac{\exp(ik|r-r'|)}{|r-r'|}E_0(r',z)\exp[\psi(r,r')]\mathrm{d}^2 r' \quad (2\text{-}48)$$

上式的优点在于计算任何湍流强度下的接收光场的一阶和二阶矩，同时广义惠更斯-菲涅耳法还提供一个线性系统类型的表达式。

在利用各种近似方法得到接收光场表达式的基础之上，求得接收光场的振幅和相位起伏的统计特性。以 Rytov 解为例，阐述建立接收光场统计模型的基本过程。首先，将菲涅耳近似应用于 Rytov 解，得到散射光场的对数振幅和相位

$$\begin{aligned}\chi_1 &= \frac{k^2}{2\pi E_0(r,z)}\int\frac{\cos\left[k|r-r'|^2/(2|z-z'|)\right]}{|z-z'|}n_1(r)\exp(ik|z-z'|)E_0(r',z)\mathrm{d}r' \\ S_1 &= \frac{k^2}{2\pi E_0(r,z)}\int\frac{\sin\left[k|r-r'|^2/(2|z-z'|)\right]}{|z-z'|}n_1(r)\exp(ik|z-z'|)E_0(r',z)\mathrm{d}r'\end{aligned} \quad (2\text{-}49)$$

利用以上结果，结合湍流折射率功率谱，Tatarski、Yuar 和 Andrews 等导出了平面波、球面波或束状波等，接收光场的振幅和相位协方差、结构函数和频谱

等表达式。从上式可看出，散射光场的统计特性由发射端至接收端之间大气折射率的统计特性决定，同时也与输入波的特征有关，如平面波、球面波、聚焦光束或平行光束。此外，接收光场的对数振幅和相位是由沿传播路径中大量的折射率起伏和构成。假设不同层中的湍流旋涡引起的起伏是相互独立的，根据中心极限定理，接收光场的对数振幅和相位起伏均服从正态分布。由此得出，接收光强服从对数正态分布：

$$p(I) = \frac{1}{2\sqrt{2\pi}I\sigma_\chi} \exp\left[-\frac{(\ln I/I_0 - 2\langle\chi\rangle)}{8\sigma_\chi}\right], \quad I > 0 \quad (2\text{-}50)$$

式中，I_0 是没有湍流扰动时的接收光强；$\langle\chi\rangle$ 是对数振幅均值；σ_χ 是对数振幅方差。

对于强起伏下大气闪烁的研究主要集中在三个方面：①用广义惠更斯-菲涅耳原理计算强度起伏方差和协方差；②推广和求解 Markov 近似方程，进行数值模拟和渐近分析；③用 Feynman 路径积分解波动方程，求出接收光场的各阶矩和推测强度起伏概率密度函数。目前，应用以上方法均尚未得到闪烁指数的一般解析式。最广泛被接受的适用于强起伏区的闪烁模型是 Andrews 等采用修正 Rytov 方法建立的唯象闪烁模型。该模型假设接收起伏光强是大尺度湍流产生的起伏对小尺度湍流引起的闪烁的再调制结果，这两个过程相互独立，大气是一个线性滤波器，使得光波相干性变化。

基于以上假设，接收光场的复振幅表示为

$$U(r,L) = U_0(r,L)\exp\left[\psi_x(r,L) + \psi_y(r,L)\right] \quad (2\text{-}51)$$

式中，$\psi_x(r,L)$ 和 $\psi_y(r,L)$ 分别为大尺度和小尺度湍流引起的统计独立的复相位，上式指数中的加号表示大尺度湍流造成的起伏对小尺度湍流造成的起伏的调制。

为了进一步把大气的滤波功能包含到接收光强起伏的问题中，把大气折射率谱表示为

$$\Phi_n(\kappa) = 0.033C_n^2 \kappa^{-11/3} G(\kappa, l_0) \quad (2\text{-}52)$$

式中

$$\begin{aligned}G(\kappa, l_0) &= G(\kappa, l_0) + G(\kappa, l_0) \\ &= f(\kappa l_0)\exp\left(-\frac{\kappa^2}{\kappa_x^2}\right) + \frac{\kappa^{11/3}}{(\kappa^2 + \kappa_y^2)^{11/6}}\end{aligned} \quad (2\text{-}53)$$

其中，κ_x 是小尺度折射作用的空间截止频率；κ_y 是大尺度衍射作用的空间截止频率。

2.8.3 光束漂移

光场在透明大气空气信道中的传播，由于大气的存在会引起光场扰动，产生

涡流和温度梯度。只要光束波前面积小于扰动尺度，则光场被透明空气透射、衰减但不发生畸变，但光束可能会改变方向，会在接收机平面上产生光束漂移和散焦，相当于存在瞄准误差。光束的漂移可以使接收机工作于光束的边缘，即使接收机精确对准也会产生进一步的功率损耗，随扰动层的变化（缓慢上下移动或者是倾斜），光束漂移引起接收到的光束指向在接收机平面上漫游，产生随时间的功率变化。

高斯波束光波模型在几何光学近似区的传播行为可以从如下两个公式推导：

$$\nabla \varphi_0 \cdot \nabla \varphi_1 = k_0^2 n_1(R) \tag{2-54}$$

$$\nabla^2 \varphi_1 + 2\nabla(\ln U_0) \cdot \nabla \varphi_1 + 2\nabla \chi \cdot \nabla \varphi_0 = 0 \tag{2-55}$$

当高斯波束在自由空间传输时，受大气湍流的影响在非常短的时间周期内接收平面上的波束轮廓将偏离原路线传播，波束的瞬时中心将会在接收平面随机移动，这种光束中心的随机变化就叫做漂移。漂移的形成是由波束的随机相位起伏形成的。

光束漂移是一个随机过程，一般用功率谱来描述光束漂移在频域内的统计特性。基于试验测量数据的光束漂移时间序列，进行傅里叶变换得到光束漂移功率谱，如图 2-21 所示，（a）和（b）分别是水平方向和竖直方向的光束漂移功率谱。

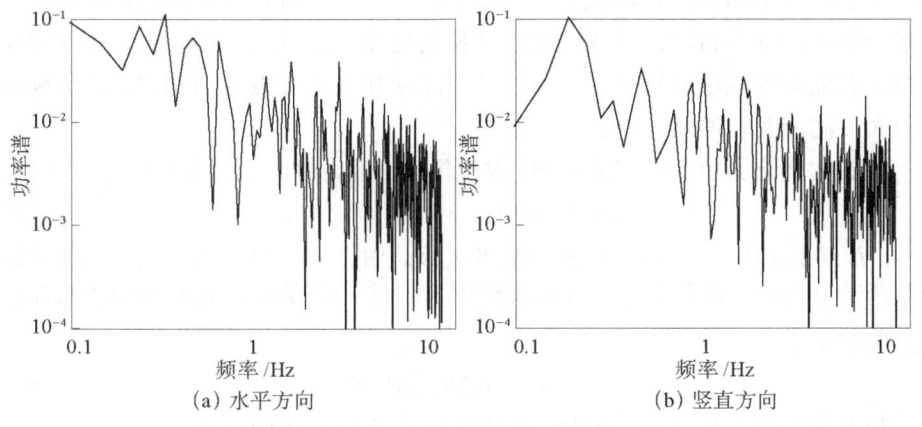

图 2-21　光束漂移功率谱的变化规律

从图中可以看出，光束漂移的功率谱值随着时间频率的增加而迅速下降，它是一种低频率的抖动，其主要起伏频率在 10Hz 以内。能见度对光束漂移影响明显，在能见度较低的情况下，光束漂移幅度较弱，这说明在天气阴霾、能见度较低的情况下，光束漂移会显著减小，光束漂移角的均方值一般不超过 40μrad。可以解释为：地表受太阳辐射、地面摩擦等因素的影响，造成了近地面大气风和温度在垂直方向上的不均匀分布，在一定条件下形成了近地面湍流，地表和空气间的能量交换决定了大气湍流的强弱。相对于晴朗的天气,在阴霾的天气条件下的地表温度变化比较缓慢,地表温度与空气温度的差别小,所以在阴霾的天气下,大气湍流相对较弱,光束漂移幅度相应较小。

2.8.4 到达角起伏

到达角起伏是星地激光跟瞄链路设计中必须要考虑的问题。科研工作者对到达角起伏进行了深入的研究,使用较广泛的研究方法主要包括几何光学近似、衍射光线法和 Markov 近似。目前对到达角起伏的理论研究主要集中在弱湍流区,给出的到达角起伏方差解析表达式适用于弱湍流区,未见给出适用于强湍流区或大天顶角的到达角起伏方差解析表达式。国内外对到达角起伏功率谱也进行了大量的研究工作,在不同的到达角起伏方向下,其功率谱是不同的,并给出了高频和低频功率谱的解析表达式。

根据 Tatarski 的理论,湍流不十分强时的到达角起伏方差可表示为

$$\sigma_\theta^2 = 2.92 C_n^2 z p^{-\frac{1}{3}} \tag{2-56}$$

其中,p 为接收光学装置孔径;光束漂移和像点抖动的概率分布是正态分布,一般情况下漂移角和到达角起伏都小于 $50\mu rad$。光漂移角和折射率结构常数随时间变化一致,折射率结构常数变大时,漂移角也变大,反之亦然。由于折射率结构常数是表征湍流强度的物理量,所以光束漂移和湍流强度密切相关,湍流强时漂移角大,湍流弱时漂移角小。

考虑大气湍流引起的光束展宽,激光传输 z 距离时的光斑半径应作如下修正:

$$\omega_t(z) = [\omega^2(z) + 4.38 C_n^2 l_0^{-1/3} z^3]^{1/2} \tag{2-57}$$

其中,l_0 为湍流的内尺度,一般为毫米量级。由上式可以看出,展宽后的光斑半径由两部分组成,即不考虑大气湍流作用下传播 z 距离时的 $\omega(z)$ 和由大气湍流造成的展宽部分

$$\omega_t = 4.38 C_n^2 l_0^{-1/3} z^3 \tag{2-58}$$

若考虑发射面孔径 d,则激光传输距离 z 之后光斑面积为

$$S_{\text{beam}}(z) = \pi \left[\frac{(d+\theta z)^2}{4} + \omega_t^2(z) \right] \tag{2-59}$$

其中,θ 为激光远场发散角,$\theta = \dfrac{2\lambda}{\pi \omega_0}$。

文献结果表明,在传输距离为 3.5km 和 12km 下得到的到达角起伏均方值的测量结果的变化范围为 10~35μrad。可以解释为:随着湍流强度的增强,到达角起伏逐渐趋于饱和,当湍流强度增强到一定程度后到达角起伏不再增加。根据实

验获得的到达角起伏方差测量结果和所对应的归一化光强起伏方差,得到到达角起伏均方值随归一化光强起伏方差的变化规律,如图2-22所示。图中给出了到达角起伏均方值随归一化光强起伏方差的变化规律。横坐标是归一化光强起伏方差,纵坐标是到达角起伏均方值。

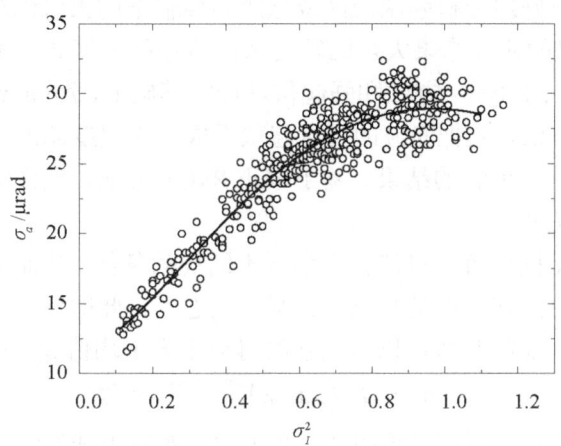

图 2-22 到达角起伏均方值随归一化光强起伏方差的变化规律

从图中可以看出,当归一化光强起伏方差小于0.8时,到达角起伏幅度随着归一化强度起伏方差的增大而增大;当归一化光强起伏方差大于0.8时,到达角起伏幅度不随归一化光强起伏方差的增大而显著变化,此时到达角起伏逐渐趋于饱和。这是因为尺度在相关长度和散射区尺度之间的湍涡产生的空间频率波不能到达接收端,对到达角起伏没有贡献。在弱湍流区,相关长度等于散射区尺度;在强湍流区,相关长度小于散射区尺度,且散射区尺度随着归一化光强起伏方差的增大而增大。当归一化光强起伏方差大于0.8时,随着归一化光强起伏方差的增大,散射区尺度相应增大,将有更多的空间频率波不能到达接收端,所以此时到达角起伏幅度不随归一化强度起伏方差的增大而继续显著增大,逐渐趋于饱和。

2.8.5 强度起伏

大气闪烁效应(强度闪烁)是当光束直径比湍流尺度大很多时,光束截面内包含多个湍流旋涡,每个旋涡各自对照射其上的那部分光束独立散射和衍射,引起光强的忽大忽小,即大气闪烁。在激光通信系统中,大气闪烁可引起接收机探测电流的随机涨落,从而导致探测系统的噪声增加。

大气闪烁是由振幅起伏和相位起伏共同引起的,既有小尺度湍涡的衍射效应,又有大尺度湍涡的折射效应,此时几何光学近似就不适用了,而 Rytov 方法在研究弱湍流区的大气闪烁时取得了成功。在研究强湍流区或远距离传输下的大气湍流效应时,把光波在大气中的传播过程看成一个 Markov 过程的 Markov 近似被提出,它可以较好地分析强湍流区或远距离传输下的大气闪烁效应,但是基于 Markov 近似给出的研究结果大都比较复杂,多是积分形式,不能给出解析的表达式。在前人给出的 Rytov 方法和强起伏理论的基础上,Andrews 等于 1999 年提出了修正 Rytov 方法,它把光波的强度起伏看成是大尺度湍涡引起的起伏对小尺度湍涡引起的起伏的调制的结果。基于修正 Rytov 方法,他们给出了普适的强度起伏方差解析表达式。

光束波前的不同位置上可能会观察到不同扰动条件,从而造成光束强度在时间和空间上的随机起伏,在某些位置光强忽大忽小,此即为光束强度的闪烁。远方接收屏上光强的随机起伏可以用光强的对数平方平均值 σ_2 来表示:

$$\sigma_2 = B \times (2\pi/\lambda)^{7/6} \times L^{11/6} \times C_n^2 \qquad (2\text{-}60)$$

式中,λ 是激光波长;对应于平面波,B=1.23,对应于球面波,B=0.49;σ_2 是一无量纲量;L 是传输距离。但是地球并非是一个平面体,当激光光束在海平面上传播时,地球的曲率使空间波存在一个视线距离 $L_{\max}$(km),激光束的强度起伏常用对数强度起伏方差表示。在满足 Kolmogrov 谱条件下,对数强度起伏方差 $\sigma_{\ln}^2 I$ 为

$$\sigma_{\ln}^2 I = A C_n^2 k^{\frac{7}{6}} L^{\frac{11}{6}} \qquad (2\text{-}61)$$

式中,L 为水平传输距离;A 为常数,对球面波和平面波,分别为 0.496 和 1.23;波数

$$k = 2\pi/\lambda \qquad (2\text{-}62)$$

λ 是激光波长。$\sigma_{\ln}^2 I$ 与传输距离 11/6 次方、与波数 7/6 次方成正比;平面波的闪烁比球面波大;闪烁大小与湍流强度成正比;波长越短,传输距离越长,闪烁越强。但当湍流强度较大和传输距离较长时,$\sigma_{\ln}^2 I$ 的变化远比此式复杂。

光强起伏功率谱的实验结果是通过对光强起伏测量实验中得到的探测光强时间序列进行傅里叶变换而得到。光强起伏功率谱的实验结果包含了冬、春和夏季,以及弱、中、强起伏条件下的情况。

对基于弱起伏和强起伏两种情况下光强起伏试验测量结果进行傅里叶变换,得到在传输距离为 3.5km,接收孔径分别为 1cm、6cm 和 12.7cm 条件下典型的光强起伏功率谱。图 2-23 给出了不同接收孔径及大气湍流强度下的光强起伏功率谱。

第 2 章 卫星光通信系统工作原理和技术基础

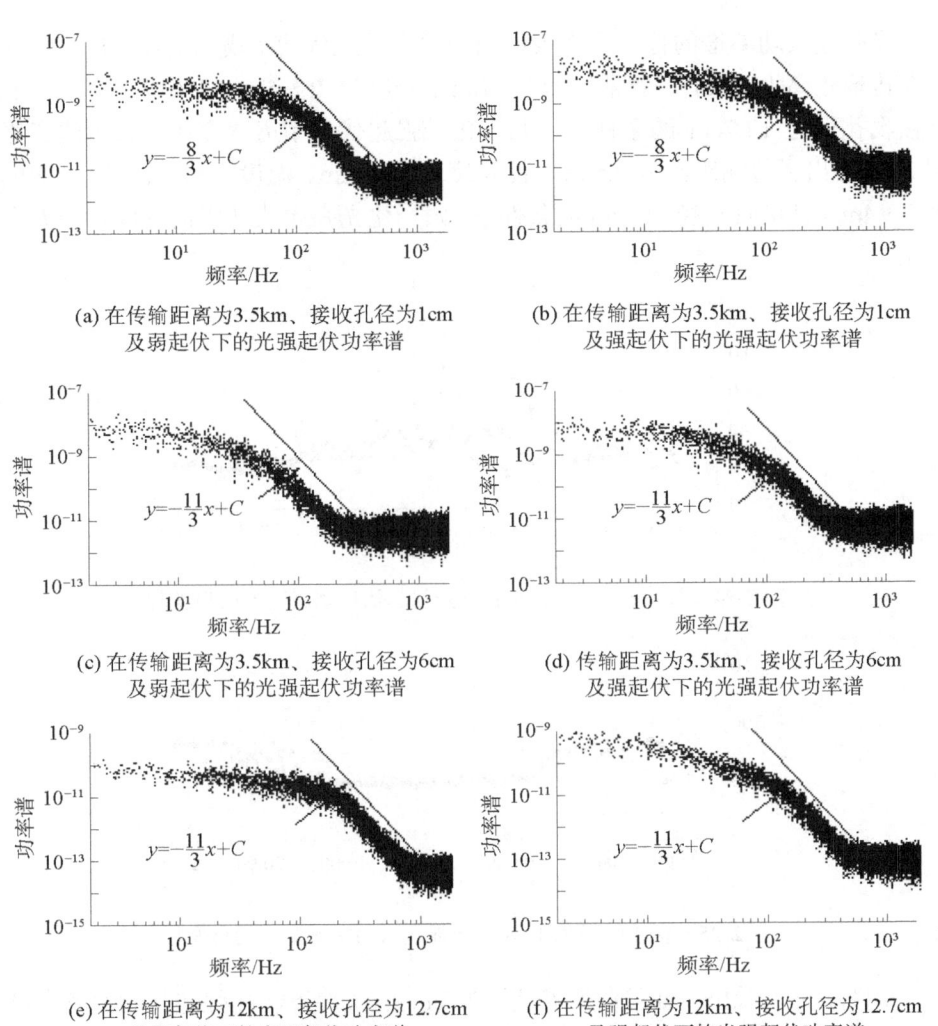

(a) 在传输距离为3.5km、接收孔径为1cm
及弱起伏下的光强起伏功率谱

(b) 在传输距离为3.5km、接收孔径为1cm
及强起伏下的光强起伏功率谱

(c) 在传输距离为3.5km、接收孔径为6cm
及弱起伏下的光强起伏功率谱

(d) 传输距离为3.5km、接收孔径为6cm
及强起伏下的光强起伏功率谱

(e) 在传输距离为12km、接收孔径为12.7cm
及弱起伏下的光强起伏功率谱

(f) 在传输距离为12km、接收孔径为12.7cm
及强起伏下的光强起伏功率谱

图 2-23 不同接收孔径及大气湍流强度下的光强起伏功率谱

从图中可以看出,光强起伏功率谱的特征为:功率谱分为低频段和高频段两部分,低频谱为常数,高频谱呈指数关系变化。

在水平激光大气传输中大气相干长度通常为 2~3cm。当接收孔径小于大气相干长度时为点接收;当接收孔径大于大气相干长度时为孔径接收。比较图 2-23 (a)~(f)可知,在接收孔径较小(D=1cm,小于大气相干长度)的情况下,高频谱的幂指数为-8/3。在接收孔径较大(D=6cm、12.7cm,大于大气相干长度)的情况下,高频谱的幂指数为-11/3。由此可知,点接收情况下高频谱幂率为-8/3,孔径接收下高频谱幂率为-11/3。

光强起伏功率谱的特征频率表征归一化光强起伏功率谱的宽度。图 2-24 给出了在传输距离为 3.5km、能见度为 6～7km、温度为-2～4℃、平均风速为 1～2m/s 且接收孔径为 12.7cm 的条件下，归一化光强起伏功率谱宽度在一天中的变化。图 2-25 给出了传输距离为 3.5km、能见度为 5～6km、温度为-1～5℃、平均风速为 3～4m/s 且接收孔径为 1cm 的条件下，归一化光强起伏功率谱宽度在一天中的变化。

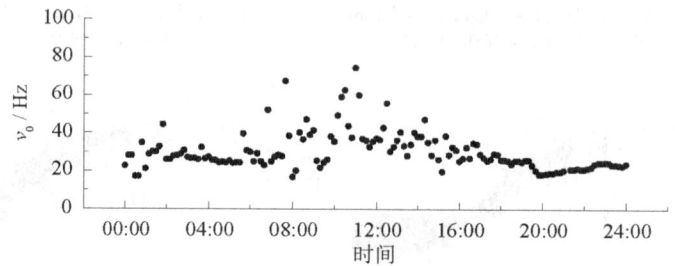

图 2-24　接收孔径为 12.7cm 时光强起伏功率谱宽度的日变化

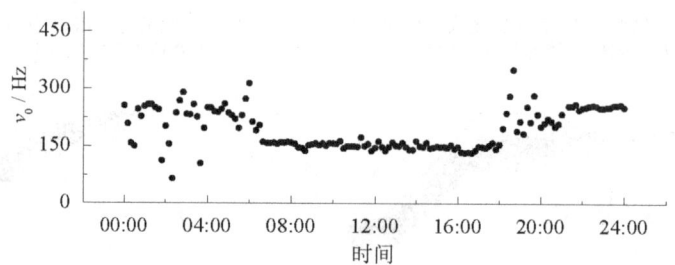

图 2-25　接收孔径为 1cm 时光强起伏功率谱宽度的日变化

从图中可以看出：在接收孔径为 12.7cm 的条件下，光强起伏功率谱宽度在 20～80Hz 的范围；在接收孔径为 1cm 的条件下，光强起伏功率谱宽度在 100～400Hz 的范围。在接收孔径较大（接收孔径大于大气相干长度）的情况下，由于孔径平均效应，接收孔径相当于一个低通滤波器，将光强起伏功率谱中的高频分量滤除。因此，大尺度接收孔径下的光强起伏功率谱宽度大于小尺度接收孔径下的光强起伏功率谱的宽度。

2.8.6　光束衰减

由于大气对电磁波散射和吸收等因素的影响，一部分波段的太阳辐射在大气层中的透过率很小或根本无法通过，能量的传播角被重新定向。电磁波辐射在大气传输中透过率较高的波段称为大气窗口，图 2-26 给出了光通过透明空气大气层传播时，各种波长的光场透射率。

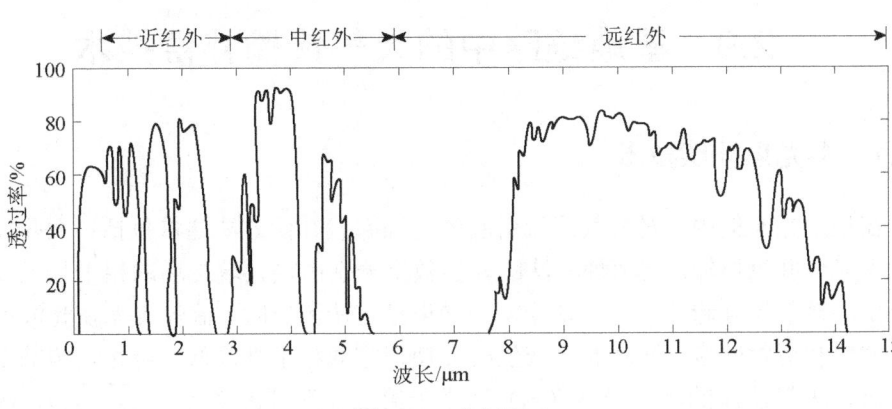

图 2-26 大气窗口

目前在使用的一些大气窗口为：①0.3～1.155μm，包括部分紫外线、全部可见光和部分近红外，即紫外、可见光、近红外波段。这一波段是摄影成像的最佳波段，也是许多卫星遥感器扫描成像的常用波段。例如，Landsat 卫星的 TM 的 1～4 波段，SPOT 卫星的 HRV 波段等。其中，0.3～0.4μm，透过率约为 70%；0.4～0.7μm，透过率大于 95%；0.7～1.1μm，透过率约为 80%。②1.4～1.9μm，近红外窗口，透过率为 60%～95%，其中 1.55～1.75μm 透过率较高。在白天日照条件好的时候扫描成像常用这些波段。例如，TM 的 5、7b 波段等用以探测植物含水量以及云、雪或用于地质制图等。③2.0～2.5μm，近红外窗口，透过率约 80%。④3.5～5.0μm，中红外窗口，透过率为 60%～70%。该波段物体的热辐射较强。这一区间除了地面物体反射太阳辐射外，地面物体自身也有长波辐射。例如，NOVV 卫星的 AVHRR 遥感器用 3.55～3.93μm 探测海面温度，获得昼夜云图。⑤8.0～14.0μm，热红外窗口，透过率约 80%。主要来自物体热辐射的能量，适于夜间成像，测量探测目标的地物温度。⑥1.0～1.8μm，微波窗口，透过率为 35%～40%。⑦2.0～5.0μm，微波窗口，透过率为 50%～70%。⑧8.0～1000.0μm，微波窗口，透过率约 100%。

在星地激光链路中，信标和信号光源"通道"应选择在大气窗口内，选择合适的波长具有重要意义，现有的通信系统大多选择 0.8μm 波段和 1.5μm 波段的激光作为捕获、跟踪和通信光源。

2.9 星地链路中的大气传输补偿技术

2.9.1 多光束补偿技术

在星地光通信中,对大气湍流引起的光强起伏补偿方法通常包括:大孔径接收和多光束并束传输。这两种方法的补偿效果分别由接收端光场的相干长度和不同光束的接收光强起伏相关性决定。当光束穿过湍流层时,湍流旋涡使光波产生折射效应和衍射效应,波阵面将产生畸变使得空间相干性降低。当光束传输至接收端时,大气湍流的相干长度(r_0)远小于第一菲涅耳区半径($\sqrt{\lambda \cdot H}$),因此光波相干长度由大气湍流的相干直径决定。在接收端光场相干直径大于接收天线直径的情况下才能发生孔径平均效应,减弱光强起伏,反之则不能。接收光强起伏是光波的振幅起伏和相位起伏共同作用的结果。

在弱起伏情况和几何光学近似下,大气湍流造成的光场振幅起伏可以忽略,此时接收光强起伏近似等于相位起伏。因此,当多光束同步传输至接收端时,不同光束在接收端的强度起伏相关性由各光波的相位起伏差的方差决定。当接收端光束间的相位起伏差的方差 $\sigma_\varphi^2 \gg 2\pi$,不同光场的光强起伏相互独立,反之,当 $\sigma_\varphi^2 \ll 2\pi$ 时,光场间强度起伏具有一定的相关性。星地光通信包括地面至卫星的上行链路和卫星至地面的下行链路。针对上行和下行信道特征,分析两种补偿方法的补偿效果。

对于星地下行激光链路,以两束光为例分析星上发射端同步发射多光束通过大气湍流层到达地面接收端的起伏相关性。如图 2-27 所示,光源 1 和光源 2 相距

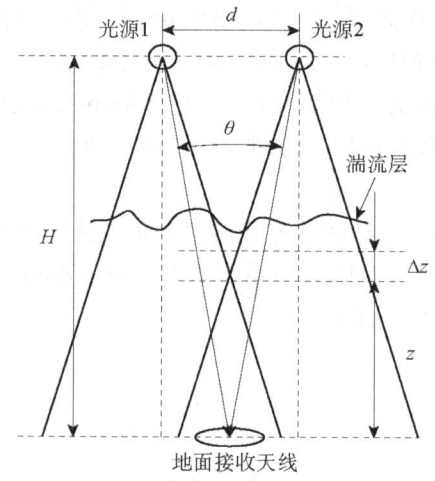

图 2-27 下行链路两光束并束传输示意图

一定距离 d，相互有一个很小的夹角 θ。在几何光学近似下，光源 1 和光源 2 发射的光束通过大气湍流层后所受到的相位扰动的差值的方差表征接收端处的光强起伏相关性。

由于下行链路光源远离湍流层，用平面波近似，光源 1 和光源 2 发射的光束所受到的相位延迟分别表示为

$$\varphi_1 = k\int_0^H \left[n_0 - n_1(z) \right] \mathrm{d}z$$
$$\varphi_2 = k\int_0^H \left[n_0 - n_1'(z) \right] \mathrm{d}z$$
(2-63)

其中，n_0 是大气折射率均值；n_1 和 n_1' 是折射率的随机变化量。在弱起伏情况，采用 Karman 折射率谱，光源 1 和光源 2 的光波在接收端的相位延迟差值的方差 $\sigma_\varphi^2(H,\theta)$ 表示为

$$\sigma_\varphi^2(H,\theta) = \left\langle (\varphi_1 - \varphi_2)^2 \right\rangle = 2.914 k^2 \cdot \left(\frac{d}{H} \right)^{5/3} \cdot \sec\psi \int_0^H C_n^2(z) z^{5/3} \mathrm{d}z \quad (2\text{-}64)$$

式中，d 是光源间距；H 是卫星轨道高度；$k=2\pi/\lambda$ 是波数，以下分析选取波长 $\lambda=850\times10^{-9}$m；ψ 是天顶角，C_n^2 是大气折射率结构常数——Hufngael-Valley 模型表示为

$$C_n^2(h) = 0.0059(v/27)^2(10^{-5}h)^{10}\exp(-h/1000)$$
$$+ 2.7\times10^{-16}\exp(-h/1500) + A\exp(-h/100)$$
(2-65)

其中，h 是高度（km）；A 是地面的折射率结构常数 $C_n^2(0)=1.7\times10^{-14}$（m$^{-2/3}$）；$v=21$ m/s 是高空临界风速。

下行链路不同光场的相位延迟差的方差和光源间距及卫星轨道高度的关系的计算结果如图 2-28 所示。从图中可以看出，光源 1 和光源 2 发射的光束到达地

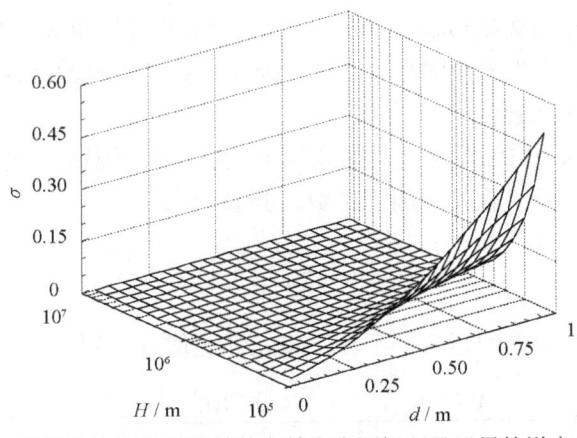

图 2-28 下行光波相位延迟差的方差和光源间距及卫星轨道高度的关系

面接收端的相位延迟差值的方差小于 2π。其原因是下行链路光源远离大气湍流层，即使光源 1 和光源 2 在星上的间距达到 1m，当它们发射的光束到达湍流层时，光斑面积相当大，两光束相交重叠，此后两光束在湍流层传输的路径几乎相同，即由湍流引起的相位畸变基本相同。因此在下行链路中在星上发射端采用多光束传输只能增加发射功率而不能用于补偿接收端的光强起伏。

在分析下行光波的相干长度中，考虑到下行链路光源位于星上，远离大气湍流层，平面波近似下的下行接收端的光波横向相干长度表示为

$$r_0 = \left[1.46 k^2 \cdot \sec\psi \cdot \int_0^H C_n^2(z) \cdot \left(\frac{H-z}{H} \right)^{5/3} \mathrm{d}z \right]^{-3/5} \quad (2\text{-}66)$$

根据上式，可以给出下行大气湍流相干直径和天顶角及卫星轨道高度的关系，如图 2-29 所示。

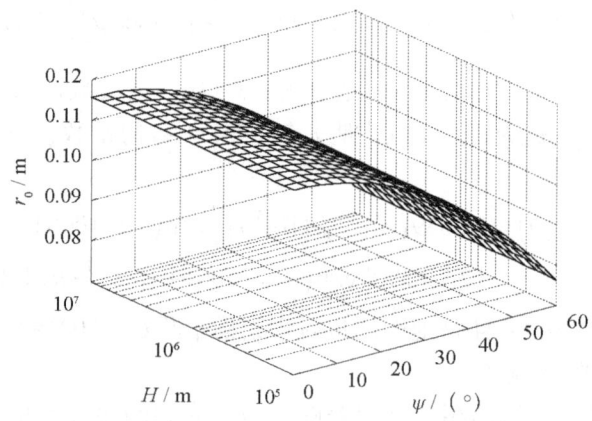

图 2-29 下行光波相干直径和天顶角及卫星轨道高度的关系

从图中可知 r_0 的典型值在 5~15cm。地面的大孔径接收天线直径在 0.5~1.0m 范围，接收孔径远大于光波的相干直径，因此大孔径接收的孔径平均效应能有效地抑制下行接收光强起伏。

运用 Andrews 和 Phillips 建立的适用于从弱起伏到强起伏的唯象闪烁模型分析大孔平滑后的下行接收光强闪烁指数，其表示为

$$\sigma_I^2 = \frac{\langle I^2 \rangle}{\langle I \rangle^2} - 1 \quad (2\text{-}67)$$

不考虑内尺度湍涡的影响，下行接收光强起伏方差为

$$\sigma_I^2 = \exp\left[\frac{0.49\sigma_1^2}{\left(1+1.11\sigma_1^{12/5}\right)^{7/6}} + \frac{0.51\sigma_1^2}{\left(1+0.69\sigma_1^{12/5}\right)^{5/6}} \right] - 1, \quad 0 \leqslant \sigma_1^2 < \infty \quad (2\text{-}68)$$

式中，σ_1^2 是平面波在弱起伏区的 Rytov 方差，其表示为

$$\sigma_1^2 = 2.25\mu_1 k^{7/6}(H-h_0)^{5/6}\sec^{11/6}\psi \qquad (2\text{-}69)$$

其中，$\mu_1 = \int_{h_0}^{H} C_n^2(h)\left(\dfrac{h-h_0}{H-h_0}\right)^{5/6} dh$；$h_0$ 是地面站高度；H 是卫星轨道高度。

Yura 等研究空-地光传输的工程孔径平滑因子，其表示为

$$G = \dfrac{1}{1 + A_0^{-1}\left[D_0^2/(\lambda h_0 \sec\psi)\right]^{7/6}} \qquad (2\text{-}70)$$

式中，ψ 是天顶角；D_0^2 是接收天线直径；$A_0^{-1}=1.1$；$h_0 = \left[\dfrac{\int_0^H C_n^2(z)\cdot z^2 dz}{\int_0^H C_n^2(z)\cdot z^{5/6} dz}\right]^{6/7}$。

根据上述公式，可得到孔径平均补偿后的下行链路接收光信号的闪烁指数表达式：

$$\sigma_{I_{\text{ave}}}^2 = G\cdot\sigma_I^2 \qquad (2\text{-}71)$$

由上计算得到下行链路中闪烁指数和天顶角与接收天线孔径关系，如图 2-30 所示。

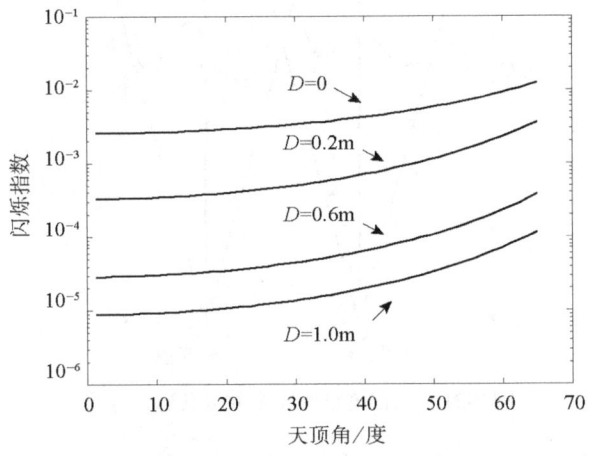

图 2-30 下行接收光强的闪烁指数和天顶角及接收天线孔径的关系

从图中可以看出，由于随着天顶角增大光波所通过的湍流层长度增加，下行链路闪烁指数随天顶角增加而增大。随着地面接收天线直径增大，接收面内以非相干方式叠加的散斑元数目增加，接收光强的闪烁指数减小。因此大孔径接收的闪烁平均效应能有效地抑制接收端的光强起伏。

对于上行链路，考虑到上行链路的光源处于湍流层中，球面波近似下的上行接收光场的横向相干直径表示为

$$r_0 = \left[1.46k^2 \cdot \sec\psi \cdot \int_0^H C_n^2(z) \cdot \left(\frac{z}{H}\right)^{5/3} \mathrm{d}z \right]^{-3/5} \quad (2\text{-}72)$$

星上接收端的光场相干长度典型值在 2~200m。接收光波的横向相干长度远大于星上通信终端所能安装接收天线的直径。此时接收光强度起伏相当于点接收的起伏强度,增大星上天线的直径将增加接收功率,但不能改善接收光强起伏。

以两束光为例分析地面光发射端同步发射多光束通过大气湍流层到达星上接收端的起伏相关性。如图 2-31 所示,光源 1 和光源 2 相距一定距离 d,到达接收天线的光线相互有一个很小的夹角 θ。与下行链路类似,两光束通过大气湍流层后相位差的方差表征在接收端处的光强起伏相关性。

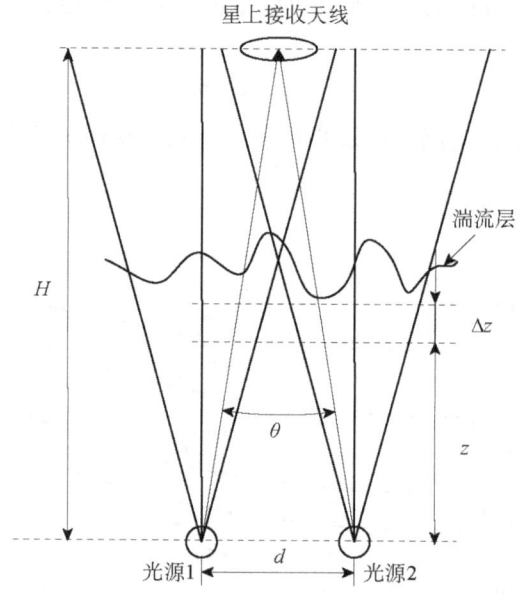

图 2-31 上行链路两光束并束传输示意图

由于上行链路中光源处于湍流层中,在球面波和几何光学近似下,光源 1 和光源 2 发射的光束到达卫星接收天线的相位延迟差值的方差表示为

$$\sigma_\varphi^2(H,\theta) = \left\langle (\varphi_1 - \varphi_2)^2 \right\rangle = 1.093 k^2 \sec\psi \left(\frac{d}{H}\right)^{5/3} \int_0^H C_n^2(z)(H-z)^{5/3} \mathrm{d}z \quad (2\text{-}73)$$

式中,d 是光源间距;H 是卫星轨道高度;C_n^2 是大气折射率结构常数;k 是波数;ψ 是天顶角。图 2-32 为上行相位延迟差的方差和光源间距及卫星高度关系,可以看出两光束在接收端的相位延迟差的方差和卫星轨道高度及光源间距的关系。

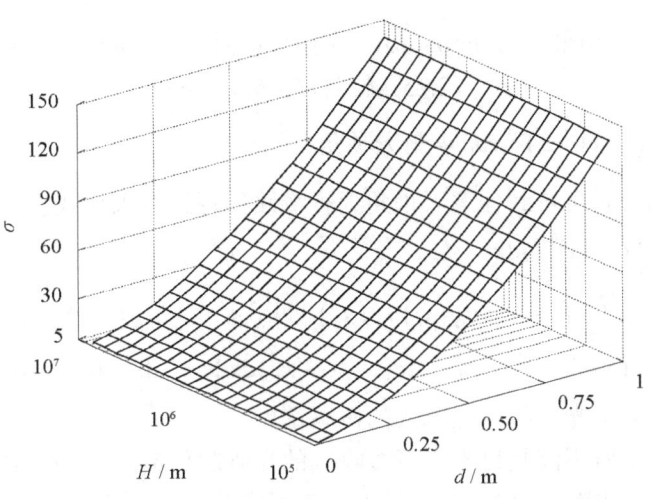

图 2-32 上行相位延迟差的方差和光源间距及卫星高度关系

当光源 1 和光源 2 的间距大于大气相干直径时,两光束到达卫星接收端的相位延迟差的方差大于 2π。其原因是光源处于湍流层中,光源前端的湍流旋涡使光束不断地发生折射效应和衍射效应,随着传输距离增加,两个光场在传输路径上的相位积分的差值增加。当光束传至接收端时,各每光束的光强起伏各自独立地随机变化,即互不相关。此时总的接收光强起伏是多个相互独立同分布随机起伏叠加的结果,因此上行链路采用多光束传输能够抑制大气湍流效应造成的光强起伏。假设每束光在接收端的随机起伏光强($I_1, I_2, \cdots, I_n$)是均值为 1 的相互独立随机变量。根据多个相互独立同分布的随机变量之和的分布理论,将多个独立同分布的随机变量进行卷积,得到多光束传输的接收光强概率密度函数:

$$p_I(x) = p_{I_1} * p_{I_2} * \cdots * p_{I_n}$$
$$= \int_{-\infty}^{+\infty} \cdots \int_{-\infty}^{+\infty} p_{I_1}(x_1) p_{I_2}(x_2) \cdots p_{I_{i-1}}(x_{i-1}) p_{I_{i+1}}(x_{i+1}) \cdots p_{I_n}(x_n) \quad (2\text{-}74)$$
$$\cdot p_{I_i}(x - x_1 - \cdots - x_{i-1} - x_{i+1} - \cdots - x_n) \mathrm{d}x_1 \cdots \mathrm{d}x_{i-1} \mathrm{d}x_{i+1} \cdots \mathrm{d}x_n$$

其中,接收光强 $I = \sum_{i=1}^{n} I_i$,$p_{I_{1 \sim n}}$ 是 gamma-gamma 分布的概率密度函数,表达式为

$$p(I_n) = \frac{2(\alpha\beta)^{(\alpha+\beta)/2}}{\Gamma(\alpha)\Gamma(\beta)} I_n^{(\alpha+\beta)/2-1} \mathrm{K}_{\alpha-\beta}\left[2(\alpha\beta I_n)^{1/2}\right], \quad I_n > 0 \quad (2\text{-}75)$$

式中,$\Gamma(x)$ 是 gamma 函数;$\mathrm{K}_{\alpha-\beta}(x)$ 是第二类修正贝塞尔函数;α 和 β 表示为

$$\alpha = \frac{1}{\exp\left[\dfrac{0.49\sigma_2^2}{\left(1+0.56\sigma_2^{12/5}\right)^{7/6}}\right]-1}, \quad \beta = \frac{1}{\exp\left[\dfrac{0.51\sigma_2^2}{\left(1+0.69\sigma_2^{12/5}\right)^{5/6}}\right]-1} \quad (2\text{-}76)$$

σ_2^2 是在弱起伏区和采用 Kolmogorov 谱得到的球面波 Rytov 闪烁指数，表示为

$$\sigma_2^2 = 2.25\mu_3 k^{7/6}(H-h_0)^{5/6}\sec^{11/6}\psi \qquad (2\text{-}77)$$

$\mu_3 = \int_{h_0}^{H} C_n^2(h)\xi^{5/6}(1-\xi)^{5/6}\mathrm{d}h$，$\psi$ 是天顶角。

根据上述公式可得到任意天顶角上行链路闪烁指数表达式

$$\begin{aligned}\sigma_I^2 &= \int_{-\infty}^{+\infty}(x-1)^2 p_I \mathrm{d}x \\ &= \int_{-\infty}^{+\infty}\cdots\int_{-\infty}^{+\infty}(x-1)^2 p_{I_1}(x_1)p_{I_2}(x_2)\cdots p_{I_{i-1}}(x_{i-1})p_{I_{i+1}}(x_{i+1})\cdots p_{I_n}(x_n) \\ &\quad \cdot p_{I_i}(x-x_1-\cdots-x_{i-1}-x_{i+1}-\cdots-x_n)\mathrm{d}x\mathrm{d}x_1\cdots\mathrm{d}x_{i-1}\mathrm{d}x_{i+1}\cdots\mathrm{d}x_n\end{aligned} \qquad (2\text{-}78)$$

式中，p_n 是第 n 个光源的光强起伏的概率密度。

比较同步发射不同数目光束下接收端的光强起伏情况，运用 Monte Carlo 法，数值计算发射端光源数目为 1~4 的上行闪烁指数随天顶角的变化规律。

由图 2-33 可知，随着天顶角增大，光束穿过的大气湍流层路程增加，接收光强的闪烁指数增大；当发射端同步发射多光束时，多个强度起伏互不相关的光波相互叠加，使得总的接收光强起伏变小。因此，采用多光束同步传输光信号可以有效补偿上行接收的光强起伏。

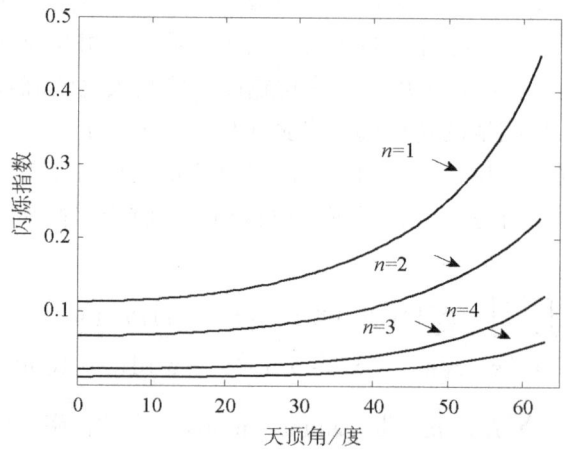

图 2-33 上行闪烁指数、天顶角及发射光源数目的关系

2.9.2 自适应光学补偿技术

高斯光束在湍流大气中传输时，由于大气折射率的不均匀性所引起的幅度和相位的变化将导致链路失败。因此，想解决或者尽量减弱大气湍流效应就应该从抑制或者减弱幅度和相位的畸变入手。近些年来，一个比较热门的解决方法就是将光学

第 2 章 卫星光通信系统工作原理和技术基础

领域的自适应光学引入卫星光通信中,进而改进星地激光链路的捕获、跟踪和性能。

自适应光学是一门集科学性和工程性为一体的综合学科,它研究实时自动改善光波波前质量的理论、系统、技术和工程。波前误差是由传输通道(如一般的光学系统、光纤波导和大气)引起的。然而光学传输通道种类繁多,引起波前质量下降的原因不尽相同,如通道内折射率不均匀、大气中存在湍流、光学零件表面面形有误差,还存在温度和应力变形,安装也可能不准确。波前误差一般是时变的,且变化规律多种多样,由温度、应力、工艺和安装等原因引起的误差,其变化速度是缓慢的,而大气湍流引起的误差却是快速变化的,并且是随机的。为校正波前误差,所采用过的方法也各不相同,有的带有伺服系统,有的则凭借非线性光学效应。而伺服系统有的是开环的,有的是闭环的;有的是电机致动的,有的则是光电移相的。为实时校正波前误差,需要采用多门学科的最新成就。由此可见,自适应光学是一门以多学科为基础,以实际波前误差为根据,实时校正波前误差的学科。

迄今为止,国内外对自适应光学技术对大气激光通信系统的补偿效果进行了大量的分析研究,用以评估自适应光学技术对于大气湍流效应对通信系统性能影响的降低。理论分析和仿真方面,以美国的 Tyson 为主要代表,给出了 OOK、IM/DD 模式下光强起伏与误码率的理论关系式,同时仿真结果表明:星地激光通信系统中自适应光学技术的使用可以降低由大气湍流所造成的信号衰减和起伏程度,使通信系统的误码率提高几个数量级。西班牙的 Aniceto Belmonte 等则针对相干光通信中的 PSK 外差接收机建立了激光大气通信数学模型。当接收孔径较小时,闪烁影响占优势,对大气湍流像差的 Zernike 模式补偿对通信质量的提高效果不大;当接收孔径较大时,闪烁影响较小,对像差进行模式补偿对提高通信质量是有效果的。

日本 CRL 于 1999 年采用自适应光学系统进行了地面站与国际空间站之间的激光通信演示实验。实验结果表明,安装在地面站的自适应光学系统仅校正低阶像差(倾斜、离焦、像散)就可以在很大程度上改进下行链路中的耦合效率和抑制上行链路中的光束漂移,提高了通信质量。

美国马里兰大学的 Thomas Weyrauch 等于 2004 年开展了 2.3km 大气水平传输通信实验,进行了倾斜和大气像差校正。他们在 73m 的水塔上摆放发射端机,在 2.3km 远的实验室做接收实验,自适应光学系统中采用无波前传感器的方案,利用快速转向镜来校正倾斜像差,再用随机并行梯度下降(SPGD)算法来校正其余的像差。采用 132 个驱动器的 MEMS 变形镜做校正器。结果表明:采用自适应光学技术后,接收到的信号最大强度是仅校正倾斜像差时的 2.3 倍。

美国的 JPL 于 2005 年建立了大气激光通信自适应光学实验平台,利用模拟大气湍流做测试。望远镜口径 1m，波长为 1064nm，传输码率为 100Mbit/s。实验结果证明：自适应光学闭环后至少有 5dB 的信号增益。2008 年该团队又在此平台基础上分析对比了 OOK 和 PPM16、PPM64 不同调制模式下，AO 闭环校正的效果。

2008 年，JHU/APL 和 AOptix 合作演示了 147km 的长距离双向 RF 和 FSO 结合的通信实验，采用 OOK 调制，传输速率达 10Gbit/s。该次实验使用了 AOptix R3.1，该产品将自适应光学系统内置于光通信端机之中。用发射端预校正和接收端校正来分别提高 Strehl 比和单模光纤耦合效率。变形镜驱动器 35 个，带宽大于 1kHz。闭环能校正接近 30 阶 Zernike 像差。

为了提高湍流环境中零差 BPSK 光通信系统的相干探测性能，ESA 在 2009 年开始计划在 Tenerife 的星地激光通信地面站（OGS）中设计和安装自适应光学系统，并完成相关系统设计及原理论证。2010 年 5 月，完成 AO 系统的安装及调试，初步具备了工作能力。其系统工作波长为 1064nm，传感器为 88 子孔径哈特曼传感器；12×12 单元微机械式变形镜控制单元；使用高速红外相机开窗口后，最大子孔径图像的采样频率可达 20kHz。

在星地光通信终端中，采用自适应光学系统可以校正波前，提高光束的成像质量，进而提高瞄准精度。自适应光学系统主要由波前探测器、控制系统、变形反射镜及光学系统等组成。其工作过程是先由波前探测器检测失真波前，由控制系统产生驱动信号来改变变形反射镜的形状以补偿波前失真。地面终端的接收孔径一般远大于下行传输光束的相干长度，因此为了提高激光链路性能，地面终端可以采用自适应光学技术；而星上终端的接收孔径远小于上行传输光束的相干长度，因此星上终端的像斑不发生畸变，不需要采用自适应光学技术。当光束通过大气传输并在光学成像系统的焦平面上成像后，成像光斑发生畸变，因此在 PAT 系统中需要采用自适应光学子系统改善像斑质量，补偿后的像斑的空间分布近似服从高斯分布。

被大气湍流扰动了的波前经接收望远镜后首先到达高速倾斜镜，高速倾斜镜对大气扰动的整体倾斜误差进行校正。如果不考虑高速倾斜镜本身的误差，它可去除由大气湍流效应带来的波前扰动误差的 87%，即此时波前误差的低阶项基本得到了消除。消除了低阶项的波前到达变形反射镜后，变形反射镜对波前扰动中的高阶像差，如球差、彗差、像散等进行校正。高速倾斜镜和变形反射镜校正后的近于理想的波前经波片改变其偏振态后（目的是实现发射与接收的隔离），再经偏振分束器、孔径光阑到达分光镜，绝大部分光束经分光镜后被接收机所接收，小部分光经分束后到达波前探测器。波前探测器将探测到的波前信息传递给波前控制器，波前控制器根据得到的波前信息完成波前的重构，并将控制信号输出到控制单元去控制高速倾斜镜和变形反射镜工作。

星地激光链路中的自适应光学系统通常安装在地面终端，由三个基本单元构成，分别是波前探测器、波前处理机和波前校正器，其系统结构示意图如图2-34所示。来自星上激光通信终端的光束受大气湍流的影响，使地面终端的空间分辨率降低；波前探测器实时探测因湍流等引起的波前畸变信息，由波前处理机计算出需要加载到波前校正器上的控制电压；波前校正器用来实时补偿湍流引起的误差，降低大气湍流对光信号接收的影响。

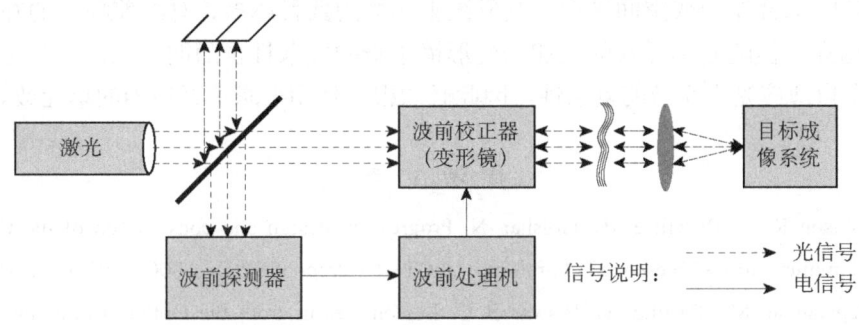

图2-34　相位共轭自适应光学系统

自适应光学的基本原理是相位共轭（phase conjugation），针对存在相位误差的光场：

$$E_1 = Ae^{j\varphi} \tag{2-79}$$

式中，A是光场振幅；φ是由大气湍流引起的光束波前畸变。自适应光学系统的作用是产生与之共轭的调制光场：

$$E_2 = Ae^{-j\varphi} \tag{2-80}$$

两个光场叠加就使得相位误差得以补偿。根据光学原理，一束无像差的平面波经理想光学系统后，可以得到达衍射极限分辨率的像。自适应光学通常仅校正相位误差，对原始光场的振幅没有影响，在某些振幅误差也比较大的场合，校正效果会受到一些影响。但在大多数应用场合，仅校正相位误差就足够了。如图2-34所示为相位共轭自适应光学系统。

相位共轭自适应光学系统：首先由一激光器发射一束激光，经一分光镜将该束激光分为两束，其中一束经过波前校正器（变形镜），然后再经过大气湍流到达目标靶面上。另外一束射向基准反射镜，通过基准反射镜的反射按原路回到波前传感器上，反射光与本振光形成外差干涉，从而监测出波前误差。波前探测器将波前误差信号送给波前处理机进行实时波前误差信号处理后送给波前校正器（变形镜），经波前校正器校正后的激光波前与反射回来的波前形成共轭，最后将发射的激光聚焦在目标成像系统中。

在自适应光学系统中对波前相位的补偿是由波前校正器来完成的。现在常用的波前校正器有高速倾斜反射镜（简称倾斜镜（TM））和变形反射镜（简称变形镜（DM））两种。倾斜镜的功能是使反射镜产生整体倾斜，用于校正波前整体倾斜误差；变形镜的功能是根据控制电压实时改变镜面面形，用以校正整体倾斜像差以外的波前像差。变形镜驱动器的数目是衡量一个自适应光学系统的复杂程度和技术水平的重要指标之一。控制变形镜镜面变形的驱动器数量决定了系统对波前误差的拟合能力或空间带宽。变形镜驱动器的数目越多，对波前畸变的补偿能力就越强。但随着单元数的增加，变形镜本身的复杂性也随即增加，同时也增加了整个自适应光学系统的复杂性，因此必须根据使用要求选择适当的单元数。

参 考 文 献

[1] Wilson K E, Britcliffe M, Golshan N. Progress in design and construction of the Optical Communications Telescope Laboratory （OCTL）. Proc. of SPIE, 2000, 3932: 112-116

[2] Jeganathan M, Portillo A, Biswas R C. Lessons learnt from the Optical Communications Demonstrator （OCD）. Proc. of SPIE, 1999, 3615: 23-30

[3] Koepf G A, Marshalek R G, Bebly D L. Space laser communications: a review of major programs in the United States. International J. Elec. and Comm., 2002, 56: 232-242

[4] Kim I I, Hakakha H, Riley B. Preliminary results of the STRV-2 satellite-to-ground lasercom experiment. Proc. of SPIE, 2000, 3932: 21-34

[5] Korevaar E, Schuster J, Hakakha H. Design of ground terminal for STRV-2 satellite-to-ground laser experiment. Proc. of SPIE, 1998, 3266: 153-164

[6] Korevaar E, Schuster J, Adhikari P. The lasercom test and evaluation station for flight terminal evaluation. Proc. of SPIE, 1997, 2990: 152-158

[7] 李春明, 姜威. CMOS 图像传感器芯片 OV9620/OV9120 及其应用. 电视技术, 2003, （12）: 66-74

[8] 黄素贞, 尹立新. CMOS 图像传感器 OV9120 的原理及应用. 国外电子元器件, 2004, （7）: 59-63

[9] 黄鲁, 徐涛. 多路同步 CCD 相机 PCI 数采卡的驱动编程. 计算机应用, 2003, （7）: 64-68

[10] 王琳琅, 张伯珩, 边川平. 多通道、高速 CCD 图像数据的实时采集. 中国有线电视, 2004, （12）: 22-24

[11] 郭明安, 李斌康. 高分辨 CCD 图像采集系统的实现. 电视技术, 2003, （6）: 49-50

[12] Jeganathan M, Portillo A, Racho C, et al. Lessons learnt from the Optical Communications Demonstrator （OCD）. Proc. of SPIE, 1999, 3615: 23-30

[13] Kim I I, Riey B, Wong N M. Lessons learned from the STRV-2 satelitte-to-ground lasercom

experiment. Proc. of SPIE，2001，4272：1-15

[14] Wilson K E，Britcliffe M，Goishan N. Progress in design and construction of the Optical Communications Laser Laboratory. Proc. of SPIE，1999，3615：201-205

[15] Wilson K E，Lesh J R，Araki K. Overview of the ground-to-orbit lasercom demonstration. Proc. of SPIE，1997，2990：23-30

[16] Hemmati H. Overview of laser communications research at JPL. Proc. of SPIE，2001，4273：190-193

[17] Wilson K E，Sandusky J. Development of a 1-m class telescope at TMF to support Optical Communications Demonstrations. Proc. of SPIE，1998，3266：146-152

[18] Wilson K E，Britcliffe M. Optical intersatellite links. Lectronics & Communication Engineering Journal，1991，(12)：280-288

[19] Baister G C，Dreischer T，Grond E R. The OPTEL Terminal Development Programme-Enabling Technologies for Future Optical Crosslink Applications. American Institute of Aeronautics and Astronautics，2006

[20] Chan W S. Free-space optical communications. Journal of Lightwave Technology，2006，24(12)：4750-4762

[21] Juarez J C，Dwivedi A，Hammons A R，et al. Free-space optical communications for next-generation military networks. IEEE Communications Magazine，2006，(11)：46-51

[22] Garaymovich N P，Grigoriev V N，Huppenen A P. Free-space laser communication systems：internationally and in Russia. Proc. of SPIE，2001，4354：197-203

[23] Oliver M，Pere R. Precision real-time navigation of LEO satellites using global positioning system measurements. GPS Solutions，2008，12(3)：187-198

[24] Matthew A P，Jacob P T，Christopher B H. Development of Ka-band frequency translators for high data rate communications. IEEE Aerospace Conference Proceedings，2010：1070-1076

[25] Yang G，Andy P，Mark T. Lunar science with affordable small spacecraft technologies：MoonLITE and Moonraker. Planetary and Space Science，2008，56(3/4)：368-377

[26] Sudey J，Sculman J R. In-orbit measurements of Landsat-4 thematic mapper dynamic disturbances. 35th Congress of the International Astronautical Federation，Lausanne，Switzerland，1984，IAF-84-117

[27] Wittig M，van Holtz L，Tunbridge D E L，et al. In-orbit measurements of microaccelerations of ESA's communication satellite OLYMPUS. SPIE Proc.，1990，1218：205-214

[28] Toyoshima M，Araki K. In-orbit measurements of short term attitude and vibrational environment on the engineering test satellite VI using laser communication equipment. Optical Eng.，2001，40(5)：827-832

第 3 章
光束预瞄准和提前瞄准技术

3.1 概　　述

在激光链路系统中,光束预瞄准和提前瞄准均为开环过程,即都是按着卫星平台测控参数进行预测控制,无光束角度反馈大闭环过程。除了卫星激光通信终端本身的性能(控制精度、安装精度、预测算法精度),光束预瞄准和提前瞄准精度还受到卫星平台提供轨道姿态数据进度和更新频率的影响。

在卫星光通信系统中,由于光束束宽窄,在光接收机对发射光束进行探测时,需要将光接收机对准到发射光束的束宽内。若光束在一定的角度 $\pm\varphi$(rad)内对准光接收机(当成一个点),那么发射光束的束散角束宽至少应为 2φ,以确保接收机对光场的接收。

在进行光信号的瞄准过程中,瞄准的偏离会引起一定的损耗,该损耗依赖于光场光束截面能量的分布情况。设发射光束为高斯型光束,其 1/e 处束宽为 ψ_b(rad),则由发送机瞄准偏差 ψ_e 所引起的接收机的功率损耗可描述为

$$P_r = \frac{C}{\psi_b^2} \exp[-(2\psi_e/\psi_b)^2] \tag{3-1}$$

其中,C 为常数,它依赖于发送机功率、接收机面积和传输距离。从上式可以看出,当瞄准偏差超过发射机光束宽度时,引起的功率损耗将增加。用扩束方法来补偿瞄准误差可减小指数损耗项,但光源的发射功率分布在较宽的束宽上使天线增益下降,也使光接收机接收到的功率降低,这需要使用更高灵敏度的光探测器来补偿。

由于在星间光通信中,光束传输的距离很大,会产生一定的弛豫时间。由于卫星间存在相对运动,所以瞄准操作会受到弛豫时间的影响。因此,在进行跟瞄操作时,需要将弛豫时间考虑在内,计算弛豫时间内卫星间发生的移动角度,预

计会达到的角位置。将光束发射到接收端的"前方",以保证接收端对光信号的接收。通常将这一过程称为提前瞄准。

本章主要将介绍卫星光通信中光束预瞄准和提前瞄准技术,包括光束瞄准和提前瞄准原理、产生瞄准误差的主要因素、预瞄准角度的获取及预瞄准角实现的方法。在预瞄准和提前瞄准理论基础上,将介绍影响预瞄准和提前瞄准精度的因素及瞄准精度误差的补偿技术。本章内容在卫星光通信轨道参数选择、链路设计和瞄准误差分析等方面部分参考了国内外研究成果,具体见参考文献[1]~[26]。

3.2 光束瞄准和提前瞄准原理

在星间光通信中,跟瞄系统主要用于初步对准,相对运动的补偿以及链路的保持。本节首先介绍光束瞄准的基本原理,产生瞄准角度误差的主要因素;然后对单向和双向光束跟踪过程稳定性进行介绍;最后对现有双向光束跟踪理论存在的问题进行总结。

3.2.1 光束瞄准

图 3-1 为光束瞄准示意图,从示意图中可以说明,接收端与发射端的瞄准角度误差只能在束散角的半宽以内。通过计算入射光信号与接收端之间的瞄准角度误差,用控制系统进行调整,将发射端瞄准在准确方向上是光束瞄准需要完成的任务。

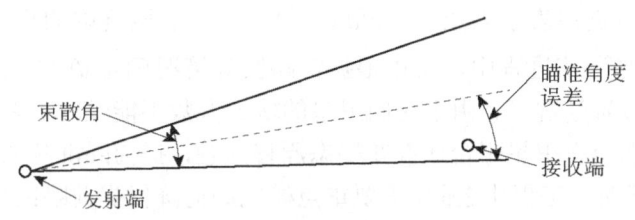

图 3-1 光束瞄准示意图

光束在经过很长距离的传输后,在某一方向上的对准不确定性是由很多因素造成的。第一个主要原因是传输距离导致的传输弛豫时间。由于卫星的相对距离较远,在光束传输过程中,卫星间相对运动造成瞄准角度误差。第二个主要因素是角度探测器引起的角度误差,是由响应时间、噪声和结构等因素引起的。第三个误差来源是不能够准确地补偿终端间的相对运动和星上的微振动。除此之外,卫星轨道和姿态定位的计算存在误差时,也会产生瞄准角度误差。

3.2.2 光束提前瞄准

由于星间光通信的传输距离远,在通信过程中会产生时间上的延迟,并且由于探测器和控制系统响应产生的时间延迟,会给系统带来跟瞄误差。为了保证系统的稳定性,需要对这些误差进行补偿。在很多控制系统中,提高系统性能的最有效的方法就是提高控制系统的增益,此时要求系统的控制带宽很宽。但是 CCD 的闭环控制系统的带宽很大程度上受探测器的响应时间影响。已有文献研究了时间延迟对跟踪系统的影响以及设计了控制算法对产生的影响进行补偿,并达到了很好的补偿效果,如图 3-2 所示为提前瞄准过程。

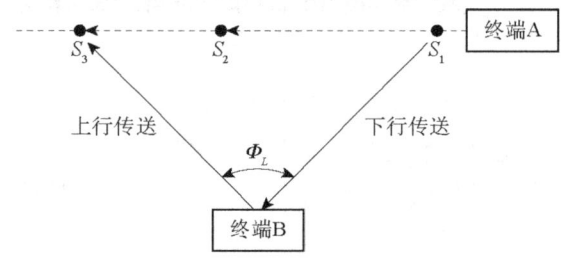

图 3-2 两星间的提前瞄准角

终端 A 在点 S_1 处发出光束,当光束到达终端 B 时,终端 A 已经运动到了点 S_2 处。终端 B 再进行光束发射时除了要补偿从点 S_1 到点 S_2 的移动外,还要补偿光束从终端 B 传输到终端 A 期间终端 A 的移动(S_2 至 S_3)。定义终端 B 接收矢量和发射矢量之间的夹角为提前瞄准角(pointing ahead angle),用 Φ_L 表示。提前瞄准角的大小可近似表示为 $\Phi_L \approx 2v/c$,其中 v 表示两终端的相对运动速度,c 表示光速。在光通信过程中,可以根据链路实际情况确定 Φ_L 的大小,并对其进行补偿。在大多数情况下,由于对向卫星的轨道参数不能及时更新并存在测量误差,同时,终端所在卫星平台还存在姿态漂移问题,提前瞄准角的预测存在一定的偏差。在进行航天工程化之前,需要重点研究如何降低提前瞄准角度预测偏差,同时,在终端和链路系统设计中应留容忍裕度。

3.3 粗瞄准和精瞄准实现方法

在星间激光链路建立之初,两个终端按照获得的卫星平台轨道姿态数据(包

第 3 章 光束预瞄准和提前瞄准技术

括对方终端所在卫星平台的轨道数据）进行初始瞄准，称为预瞄准。在星间激光链路建立过程中，当存在明显的卫星间相对运动，特别是链路距离比较长的时候，需要在发射光路加入提前瞄准角度来补偿对方卫星在本端视域内位置的移动。如果激光在链路中的传输时间为 t_d，那么光终端 B 在任意时刻 t 时跟踪误差角的统计特性不仅与光终端 A 在 $t-t_d$ 时刻的跟踪误差角有关，而且将会影响到光终端 A 在 $t+t_d$ 时刻的跟踪误差角的统计特性。

为满足卫星光通信技术对捕获系统的高精度要求，目前光终端中普遍采用了粗、精结合的复合轴控制机构：采用粗瞄准机构实现对目标的大范围、低带宽的瞄准（包括预瞄准和粗跟踪）；采用精瞄准机构实现对通信光束的小范围、高精度控制（包括提前瞄准和精跟踪）。因此，在光终端中，粗瞄准机构和精瞄准机构的系统误差将影响光终端瞄准性能。光终端粗瞄准机构作为稳定的控制系统，其系统误差主要源自位置反馈单元的误差。目前，光终端普遍采用光电码盘误差作为系统的角位置反馈部件。在光终端瞄准指向目标终端的过程中，光电码盘对粗瞄准机构角度进行反馈监测，实现高精度闭环控制。若光电码盘存在误差，则将直接导致光终端粗瞄准机构的定位角出现误差，影响光终端瞄准性能。精瞄准机构是实现对通信光束指向方向高精度瞄准的关键器件。一般光终端精瞄准机构采用压电陶瓷驱动反射镜实现对光束的控制，反射镜的反射角度取决于反射镜安装角度位置和工作中的驱动电压，这两个方面中出现误差时，会造成精瞄准机构反射镜空间角度位置偏离理想位置，从而造成光终端瞄准误差。

预瞄准和粗跟踪采用同样的机构，提前瞄准和精跟踪也采用同样的机构。预瞄准和提前瞄准的特点是在激光链路系统中开环工作；而粗跟踪和精跟踪在激光链路系统中需要通过激光光束实现大系统闭环工作。

本节将介绍光束粗瞄准和精瞄准的实现方式，包括潜望式粗瞄准机构、经纬仪式粗瞄准机构、压电驱动式精瞄准机构和电磁驱动式精瞄准机构。其中，潜望式粗瞄准机构和经纬仪式粗瞄准机构还同时用于链路捕获初始阶段的预瞄准；压电驱动式精瞄机构和电磁驱动式精瞄机构还同时用于星间链路跟踪阶段的提前瞄准。

3.3.1 粗瞄准机构

潜望式卫星光通信终端是卫星光通信研究早期使用较多的预瞄准和粗跟踪结构，包括双反射镜和单反射镜两种，如图 3-3 所示。潜望式卫星光通信终端的优点是转动部件重量轻，光学部分可以安装在卫星舱内，便于热控；缺点是额外增加了反射镜，在光学天线口径较大时对终端总体重量的影响较大。

   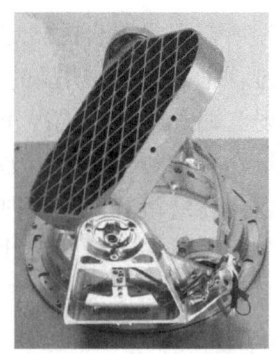

(a) 双反射镜结构　　　　　　　(b) 单反射镜结构

图 3-3　潜望式粗瞄准机构

在双反射镜结构的光终端中，由望远镜出射的通信光束，经过粗瞄准机构的两个 45°平面镜反射后出射光终端，潜望式粗瞄准机构通过旋转方位轴和俯仰轴来改变两个 45°平面镜的方向，从而实现对输出光束方向的控制。双反射镜结构的光终端可实现较大的偏转范围，但结构复杂，体积重量大。单反射镜结构的光终端与双反射镜结构光终端工作原理类似，通过反射镜的偏摆和整体旋转分别实现方位和俯仰方向角度控制，结构简单，体积重量小，缺点是偏转范围在 10°左右，适合高轨与地面定点卫星光通信。

下面以双反射镜结构为例介绍潜望式卫星光通信终端的粗瞄准机构。潜望式光终端的瞄准指向依赖于方位轴和俯仰轴轴系；光束的发射方向则依赖于粗瞄准机构中的两个 45°平面镜，使得光终端中机械轴系与光学轴系既相对独立，又相互复合关联，而这种复合关联还随光终端方位角与俯仰角变化而变化，因而不能简单地将机械轴系误差等价于光终端的光学轴系误差。

如图 3-4 所示，坐标系 XYZ 为粗瞄准机构基准坐标系，坐标系 $X_{Az}Y_{Az}Z_{Az}$ 为终端方位轴轴系坐标系，坐标系 $X_{El}Y_{El}Z_{El}$ 为终端俯仰轴轴系坐标系。

沿着光终端望远镜理想的主轴方向为坐标系的 Z 轴，由 45°分光镜 M_3 中心指向接收 CCD 视场中心的矢量为坐标系 X 轴，坐标系 Y 轴由右手系规则确定。当终端粗瞄准机构方位轴角度为 0°时，粗瞄准机构俯仰轴平行于基准坐标系 X 轴；当终端粗瞄机俯仰轴为 0°时，粗瞄准机构出光轴与基准坐标系 Z 轴平行。由于终端安装面位于终端主体上，所以基准坐标系 XYZ 为光通信终端安装坐标系，该坐标系作为其他坐标系的基准坐标系，其他坐标系均由该坐标系衍生而来，由于该坐标系在潜望式光终端中独有，下文可以简称为终端基准坐标系。

在粗瞄准机构中存在方位轴和俯仰轴两个轴系，需要分别对方位轴和俯仰轴轴系误差的影响进行研究，在研究过程中对两种轴系误差进行不同的表述。在研

第 3 章 光束预瞄准和提前瞄准技术

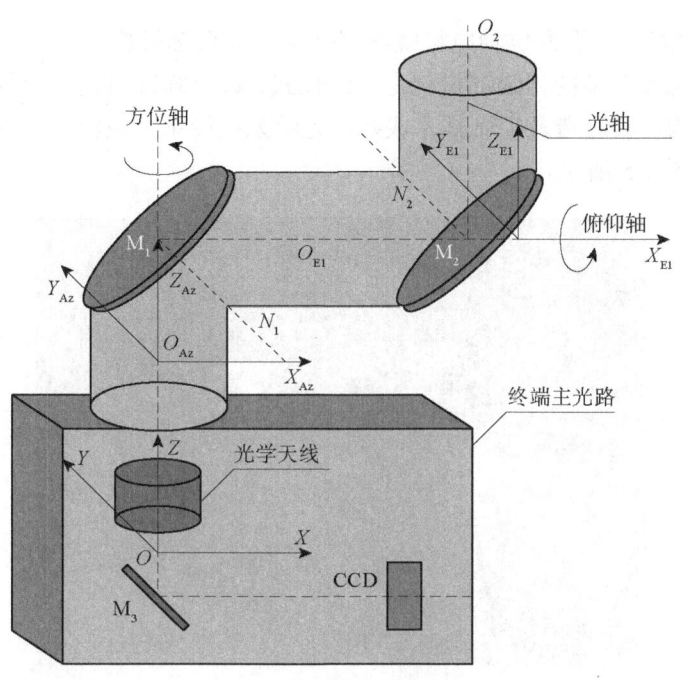

图 3-4 粗瞄准机构坐标系

究方位轴轴系误差时,其他误差不作考虑,方位轴轴系坐标系为终端粗瞄准机构方位轴,即俯仰轴旋转所在的坐标系;同理,俯仰轴坐标系为在仅考虑俯仰轴轴系误差的情况下,即粗瞄准机构俯仰轴旋转所在的坐标系。

在理想情况下,潜望式光终端粗瞄准机构中不存在轴系误差,这时粗瞄准机构方位轴坐标系、俯仰轴坐标系以及终端基准坐标系中各同名轴之间严格平行(X、X_{Az} 及 X_{El} 之间平行,其他两个方向同理)。而轴系误差使得粗瞄准机构方位轴坐标系、俯仰轴坐标系相对于终端基准坐标系发生了偏转,而偏转角度即为各轴系误差角度。

沿方位轴轴线方向为终端方位轴轴系坐标系 $X_{Az}Y_{Az}Z_{Az}$ 的 Z_{Az} 轴,沿俯仰轴轴线方向为方位轴轴系坐标系 $X_{Az}Y_{Az}Z_{Az}$ 的 X_{Az} 轴,Y_{Az} 由右手系规则确定。当方位轴角度为 0°时,俯仰轴轴线与坐标系中 X_{Az} 平行。方位轴坐标系 $X_{Az}Y_{Az}Z_{Az}$ 是粗瞄准机构旋转的基准坐标系之一。在仅有方位轴轴系误差情况下,粗瞄准机构方位轴电机绕方位轴坐标系 Z_{Az} 轴旋转,俯仰轴电机绕方位轴坐标系 X_{Az} 轴旋转。

当方位轴 45°平面镜与俯仰轴 45°平面镜彼此平行时,出光轴方向为俯仰轴坐标系的 Z_{El} 轴,俯仰轴轴线方向为俯仰轴坐标系的 X_{El} 轴,坐标系 Y_{El} 轴由右手规则确定。与方位轴坐标系类似,俯仰轴坐标系也是粗瞄准机构旋转的基准坐标系之一,在仅存在俯仰轴轴系误差的情况下,粗瞄准机构俯仰轴电机绕方位轴

103

坐标系 X_{El} 轴旋转，而方位轴电机绕终端基准坐标系 Z 轴旋转。

另一类比较典型的粗瞄准机构是经纬仪式，该类瞄准机构具有与地平式望远镜相似的结构，其制造及控制技术成熟，光学系统简单，被较大部分光通信终端所采用，如图3-5所示。

图 3-5　经纬仪式粗瞄准机构

在光学望远镜瞄准误差方面，对于地平式天文望远镜（类似经纬仪式光终端结构）的系统误差研究比较深入。由于在经纬仪结构中，系统的光学轴系与机械轴系相对位置固定，可以彼此等效，所以利用球面三角学可以获得比较好的分析结果，通过建立基本参数模型、转台模型等，可详细分析经纬仪结构系统误差，并利用这些系统误差模型实现粗瞄准初始角度误差修正。该部分技术在天文观测领域发展比较成熟，本书不再详细介绍。

3.3.2　精瞄准机构

在典型的光通信终端中，一般采用复合轴方法对光终端进行控制。其中，粗瞄准机构完成低带宽的大范围瞄准，而精瞄准机构则是实现对光束的小范围高精度控制，如图3-6所示。因此，精瞄准机构定位角误差同样将影响光终端发射光束最终的瞄准精度。

在光终端中，通常采用压电陶瓷驱动反射镜实现反射光束的方向进行精瞄控制，如图3-7所示。精瞄准机构存在两种形式的误差：角度误差和位移误差。其中，精瞄准机构的位移误差不改变反射光束的方向，不造成终端瞄准误差，而角度误差则会影响精瞄准机构反射镜角度，从而影响反射光束方向。压电驱动式精

第 3 章　光束预瞄准和提前瞄准技术

瞄准机构的偏转角度范围一般为数毫弧度，瞄准控制精度在微弧度量级，响应频率数千赫兹。

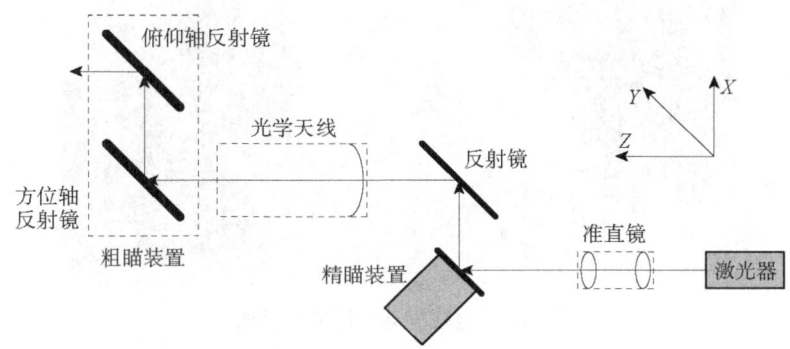

图 3-6　光通信终端发射光路

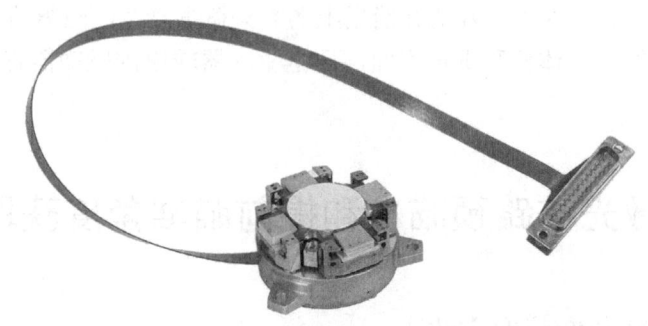

图 3-7　压电驱动式精瞄准机构

1999 年，日本的 NEC 公司开发了电磁驱动的精瞄装置（WFPM），如图 3-8 所示。WFPM 的偏转范围高达 140mrad，瞄准控制精度 30μrad，响应频率 380Hz。在 SILEX 系统中，精瞄准机构的偏转范围为±160mrad，系统控制带宽 150Hz。单独设置的提前瞄准装置采用压电驱动光反射镜实现，通过位置传感器进行反馈控制，偏转范围为±6.5mrad。

在精瞄系统的偏转镜驱动方面，通常有压电驱动和电磁驱动两种方式。日本的卫星光通信终端精瞄反射镜多采用压电驱动，而美国和 ESA 的卫星光通信终端精瞄反射镜大多采用电磁驱动。压电驱动器的控制精度很高，但存在非线性和磁滞效应；而电磁驱动器虽然加有位置传感器反馈，其控制精度仍然较低（几十微弧度）。因此，无论采用哪一种驱动器，都要进行光学闭环控制，这时两种方式的精瞄控制经过发射天线压缩后均可达到微弧度量级的瞄准精度。在其他方面，压电驱动器的偏转范围较小，而电磁驱动器的偏转范围较大。较大的偏转范围有利于跟踪，并且通过精瞄镜扫描来部分代替粗瞄装置扫描还可以缩短捕获时

图 3-8　电磁驱动式精瞄准机构

间。压电驱动器具有较高的响应频率（大于 1kHz），而目前的电磁驱动器的响应频率只有几百赫兹。为了更好地补偿星上的高频微振动，电磁驱动器的响应频率还须提高。此外，在体积和重量方面，压电驱动器较电磁驱动器有一定的优势。

3.4　激光链路预瞄准和提前瞄准角度获取方法

3.4.1　预瞄准角度获取方法

选取地心赤道坐标系 IJK 作为惯性坐标系来描述卫星轨道（图 3-9）。地心赤道坐标系的原点在地心，基准面为赤道平面，X 轴指向春分点（春季第一天日心和地心的连线），Z 轴指向北极。单位矢量 I，J 和 K 分别沿 X，Y 和 Z 轴，用于描述地心赤道坐标系中的矢量。图 3-9 中，r 为卫星的位置矢量；h 为角动量矢量，垂直于卫星轨道平面；p 为近拱点（卫星轨道长轴的两个端点称为拱点，离主焦点近的称为近拱点）方向矢量；n 为升交点（卫星朝北穿过基准平面点）方向矢量。通过 5 个独立的轨道参数可以确定卫星轨道的大小、形状和方位。如要精确地确定卫星沿着轨道在某特定时刻的位置，则需要第 6 个轨道参数。

经典的 6 个轨道参数定义如下：半长轴 a，确定轨道大小的常数；偏心率 e，确定圆锥曲线形状的常数；轨道倾角 i，单位矢量 K 和角动量矢量 h 间的夹角；升交点黄经 Ω，单位矢量 I 和升交点方向矢量 n 间的夹角；近拱点角距 ω，升交点方向矢量 n 和近拱点方向矢量 p 间的夹角；过近拱点时刻 t_0，即卫星在近拱点的时刻。为了推导方便，有时用卫星位置矢量 r 和近拱点方向矢量 p 在某

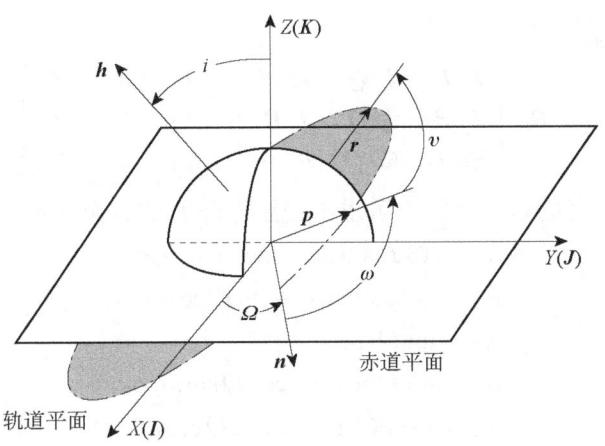

图 3-9 卫星的轨道参数

一时刻的夹角 v 来代替 t_0，称 v 为真近点角，用半正交弦 p 代替 a，变换关系为 $p = a(1-e^2)$。

在卫星轨道动力学分析中，通常采用近焦点坐标系描述卫星的轨道运动。近焦点坐标系的基准面是卫星的轨道平面，X 轴指向近拱点，在轨道平面内按运动方向从 X 轴转过 90°就是 Y 轴，Z 轴沿 h 方向。X、Y 和 Z 方向的单位矢量分别为 P、Q 和 W。

空间有无数个天体，各个天体之间都有引力作用，相互力学作用关系非常复杂。为了使问题变得简单，仅需考虑主要的引力作用，将其转化成二体问题，其他天体作用看成摄动，即只考虑一个小质量天体和大质量天体两天体之间的引力，而忽略较远离天体的引力作用。对于人造地球卫星，只考虑卫星和地球的引力作用下的运动。航天器在近地轨道运行时忽略月球和其他星体的引力作用时可以按二体问题处理。

将卫星的轨道运动简化为二体问题，即假设地球和卫星都是球对称的，并且除了地球和卫星中心连线作用的引力外，没有其他外力或内力作用。以三轴稳定姿态控制卫星为例，在近焦点坐标系中，利用卫星轨道参数可以给出卫星的位置矢量和速度矢量

$$r = \frac{p}{1-e\cos v}(\cos v \boldsymbol{P} + \sin v \boldsymbol{Q}) \qquad (3-2)$$

$$v = \sqrt{\frac{\mu}{p}}\left[-\sin v \boldsymbol{P} + (e+\cos v)\boldsymbol{Q}\right] \qquad (3-3)$$

其中，$\mu = GM$ 为引力参数，G 为万有引力常数，M 为地球的质量。考虑两星之间的链路时，需要将两星在各自的近焦点坐标系中的 r 和 v 变换到地心赤道坐标

系，变换矩阵为

$$\tilde{R} = \begin{bmatrix} I \cdot P & I \cdot Q & I \cdot W \\ J \cdot P & J \cdot Q & J \cdot W \\ K \cdot P & K \cdot Q & K \cdot W \end{bmatrix} = \begin{bmatrix} R_{11} & R_{12} & R_{13} \\ R_{21} & R_{22} & R_{23} \\ R_{31} & R_{32} & R_{33} \end{bmatrix} \quad (3\text{-}4)$$

利用前面定义的轨道参数，可求出变换矩阵 $\tilde{R}$ 的各个分量

$$\begin{aligned}
R_{11} &= \cos\Omega \sin\omega - \sin\Omega \cos\omega \cos i \\
R_{12} &= -\cos\Omega \sin\omega - \sin\Omega \cos\omega \cos i \\
R_{13} &= \sin\Omega \sin i \\
R_{21} &= \sin\Omega \cos\omega + \cos\Omega \sin\omega \cos i \\
R_{22} &= -\sin\Omega \sin\omega + \cos\Omega \cos\omega \cos i \\
R_{23} &= -\cos\Omega \sin i \\
R_{31} &= \sin\omega \sin i \\
R_{32} &= \cos\omega \sin i \\
R_{33} &= \cos i
\end{aligned} \quad (3\text{-}5)$$

可见，$\tilde{R}$ 与升交点黄经、近拱点角距和轨道倾角三个轨道参数有关。利用变换矩阵 $\tilde{R}$，可将卫星的位置矢量 r 和速度矢量 v 由近焦点坐标系变换到地心赤道坐标系

$$r_{IJK} = \tilde{R}\, r_{PQW} \quad (3\text{-}6)$$

$$v_{IJK} = \tilde{R}\, v_{PQW} \quad (3\text{-}7)$$

瞄准控制过程中主要考虑激光光束的角方向，因此我们选取星上水平俯仰坐标系 *SEZ* 来分析瞄准：原点在瞄准卫星上，基准面为卫星轨道平面，*X* 轴指向地心，*Z* 轴垂直于卫星轨道平面且与卫星运动的角动量矢量平行。单位矢量 **S**，**E** 和 **Z** 分别沿 *X*，*Y* 和 *Z* 轴，用于描述水平俯仰坐标系中的矢量。如图 3-10 所示，设任意位置矢量与基准面的夹角为俯仰角 θ_v，在基准面上的投影与单位矢量 **S** 的夹角为方位角 θ_h，大小为斜距 ρ。

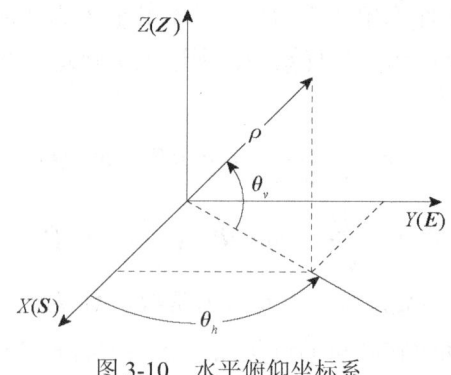

图 3-10 水平俯仰坐标系

在进行瞄准捕获跟踪控制过程中,通常需要将已知的 r_p 和 v_p 在地心赤道坐标系内的 IJK 分量变换成非惯性坐标系中的 SEZ 分量,该非惯性坐标系以卫星 A(或卫星 B)为中心。坐标系变换过程为:首先,IJK 坐标系绕 K 旋转 Ω 角,对应变换矩阵为

$$\boldsymbol{K}(\Omega) = \begin{bmatrix} \cos\Omega & \sin\Omega & 0 \\ -\sin\Omega & \cos\Omega & 0 \\ 0 & 0 & 1 \end{bmatrix} \tag{3-8}$$

然后,IJK 坐标系绕 I 旋转 i 角,对应变换矩阵为

$$\boldsymbol{I}(i) = \begin{bmatrix} 1 & 0 & 0 \\ 0 & \cos i & \sin i \\ 0 & -\sin i & \cos i \end{bmatrix} \tag{3-9}$$

最后,IJK 坐标系再绕 K 旋转 ω 角,对应变换矩阵为

$$\boldsymbol{K}(\omega) = \begin{bmatrix} \cos\omega & \sin\omega & 0 \\ -\sin\omega & \cos\omega & 0 \\ 0 & 0 & 1 \end{bmatrix} \tag{3-10}$$

将上述三个旋转操作合并,可得最终的变换矩阵

$$\tilde{\boldsymbol{D}} = \boldsymbol{K}(\omega)\boldsymbol{I}(i)\boldsymbol{K}(\Omega) = \begin{bmatrix} D_{11} & D_{12} & D_{13} \\ D_{21} & D_{22} & D_{23} \\ D_{31} & D_{32} & D_{33} \end{bmatrix} \tag{3-11}$$

其中,变换矩阵 $\tilde{\boldsymbol{D}}$ 的各分量为

$$\begin{aligned}
D_{11} &= \cos\Omega\cos\omega - \sin\Omega\cos i\sin\omega \\
D_{12} &= \sin\Omega\cos\omega + \cos\Omega\cos i\sin\omega \\
D_{13} &= \sin i\sin\omega \\
D_{21} &= -\cos\Omega\sin\omega - \sin\Omega\cos i\cos\omega \\
D_{22} &= -\sin\Omega\sin\omega + \cos\Omega\cos i\cos\omega \\
D_{23} &= \sin i\cos\omega \\
D_{31} &= \sin\Omega\sin i \\
D_{32} &= -\cos\Omega\sin i \\
D_{33} &= \cos i
\end{aligned} \tag{3-12}$$

利用变换矩阵 $\tilde{\boldsymbol{D}}$,可将卫星的位置矢量 r 和速度矢量 v 由地心赤道坐标系变换到水平俯仰坐标系

$$\boldsymbol{r}_{SEZ} = \tilde{\boldsymbol{D}}\,\boldsymbol{r}_{IJK} \tag{3-13}$$

$$\boldsymbol{v}_{SEZ} = \tilde{\boldsymbol{D}}\,\boldsymbol{v}_{IJK} \tag{3-14}$$

以上推导得出的变换矩阵 $\tilde{R}$ 和 $\tilde{D}$ 将在后面的理论分析和计算机仿真中用到。

卫星光通信中,通常采用卫星的轨道参量进行光束预瞄准角度预测,这种方法是通过地面测控站对卫星的轨道进行测试和分析,将得到的轨道参量通过遥控通道上传到卫星平台,由星上处理器进行瞄准角度预测。由于地面测控站的布点和运算能力的限制,激光通信终端得到的轨道参量更新时间一般为 12h 或更长,这就导致了根据该数据推算出的跟踪角度预测的精度较差。此外,由于卫星的指向精度也存在一定的偏差,使跟踪角度预测的精度同样受到影响。现有的跟踪角度预测方法,预测精度一般为 0.4° 或更差,这就增大了激光通信终端捕获、跟踪和通信的难度。

为了解决目前卫星光通信中采用的光束跟踪角度预测方法存在跟踪角度预测精度较差使激光通信终端捕获、跟踪和通信的难度较大的问题,现大多采用基于 GPS 和星敏感器的卫星光通信跟踪瞄准角度预测方法。具体步骤如下。

步骤一:通过卫星平台读取 GPS 测得的卫星轨道参量,通过星敏感器测得卫星的姿态参量;

步骤二:根据卫星的轨道参量,通过迭代获得 $t+dt$ 时刻的偏近点角 E;

步骤三:根据卫星的轨道参量和 $t+dt$ 时刻的偏近点角 E,获得 $t+dt$ 时刻地心赤道坐标系下的卫星位置矢量 r_s;

步骤四:根据卫星地面站的大地纬度 L、格林尼治恒星时 θ_q、地面站的地理纬度 λ_B,获得当地的恒星时 θ_k,由卫星地面站的大地纬度 L 和当地的恒星时 θ_k 确定 $t+dt$ 时刻地心赤道坐标系下的地面站位置矢量 r_d;

步骤五:根据卫星位置矢量 r_s 和地面站位置矢量 r_d,获得地心赤道坐标系下卫星到地面站的瞄准矢量 r;

步骤六:利用卫星的轨道参量和偏近点角 E,获得 $t+dt$ 时刻卫星的真近点角 f;

步骤七:根据卫星的轨道参量和卫星的真近点角 f,将卫星到地面站的瞄准矢量 r 由地心赤道坐标系变换到轨道坐标系中获得 r_o;

步骤八:根据卫星的姿态参量对轨道坐标系下的卫星到地面站的瞄准矢量 r_o 进行修正获得 r_t;

步骤九:将步骤八修正后的卫星到地面站的瞄准矢量 r_t 由轨道坐标系变换到终端坐标系中获得 r_T,从而获得 $t+dt$ 时刻终端坐标系下预测的跟踪瞄准角度(θ_{Az},θ_{El})。

步骤一中所述的卫星轨道参量为:半长轴 a,偏心率 e,轨道倾角 i,升交点黄经 Ω;近拱点角距(近地点幅角)ω,过近拱点时刻 T;所述的卫星姿态参量为：卫星滚动角 θ_{G0}，卫星俯仰角 θ_{F0}，卫星偏航角 θ_{P0}，滚动角角速度 $\dot{\theta}_G$，俯仰角角速度 $\dot{\theta}_F$，偏航角角速度 $\dot{\theta}_P$。

通过卫星平台利用星载 GPS 测得的卫星轨道参量和星敏感器提供的卫星姿态参量对光跟踪角度进行预测。根据现有的卫星平台资料，GPS 定位精度小于等于 10m，星敏感器姿态角的测量精度小于等于 0.03°，所以预瞄准角度预测精度可小于等于 0.05°。

步骤二中，利用 $t+\mathrm{d}t$ 时刻平近点角 M 的公式

$$M = \sqrt{\frac{\mu}{a^3}}(t + \mathrm{d}t - T) \tag{3-15}$$

获得卫星的平近点角 M，其中 μ 为引力常数，所述的引力常数为 398601.2；利用开普勒方程 $E - e\sin E = M$，得到 $t+\mathrm{d}t$ 时刻的卫星偏近点角 E。

步骤三中，通过公式

$$\boldsymbol{r}_s = a(\cos E - e) \cdot \boldsymbol{P} + a\sqrt{1-e^2}\sin E \cdot \boldsymbol{Q} \tag{3-16}$$

算出卫星的位置矢量 $\boldsymbol{r}_s$，其中单位矢量 $\boldsymbol{P}$ 和 $\boldsymbol{Q}$ 为近交点坐标系下的单位矢量在地心赤道坐标系下的形式。

步骤四中，通过公式 $\theta_k = \theta_q + \lambda_B$ 获得当地的恒星时 θ_k；根据卫星地面站的大地纬度 L 通过公式

$$\boldsymbol{r}_d = \begin{bmatrix} \mathrm{DU} \cdot \sin L \cdot \cos\theta_k \\ \mathrm{DU} \cdot \sin L \cdot \sin\theta_k \\ \mathrm{DU} \cdot \sin L \end{bmatrix}$$

得到地心赤道坐标系下的地面站位置矢量 $\boldsymbol{r}_d$，其中 DU 为地球半径，所述的地球半径为 6378.145km。

步骤五中，通过公式 $\boldsymbol{r} = \boldsymbol{r}_d - \boldsymbol{r}_s$ 得到地心赤道坐标系下卫星到地面站的瞄准矢量 $\boldsymbol{r}$。

步骤六中，利用公式

$$f = \begin{cases} \arccos(a(\cos E - e)/r), & \sin E > 0 \\ 2\pi - \arccos(a(\cos E - e)/r), & \sin E < 0 \end{cases} \tag{3-17}$$

得到 $t+\mathrm{d}t$ 时刻卫星的真近点角 f。

步骤七中，由变换矩阵

$$\boldsymbol{R}_{I-O} = \begin{bmatrix} -\cos\Omega \cdot \sin(\omega+f) - \sin\Omega \cdot \cos i \cdot \cos(\omega+f) & -\sin\Omega \cdot \sin(\omega+f) + \cos\Omega \cdot \cos i \cdot \cos(\omega+f) & \sin i \cdot \cos(\omega+f) \\ -\sin\Omega \cdot \sin i & \cos\Omega \cdot \sin i & -\cos i \\ -\cos\Omega \cdot \cos(\omega+f) + \sin\Omega \cdot \cos i \cdot \sin(\omega+f) & -\sin\Omega \cdot \cos(\omega+f) - \cos\Omega \cdot \cos i \cdot \sin(\omega+f) & -\sin i \cdot \sin(\omega+f) \end{bmatrix}$$

$$\tag{3-18}$$

将地心坐标系下的卫星到地面站的瞄准矢量 r 变换到轨道坐标系中得到轨道坐标系下的卫星到地面站的瞄准矢量 $r_o = R_{o-t} r$。

步骤八中，对 r_o 的修正方法为：

根据公式

$$\begin{cases} \theta_G = \theta_{G0} + dt \cdot \dot{\theta}_G \\ \theta_F = \theta_{F0} + dt \cdot \dot{\theta}_F \\ \theta_P = \theta_{P0} + dt \cdot \dot{\theta}_P \end{cases}$$

得到 $t+dt$ 时刻的卫星滚动角 θ_G，卫星俯仰角 θ_F，卫星偏航角 θ_P；

由变换矩阵

$$R_{o-t} = \begin{bmatrix} \cos\theta_F \cos\theta_P & \cos\theta_F \sin\theta_P & -\sin\theta_F \\ -\cos\theta_G \sin\theta_P + \sin\theta_G \sin\theta_F \cos\theta_P & \cos\theta_G \cos\theta_P + \sin\theta_G \sin\theta_F \sin\theta_P & \sin\theta_G \cos\theta_F \\ \sin\theta_G \sin\theta_P + \cos\theta_G \sin\theta_F \cos\theta_P & -\sin\theta_G \cos\theta_P + \cos\theta_G \sin\theta_F \sin\theta_P & \cos\theta_G \cos\theta_F \end{bmatrix}$$

(3-19)

得到修正后的卫星到地面站的瞄准矢量 $r_t = R_{o-t} \cdot r_o$。

步骤九中，将终端坐标系下卫星到地面站的瞄准矢量 r_T 通过公式

$$\begin{cases} \theta_{Az} = \begin{cases} \arctan\left(\dfrac{r_T[y]}{r_T[x]}\right) - \dfrac{\pi}{2}, & \dfrac{r_T[y]}{r_T[x]} \geq 0 \\ \arctan\left(\dfrac{r_T[y]}{r_T[x]}\right) + \dfrac{3\pi}{2}, & \dfrac{r_T[y]}{r_T[x]} < 0 \end{cases} \\ \theta_{El} = -\arctan\left(\dfrac{r_T[z]}{\sqrt{r_T[x]^2 + r_T[y]^2}}\right) \end{cases}$$

(3-20)

得到预测的跟踪瞄准角度（θ_{Az}，θ_{El}），其中 $r_T[x]$ 为终端坐标系下 x 轴方向卫星到地面站的瞄准矢量，$r_T[y]$ 为终端坐标系下 y 轴方向卫星到地面站的瞄准矢量，$r_T[z]$ 为终端坐标系下 z 轴方向卫星到地面站的瞄准矢量。

下面通过实例说明预瞄准角度的获取方法：

利用步骤一获得的某卫星的轨道参量为：轨道半长轴 a=7343.145km，轨道偏心率 e=0.00117，轨道倾角 i=1.733897rad，升交点黄经 Ω=1.56111rad，近地点幅角 ω=1.5708rad，过近拱点时刻 T=2008 年 5 月 20 日 18 时 44 分 17.38 秒；卫星姿态参量为：卫星滚动角 θ_{G0}=0.0122173rad，卫星偏航角 θ_{P0}=-0.0087266rad，卫星俯仰角 θ_{F0}=0.00698132rad，卫星滚动角角速度 $\dot{\theta}_G$=-1.74530×10^{-4} rad/s，卫星

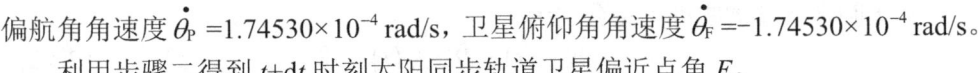

偏航角角速度 $\dot{\theta}_{\mathrm{P}}$ =1.74530×10^{-4} rad/s，卫星俯仰角角速度 $\dot{\theta}_{\mathrm{F}}$ =-1.74530×10^{-4} rad/s。

利用步骤二得到 $t+\mathrm{d}t$ 时刻太阳同步轨道卫星偏近点角 E。

利用步骤三得到太阳同步轨道卫星的位置矢量 r_s。

步骤四中，已知 2008 年 5 月 20 日恒星时零时春分点位置为 2.025266rad，特定时刻 t_0 的格林尼治恒星时 θ_q，地球自传的角速度 $\omega_\oplus$ 为 7.292115856×10^{-5} rad，通过公式 $\theta_k = \theta_q + \omega_\oplus(t + \mathrm{d}t - t_0) + \lambda_B$ 获得当地的恒星时 θ_k，从而得到地心赤道坐标系下的地面站位置矢量 r_d。

利用步骤五得到地心赤道坐标系下卫星到地面站的瞄准矢量 r。

利用步骤六得到 $t+\mathrm{d}t$ 时刻卫星的真近点角 f。

利用步骤七得到轨道坐标系下的卫星到地面站的瞄准矢量 r_O。

利用步骤八得到修正后的卫星到地面站的瞄准矢量 r_t。

步骤九中，根据变换矩阵 $\boldsymbol{R}_{t-T} = \begin{bmatrix} 1 & 0 & 0 \\ 0 & 0 & -1 \\ 0 & 1 & 0 \end{bmatrix}$ 得到终端坐标系下卫星到地面站的瞄准矢量 r_T，从而得到预测的跟踪瞄准角度（θ_{Az}，θ_{El}）。

3.4.2 提前瞄准角度获取方法

由于卫星间光通信是在两个高速运动的卫星之间进行，并且通信距离较远，因此瞄准控制过程中必须考虑加一个提前瞄准量。在前面给出了提前瞄准角的一维近似表达。下面将由卫星的轨道参数推导出提前瞄准角更为精确的表达式。

在卫星间光通信过程中，通常可通过某种手段获得卫星的轨道运动参数。设链路的两颗卫星分别为卫星 A 和卫星 B。在近焦点坐标系中，设卫星的位置矢量分别为 $r'_{PQW1}(t)$ 和 $r''_{PQW2}(t)$。由于近焦点坐标系为非惯性坐标系，两颗卫星的位置矢量之间不能进行矢量运算。利用 3.4.1 节给出的变换矩阵 $\tilde{\boldsymbol{R}}$，将两颗卫星的位置矢量分别由近焦点坐标系变换到地心赤道惯性坐标系。这样就可以通过简单的矢量运算求出卫星 A 和卫星 B 之间的相对位置矢量

$$r_{IJK}(t) = \tilde{\boldsymbol{R}}_2 r''_{PQW2}(t) - \tilde{\boldsymbol{R}}_1 r'_{PQW1}(t) \tag{3-21}$$

式中，$r_{IJK}(t)$ 表示卫星 A 瞄准卫星 B 的瞄准矢量；而 $-r_{IJK}(t)$ 则表示卫星 B 瞄准卫星 A 的瞄准矢量。注意到上面是在地心赤道惯性坐标系中给出的瞄准矢量，而在实际的瞄准过程中，卫星 A 和卫星 B 需要获得在各自的星上水平俯仰坐标系 SEZ 中的瞄准矢量。利用 3.4.1 节给出的变换矩阵 $\tilde{\boldsymbol{D}}$ 可实现这一变换，卫星 A 和

卫星 B 上瞄准终端的瞄准矢量分别为

$$r'_{SEZ1}(t) = \tilde{D}_1 \, r_{IJK}(t) \tag{3-22}$$

$$r''_{SEZ2}(t) = \tilde{D}_2 \left[-r_{IJK}(t) \right] \tag{3-23}$$

下面以卫星 A 上瞄准装置为例，推导卫星 A 的提前瞄准角表达式。我们设瞄准矢量 $r'_{SEZ1}(t)$ 在星上水平俯仰坐标系中的三个以 *SEZ* 矢量表示的分量为 $r'_S(t)$、$r'_E(t)$ 和 $r'_Z(t)$，则与瞄准直接有关的俯仰角 $\theta_v(t)$，水平角 $\theta_h(t)$ 和斜矩 $\rho(t)$ 的表达式分别为

$$\theta_v(t) = \arctan\left[\frac{r'^2_Z(t)}{\sqrt{r'^2_S(t) + r'^2_E(t)}}\right] \tag{3-24}$$

$$\theta_h(t) = \arctan\left[\frac{r'_E(t)}{r'_S(t)}\right] \tag{3-25}$$

$$\rho(t) = \sqrt{r'^2_S(t) + r'^2_E(t) + r'^2_Z(t)} \tag{3-26}$$

当两颗卫星间发生相对运动时，卫星 A 上的瞄准装置必须将信号光实际指向卫星 B 的前方以进行接收。也就是说，卫星 A 上的瞄准装置必须考虑到在光束弛豫时间 Δt 内所发生的附加移动，并瞄准到所预计的点。显然，若 t 时刻卫星 A 检测到卫星 B 发射的光束，对应的提前瞄准角在俯仰和方位两个角方向上的分量为

$$\zeta_{v,h}(t) = \theta_{v,h}(t + \Delta t) - \theta_{v,h}(t) \tag{3-27}$$

其中，Δt 的求解方程为

$$\Delta t = \frac{\rho(t)}{c} + \frac{\rho(t + \Delta t)}{c} + t_A \tag{3-28}$$

式中，c 为光速；t_A 为卫星 A 上瞄准终端的信号响应和处理时间。由于该式为非线性方程，通常需要通过迭代法求解 Δt。考虑到卫星间光通信的瞄准过程中，光束弛豫时间内链路的距离改变很小，可作如下近似

$$\rho(t) \approx \rho(t + \Delta t) \tag{3-29}$$

则可直接得到弛豫时间 Δt 的表达式

$$\Delta t = \frac{2\rho(t)}{c} + t_A \tag{3-30}$$

这时，提前瞄准角在俯仰和方位两个角方向上的分量可表示为

$$\zeta_{v,h}(t) = \theta_{v,h}\left[t + \frac{2\rho(t)}{c} + t_A\right] - \theta_{v,h}(t) \tag{3-31}$$

同理可推出卫星 B 的提前瞄准角表达式。在后面的卫星间光通信数值仿真研究中，将利用该式分析链路过程中提前瞄准角的变化情况。

3.5 GEO-LEO 激光链路瞄准

为了对星间激光链路的捕获性能进行模拟实验,搭建 GEO-LEO 激光链路系统,由扫描捕获、初始化指向偏差模拟以及反馈光模拟等三部分组成。仿真分析中,分别考虑 LEO 卫星在不同轨道倾角、升交点黄经和轨道高度情况下,GEO-LEO 链路的链路次数、链路时间、链路距离、最大多普勒频移变化情况。此外,分别以 GEO 卫星和 LEO 卫星为坐标中心,分析不同轨道参数情况下瞄准角度范围、最大角速度、最大角加速度和提前瞄准角的变化情况。

仿真卫星轨道运行的时间周期为 1 天,与 GEO 卫星的轨道运行周期相同,显然在改变卫星轨道的升交点黄经时,上述参量的变化趋势基本上相同,初步仿真结果也证明了这一点。在下面的仿真中将升交点黄经设为东经 60°。

在下面的仿真过程中,GEO 卫星以 ESA 的 ARTEMIS 卫星为例,其静止轨道位置为东经 21.5°。以一定轨道高度间隔取 3 种三轴稳定姿态控制 LEO 卫星进行分析:

(1)400km 圆轨道,美国等 12 个国家联合建造的阿尔法号国际空间站的平均轨道高度,俄罗斯和平号空间站轨道高度(300~400km)在此附近;

(2)800km 圆轨道,铱(Iridium)星系统、全球电信网(Teledisc)系统和太阳同步卫星 SPOT-4 的运行轨道高度在此附近,分别为 700km 和 830km;

(3)1400km 圆轨道,全球星(Globalstar)系统的卫星运行轨道高度。

由于火箭发射方面的原因,除了太阳同步轨道卫星外的 LEO 卫星的轨道倾角通常在 0°~90°范围内,其中轨道倾角为 0°时为赤道平面卫星,轨道倾角为 90°时为极轨道卫星,而太阳同步轨道卫星的轨道倾角大都在 90°~100°范围。本节取 LEO 卫星的轨道倾角变化范围为 0°~90°,GEO 卫星和太阳同步卫星的链路将在下面介绍。

3.5.1 链路次数和链路时间

本书中只研究外层空间中的激光链路,不考虑穿过大气层的链路情况。因此我们定义:穿过地球或稠密大气层的激光链路为无效链路。在地心赤道惯性坐标系内,设 GEO 卫星和 LEO 卫星的位置矢量分别为 r_{GEO} 和 r_{LEO},大气层高度为 h_a。显然有 $|r_{GEO}|>h_a$ 及 $|r_{LEO}|>h_a$。过坐标系原点作 GEO 卫星和 LEO 卫星连线的垂线,垂足为 C,C 的位置矢量为 r_C。GEO-LEO 链路判决条件如下:在某一时刻,若

满足以下两个条件时，则可判定为无效链路。

（1）点 C 在 GEO 卫星和 LEO 卫星的连线之内；

（2）$|r_C| < r_\oplus + h_a + \frac{1}{2}\theta_b \max(|r_{GEO} - r_C|, |r_{LEO} - r_C|)$；其中，$r_\oplus$ 为地球半径，θ_b 为链路激光的束散角。链路仿真过程中，取稠密大气层高为 100km，取 GEO 卫星和 LEO 卫星上光通信终端的信号光束散角均为 50μrad。

图 3-11 为 LEO 卫星取不同的轨道高度时，1 天中的链路次数与 LEO 卫星轨道倾角的关系。在仿真过程中，对仿真时段中头尾处可能出现的不完整链路时段不予计数，因此图中给出的链路次数应为 1 天中完整链路的次数。从图 3-11 中可以看出，随着卫星轨道高度的升高，链路次数有一定的下降。在卫星轨道倾角在 0°～60°范围附近时，链路次数基本不变；在 60°～90°范围附近时，链路次数显著下降。

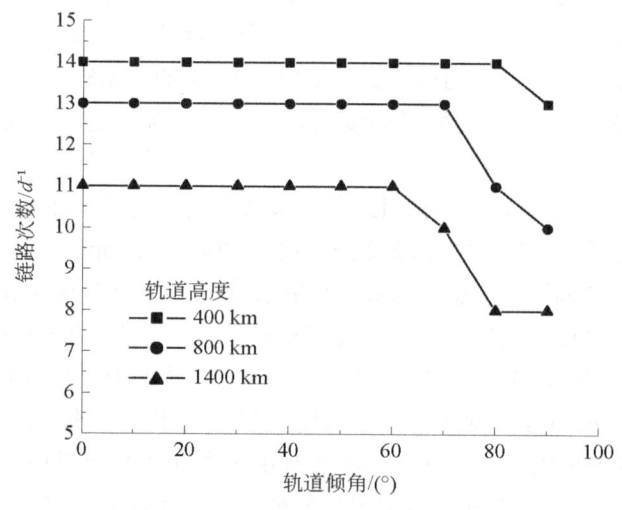

图 3-11　GEO-LEO 链路次数

图 3-12 为取不同轨道高度时，链路时间与 LEO 卫星轨道倾角的关系，图中分别给出了在 1 天的链路仿真时段中，最长链路时间和最短链路时间。链路时间随着卫星轨道高度的增加而增加。在卫星轨道倾角在 0°～50°范围附近时，最短链路时间平缓下降，最长链路时间平缓上升；在 50°～90°范围附近时，最短链路时间依然平缓下降，而最长链路时间则剧烈上升。

图 3-13 给出了各次链路的时间去平均后与 LEO 卫星轨道倾角的关系曲线。从整体上看，GEO-LEO 激光链路的链路次数为 10 次左右，平均链路时间 1～2h。同 LEO 卫星与地面站间的激光链路（平均链路时间 10min 左右）相比，GEO-LEO

激光链路对捕获时间的要求比较宽松。

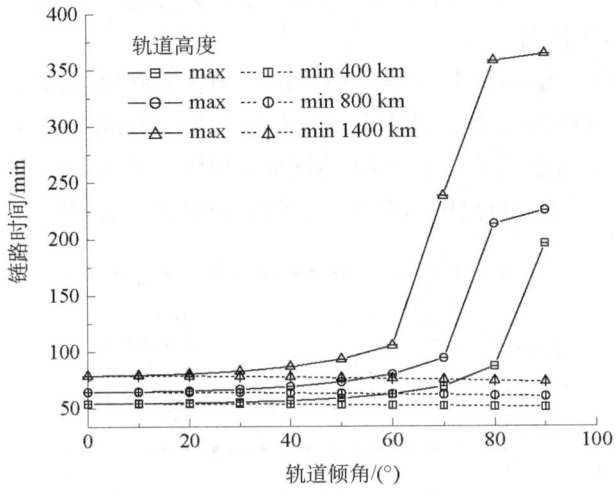

图 3-12 GEO-LEO 最长和最短链路时间

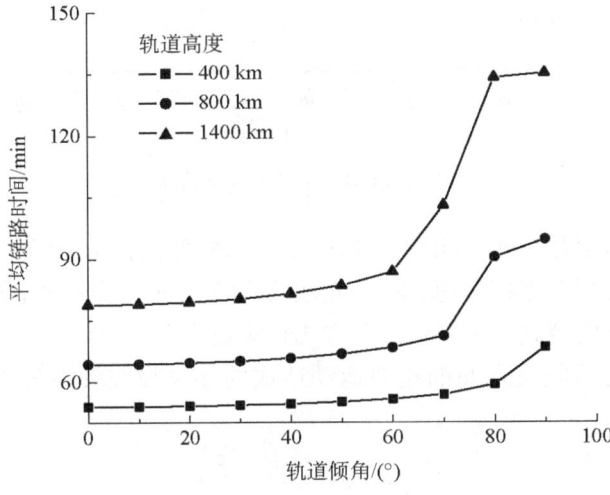

图 3-13 GEO-LEO 平均链路时间

3.5.2 链路传输损耗和多普勒频移

链路间的长距离传输，将造成激光信号在接收端的损耗。在链路冗余公式中定义为 FSL，其表达式为

$$FSL = 10\lg\left(\frac{\lambda}{4\pi z}\right)^2 \tag{3-32}$$

其中，λ 为光信号波长；z 为链路的距离。需要指出的是，式（3-32）并不意味着链路传输损耗与光信号波长有关，因为其中的 λ 与链路冗余公式中的接收天线增益项中的 λ 相互抵消。

图 3-14 给出了 LEO 卫星取不同轨道高度和轨道倾角的情况下，链路的最大光信号传输损耗的变化情况，其中取光信号波长为 830nm。随着卫星轨道高度的增加，最大链路传输损耗有不到 1dB 的增加。相同卫星轨道高度下，最大链路传输损耗随卫星轨道倾角的变化幅度很小，约为万分之一分贝。

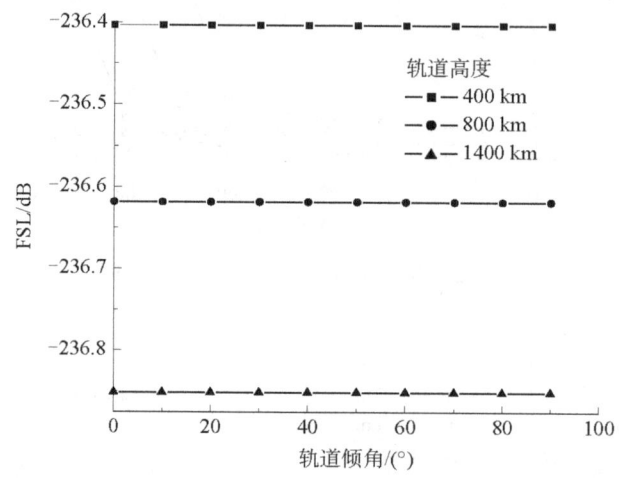

图 3-14 GEO-LEO 最大链路传输损耗

卫星间光通信是在两个相对高速运动的载体间进行的，必须考虑到运动载体间产生的多普勒频率漂移问题。对于光通信系统，频率漂移对外差方式检测的影响较大，对于强度调制——直接检测方式影响较小。

由发射机与接收机之间的相对运动造成的接收载波频率与本地载波频率之差，可以表示为

$$f_d = f_r - f_t = -\frac{\dot{z}}{c} f_t \tag{3-33}$$

其中，f_r 为接收信号的频率；f_t 为发射信号的频率；z 为发射机与接收机之间的距离；c 为真空中光的传播速度。对于瞄准捕获跟踪系统，多普勒频移还关系到滤波器件的选取问题，为了更加直观地分析多普勒频移的影响，将式（3-3）中的频率变量变换为光学系统常用的波长变量：

$$\Delta \lambda_d = \lambda_r - \lambda_t = \frac{\dot{z}}{c - \dot{z}} \lambda_t \tag{3-34}$$

其中，λ_r 为接收光信号的波长；λ_t 为发射光信号的波长。

图 3-15 给出了 LEO 卫星取不同轨道高度和轨道倾角的情况下，信号接收端的最大光波长漂移情况。随着卫星轨道高度的增加，最大波长漂移量逐渐减少。随着卫星轨道倾角的增加，最大波长漂移逐渐上升。整个动态卫星轨道参数变化范围内，最大波长漂移的极大值仅为 0.021nm。可见，与温度变化造成半导体激光器输出波长漂移相比，由于多普勒频移产生的波长漂移非常小。

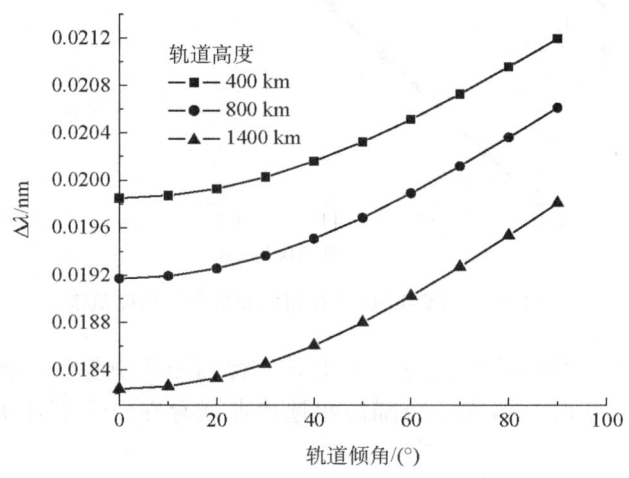

图 3-15　GEO-LEO 最大波长漂移

3.5.3　上行链路瞄准和提前瞄准角度

GEO-LEO 上行链路是指在 LEO 星上坐标系中，LEO 卫星光通信终端对 GEO 卫星光通信终端进行跟瞄和数据传输的过程。仿真结果表明，在 LEO 卫星取不同轨道高度和轨道倾角的情况下，上行链路过程中光通信终端瞄准系统在方位角方向上的角度偏转范围均为 $0 \sim 2\pi$ rad。

图 3-16 给出了 LEO 卫星取不同轨道高度和轨道倾角的情况下，GEO-LEO 上行链路俯仰瞄准偏转角度范围的变化情况。随着卫星轨道高度的增加，俯仰瞄准偏转角度范围略有上升。随着卫星轨道倾角的增加，俯仰瞄准偏转角度范围从赤道平面卫星的 0 rad 到极轨道平面卫星的 3 rad 左右，其中在 0°～80°范围，俯仰瞄准偏转角范围基本上呈线性的上升趋势。

图 3-17 给出了 LEO 卫星取不同轨道高度和轨道倾角的情况下，GEO-LEO 上行链路方位角方向最大瞄准角速度的变化情况。随着卫星轨道高度的增加，最大方位瞄准角速度有上升趋势。在卫星轨道倾角 0°～70°范围内，3 种不同的卫星轨道高度下最大方位瞄准角速度均小于 2mrad/s，在卫星轨道倾角为 70°～90°

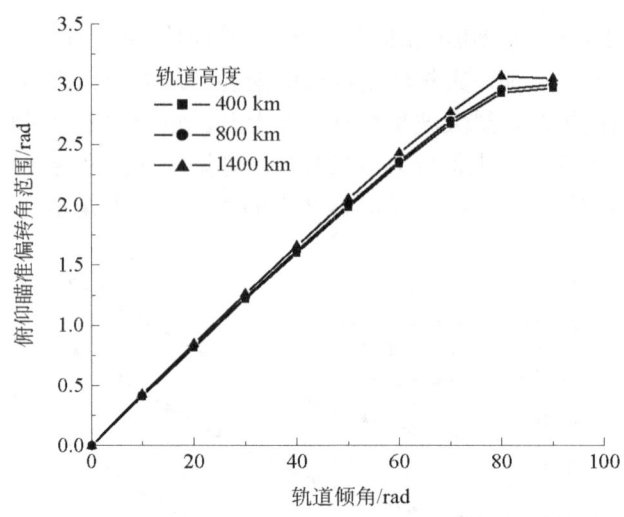

图 3-16　GEO-LEO 上行俯仰瞄准偏转角度范围

的范围内，最大方位瞄准角速度显著上升。特别是在卫星轨道倾角为 80°，轨道高度为 1400km 时，最大方位瞄准角速度曲线存在一个高达 67.82mrad/s 的尖峰。

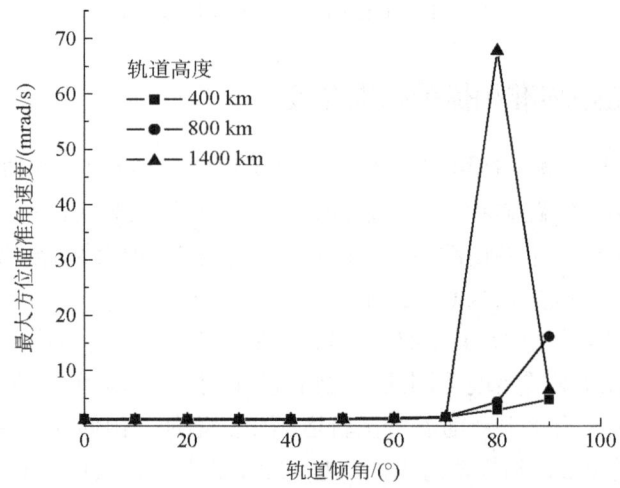

图 3-17　GEO-LEO 上行最大方位瞄准角速度

图 3-18 给出了 LEO 卫星取不同轨道高度和轨道倾角的情况下，GEO-LEO 上行链路俯仰角方向最大瞄准角速度的变化情况。随着卫星轨道高度的增加，最大俯仰瞄准角速度略有下降。随着卫星轨道倾角的增加，最大俯仰瞄准角速度呈近线性趋势上升。整个动态卫星轨道参数变化范围内，所有最大俯仰瞄准角速度

中的极大值为 0.24mrad/s。

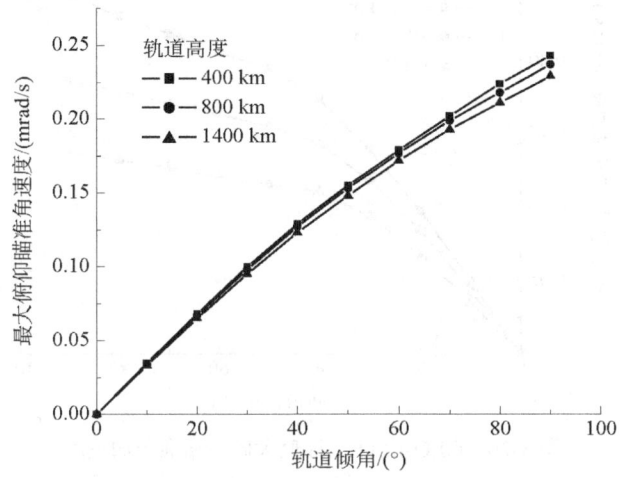

图 3-18　GEO-LEO 上行最大俯仰瞄准角速度

图 3-19 给出了 LEO 卫星取不同轨道高度和轨道倾角的情况下，GEO-LEO 上行链路方位角方向最大瞄准角加速度的变化情况。随着卫星轨道高度的增加，最大方位瞄准角加速度的升降趋势不确定。在卫星轨道倾角为 0°～70°范围内，最大方位瞄准角加速度略有上升，3 种卫星轨道高度下均不超过 0.15mrad/s^2，在轨道倾角为 70°～90°的范围内，最大方位瞄准角加速度显著上升。与图 3-18 相对应，在卫星轨道倾角为 80°，轨道高度为 1400km 时，最大方位瞄准角加速度出现了大小为 2.99mrad/s^2 的尖峰。

图 3-20 给出了 LEO 卫星取不同轨道高度和轨道倾角的情况下，GEO-LEO

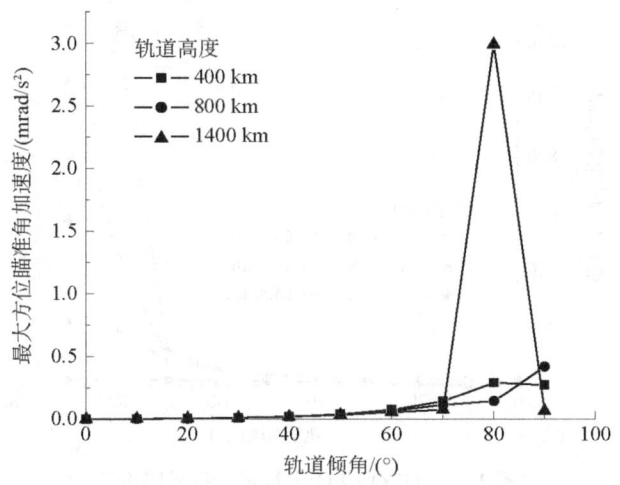

图 3-19　GEO-LEO 上行最大方位瞄准角加速度

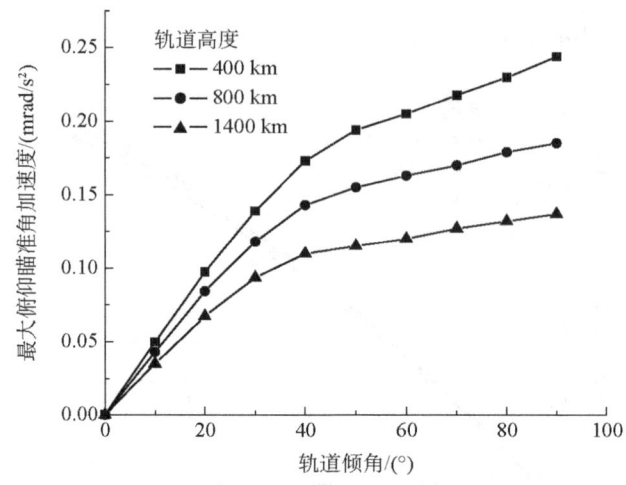

图 3-20 GEO-LEO 上行最大俯仰瞄准角加速度

上行链路俯仰角方向最大瞄准角加速度的变化情况。随着卫星轨道高度的增加，最大俯仰瞄准角加速度呈现下降的趋势。随着卫星轨道倾角的增加，最大俯仰瞄准角加速度呈上升的趋势。从总体上看，在整个动态卫星轨道参数变化范围内，所有最大俯仰瞄准角加速度中的极大值为 0.24mrad/s^2。

图 3-21 给出了取不同轨道动态参数的 GEO-LEO 上行链路过程中的最大提前瞄准角，取跟瞄系统的延迟时间为 1ms。图中虚线连接部分为方位角方向的最大提前瞄准角，在 LEO 卫星轨道倾角为 0°～70°范围内，随着卫星轨道高度增加略微上升，随着卫星轨道倾角的增加缓慢上升，最大值为 122.0μrad。在卫星轨道倾

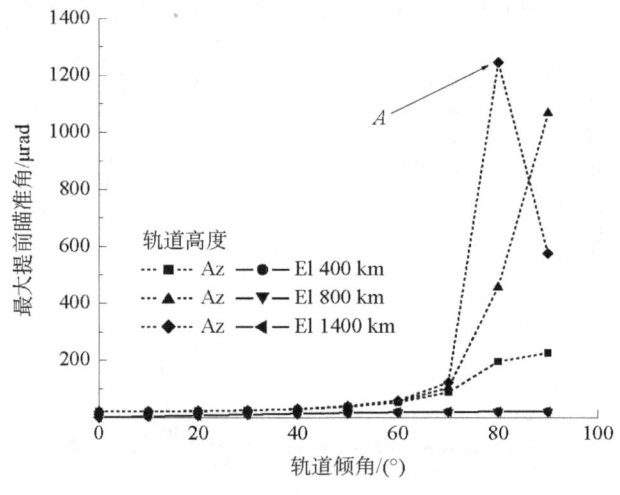

图 3-21 GEO-LEO 上行最大提前瞄准角

角为 70°～90°范围，变化的趋势明显加剧，特别是在卫星轨道倾角为 80°，卫星轨道高度为 1400km 时（图中的 A 点），出现了尖峰。需要说明的一点是，为了更清楚地观察其各点的情况，A 点对应的最大方位提前瞄准角实际上已经被缩小为 1/10。图中实线连接部分为俯仰角方向的最大提前瞄准角，随 LEO 卫星轨道高度增加的变化不明显，随着卫星轨道倾角的增大略有上升，最大值为 20.6μrad。

3.5.4 下行链路瞄准和提前瞄准角度

GEO-LEO 下行链路是指在 GEO 星上坐标系中，GEO 卫星光通信终端对 LEO 卫星光通信终端进行跟瞄和数据传输的过程。图 3-22 给出了 LEO 卫星取不同轨道高度和轨道倾角的情况下，方位瞄准偏转角度范围的变化情况。随着卫星轨道高度的增加，方位瞄准偏转角度范围逐渐增加。随着卫星轨道倾角的增加，方位瞄准偏转角度范围略有下降。整个动态卫星轨道参数变化范围内，方位瞄准偏转角度范围的极大值为 0.37rad。图 3-23 给出了 LEO 卫星取不同轨道高度和轨道倾角的情况下，俯仰瞄准偏转角度范围的变化情况。随着卫星轨道高度的增加，俯仰瞄准偏转角度范围逐渐增加。随着卫星轨道倾角的增加，俯仰瞄准偏转角度范围呈近线性上升。整个动态卫星轨道参数变化范围内，俯仰瞄准偏转角度范围的极大值为 0.37rad。

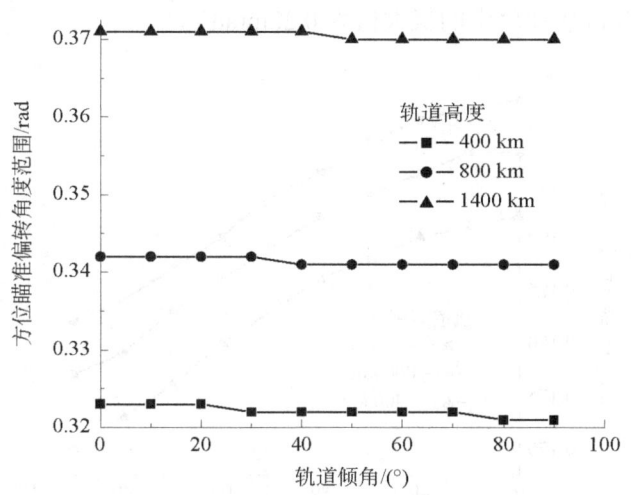

图 3-22　GEO-LEO 下行方位瞄准偏转角度范围

图 3-24 给出了 LEO 卫星取不同轨道高度和轨道倾角的情况下，GEO-LEO 下行链路方位角方向最大瞄准角速度的变化情况。随着 LEO 卫星轨道高度的增

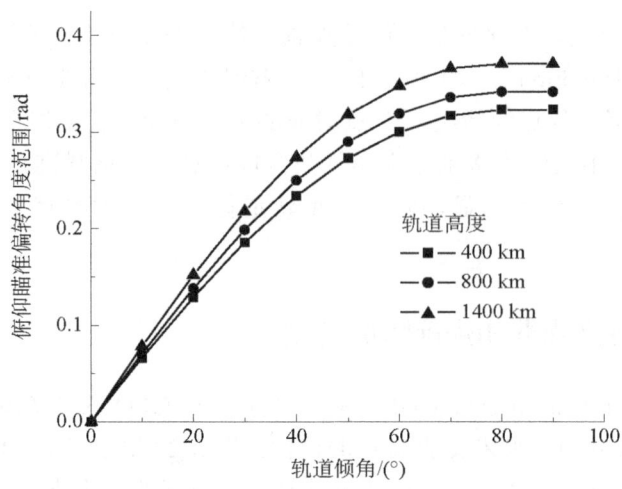

图 3-23　GEO-LEO 下行俯仰瞄准偏转角度范围

加,最大方位瞄准角速度逐渐下降。随着 LEO 卫星轨道倾角的增加,最大方位瞄准角速度逐渐下降。整个动态卫星轨道参数变化范围内,所有最大方位瞄准角速度中的极大值为 0.20mrad/s。图 3-25 给出了 LEO 卫星取不同轨道高度和轨道倾角的情况下,GEO-LEO 下行链路俯仰角方向最大瞄准角速度的变化情况。随着卫星轨道高度的增加,最大俯仰瞄准角速度略有下降。随着卫星轨道倾角的增加,最大俯仰瞄准角速度呈近线性趋势上升。整个动态卫星轨道参数变化范围内,所有最大俯仰瞄准角速度中的极大值为 0.22mrad/s。

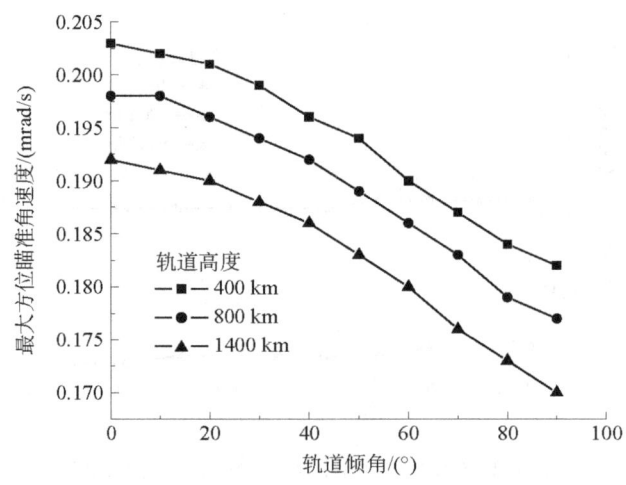

图 3-24　GEO-LEO 下行最大方位瞄准角速度

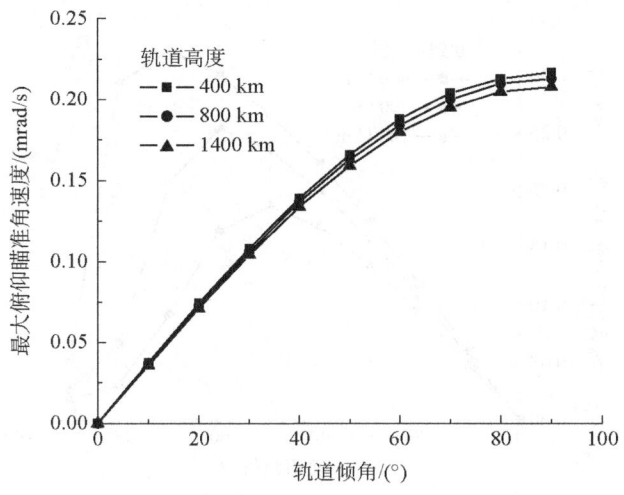

图 3-25　GEO-LEO 下行最大俯仰瞄准角速度

图 3-26 给出了 LEO 卫星取不同轨道高度和轨道倾角的情况下，GEO-LEO 下行链路方位角方向最大瞄准角加速度的变化情况。随着卫星轨道高度的增加，最大方位瞄准角加速度逐渐减少。在卫星轨道倾角为 0°～80°范围内，最大方位瞄准角加速度随卫星轨道倾角的增加而增加，在卫星轨道倾角为 80°～90°的范围内，最大方位瞄准角加速度的上升趋于平缓。整个动态卫星轨道参数变化范围内，所有最大方位瞄准角加速度中的极大值为 0.29mrad/s²。图 3-27 给出了 LEO 卫星取不同轨道高度和轨道倾角的情况下，GEO-LEO 下行链路俯仰角方向最大瞄准角加速度的变化情况。最大俯仰瞄准角加速度随着卫星轨道高度和轨道倾角

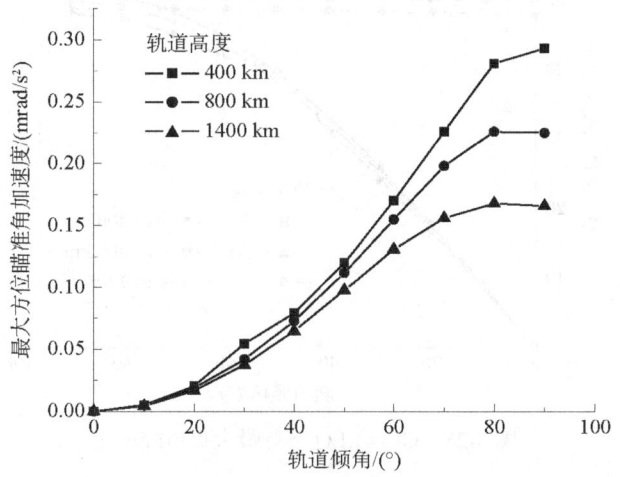

图 3-26　GEO-LEO 下行最大方位瞄准角加速度

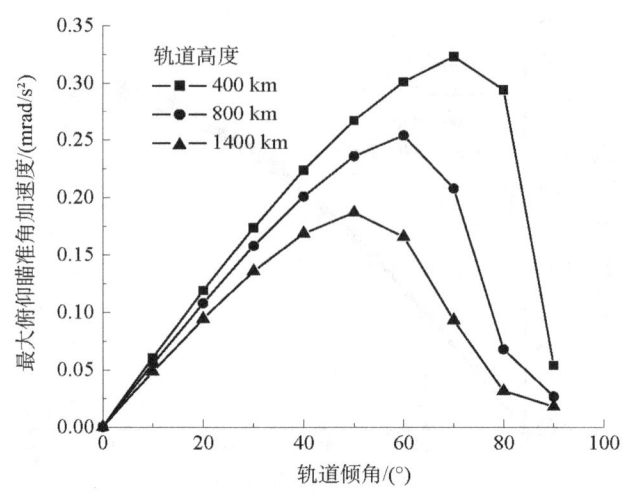

图 3-27　GEO-LEO 下行最大俯仰瞄准角加速度

的增加而减少。随着卫星轨道倾角的增加，3 种不同卫星轨道高度下的最大俯仰瞄准角加速度均出现先增加后减少的波动趋势，产生峰值的区域在 50°～70° 范围附近。从总体上看，整个动态卫星轨道参数变化范围内，所有最大俯仰瞄准角加速度中的极大值为 0.32mrad/s^2。

图 3-28 给出了取不同轨道动态参数的 GEO-LEO 下行链路过程中的最大提前瞄准角，取跟瞄系统的延迟时间为 1ms。

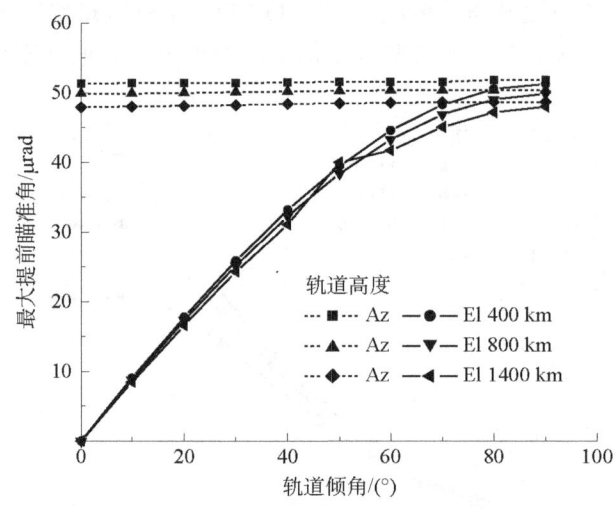

图 3-28　GEO-LEO 下行最大提前瞄准角

图 3-28 中，虚线连接部分为方位角方向的最大提前瞄准角，随 LEO 卫星轨

道高度增加略微下降，随着轨道倾角增加的变化不明显，最大值为 51.9μrad。实线连接部分为俯仰角方向的最大提前瞄准角，随 LEO 卫星轨道高度增加的变化有小幅度的波动，随着轨道倾角的增大呈近线性上升，最大值为 51.3μrad。

3.6 LEO-LEO 激光链路瞄准

LEO 卫星移动通信系统具有无缝隙覆盖、低时延、低传输损耗等优点，若通过微波将 LEO 卫星上的信号传到地面，可实现终端的手机化。这种系统的设计目的通常为支持全球个人通信，随着移动通信需求的迅猛增加和对个人通信的向往，LEO 卫星系统已经成为卫星移动通信热点中的热点。目前比较有影响的低轨卫星系统有铱系统、全球星系统和全球电信网系统。

由摩托罗拉公司提出的铱系统包括 66 颗 LEO 卫星和 10～15 个地面站。为了实现完全的全球覆盖，所有的 LEO 卫星分别配置在 6 个轨道上，每个轨道 11 颗卫星，轨道平面倾角为 84.6°，轨道平均高度约为 780km。铱系统中采用星上交换和星际链路，以及多点波束的相控阵技术，是目前唯一能够在全球范围内实现移动用户直达通信服务的系统，总投资为 41 亿美元。该系统已经获得了美国联邦通信委员会（FCC）的许可证，第一颗卫星已于 1996 年 6 月发射。铱系统开通了语音、数据、传真、寻呼等业务，语音传输速率为 2.4kbit/s 和 4.8kbit/s，数据传输速率为 2.4kbit/s，调制方式是 QPSK。在考虑了与地面蜂窝移动通信系统 GSM 的兼容之后，将多址方式选为时分多址（TDMA）。星际链路采用 Ka 频段，移动链路工作在 L 频段，地球站与卫星间的链路也采用 Ka 频段。

铱系统中的卫星间链路分两种情况：同一轨道中相邻两颗卫星间的链路和不同轨道上相邻两颗卫星间的链路，相位间隔分别为 32.7°和 16.4°。不同轨道上相邻两颗卫星间的链路还分为顺行链路和逆行链路两种，轨道平面升交点黄经的间隔分别为 31.6°和 22.0°。

本节假设在铱系统中的卫星间链路采用激光代替微波进行信号传输，考虑到不同轨道上相邻两颗卫星间的链路对卫星光通信系统的跟瞄性能要求较高，而顺行链路是铱系统中较常用的链路方式，本书以相邻轨道两颗卫星间的顺行链路为例进行激光链路仿真。仿真卫星轨道运行时间为 LEO 卫星轨道运行周期的 2 倍。

3.6.1 链路传输损耗和多普勒频移

图 3-29 给出了在仿真卫星轨道运行时间内，激光信号的链路传输损耗变化情况。链路损耗随着卫星轨道运行时间的变化周期性波动，变化周期为 LEO 卫星轨道运行周期，最大损耗为−216.6dB。图 3-30 给出了在仿真卫星轨道运行时间内，激光信号在链路过程中的多普勒波长漂移情况。可以看出，多普勒波长漂移的变化周期约等于 LEO 卫星轨道运行周期，变化范围为±0.006nm。

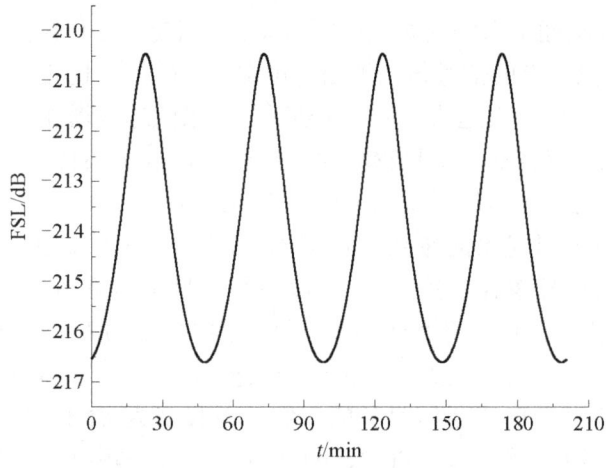

图 3-29　LEO-LEO 链路传输损耗

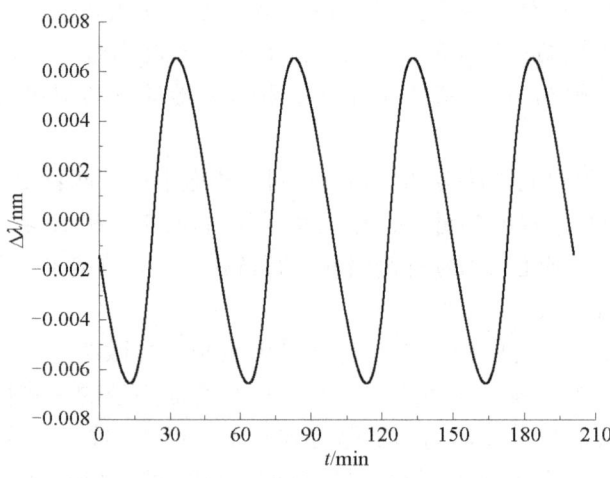

图 3-30　LEO-LEO 多普勒波长漂移

3.6.2 链路瞄准和提前瞄准角度

图 3-31 给出了 LEO-LEO 链路过程中方位角方向的瞄准角度变化情况。从中可以看出，前向链路和后向链路的方位瞄准角度变化范围分别为 1.73～2.20rad 和 4.13～4.60rad，变化周期均为 LEO 卫星轨道运行周期。图 3-32 给出了 LEO-LEO 链路过程中俯仰角方向的瞄准角度变化情况。其中，前向链路和后向链路的俯仰瞄准角度变化范围均为±1.06rad，变化的周期均为 LEO 卫星轨道运行周期。

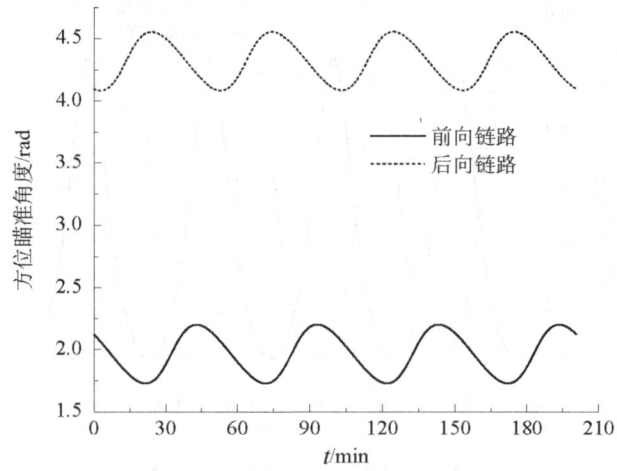

图 3-31 LEO-LEO 方位瞄准角度变化

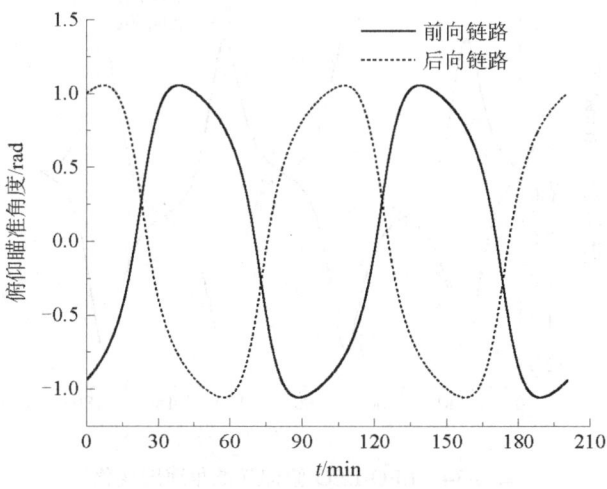

图 3-32 LEO-LEO 俯仰瞄准角度变化

图 3-33 给出了 LEO-LEO 链路过程中方位角方向的瞄准角速度变化情况。从图中可以看出，前向链路和后向链路的方位瞄准角速度变化趋势基本相同，最大角速度为 0.64mrad/s，最大角加速度为 0.0013mrad/s^2，瞄准角速度变化周期为 LEO 卫星轨道运行周期。图 3-34 给出了 LEO-LEO 链路过程中俯仰角方向的瞄准角速度变化情况。同样，前向链路和后向链路的俯仰瞄准角速度变化趋势也基本相同，最大角速度为 1.82mrad/s，最大角加速度为 0.0029mrad/s^2，瞄准角速度变化周期为 LEO 卫星轨道运行周期。

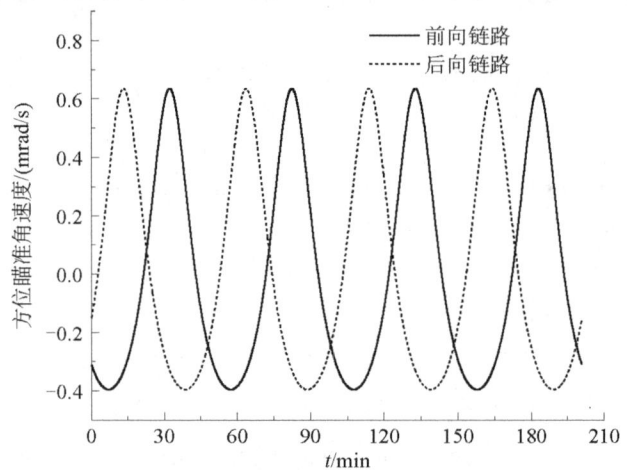

图 3-33　LEO-LEO 方位瞄准角速度变化

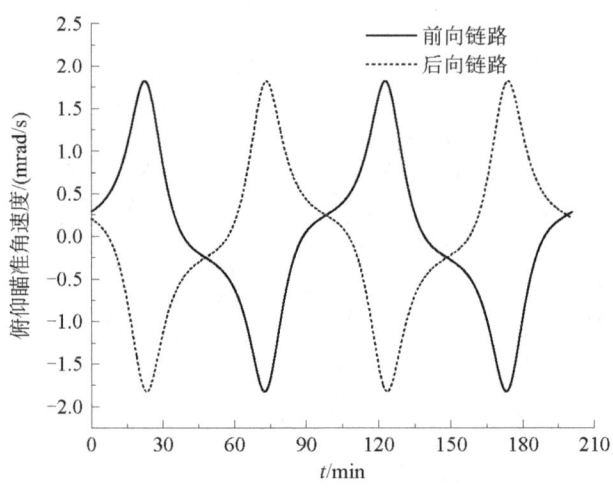

图 3-34　LEO-LEO 俯仰瞄准角速度变化

图 3-35 给出了 LEO-LEO 链路过程中方位角方向的提前瞄准角度的变化情

况。前向链路和后向链路的方位提前瞄准角度变化范围分别为-28.5~9.9μrad 和 8.4~60.1μrad，变化周期均为 LEO 卫星轨道运行周期。图 3-36 给出了 LEO-LEO 链路过程中俯仰角方向的提前瞄准角度的变化情况。其中，前向链路和后向链路的俯仰提前瞄准角度变化范围分别为±46.6μrad 和±39.9μrad，变化的周期均为 LEO 卫星轨道运行周期。

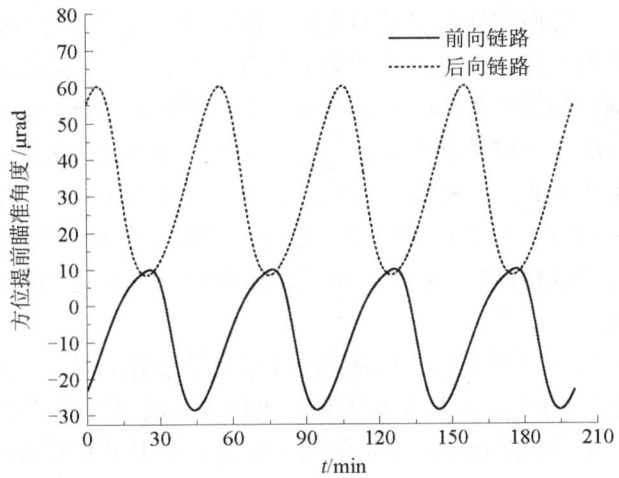

图 3-35　LEO-LEO 方位提前瞄准角度变化

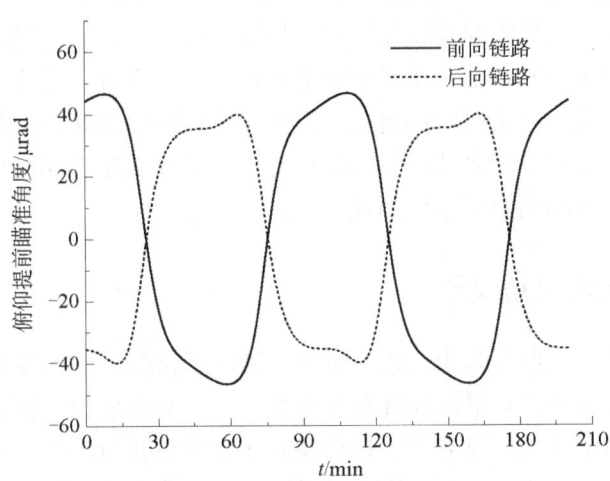

图 3-36　LEO-LEO 俯仰提前瞄准角度变化

3.7 预瞄准和提前瞄准精度影响因素

在卫星光通信系统中,光束经过长距离传输后,瞄准的不确定性主要由下面几个因素引起。一方面主要是卫星的定位精度、姿态及卫星的振动,卫星的定位精度将直接影响发射光束的预瞄准和提前瞄准精度。卫星的姿态影响也会对卫星光通信终端的瞄准精度产生影响,卫星姿态微小变化将影响光束的传播方向。因此,在进行预瞄准和提前瞄准的过程中,应对卫星姿态的变化进行一定的实时补偿。另外,需要考虑的一个重要因素是卫星平台振动的影响,卫星工作过程中将有太阳能帆板的展开、发动机点火等,这将使卫星平台发生颤动(振动),其中的角振动分量对瞄准精度影响极大。由此,振动对卫星光通信瞄准影响也是一个不容忽视的问题。

瞄准误差的另一来源是卫星光通信终端本身的误差。望远镜或透镜系统的应力、噪声、安装结构及空间温度变化等产生的误差将使光束不能精确地瞄准。另外,由于卫星间的相互运动,很难精确地补偿两个卫星光通信终端之间的相对角运动。只要二者之间有一个是运动的就出现这种情况,或者它也可以由地球的转动或定点卫星的往复运动引起。当我们试图用系统动力学方程预言这种运动时,系数的误差直接导致瞄准误差。在星地激光链路中,大气层效应的存在,将造成链路光束的畸变和弯曲。在提前瞄准过程中,还应对上述效应进行恰当的补偿。此外,弯曲现象通常与时间有关,因此对其影响必须进行连续的校正。

本节将重点介绍卫星光通信终端本体中几种典型的瞄准精度影响因素,包括粗瞄准定位角误差和精瞄准定位角误差。

3.7.1 粗瞄准定位角误差

在卫星光终端瞄准过程中,通过理论计算可以获得目标光终端在本地光终端坐标系中的角度位置,利用该位置对本地光终端粗瞄准机构进行控制,而本地光终端粗瞄准机构中光电码盘对粗瞄机构实际角度位置进行测量并反馈。如图 3-37 所示,为典型的光终端粗瞄准机构运行框图。光终端瞄准过程中的控制精度主要取决于光电码盘角误差、粗瞄准机构 PID 控制器以及执行机构的性能。

图 3-37 所示的潜望式光学终端的闭环框图可以转化为如图 3-38 所示的数学模型,由于本书仅针对影响卫星光终端瞄准精度的系统误差进行研究,因而对随机误差不作讨论。

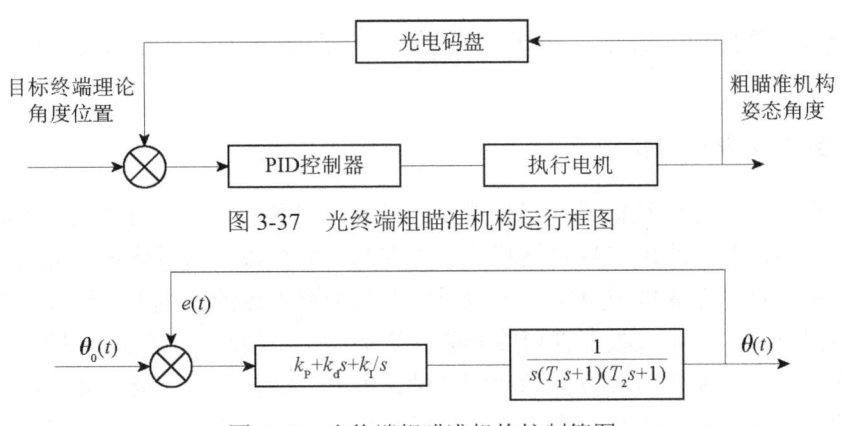

图 3-37 光终端粗瞄准机构运行框图

图 3-38 光终端粗瞄准机构控制简图

图 3-38 中，$\theta_0(t)$ 是指令角信号，它代表希望潜望式终端转到的理想转角位置；$\theta(t)$ 是系统输出，代表终端的实际转角位置；$e(t) = \theta_0(t) - \theta(t)$ 是误差信号，用来描述理想转角与实际转角的差值；$C(s) = K_p + K_d s/(\tau s+1) + K_i/s$ 是 PID 控制器，从物理可实现性的角度，PID 控制器中的微分环节要以 $s/(\tau s+1)$ 来代替；电机的数学模型为 $G(s) = K_m/[s(T_m s+1)]$，其中 T_m 是电机的机电时间常数。系统的开环传递函数为

$$G_o(s) = C(s)G(s) = \frac{K_m(K_d + \tau K_p)s^2 + K_m(K_p + \tau K_i)s + K_m K_i}{s^2(T_m s+1)(\tau s+1)} \quad (3-35)$$

误差 e 的传递函数为

$$\Phi_e(s) = \frac{e(s)}{\theta_0(s)} = \frac{1}{1+G_o(s)}$$

$$= \frac{s^2(T_m s+1)(\tau s+1)}{\tau T_m s^4 + (T_m+\tau)s^3 + (K_m K_d + \tau K_m K_p + 1)s^2 + K_m(K_p + \tau K_i)s + K_m K_i} \quad (3-36)$$

当指令角信号为常值时，即 $\theta_0(t) \equiv \theta_0$ 时，最终的系统误差信号为

$$e_{ss} = \lim_{t \to \infty} e(t) = \lim_{s \to 0} s \times e(s)$$
$$= \lim_{s \to 0} s\Phi_e(s)\theta_0(s) = 0 \quad (3-37)$$

这说明：在指令角信号为常值 θ_0 时，卫星光通信终端的稳态角输出也为 θ_0。因此，对二型系统而言，稳定情况下，系统的控制误差仅与控制环中反馈有关，对于卫星光通信终端而言，系统误差主要来源于光电码盘。

在光通信终端粗瞄准机构工作过程中，驱动电路需要根据光电码盘的反馈来确定粗瞄准机构方位轴、俯仰轴角度位置。作为光通信终端中的精密角位置探测器件，终端俯仰和方位轴光电码盘的精度必然影响到光通信终端的瞄准精度。造成终端瞄准误差的光电码盘误差主要有两类：码盘刻划误差、码盘定向误差。

1. 光电码盘刻划误差

光电码盘是光终端粗瞄准机构重要的角度测量装置，分为增量式光电码盘和绝对式光电码盘，均由信号采集和数据处理两部分组成，利用莫尔效应实现对角度变化的分辨。在光电码盘中，光源照射在刻划有光栅的圆盘上，经过光栅盘反射或透射后，由光电接收器件接收光强，当圆盘发生旋转时，经过光栅的光强发生变化，从而实现对终端方位轴和俯仰轴角度变化的测量。因此，光电码盘光栅刻划的均匀性是影响光电码盘测量角位置精度的重要因素，称由光电码盘光栅刻划的非均匀性造成的测量角度误差为码盘刻划误差，这些误差将直接影响光终端瞄准精度，造成光终端方位轴刻划误差和俯仰轴刻划误差。一般光栅刻划的不均匀性被平均分布在整个光电码盘光栅盘面上，那么码盘刻划可以表述为

$$\Delta\theta_{Az} = \Delta\theta_{code\_Az} \cdot \theta_{Az}/2\pi \\ \Delta\theta_{El} = \Delta\theta_{code\_El} \cdot \theta_{El}/2\pi \qquad (3-38)$$

式中，$\Delta\theta_{code\_Az}$ 为方位轴码盘刻划误差；$\Delta\theta_{code\_El}$ 为俯仰轴码盘刻划误差。

2. 光电码盘定向误差

作为光终端粗瞄准机构姿态角度测量器件，光电码盘本身有基准角位置，如图 3-39 所示，C_0 为码盘基准零位，X_0 为方位轴或俯仰轴终端基准坐标系的基准角位置。

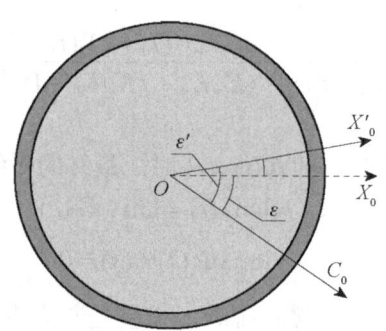

图 3-39 码盘定向误差

在终端瞄准过程中，控制光终端指向目标终端的角位置是相对于终端基准坐标系的角位置变量，在方位轴或俯仰轴转动过程中，需要将终端基准坐标系中相对于 X_0 的角度换算为相对于光电码盘基准零位 C_0 的角度，因此如图 3-39 所示，

∠X_0OC_0 的测量误差将造成光终端出现粗瞄机构定位角误差，进而影响光终端瞄准精度。由于 X_0 本身在终端基准坐标系内，是根据任务需求定义的虚轴，所以对角度∠X_0OC_0 的测量较为困难，将存在一定的误差角度，如图 3-39 所示，误差角度为Δε（Δ$\varepsilon = \varepsilon - \varepsilon'$）。

该误差角度Δε 直接作用于光电码盘所在的方位轴和俯仰轴角度，因此，码盘安装的定向误差造成的终端瞄准误差可以表示为

$$\Delta\theta_{Az} = \Delta\varepsilon_{Az}$$
$$\Delta\theta_{El} = \Delta\varepsilon_{El}$$
（3-39）

式中，Δε_{Az} 和Δε_{El} 为方位轴和俯仰轴光电码盘定向误差。

3.7.2 精瞄准定位角误差

在典型的光通信终端中，一般采用复合轴方法对光终端进行控制。其中，粗瞄准机构完成低带宽的大范围瞄准，而精瞄机构则是实现对光束的小范围高精度控制。因此，精瞄准机构定位角误差同样将影响光终端发射光束的瞄准精度。本节将具体研究由精瞄准机构定位角误差造成的光终端瞄准误差。

在光终端中，通常采用压电陶瓷驱动反射镜实现反射光束的方向进行精确控制精瞄准机构存在两种形式的误差：角度误差和位移误差。其中，精瞄准机构的位移误差不改变反射光束的方向，不造成终端瞄准误差，而角度误差则会影响精瞄准机构反射镜角度，从而影响反射光束方向，因此在本书中将仅对精瞄准机构的角度误差进行分析。

如图 3-40 所示，在终端基准坐标系 XYZ 内，精瞄准机构反射镜处于初始状态时的反射面法线矢量如下式：

$$\boldsymbol{N}_{jmj0} = \begin{pmatrix} \sqrt{2}/2 & 0 & -\sqrt{2}/2 \end{pmatrix}^{\mathrm{T}}$$
（3-40）

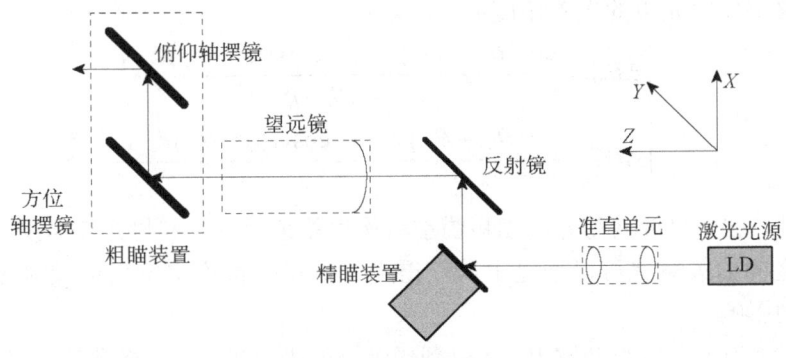

图 3-40　光通信终端发射光路

当精瞄准机构存在一定的角度偏差时，定义在终端基准坐标系中，精瞄准机构反射镜绕绕矢量 $(0, 1, 0)^T$ 存在一个误差角度 λ_y；精瞄准机构反射镜镜面内绕矢量 $(\sqrt{2}/2 \ \ 0 \ \ \sqrt{2}/2)^T$ 存在一个误差角度 λ_x。因此，这时精瞄准机构反射镜法线 $\boldsymbol{N}'_F$ 为

$$\boldsymbol{N}'_F = \begin{pmatrix} \dfrac{\sqrt{2}}{2}\left[\cos\lambda_x(\cos\lambda_y - \sin\lambda_y)\right] \\ \sin\lambda_x \\ \dfrac{\sqrt{2}}{2}\left[-\cos\lambda_x(\cos\lambda_y + \sin\lambda_y)\right] \end{pmatrix} \quad (3\text{-}41)$$

由几何光学反射矩阵公式定义可以获得存在误差情况下，精瞄准机构反射镜反射矩阵，在小角度近似后如下：

$$\boldsymbol{I}'_{jmj} = \begin{pmatrix} 2\lambda_y & -\sqrt{2}\lambda_x & 1 \\ -\sqrt{2}\lambda_x & 1 & \sqrt{2}\lambda_x \\ 1 & \sqrt{2}\lambda_x & -2\lambda_y \end{pmatrix} \quad (3\text{-}42)$$

对于光终端发射光束，由激光器发射，入射到光终端发射望远镜前的光束矢量 $\boldsymbol{A}_{\text{out\_1}}$ 为

$$\begin{aligned}
\boldsymbol{A}_{\text{out\_1}} &= \boldsymbol{T}_F \cdot \boldsymbol{I}'_{jmj} \cdot \boldsymbol{A}_{\text{out}} \\
&= \begin{pmatrix} 0 & 0 & 1 \\ 0 & 1 & 0 \\ 1 & 0 & 0 \end{pmatrix} \cdot \begin{pmatrix} 2\lambda_y & -\sqrt{2}\lambda_x & 1 \\ -\sqrt{2}\lambda_x & 1 & \sqrt{2}\lambda_x \\ 1 & \sqrt{2}\lambda_x & -2\lambda_y \end{pmatrix} \cdot \begin{pmatrix} 0 \\ 0 \\ 1 \end{pmatrix} \\
&= \begin{pmatrix} -2\lambda_y & \sqrt{2}\lambda_x & 1 \end{pmatrix}^T
\end{aligned} \quad (3\text{-}43)$$

其中，$\boldsymbol{T}_F$ 为望远镜前 45°放置的平面镜的反射矩阵。

光终端发射光束的误差角度如下所示：

$$\begin{cases} \Delta\theta_{\text{Az}} = \dfrac{\cos(\theta_{\text{Az}} - \theta_{\text{El}})\phi_{O\_z} - \sin(\theta_{\text{Az}} - \theta_{\text{El}})\phi_{O\_xz}}{\sin\theta_{\text{El}} \cdot \eta} \\ \Delta\theta_{\text{El}} = \dfrac{\sin(\theta_{\text{Az}} - \theta_{\text{El}})\phi_{O\_z} + \cos(\theta_{\text{Az}} - \theta_{\text{El}})\phi_{O\_xz}}{\eta} \end{cases} \quad (3\text{-}44)$$

因此，这里只要获得光终端精瞄准机构误差角度 φ_x、φ_y 与光终端发射光轴误差角度之间的关系就可以通过上式获得光终端精瞄机构定位角误差对光终端瞄准误差的影响。

设 OA 为由发射光轴发出、入射到望远镜的光束矢量，在终端基准坐标系中，OA 与平面 XOZ 的夹角为 ϕ_{O_xz}，OB 是 OA 在平面 XOZ 的投影，OB 与 OC 的夹

角为 ϕ_{O_z}。这样在终端基准坐标系中，光束矢量 OA 可以表述为下式：

$$A_{OA} = \begin{pmatrix} \cos\phi_{O\_xz} \cdot \sin\phi_{O\_z} \\ \sin\phi_{O\_xz} \\ \cos\phi_{O\_xz} \cdot \cos\phi_{O\_z} \end{pmatrix} \tag{3-45}$$

由于误差角度 ϕ_{O_xz}、ϕ_{O_z} 很小，这里可以进行小角度近似，获得下式：

$$A_{OA} = \begin{pmatrix} \phi_{O\_z} & \phi_{O\_xz} & 1 \end{pmatrix}^{T} \tag{3-46}$$

矢量 A_{out_1} 与矢量 A_{OA} 平行，因此有如下关系式：

$$\begin{cases} \phi_{O\_z} = -2\lambda_y \\ \phi_{O\_xz} = \sqrt{2}\lambda_x \end{cases} \tag{3-47}$$

将式（3-47）代入式（3-46），可得

$$\begin{cases} \Delta\theta_{Az} = \dfrac{-2\cos(\theta_{Az}-\theta_{El})\lambda_y - \sqrt{2}\sin(\theta_{Az}-\theta_{El})\lambda_x}{\sin\theta_{El} \cdot \eta} \\ \Delta\theta_{El} = \dfrac{-2\sin(\theta_{Az}-\theta_{El})\lambda_y + \sqrt{2}\cos(\theta_{Az}-\theta_{El})\lambda_x}{\eta} \end{cases} \tag{3-48}$$

上式给出了由于精瞄准机构定位角误差造成的潜望式光终端瞄准误差角度，称为精瞄机构定位角误差模型，可以发现精瞄准定位角误差造成的光终端瞄准误差与望远镜径向放大率成反比。

由于精瞄机构误差角度 λ_x、λ_y 与光终端发射光轴误差角度 ϕ_{O_xz}、ϕ_{O_z} 之间为线性关系，所以角度 λ_x、λ_y 产生的光终端瞄准误差的变化趋势与准直光路误差相似，当俯仰轴角度 θ_{El} 趋近 0°或者 180°时（趋于俯仰轴死区），由精瞄准机构定位角误差造成的方位轴瞄准误差会急剧增加，实际使用中需要避免使用俯仰轴死区；当（$\theta_{Az}-\theta_{El}$）为 90°时，望远镜误差项 λ_y 造成的俯仰轴瞄准误差最小，当（$\theta_{Az}-\theta_{El}$）为 0°时，望远镜误差项 λ_y 造成的俯仰轴瞄准误差最大。当（$\theta_{Az}-\theta_{El}$）为 90°时，望远镜误差项 λ_x 造成的俯仰轴瞄准误差最大，当（$\theta_{Az}-\theta_{El}$）为 0°时，望远镜误差项 λ_x 造成的俯仰轴瞄准误差最小。

3.8　瞄准机构误差补偿技术

光束预瞄准偏差主要由两部分组成：①地面装调过程中，机械及安装方法的不同会造成瞄准位置偏离理想位置的现象，从而导致光束瞄准角度偏差；②机械热形变、应力释放等原因造成卫星终端在轨运行阶段激光通信终端光束瞄准角度

偏差。尽管我们在地面安装过程中采取一些工艺方法缩小上述影响造成的瞄准角度偏差，但对于较窄的信标光束和探测视域来说仍难以忍受。瞄准角度偏差的增大将扩大捕获扫描范围，明显增加链路捕获时间，导致链路的有效通信时间减少。鉴于此，有必要对光束预瞄准偏差进行补偿，提高卫星激光通信的链路捕获性能。

3.8.1　粗瞄准机构误差补偿

在获得模型中各个误差项误差值的基础上，可以计算获得终端姿态角度控制量为 θ_{Az} 和 θ_{El} 时存在粗瞄准误差角度 $\Delta\theta_{Az}$ 和 $\Delta\theta_{El}$，这时终端的指向瞄准角度为

$$\begin{cases} \theta'_{Az} = \theta_{Az} + \Delta\theta_{Az} \\ \theta'_{El} = \theta_{El} + \Delta\theta_{El} \end{cases} \quad (3-49)$$

因此，可获得下式：

$$\begin{cases} \theta_{Az} = \theta'_{Az} - \Delta\theta_{Az} \\ \theta_{El} = \theta'_{El} - \Delta\theta_{El} \end{cases} \quad (3-50)$$

可知，当目标终端位置为 θ'_{Az} 和 θ'_{El} 时，控制卫星光终端粗瞄准机构方位轴、俯仰轴角度分别为（$\theta'_{Az}-\Delta\theta_{Az}$）和（$\theta'_{Az}-\Delta\theta_{El}$）。其中 θ'_{Az} 和 θ'_{El} 可以根据目标在本地终端坐标系中的理论位置获得，这样通过控制粗瞄准机构方位轴和俯仰轴瞄准角度即可实现对粗瞄准机构系统误差的修正。

3.8.2　精瞄准机构误差补偿

目前卫星光通信终端普遍采用了复合轴控制方式，即粗瞄准机构完成低带宽大范围瞄准，而精瞄准机构完成对粗瞄准机构的残差的高带宽小范围的精确瞄准，粗、精瞄准机构协同工作，共同实现通信终端的高精度瞄准。因此，可以利用光终端粗精结合的特点，在瞄准阶段，通过控制精瞄准机构实现对光终端瞄准误差的进一步修正。

以图 3-40 中典型的潜望式激光终端发射光路为例说明精瞄机构的误差补偿方法，其中坐标系 XYZ 为终端基准坐标系。在终端基准坐标系内，精瞄准机构反射镜处于初始状态时的反射面法线矢量如下式：

$$\boldsymbol{N}_{jmj0} = \begin{pmatrix} \sqrt{2}/2 & 0 & -\sqrt{2}/2 \end{pmatrix}^{\mathrm{T}} \quad (3-51)$$

当精瞄准机构工作时，其反射镜面发生小角度偏转。在终端基准坐标系中，首先精瞄准机构反射镜绕矢量（0，1，0）^{T} 转动一个小的角度 φ_y；然后在精瞄准

机构反射镜镜面内绕与矢量（0，1，0）$^\mathrm{T}$垂直的矢量$\left(\sqrt{2}/2 \quad 0 \quad \sqrt{2}/2\right)^\mathrm{T}$转动$\varphi_x$。经过上述偏转后，精瞄准机构反射镜法线$\boldsymbol{N}_\mathrm{F}$变为

$$\boldsymbol{N}_\mathrm{F} = \begin{bmatrix} \dfrac{\sqrt{2}}{2}\left[\cos\varphi_x\left(\cos\varphi_y - \sin\varphi_y\right)\right] \\ \sin\varphi_x \\ \dfrac{\sqrt{2}}{2}\left[-\cos\varphi_x\left(\cos\varphi_y + \sin\varphi_y\right)\right] \end{bmatrix} \tag{3-52}$$

由几何光学反射矩阵公式定义可以获得精瞄准机构反射镜反射矩阵，小角度近似后为

$$\boldsymbol{I}_{jmj} = \begin{bmatrix} 2\varphi_y & -\sqrt{2}\varphi_x & 1 \\ -\sqrt{2}\varphi_x & 1 & \sqrt{2}\varphi_x \\ 1 & \sqrt{2}\varphi_x & -2\varphi_y \end{bmatrix} \tag{3-53}$$

上式为光通信终端精瞄准机构反射镜控制矩阵。精瞄准机构通过偏转反射镜角度φ_x和φ_y，实现对出射光束的方向进行微调。

在终端基准坐标系中，令由光源入射到精瞄偏转镜上的光束矢量为$\boldsymbol{A}_\mathrm{LD}=(0,0,1)^\mathrm{T}$。根据潜望式激光终端的光束传递性质，则出射光终端的光束可以表示为

$$\begin{aligned}\boldsymbol{A}_\mathrm{out} &= \boldsymbol{S}_Z(\theta_\mathrm{Az})\cdot \boldsymbol{S}_X(\theta_\mathrm{El})\cdot \boldsymbol{T}_{\mathrm{El}\_0}\cdot \boldsymbol{S}_X^{-1}(\theta_\mathrm{El})\cdot \boldsymbol{S}_Z^{-1}(\theta_\mathrm{Az})\cdot \boldsymbol{S}_Z(\theta_\mathrm{Az})\cdot \boldsymbol{T}_{\mathrm{Az}\_0}\cdot \boldsymbol{S}_Z^{-1}(\theta_\mathrm{Az})\cdot \boldsymbol{T}_T\cdot \boldsymbol{T}_F\cdot \boldsymbol{I}_{jmj}\cdot \boldsymbol{A}_\mathrm{LD}\\ &= \boldsymbol{S}_Z(\theta_\mathrm{Az})\cdot \boldsymbol{S}_X(\theta_\mathrm{El})\cdot \boldsymbol{T}_{\mathrm{El}\_0}\cdot \boldsymbol{S}_X^{-1}(\theta_\mathrm{El})\cdot \boldsymbol{T}_{\mathrm{Az}\_0}\cdot \boldsymbol{S}_Z^{-1}(\theta_\mathrm{Az})\cdot \boldsymbol{T}_T\cdot \boldsymbol{T}_F\cdot \boldsymbol{I}_{jmj}\cdot \boldsymbol{A}_\mathrm{LD}\\ &= \begin{pmatrix} a_1 & a_2 & a_3 \end{pmatrix}^\mathrm{T}\end{aligned} \tag{3-54}$$

其中，a_i可以表示为

$$\begin{aligned}a_1 = &-2\varphi_y\left[\sin\theta_\mathrm{Az}\cos\theta_\mathrm{El}\sin(\theta_\mathrm{Az}-\theta_\mathrm{El})+\cos\theta_\mathrm{Az}\cos(\theta_\mathrm{Az}-\theta_\mathrm{El})\right]\\ &+\sqrt{2}\varphi_x\left[-\sin\theta_\mathrm{Az}\cos\theta_\mathrm{El}\cos(\theta_\mathrm{Az}-\theta_\mathrm{El})+\cos\theta_\mathrm{Az}\sin(\theta_\mathrm{Az}-\theta_\mathrm{El})\right]\\ &+\sin\theta_\mathrm{Az}\sin\theta_\mathrm{El}\end{aligned}$$

$$\begin{aligned}a_2 = &-2\varphi_y\left[-\cos\theta_\mathrm{Az}\cos\theta_\mathrm{El}\sin(\theta_\mathrm{Az}-\theta_\mathrm{El})+\sin\theta_\mathrm{Az}\cos(\theta_\mathrm{Az}-\theta_\mathrm{El})\right]\\ &+\sqrt{2}\varphi_x\left[\cos\theta_\mathrm{Az}\cos\theta_\mathrm{El}\cos(\theta_\mathrm{Az}-\theta_\mathrm{El})+\sin\theta_\mathrm{Az}\sin(\theta_\mathrm{Az}-\theta_\mathrm{El})\right]\\ &-\cos\theta_\mathrm{Az}\sin\theta_\mathrm{El}\end{aligned} \tag{3-55}$$

$$\begin{aligned}a_3 = &-2\varphi_y\left[-\sin\theta_\mathrm{El}\sin(\theta_\mathrm{Az}-\theta_\mathrm{El})\right]\\ &+\sqrt{2}\varphi_x\left[\sin\theta_\mathrm{El}\cos(\theta_\mathrm{Az}-\theta_\mathrm{El})\right]+\cos\theta_\mathrm{El}\end{aligned}$$

在终端基准坐标系中，当终端处于 θ_{Az} 和 θ_{El} 时，令 $\Delta\theta_{Az}$ 和 $\Delta\theta_{El}$ 表示为终端瞄准误差角度。由于式（3-38）所示的矢量 A_{out} 与矢量 A'_{out} 平行，则可以获得终端瞄准误差与精瞄准机构反射镜偏转角度之间的关系：

$$\begin{cases} \Delta\theta_{Az} = \dfrac{-2\varphi_y \cos(\theta_{Az}-\theta_{El}) - \sqrt{2}\varphi_x \sin(\theta_{Az}-\theta_{El})}{\sin\theta_{El}} \\ \Delta\theta_{El} = -2\varphi_y \sin(\theta_{Az}-\theta_{El}) + \sqrt{2}\varphi_x \cos(\theta_{Az}-\theta_{El}) \end{cases} \quad (3\text{-}56)$$

由此可得下式：

$$\begin{cases} \varphi_x = \dfrac{\sqrt{2}}{2}\left[\cos(\theta_{Az}-\theta_{El})\Delta\theta_{El} - \sin(\theta_{Az}-\theta_{El})\sin\theta_{El}\Delta\theta_{Az}\right] \\ \varphi_y = -\dfrac{1}{2}\left[\sin(\theta_{Az}-\theta_{El})\Delta\theta_{El} + \cos(\theta_{Az}-\theta_{El})\sin\theta_{El}\Delta\theta_{Az}\right] \end{cases} \quad (3\text{-}57)$$

利用潜望式光终端系统误差模型，在已知各待定系数项的基础上，光通信终端处于 θ_{Az} 和 θ_{El}，光终端瞄准误差为 $\Delta\theta_{Az}$ 和 $\Delta\theta_{El}$ 时，通过下式计算获得精瞄准机构反射镜偏转的角度：

$$\begin{cases} \varphi'_x = -\varphi_x = \dfrac{\sqrt{2}}{2}\left[\sin(\theta_{Az}-\theta_{El})\sin\theta_{El}\Delta\theta_{Az} - \cos(\theta_{Az}-\theta_{El})\Delta\theta_{El}\right] \\ \varphi'_y = -\varphi_y = \dfrac{1}{2}\left[\cos(\theta_{Az}-\theta_{El})\sin\theta_{El}\Delta\theta_{Az} + \sin(\theta_{Az}-\theta_{El})\Delta\theta_{El}\right] \end{cases} \quad (3\text{-}58)$$

由光路可逆性可知，若要抵消光通信终端中系统误差造成的瞄准偏差，控制精瞄准机构反射镜向相反方向偏转一定角度即可。通过式（3-58）可以获得精瞄准机构控制角度，在光终端瞄准过程中，可以利用该角度对精瞄准机构进行控制，实现对光终端系统误差的补偿。

参 考 文 献

[1] Kendra L B. Current wideband MILSATCOM infrastructure and the future of bandwidth availability. IEEE Aerospace and Electronic Systems Magazine，2010，25（12）：23-28

[2] http：//www.9ifly.cn/article-1734-1.html

[3] David M S，Andrew G，Ting-Shuo C. Applicability of open-source software routers on the design of a flexible network-centric MILSATCOM terminal. 26th AIAA International Communications Satellite Systems Conference，2008：1425-1449

[4] Nilsson. Fundamental limits and possibilities for future telecommunications. IEEE Communications Magazine，2001，39（5）：164-167

[5] 吕海寰，蔡剑铭，甘仲民，等. 卫星通信系统. 北京：人民邮电出版社，1996

[6] Chan V W S. Opitcal space communications. IEEE J.Quantum Electron，2002，6（6）：959-975

[7] Mecherle G S, Horstein M. Comparison of radio frequency and optical architectures for deep-space communications via a relay satellite. SPIE Proc., 1994, 2123: 36-53

[8] Marshalek R G, Mecherle G S, Jordan P R. System-level comparison of optical and RF technologies for space-to-space and space-to-ground communication links circa 2000. SPIE Proc., 1996, 2699: 134-145

[9] Lerner M. The VUV as a wavelength region for optical intersatellite communications. AIAA, 1974: 74-499

[10] Arimoto Y, Toyoshima M, Toyoda M, et al. Preliminary result on laser communication experiment using ETS-VI. SPIE Proc., 1995, 2381: 151-158

[11] Clarke A C. Extra-terrestrial relays. Wireless World. Oct., 1945: 305

[12] Lesh J R, DePaula R. Overview of NASA R&D in optical communications. SPIE Proc., 1995, 2381: 4-11

[13] Nykolak G, Szajowski P F, Jacques J. 4X2.5Gb/s 4.4km WDM free-space link at 1550nm. Post deadline paper optical fiber conference, OFC Feb., 1996: 35-44

[14] Szajowski P F, Nykolak G, Auborn J J. Key elements of high-speed WDM terrestrial free-space optical communications systems. SPIE Proc., 2000, 3932: 2-14

[15] Korevaar E, Hofmeister R J, Schuster J, et al. Design of satellite terminal for BMDO lasercom technology demonstration. SPIE Proc., 1995, 2381: 60-71

[16] Ruigrok R, Adhikari P, Stieger R. Preliminary tracking performance of the STRV-2 lasercom transceiver. SPIE Proc., 1996, 2699: 198-209

[17] Schusterm J, Hakakha H, Korevaar E. Optomechanical design of STRV-2 lasercom transceiver using novel azimuth/slant gimbal. SPIE Proc., 1996, 2699: 227-239

[18] Korevaar E, Schuster J, Adhikari P, et al. Description of STRV-2 lasercom experimental operations. SPIE Proc., 1997, 2990: 60-69

[19] Biswas A, Williams G, Wilson K E. Results of the STRV-2 lasercom terminal evaluation tests. SPIE Proc., 1998, 3266: 2-13

[20] Korevaar E, Schuster J, Hakakha H, et al. Design of ground terminal for STRV-2 satellite-to-ground lasercom experiment. SPIE Proc., 1998, 3266: 153-164

[21] Kim I I, Korevaar E J, Hakakha H, et al. Horizontal-link performance of the STRV-2 lasercom experiment ground terminals. SPIE Proc., 1999, 3615: 11-22

[22] Kim I I, Hakakha H, Riley B, et al. Preliminary results of the STRV-2 satellite-to-ground lasercom experiment. SPIE Proc., 2000, 3932: 21-34

[23] Sandusky J V, Lesh J R. Planning for a long-term optical demonstration from the international space station. SPIE Proc., 1998, 3266: 128-134

[24] 谭立英,马晶,林维秋,等. 国际卫星光通信技术发展. 激光技术,1999,23(5): 299-303

[25] Oppenhauser G,Wittig M,Popesce A. The European SILEX project and other advanced concepts for optical space communications. SPIE Proc.,1991,1522: 2-13

[26] Fletcher G D,Hicks T R,Laurent B. The SILEX optical interorbit link experiment. Electronics & Communication Engineering Journal,1991,3(6): 273-279

第 4 章
光束扫描捕获技术

4.1 概　　述

在卫星光通信链路系统完成相互的瞄准以后，一般无法直接进行功率接收，这时需要进行光束扫描捕获以进一步提高相互的瞄准精度。光束捕获阶段所进行的工作是精确确定出射光束和入射光束之间的位置关系。光束扫描捕获要求将卫星间光通信终端的接收透镜瞄准在对面卫星发射光场到达的方向，即根据光束的到达角度来调节接收端光阑平面的法向量。捕获用于卫星间光通信的建立和通信终端后的恢复，要求在尽可能短的时间里以较高的捕获概率来完成。

捕获过程如图 4-1 所示，捕获开始阶段，发射端信标光（laser beacon）与两卫星间瞄准线（line of sight，LOS）存在一个初始偏差。捕获扫描阶段，发射端用一束信标光在不确定域（field of uncertainty，FOU）扫描，直到接收端探测到发射端信号，并进行反馈发射，使得发射端探测到接收端反馈的光信号。此时，

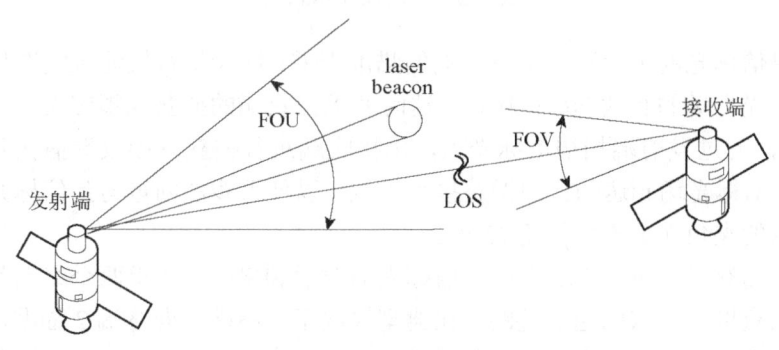

图 4-1　星间捕获示意图

发射端通过对反馈光信号的处理得到接收终端的方向,进而通过控制回路将信标光调整到接收端方向,从而建立双向闭合激光链路,进入跟踪阶段。

捕获可分为单向和双向两种方式,图 4-2 为单向捕获示意图。发射端向接收端发射信标光,如果信标光的束宽大于发射端的瞄准误差,接收端将位于信标光光场的有效功率范围内。在某些不确定性下,根据发射端的瞄准误差以及相关的参数,接收端可获悉信标光束的角方向位于以接收端位置定义的立体角 Ω_u 内。接收端期望其天线法向量与到达光场的角方向矢量的夹角在某一预先设定的分辨立体角 Ω_r 内。通常 $\Omega_r \ll \Omega_u$,因此接收端必须在 Ω_u 内进行扫描捕获,以使发送端位于所希望的分辨角 Ω_r 内。

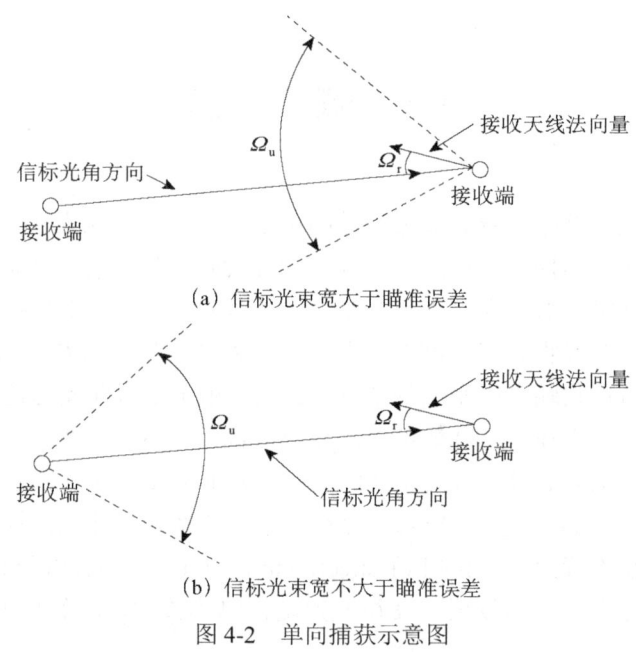

(a) 信标光束宽大于瞄准误差

(b) 信标光束宽不大于瞄准误差

图 4-2 单向捕获示意图

如果信标光的束宽不大于发射端的瞄准误差,即无法直接通过瞄准使接收端位于信标光光场的有效功率范围内。这时要求接收端的捕获视阈应大于不确定角范围 Ω_u,通过发射端扫描信标光束,由接收端进行捕获。接收端捕获到信标光后,根据信标光场到达的方向调整接收天线,以使天线法向量与到信标光场的角方向矢量的夹角在分辨立体角 Ω_r 内。

双向捕获时,两个终端都进行信标光的发射和接收,要求两个终端都必须进行空间捕获以建立双向通信链路。在典型情况下,终端 1 向终端 2 瞄准,同时发送出一个束宽较大的光束以覆盖其瞄准误差。终端 2 以一定的捕获分辨角完成捕获后,根据终端 1 光束到达的方向,以较窄的束宽向终端 1 瞄准。这时,终端 2

完成了瞄准捕获操作,终端 1 开始以一定的捕获分辨角来捕获终端 2 发射的光束。若终端 1 完成捕获,则两终端进入跟踪操作。如果需要,还可用更窄的光束重复上述过程以改善捕获精度。双向捕获可以提高卫星间光通信终端的捕获性能,但在操作上比单向捕获要复杂。

捕获系统考虑的主要参数是捕获时间和捕获概率。所以本节将介绍捕获的基本理论和方法,影响捕获的主要因素包括不确定角、不确定域、扫描曲线、扫描时间等。分别介绍了单场扫描、多场扫描、无信标捕获、扩展信标捕获等捕获原理。基于捕获理论,介绍捕获性能影响因素及捕获扫描实现方法,在最短的时间内以给定的捕获概率实现捕获。本章内容在卫星光通信捕获链路设计、捕获扫描方法和影响因素分析等方面部分参考了国内外研究成果,具体见参考文献[1]~[21]。

4.2 捕获理论和方法

本节将对卫星激光链路捕获理论和方法进行介绍,以明确捕获过程中卫星激光通信终端的相互协作方式,为系统捕获性能分析提供基础。

4.2.1 捕获基本理论

1. 相对位置分布模型与不确定域

由于卫星姿态的控制精度、轨道预测精度、轨道摄动、终端指向精度等因素的影响,接收端卫星位置相对发射端初始瞄准方向呈随机分布。相对发射端卫星初始瞄准方向,接收端卫星相对位置角 θ_S 在方位轴和俯仰轴上的分量分别为 θ_{SAZ} 和 θ_{SEL},三者之间关系满足

$$\theta_S = \sqrt{\theta_{SAZ}^2 + \theta_{SEL}^2} \qquad (4\text{-}1)$$

随机方位角 θ_{SAZ} 和随机俯仰角 θ_{SEL} 均服从正态分布,其概率密度对应为

$$f(\theta_{SAZ}) = \frac{1}{\sqrt{2\pi}\sigma_{SAZ}} \exp\left(-\frac{\theta_{SAZ}^2}{2\sigma_{SAZ}^2}\right) \qquad (4\text{-}2)$$

$$f(\theta_{SAZ}) = \frac{1}{\sqrt{2\pi}\sigma_{SAZ}} \exp\left(-\frac{\theta_{SAZ}^2}{2\sigma_{SAZ}^2}\right) \qquad (4\text{-}3)$$

式中,σ_{SAZ} 为随机方位角 θ_{SAZ} 的标准差;σ_{SEL} 为随机俯仰角 θ_{SEL} 的标准差。一般方位角和俯仰角的随机分布是对称的,可以假定

$$\sigma_S = \sigma_{SAZ} = \sigma_{SEL} \tag{4-4}$$

式中，σ_S 为随机位置角 θ_S 的标准差，这里需要注意的是，根据物理应用背景，σ_S 相对于信标光束散角是一个比较大的量，并且由于影响 σ_S 的因素是低频的，所以随机位置角 θ_S 相对时间缓变。

一般认为卫星随机相对位置角 θ_S 服从瑞利分布，其概率密度函数为

$$f(\theta_S) = \frac{\theta_S}{\sigma_S^2} \exp\left(-\frac{\theta_S^2}{2\sigma_S^2}\right) \tag{4-5}$$

由此可得发射端扫描不确定域覆盖目标卫星的概率为

$$P_{FOU} = \int_0^{\theta_U} f(\theta_S) d\theta_S = 1 - \exp\left(-\frac{\theta_U^2}{2\sigma_S^2}\right) \tag{4-6}$$

式中，θ_U 为不确定域的半角宽度。

对目标卫星出现在发射端扫描不确定域内的随机位置进行仿真分析，图 4-3 所示为 400 次仿真目标卫星落在归一化不确定域内的分布情况。图中 θ_U/σ_S 代表归一化不确定域半宽，每个小点表示仿真中目标卫星出现的位置，直线表示相应扫描不确域大小对应的目标覆盖概率 P_{FOU}。在工程实践中一般采用 3σ 原则来确定 FOU 的大小，由图可以看出 $\theta_U/\sigma_S=3$ 可以保证发射端扫描不确定域覆盖目标卫星的概率达到 98%以上。

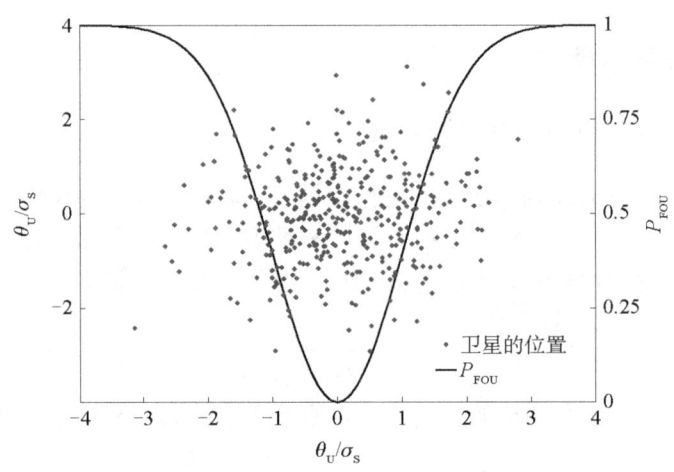

图 4-3　归一化不确定域与覆盖概率关系图

2.扫描曲线与扫描时间函数

光扫描不确定域的方式有很多，其中最常见的有矩形扫描、螺旋扫描以及矩形螺旋扫描。其中螺旋扫描以有效覆盖和工程易实现等优点而被广泛采用。螺旋

扫描采用等线速的方式从瞄准初始位置开始螺旋向外侧进行扫描，螺旋扫描在捕获视场中的扫描轨迹如图 4-4 所示。图中虚线代表设定扫描的不确定域的边界，实线代表螺旋扫描轨迹，其中的圆点代表扫描过程中每步停留的地方。

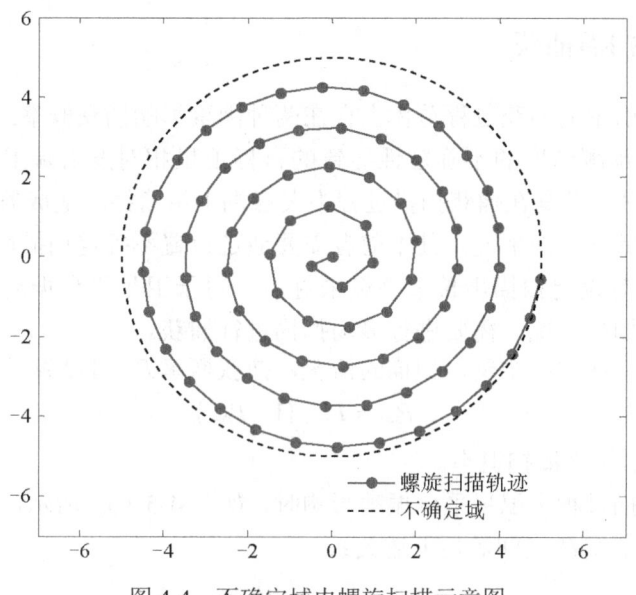

图 4-4　不确定域内螺旋扫描示意图

以初始瞄准点为坐标原点建立极坐标系，螺旋扫描曲线可表示为

$$r = \frac{I_\theta}{2\pi}\theta \quad (4\text{-}7)$$

式中，r 为极坐标半径变量；θ 为极坐标角变量；I_θ 为扫描步长。

从初始点 $(0,0)$ 到任意点 (r,θ) 的扫描时间可以近似表达为

$$T(r) \approx \frac{\pi r^2}{I_\theta^2}\Delta t \quad (4\text{-}8)$$

式中，Δt 为每步停留时间，其大小取决于扫描模式。

对于单场扫描捕获，根据上文叙述，每步停留时间取决于发射端控制系统带宽 F_T。

$$\Delta t_\mathrm{I} = \frac{1}{F_\mathrm{T}} \quad (4\text{-}9)$$

对于多场扫描捕获，每步停留时间不仅依赖于发射端控制系统带宽，而且依赖于接收端系统响应时间以及链路距离

$$\Delta t_\mathrm{II} = \frac{1}{F_\mathrm{T}} + T_\mathrm{R} + 2\frac{L}{c} \quad (4\text{-}10)$$

式中，T_R 为接收端系统响应时间；L 为链路距离；c 为光速。

对于式（4-7）要注意到极坐标半径的上限是不确定域的半角宽。根据式（4-8）可以得到对不确定域进行全场扫描所需的时间。

4.2.2 单场扫描捕获

卫星光通信中的捕获过程总体上存在两种因素影响捕获概率：一种是由相对运动以及轨道预测精度的不确定性导致的目标卫星相对发射端卫星初始瞄准指向的随机性；另一种是在捕获扫描过程中发射端卫星角振动造成的信标光指向抖动导致不确定域漏扫的情况。其中前者需要通过设置不确定扫描域来进行补偿，后者则需通过对设定扫描步长重叠量来克服。对于卫星平台振动影响严重的情况，还存在漏扫的情况，需要进行多场扫描进行捕获。

对于不能一次完成全覆盖扫描的情况，捕获概率 P_{acq} 可以表示为

$$P_{acq} = P_{FOU}(1 - P_{lost}) \tag{4-11}$$

式中，P_{lost} 为信标光漏扫概率。

当忽略扫描过程中卫星平台振动影响时，如图 4-5（a）所示，扫描步长 I_θ 和信标光束散角半宽 θ_b 之间满足下述关系

$$I_\theta = \sqrt{2}\theta_b \tag{4-12}$$

考虑卫星平台振动引起的信标光指向随机抖动时，如图 4-5（b）所示，信标光扫描步长需要加入重叠量 β 来减小漏扫概率，此时扫描步长 I_θ 可以表示为

$$I_\theta = \sqrt{2}\theta_b - \beta \tag{4-13}$$

其中，步长重叠量 β 设置的大小依据依据卫星平台振动水平的不同而不同。

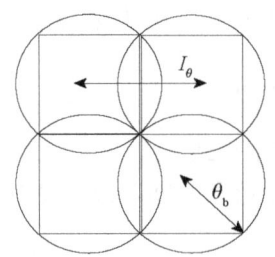 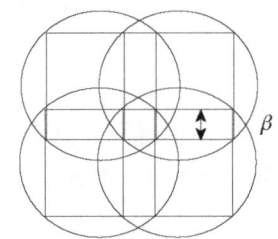

(a) 无漂移时扫描步长与束散角关系　　(b) 有漂移时扫描步长与重叠量关系

图 4-5　扫描步长示意图

设卫星姿态的随机振动方差为 σ_J 时，通过设定

$$\beta = 3\sigma_J \tag{4-14}$$

可基本避免漏扫情况，即 $P_{lost} = 0$。此时捕获概率可以表示为

$$P_{acq} = P_{FOU} \quad (4\text{-}15)$$

对于单场扫描捕获模式，其每次扫描时间仅依赖于不确定域的大小而与目标卫星位置的随机性无关，则其捕获时间不具有随机性。单场扫描捕获的平均捕获时间可以表示为

$$\mathrm{ET}_I = T_U + \frac{1}{F_T} = \left(\frac{\pi \theta_u^2}{I_\theta^2} + 1\right)\frac{1}{F_T} \quad (4\text{-}16)$$

根据公式可知单场扫描捕获模式下的平均捕获时间与捕获系统参数之间的关系。值得注意的是，虽然式中 ET_I 不显含随机偏置角标准差 σ_S，但是 ET_I 的表现情况通过 θ_U 受限于 P_{acq}。图 4-6 给出了在 $I_\theta = 0.6\mathrm{mrad}$，$F_T=10\mathrm{Hz}$，偏置角标准差 σ_S 分别为 1mrad、2mrad 和 4mrad 时，ET_I 与 P_{acq} 之间的参照关系图。

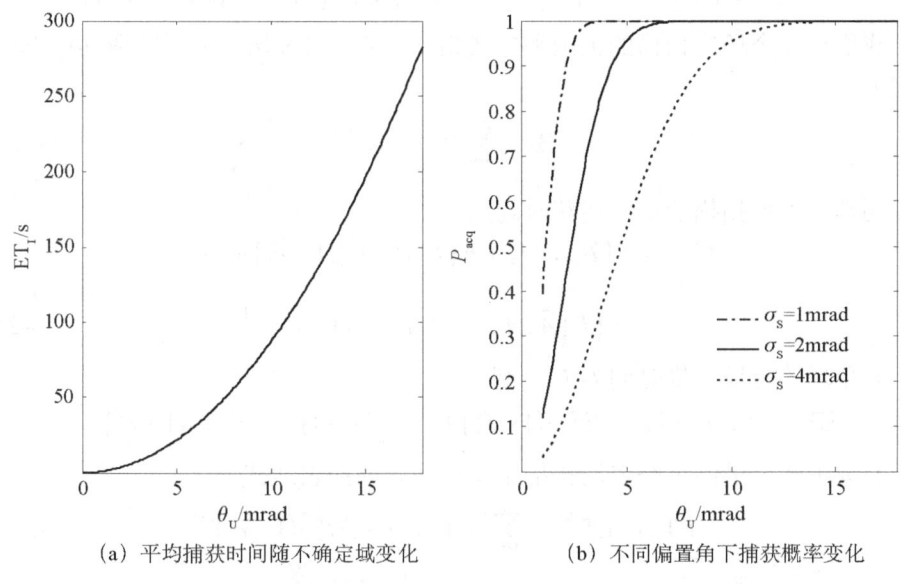

(a) 平均捕获时间随不确定域变化　　(b) 不同偏置角下捕获概率变化

图 4-6　单场扫描捕获的平均捕获时间与捕获概率参照关系

图 4-6（a）是单场扫描捕获模式的平均捕获时间随不确定域半角宽度的变化曲线。由图 4-6（a）可知，平均捕获时间 ET_I 随着不确定域半角宽度 θ_U 的增加而增加，并且 ET_I 随着 θ_U 的增加变化趋势加剧。图 4-6（b）是不同偏置角标准差下捕获概率随不确定域半角半宽的变化曲线。由图 4-6（b）可知，不同的偏置角标准差 σ_S 水平下捕获概率 P_{acq} 均随着 θ_U 的增加而增加并逐渐趋近于 1。综上可知，对于同一给定的 P_{acq}，σ_S 越大对应的 ET_I 也越大，这说明捕获概率的提高是以增加捕获时间为代价的。

4.2.3 多场扫描捕获

通常情况下,捕获过程中需要进行多场扫描以满足实际的需要。本节在单场扫描捕获分析的基础上,介绍多场的情况。以 A_i 表示第 i 场扫描捕获成功的事件,$\overline{A}_i$ 表示第 i 场扫描捕获失败的事件,则多场扫描捕获成功的事件为

$$B_n = A_1 + \overline{A}_1 A_2 + \cdots + \overline{A}_1 \overline{A}_2 \cdots \overline{A}_{n-1} A_n \tag{4-17}$$

利用概率的有限可加性,可得到多场扫描捕获成功的概率为

$$P_M = P(B_n) = P(A_1) + P(\overline{A}_1 A_2) + \cdots + P(\overline{A}_1 \overline{A}_2 \cdots \overline{A}_{n-1} A_n) \tag{4-18}$$

由于多场扫描中各个场次的捕获过程是相互独立的,上式还可以表示为

$$P_M = P(A_1) + P(\overline{A}_1) P(A_2) + \cdots + P(\overline{A}_1) P(\overline{A}_2) \cdots P(\overline{A}_{n-1}) P(A_n) \tag{4-19}$$

我们设各个场次扫描的范围和方式相同,可得出多场扫描捕获成功概率的表达式为

$$P_M = \sum_{i=1}^{n} P_S (1 - P_S)^{i-1} \tag{4-20}$$

同理,多场扫描的平均捕获时间为

$$\mathrm{ET}_M = E(T_1 | A_1) P_S + E(T_2 | \overline{A}_1, A_2)(1 - P_S) + \cdots$$
$$+ E(T_n | \overline{A}_1, \overline{A}_2, \cdots, \overline{A}_{n-1}, A_n)(1 - P_S)^{n-1} \tag{4-21}$$

若单场的全场扫描时间为 T_u,则

$$\mathrm{ET}_M = \mathrm{ET}_S P_S + (T_u + \mathrm{ET}_S)(1 - P_S) + \cdots + [(n-1)T_u + \mathrm{ET}_S](1 - P_S)^{n-1} \tag{4-22}$$

整理上式,最终可得多场扫描平均捕获时间的表达式

$$\mathrm{ET}_M = \mathrm{ET}_S P_S + \sum_{i=2}^{n} [\mathrm{ET}_S + (i-1)T_u](1 - P_S)^{i-1} \tag{4-23}$$

当扫描场次 $n \to \infty$ 时,多场扫描的捕获成功概率 $P_M \to 1$,扫描平均捕获时间的表达式为

$$\mathrm{ET}_M = \mathrm{ET}_S P_S + \sum_{i=2}^{\infty} [\mathrm{ET}_S + (i-1)T_u](1 - P_S)^{i-1} \tag{4-24}$$

由于 $0 < 1 - P_S < 1$,上式中的级数是收敛的,因此

$$\mathrm{ET}_M = \mathrm{ET}_S \left(\frac{1 - P_S + P_S^2}{P_S} \right) + T_u \left(\frac{1 - P_S}{P_S^2} \right) \tag{4-25}$$

从理论上讲,若无最大扫描时间限制,多场扫描捕获的成功概率为 100%。对于多场扫描,选择适当的单场扫描范围可以提高捕获的效率。利用前面推导的公式,可以得出多场扫描的平均捕获时间:

$$\mathrm{ET}_M = \mathrm{ET}_M(\theta_\mathrm{u}) \tag{4-26}$$

若方程

$$\frac{\partial \mathrm{ET}_M}{\partial \theta_\mathrm{u}} = 0 \tag{4-27}$$

有解，则可得到最佳的单场扫描范围。式（4-27）很难求出解析解，可归结为单变量优化问题。本书选用 Fibonacci 法进行变量寻优，Fibonacci 数列是由差分方程

$$\begin{cases} F_{k+2} = F_k + F_{k+1}, \quad k = 1,2,3,\cdots \\ F_0 = 1, \quad F_1 = 1 \end{cases} \tag{4-28}$$

递推产生的。设目标函数为 $Q(x)$，搜索的初始区间为 $[a_0, b_0]$，Fibonacci 法寻优的基本步骤如下：

（1）根据误差要求，计算 $F_{k+1} \geqslant (b_0 - a_0)/\varepsilon$，查 Fibonacci 序列，确定 F_{k+1} 和 F_k 的值。

（2）第一次搜索取 $\alpha_1 = b_0 + F_k(a_0 - b_0)/F_{k+1}$ 和 $\alpha_2 = a_0 + F_k(b_0 - a_0)/F_{k+1}$，计算 $Q(\alpha_1)$ 和 $Q(\alpha_2)$。

（3）判断搜索区间是否满足计算精度要求，若满足，则取 $\alpha^* = (\alpha_1 + \alpha_2)/2$，计算结束。

（4）若不满足，则比较 $Q(\alpha_1)$ 和 $Q(\alpha_2)$。如果 $Q(\alpha_1) \leqslant Q(\alpha_2)$，令 $b_0 = \alpha_2$，$\alpha_2 = \alpha_1$，$\alpha_1 = a_0 + b_0 - \alpha_2$，$Q(\alpha_2) = Q(\alpha_1)$，计算 $Q(\alpha_1)$；如果 $Q(\alpha_1) > Q(\alpha_2)$，令 $a_0 = \alpha_1$，$\alpha_2 = \alpha_1$，$\alpha_2 = a_0 + b_0 - \alpha_1$，$Q(\alpha_1) = Q(\alpha_2)$，计算 $Q(\alpha_2)$。

（5）重复步骤（3）和（4）。

数值仿真分析中，取捕获控制系统带宽 10Hz，扫描角度间隔 0.6mrad，固定偏移量为二维非对称高斯分布时 $k = 0.1$。

在固定偏移量为二维对称高斯分布的假设条件下。分行扫描和螺旋扫描的单场、全场扫描时间分别为 $T_1(\theta_\mathrm{u}, \theta_\mathrm{u})$，$T_2(\theta_\mathrm{u}/2)$，可得多场扫描捕获的平均捕获时间

$$\mathrm{ET}_{M1} = \mathrm{ET}_{S1}\left(\frac{1 - P_\mathrm{S} + P_\mathrm{S}^2}{P_\mathrm{S}}\right) + T_1(\theta_\mathrm{u}, \theta_\mathrm{u})\left(\frac{1 - P_\mathrm{S}}{P_\mathrm{S}^2}\right) \tag{4-29}$$

$$\mathrm{ET}_{M2} = \mathrm{ET}_{S2}\left(\frac{1 - P_\mathrm{S} + P_\mathrm{S}^2}{P_\mathrm{S}}\right) + T_2(\theta_\mathrm{u}/2)\left(\frac{1 - P_\mathrm{S}}{P_\mathrm{S}^2}\right) \tag{4-30}$$

图 4-7 为取不同的 σ_θ 值时进行优化分析，得到的最佳单场扫描范围 θ_u，实线和虚线分别代表分行扫描和螺旋扫描。随着固定偏移量在俯仰角和方位角方向的分布均方差的增加，最佳单场扫描范围线性增加。图 4-8 为采用最佳单场扫描范围后分行扫描和螺旋扫描的平均捕获时间。可以看出，螺旋扫描的平均捕获时间总是低于分行扫描，并且随着 σ_θ 的增大，两种扫描方式的平均捕获时间差也增

大。因此，在固定偏移量为二维对称高斯分布时，多场螺旋扫描优于单场扫描。

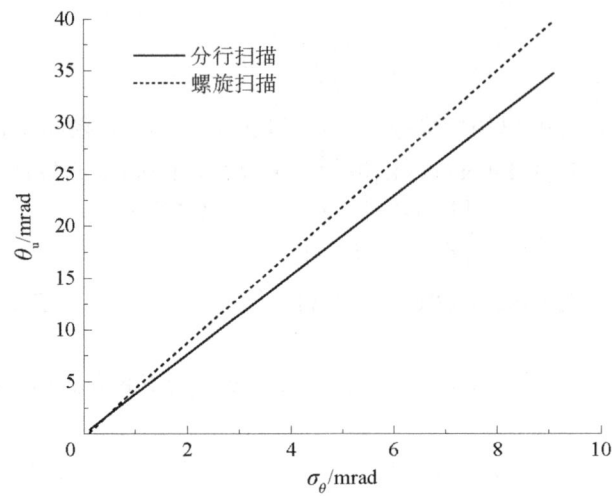

图 4-7　最佳单场扫描范围曲线（对称分布）

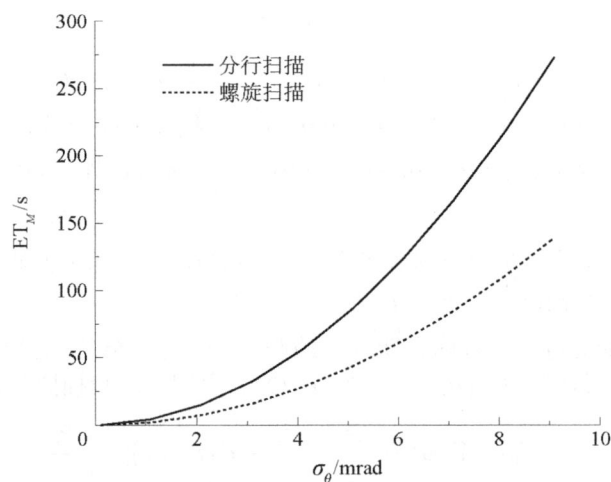

图 4-8　平均捕获时间曲线（对称分布）

在固定偏移量为二维非对称高斯分布的假设条件下，多场扫描捕获的平均捕获时间为

$$\mathrm{ET}'_{M1} = \mathrm{ET}'_{S1}\left(\frac{1-P'_{S1}+P'^{2}_{S1}}{P'_{S1}}\right) + T_1\left(\theta_{\mathrm{u}},\theta_{\mathrm{u}}\right)\left(\frac{1-P'_{S1}}{P'^{2}_{S1}}\right) \quad (4-31)$$

$$\mathrm{ET}'_{M2} = \mathrm{ET}'_{S2}\left(\frac{1-P'_{S2}+P'^{2}_{S2}}{P'_{S2}}\right) + T_2\left(\theta_{\mathrm{u}}/2\right)\left(\frac{1-P'_{S2}}{P'^{2}_{S2}}\right) \quad (4-32)$$

图 4-9 为对不同的 σ_θ 值时进行优化分析,得到的最佳单场扫描范围 θ_u,实线和虚线分别代表分行扫描和螺旋扫描。随着固定偏移量在俯仰角和方位角方向的分布均方差的增加,最佳单场扫描范围线性增加。图 4-10 为采用最佳单场扫描范围后分行扫描和螺旋扫描的平均捕获时间。可以看出,在 $\sigma_v < 2\mathrm{mrad}$ 时分行扫描和螺旋扫描的平均捕获时间相差不多,在此后的 σ_v 取值范围内,分行扫描的平均捕获时间总是低于螺旋扫描,并且随着 σ_v 的增大,两种扫描方式的平均捕获时间差也增大。因此,若固定偏移量为二维非对称高斯分布,当不对称程度超过一定的量值时,多场螺旋扫描优于多场分行扫描。

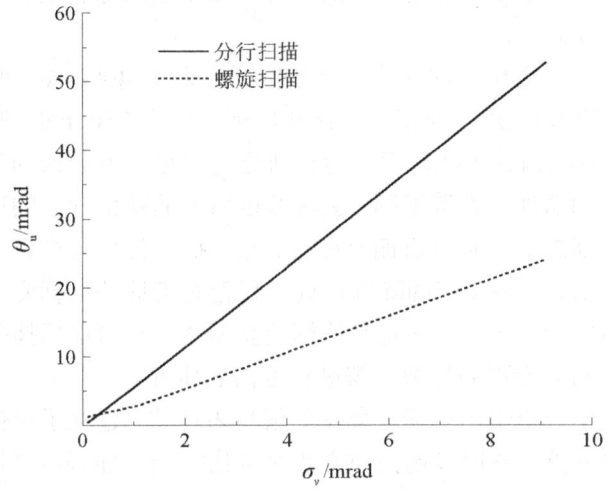

图 4-9 扫描范围曲线(非对称分布)

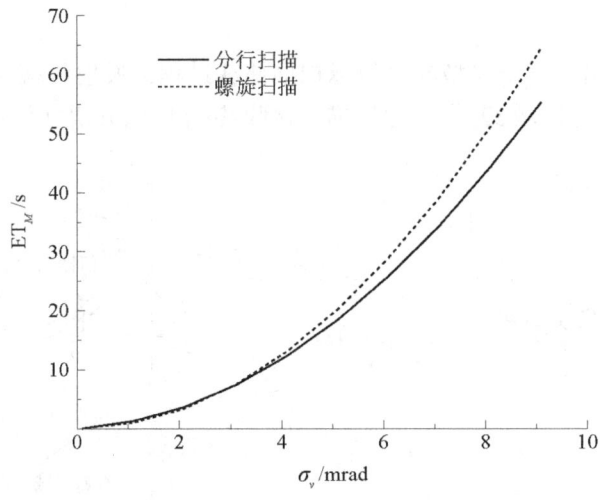

图 4-10 平均捕获时间曲线(非对称分布)

4.2.4 窄信标捕获

随着商业和军事通信应用系统需求的不断扩大,人们对通信系统的实时性和高速性要求越来越高。满足这种需求的有效解决方案是利用光学链路对卫星进行组网实现全球化覆盖提高通信能力。卫星光通信链路与微波链路相比,具有信息容量大、数据传输率快、天线体积小、重量轻、抗干扰能力强及保密性好等优点。如何用窄带激光束实现精确的瞄准、捕获和跟踪是建立卫星光通信链路的关键技术,在卫星光通信终端中如何用较窄的信标对卫星姿态漂移进行补偿,提高捕获系统性能至关重要。

美国 STRV-2 计划中,地面终端捕获信标光束宽 400μrad,瞄准信标光束宽 40μrad。欧空局的 SILEX 空间试验中捕获信标光束宽 750μrad,瞄准信标光束宽 70μrad,均采用双向捕获方式对卫星运行轨道、卫星平台微振动等进行补偿。由于星上有效载荷和器件条件等限制,直接通过增加捕获信标光的束宽和探测器的视阈无法对卫星姿态漂移和轨道偏差进行补偿。捕获信标光光束一般大约是瞄准信标光光束的十倍,如用窄带的瞄准信标光代替宽带捕获信标光会简化系统的结构,提高系统的性能。然而,与宽带信标捕获相比,窄带信标捕获策略在系统的设计中需要考虑的因素更为复杂,需进行专门的研究。

本节通过理论分析给出了捕获概率的解析表达式,建立了窄信标扫描捕获的模型。通过对比分析,选用多场扫描方式对窄信标扫描捕获策略进行优化,提高了扫描捕获系统的效率。

1. 数学模型

图 4-11 给出了一个典型的窄信标扫描捕获过程:发射终端 T 用一个窄带激光信标光在不确定区域 Ω_u 内进行扫描,接收终端 R 以分辨立体角 Ω_r 进行凝视,

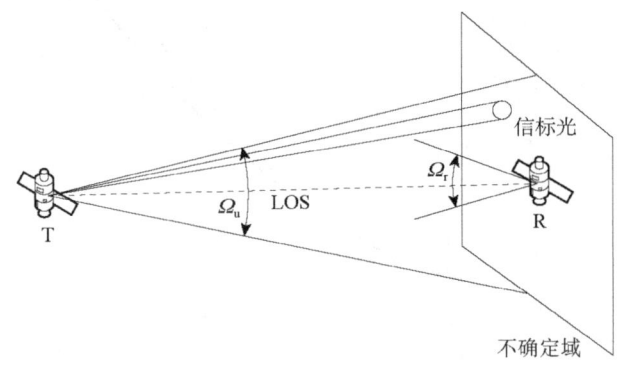

图 4-11 窄信标扫描捕获过程

当接收终端 R 在捕获探测器视域范围内时，认为捕获成功。窄信标扫描捕获的主要特点是利用信标发射端进行扫描捕获，在信标接收端通过大的探测视场进行凝视捕获。

在卫星光通信终端 T 和 R 之间建立卫星间光通信链路，卫星光通信终端 T 作为发射端在不确定区域对接收端卫星光通信终端 R 进行扫描捕获，卫星光通信终端 R 采用凝视方式接收对面发射的光信号。一旦终端 R 捕获到终端 T 发射的光信号，立刻根据入射光角方向调整瞄准角度，向终端 T 发射回馈光信号。当终端 T 收到终端 R 的回馈信号后，也根据入射光角方向进一步调整瞄准角度。此时，若两终端均将各自的瞄准角度稳定控制在入射光角方向附近，则完成了捕获过程。窄信标扫描捕获过程是一个更加复杂的统计过程，为了获得捕获概率模型需要首先建立坐标系，以坐标系为基准建立捕获概率的数学模型，分析考虑不同卫星姿态漂移情况下窄带信标扫描捕获的性能。为方便描述卫星姿态及姿态漂移相对运动，引入多个坐标系。卫星捕获扫描坐标系空间位置关系如图 4-12 所示。

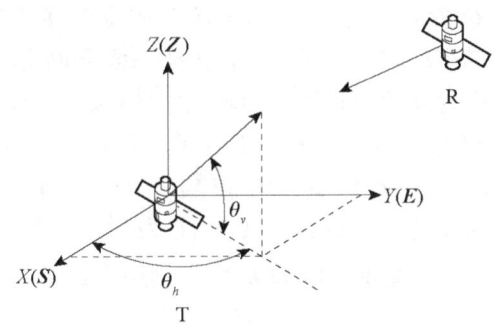

图 4-12　星上捕获坐标系

（1）星上水平俯仰非惯性坐标系 $O\text{-}XYZ$，简称 S 坐标系。坐标原点在卫星 T 上，基准面为卫星 T 轨道平面，X 轴指向地心，Z 轴垂直于卫星轨道平面。任意位置矢量与基准面的夹角为俯仰角 θ_v，在基准面上的投影与单位矢量 S 的夹角为方位角 θ_h。

（2）星上捕获坐标系 $O\text{-}\theta_v\theta_h$，简称 H 坐标系。它是以扫描范围的中心为原点，以扫描在俯仰和方位两个方向的角位移为坐标轴，建立的平面直角坐标系。

采用螺旋式扫描作为研究对象，为便于分析，将 H 坐标系转化为极坐标系，可得螺旋扫描的轨迹方程为

$$\rho = \frac{I_\theta}{2\pi}\theta \tag{4-33}$$

式中，$\rho = \sqrt{(\theta_v^2 + \theta_h^2)}$；$\theta = \arcsin \theta_h / \rho$；$I_\theta = \frac{\sqrt{2}}{2}\theta_b$ 为螺旋扫描的角度间隔，θ_b 为信标光的发散角。当捕获探测器视域中心坐标为 (ρ, θ)，捕获控制系统带宽为 F_{ac} 时，对应的螺旋扫描角度路程为

$$S(\rho) = \int_0^\theta \rho \, \mathrm{d}\theta \tag{4-34}$$

由式（4-33）和式（4-34）可知，螺旋扫描的扫描时间函数为

$$T(\rho) = \frac{\pi \rho^2}{I_\theta^2 F_{ac}} = \frac{2\pi \rho^2}{\theta_b^2 F_{ac}} \tag{4-35}$$

接收端 R 初始位置在俯仰角和方位角方向上服从高斯分布。假设在星上捕获坐标系中，产生固定偏移量的误差独立且同分布，根据中心极限定理可得忽略卫星姿态漂移时，扫描捕获的概率密度函数为

$$f(\theta_v, \theta_h) = \frac{1}{2\pi\delta^2} \exp\left(-\frac{\theta_v^2 + \theta_h^2}{2\delta^2}\right) \tag{4-36}$$

式中，θ_v 为俯仰角；θ_h 为方位角；$\delta = \delta_v = \delta_h$ 为固定偏移量的标准差。

如图 4-13 所示，在 H 坐标系下对卫星 R 姿态漂移的运动轨迹进行分析，图中虚线所示区域是直径为 u 的扫描不确定域。由于卫星运行轨道和所受摄动力的不同，卫星姿态的漂移特性不同，为便于分析，假设卫星 R 在扫描范围内漂移轨迹为匀速直线运动。初始位置 R1 点坐标为 (θ_v, θ_h)，t 时刻后漂移到点 $R2(\theta_v + vt\cos\alpha, \theta_h + vt\sin\alpha)$。当探测器卫星 T 发射出的窄带信标光落在卫星 R 的目标点上时，开始计算卫星 R 的捕获概率。利用上述关系建立捕获概率模型。

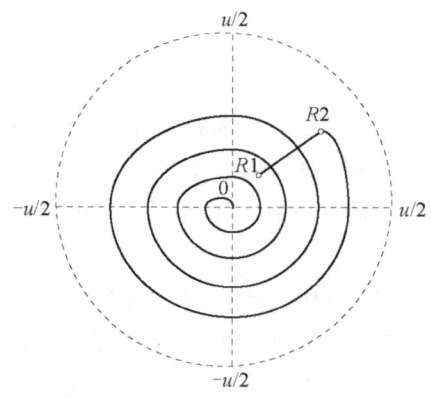

图 4-13　捕获到卫星的时刻

依据捕获过程中的时间关系，以扫描中心为原点，定义捕获成功事件为卫星 R 从初始位置 R1 点漂移到 R2 点所用时间 t 和探测器螺旋扫描从坐标原点扫描到 R2 点所用时间 $T(\rho)$ 相等，满足下列等式：

$$t = T(\rho) = \frac{2\pi\rho^2}{\theta_b^2 F_{ac}} \tag{4-37}$$

根据式（4-36）和式（4-37）可得到捕获概率密度函数：

$$f'(\theta_v, \theta_h) = \frac{1}{2\pi\sigma^2} \exp\left(-\frac{(\theta_v + vt\cos\alpha)^2 + (\theta_h + vt\sin\alpha)^2}{4\pi\sigma^2}\right) \tag{4-38}$$

窄带信标扫描捕获概率为

$$P(t) = \iint_{\Omega_u} f'(\theta_v, \theta_h) \mathrm{d}\theta_v \mathrm{d}\theta_h \tag{4-39}$$

式中，$\sigma = \delta + 2vt$ 为固定偏移量在俯仰角和方位角方向上的均方差。u 为立体角 Ω_u 对应的平面角，显然积分区域为直径为 u 的圆面，对式（4-39）积分得

$$P(t) = \frac{4\sigma^2}{\pi v^2 t^2} \exp\left(\frac{v^2 t^2 \pi - t I_\theta^2 F_{ac}}{2\pi\sigma^2}\right) \sin h^2\left(\frac{uvt}{2\sigma^2}\right) \tag{4-40}$$

根据式（4-37）和式（4-38）可以得到窄带信标光扫描的平均捕获时间：

$$\mathrm{ET}_s = \iint_\Omega T(\rho) f'(\theta_v, \theta_h) \mathrm{d}\theta_v \mathrm{d}\theta_h \tag{4-41}$$

2. 数值仿真

利用 MATLAB 建立联合捕获概率模型，仿真实验设计方案如图 4-14 所示。根据以上研究结论，在不同卫星姿态漂移速率下，对窄信标扫描捕获的捕获概率 P 进行仿真。

图 4-15 给出了 $u=3\delta$ 时捕获概率随捕获卫星姿态漂移速率 v 的曲线变化关系。其中不确定区域直径 u=4mrad，扫描角度间隔 I_θ =0.3mrad，系统控制带宽 F_{ac}=10Hz，单场扫描时间 T_s=50s，姿态漂移速率 v 从 0 增加到 0.1mrad/s，每组进行 1000 次单场扫描。图中"--◦--"为解析表达式仿真曲线，"--×--"为实验仿真曲线。通过 Monte Carlo 扫描捕获过程进行仿真，理论结果和仿真结果拟合得较好，v 从 0 增大到 0.1mrad/s 时，捕获概率从 0.7574 逐渐下降到 0.3657。在扫描不确定区域、扫描角度间隔、系统控制带宽等参数一定的条件下，窄带信标扫描捕获概率随速率 v 的增大而减小。

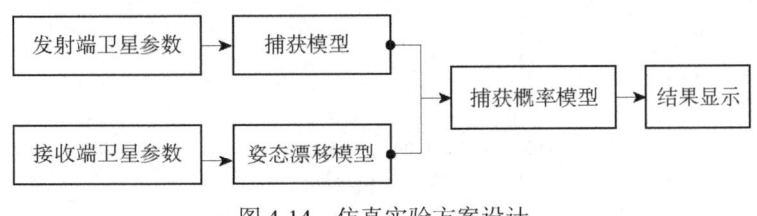

图 4-14 仿真实验方案设计

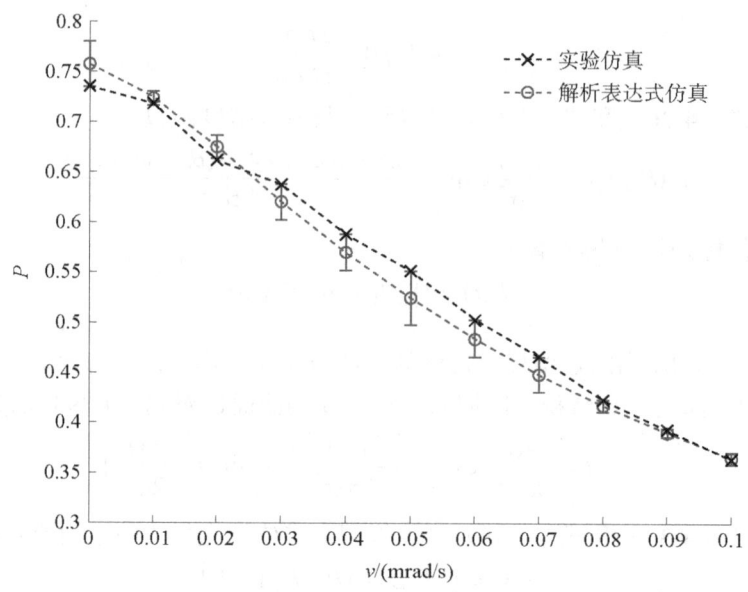

图 4-15　P 与 v 关系曲线（$u=3\delta$）

图 4-16、图 4-17 分别给出了扫描角度间隔和固定偏移量对捕获概率的影响，从图中可以看出卫星姿态漂移速率一定时，系统的捕获概率随 I_θ 的增大而增加，随 δ 的减小而增加。$v=0.1\text{mrad/s}$，$u=3\delta$ 时，扫描角度间隔 I_θ 从 0.3 增加到 0.5mrad

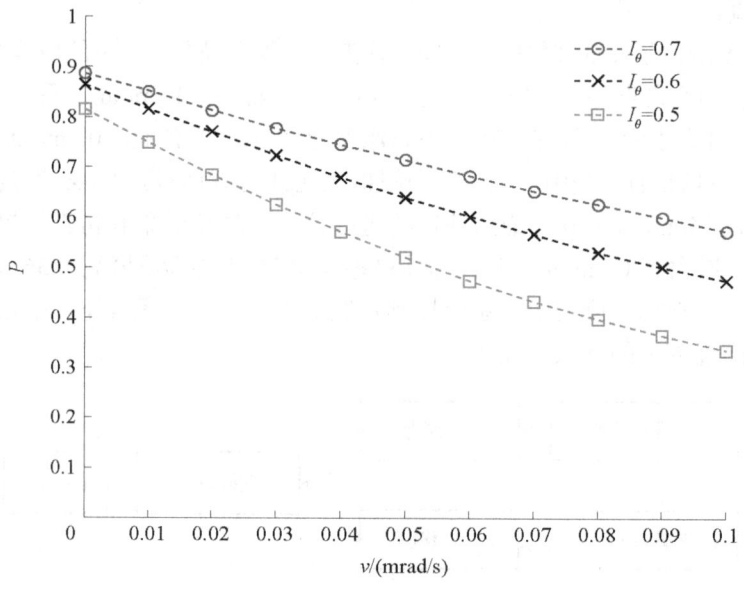

图 4-16　P 与 I_θ 关系曲线（$u=3\delta$）

时，捕获概率 P 从 0.3314 增加到 0.5842；v=0.1mrad/s，I_θ=0.5mrad 时，δ 从 4 下降到 3 时，捕获概率从 0.2871 增加到 0.3814。所以在实际的系统设计中，可以通过增大扫描角度间隔或减小固定偏移量来提高系统的捕获概率。

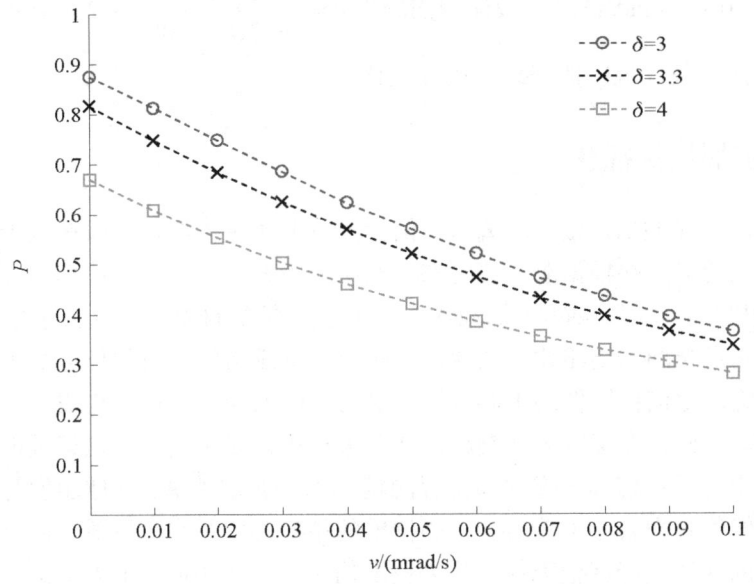

图 4-17 P 与 δ 关系曲线（$I_\theta = 0.5$mrad）

通常情况，窄信标扫描捕获过程需要进行多场扫描来满足实际需要，为获得最短的平均捕获时间需要对扫描场次进行优化，多场扫描捕获成功概率表达式为

$$P_M = \sum_{i=1}^{n} P_s(1-P_s)^{i-1} \tag{4-42}$$

式中，P_s 为单场扫描成功概率；n 为扫描场次。单场扫描的扫描不确定域为 u，那么进行 n 场扫描优化后的单场扫描不确定域直径为

$$u_p = u/n \tag{4-43}$$

与单场扫描相同参数设置下，参数设定参考单场扫描，对应扫描角度间隔 I_θ 的范围为 0.4~0.7mrad，速率 v 从 0 增加到 0.5mrad/s。根据公式 n 取 1~5，进行多组数据仿真，对数据进行分析估计可推导出速度 v 和扫描场次 n 之间的计算公式：

$$n = \begin{cases} 1, & v \leqslant 0.4I_\theta - 0.11 \\ \dfrac{v - 0.4I_\theta + 0.11}{0.2I_\theta - 0.06} + 2, & v > 0.4I_\theta - 0.11 \end{cases} \tag{4-44}$$

捕获概率与捕获不确定域、扫描角度间隔、控制系统带宽、卫星姿态漂移速度等因素有关。为提高系统的捕获概率，减小平均捕获时间，提出一种多场扫描优化的方式，通过仿真结果给出了多场扫描捕获中最优化扫描场次的确定经验值。当卫星姿态漂移速度 $v \leqslant 0.4I_\theta - 0.11(\mathrm{mrad/s})$ 时，单场扫描的捕获概率最高；$v > 0.4I_\theta - 0.11(\mathrm{mrad/s})$ 时，最佳扫描场次 $n = \dfrac{v - 0.4I_\theta + 0.11}{0.2I_\theta - 0.06} + 2$。利用该结果可对窄带信标捕获系统的捕获策略进行优化。

4.2.5 扩展信标捕获

对于深空光通信，由于距离远，信标光发散角更为窄，一般在数十微弧度量级。星上光通信终端根据航天器姿态、地球星历表及航天器星历表确定天线初始瞄准方向以后，瞄准方向与实际瞄准方向之间存在的偏差仍远大于信标光发散角，难以满足光通信链路建立的要求。在捕获阶段需要完成的任务是识别出信标图像，精确确定信标图像的中心位置，根据信标图像中心位置完成对天线指向的精确校准。为此，在深空激光链路的捕获过程中，多采用扩展信标辅助完成，在这个过程中对扩展信标图像中心位置的精确确定非常关键。地球图像是最常采用的信标，但其表面云层覆盖给其中心位置的精确确定带来了困难。此外，还可根据航天器的轨道选择其他天体图像来校准信标图像的中心。由于定位精度要求较高，扩展信标的图像处理操作较为复杂，对算法的选择非常重要。

1.扩展信标捕获原理

采用地球图像作为信标，通常在航天器星载系统中存储一幅标准地球图像作为参考：当信标图像分辨率较高时，还可用来识别视场中的实际信标图像。识别通常是根据地球图像的特征，或是采用参考图像与实际探测图像进行相关，与参考图像相关性最大的探测图像可认为是探测的地球图像。当信标图像分辨率较低时，用作跟踪阶段的参考图像。识别信标图像需要根据深空探测目标的实际情况选择合适的判据。本节采用的分析方法都是基于前一种判别方法。

采用地球图像作为信标，可通过地球星历表和航天器星历表确定光通信终端天线初始瞄准方向。由于地球和航天器星历表误差、航天器姿态控制误差、航天器上微动力学环境和热力学形变的影响，地球图像并不一定总是进入航天器上光通信终端视场所瞄准的区域，而是以一定的概率分布出现在天球上的某个区域内，一般把该区域称为不确定区域，该不确定区域对航天器上光通信终端所成的立体角称为不确定立体角。由于信标图像并不总是出现在光通信终端视场内，卫星光通信终端需要在不确定区域内进行扫描来捕获地球图像。通常采用的捕获方式有天线扫描和焦平面阵列扫描两种,天线扫描方式对航天器姿态控制带来一定的影响,而焦平面阵列扫描方式要求信标探测器视场覆盖整个不确定区域,这给背景光抑制带来困难。根据在轨卫星光通信终端的不同结构特点,在深空光通信中采用天线扫描和焦平面阵列扫描(像素扫描)其中一种或两种相结合的方式。

通常天线扫描方式有分行扫描,螺旋扫描,分行式螺旋扫描等。在天线扫描过程中,在扫描轨迹的每一个特定位置停留一段时间,该时间段内信标探测器对天线所瞄准的区域进行成像。此时可通过像素扫描的方式计算参考图像和实际探测图像傅里叶-梅林变换幅度谱的相关性。当相关系数满足一定的阈值时,可认为地球图像已被成功捕获。

当地球图像被成功捕获以后,需要计算地球图像的中心位置,根据地球图像中心位置和地面站位置的相对关系,可控制光通信终端天线初始瞄准方向。这时,可缩小信标探测器的视场,根据地球图像的特征进一步提高测量精度,使光通信终端天线的瞄准方向更加精确。

2. 捕获理论分析

在深空激光通信链路建立和运行的过程中,由地球和航天器星历表确定的光通信终端的初始瞄准方向通常都是以惯性坐标系作为参考,而在链路的建立和运行过程中,光束的控制都是在航天器星上坐标系中进行。为此,在链路建立过程中,惯性坐标系中瞄准方向矢量需要通过坐标变换到星上坐标系中。该矢量在星上坐标系中的方向可用方位角 θ_h 和俯仰角 θ_v 来表示。由于星历表误差、姿态控制误差及热力学形变的影响,θ_h 和 θ_v 总是存在一定的误差 ε_h,ε_v。设两误差服从高斯分布,其概率密度函数为

$$f(\varepsilon) = \frac{1}{\sqrt{2\pi}\sigma} \exp\left(-\frac{\varepsilon^2}{2\sigma^2}\right) \tag{4-45}$$

ε_h,ε_v 相互独立,则其联合概率密度为

$$f(\varepsilon_h, \varepsilon_v) = \frac{1}{2\pi\sigma_h\sigma_v} \exp\left(-\frac{\varepsilon_h^2}{2\sigma_h^2} - \frac{\varepsilon_v^2}{2\sigma_v^2}\right) \tag{4-46}$$

通常可根据航天器的技术参数确定不确定立体角的大小,设不确定立体角为 Ω_u,则对应的不确定的平面角为

$$\theta_u = \frac{2}{\sqrt{\pi}} \sqrt{\Omega_u} \tag{4-47}$$

为了简化分析,在航天器上光通信终端采用最简单的分行扫描方式。分行扫描方式的扫描范围是一个矩形区域。

采用分行扫描方式,扫描范围覆盖整个不确定区域,则在该区域内成功捕获

到信标的概率为

$$P = \int_{-\frac{\theta_u}{2}}^{\frac{\theta_u}{2}} \int_{-\frac{\theta_u}{2}}^{\frac{\theta_u}{2}} f(\varepsilon_h, \varepsilon_v) \mathrm{d}\varepsilon_h \mathrm{d}\varepsilon_v \qquad (4\text{-}48)$$

在深空光通信捕获过程中，设信标探测器的曝光时间为 T_e，对参考图像和探测图像的处理时间为 T_s，则实际每个位置停留时间为

$$T_n = T_e + T_s \qquad (4\text{-}49)$$

设相邻两位置的天线扫描时间间隙为 T_m，完成一次扫描所需时间为

$$T = T_m + T_n \qquad (4\text{-}50)$$

在图像信标捕获过程中，天线扫描要求覆盖整个不确定区域，因此，相邻两个位置的角间隔必须满足

$$d \leqslant \theta_{\text{fov}} / \sqrt{2} \qquad (4\text{-}51)$$

式中，θ_{fov} 是信标探测器的视场。

则扫描完成所需的平均时间可表示为

$$E(t) = \int_0^{\theta_u} i \cdot T \cdot f(\varepsilon_h, \varepsilon_v) \mathrm{d}\varepsilon_h \mathrm{d}\varepsilon_v \qquad (4\text{-}52)$$

在捕获过程中，对于每个扫描位置，需要通过像素扫描的方式来识别地球图像，识别的依据是使参考图像和探测图像具有最大相似性。而参考图像和实际探测图像可能因链路距离和方向的不同在角度和大小上存在一定的差异，直接利用两图像的相关性来判断信标图像出现的位置，可能得到错误的结论，导致捕获错判，因此需要对至少两图像进行处理。

用二维矩阵来表示图像，设 $s(m, n)$ 为参考图像，其行数为 M，列数为 N，设 $r(m, n)$ 为 $s(m, n)$ 进行尺度和旋转变换的图像，设伸缩因子为 a，旋转角度为 θ_0，则 $r(m, n)$ 可表示为

$$r(m,n) = s(m \cdot \cos\theta_0 / a + n \cdot \sin\theta_0 / a, -m \cdot \sin\theta_0 / a + n \cdot \cos\theta_0 / a) \\ m = 0,1,\cdots,M-1; \quad n = 0,1,\cdots,N-1 \qquad (4\text{-}53)$$

令

$$\rho = \sqrt{m^2 + n^2} \qquad (4\text{-}54)$$

$$\theta = \arctan\frac{n}{m} \qquad (4\text{-}55)$$

则式（4-53）可用极坐标可表示为

$$r(\rho,\theta) = s\left(\frac{\rho}{a}, \theta - \theta_0\right) \qquad (4\text{-}56)$$

令

$$\xi = \ln\rho \qquad (4\text{-}57)$$

$$\xi_0 = \ln a \tag{4-58}$$

显然，$\theta \leqslant 2\pi$，设 ξ_m 为 ξ 的最大值，则在对数极坐标系中可表示为

$$r(\xi,\theta) = s(\xi - \xi_0, \theta - \theta_0), \quad \xi \leqslant \xi_m, \theta \leqslant 2\pi \tag{4-59}$$

在对数极坐标系中，图像的伸缩和旋转都可以看成是该坐标系中两个轴上的平移，对上式进行傅里叶变换，由傅里叶变换的性质，坐标的平移仅影响其相位的变化，其幅度应具有不变性。因此，对于参考信标图像和实际探测图像，不论其大小及角度是否一致，在对数极坐标系中，其傅里叶变换的幅度应具有最大相似性。把 ξ_m 分成 M 段，2π 分成 N 段，则每小段的大小为

$$\Delta \xi = \xi_m / M \tag{4-60}$$
$$\Delta \theta = 2\pi / N$$

令

$$h = \xi \cos\theta + \frac{M+1}{2} = m \cdot \Delta\xi \cdot \cos(n \cdot \Delta\theta) + \frac{M+1}{2}$$
$$g = \xi \sin\theta + \frac{N+1}{2} = m \cdot \Delta\xi \cdot \sin(n \cdot \Delta\theta) + \frac{N+1}{2} \tag{4-61}$$

利用二次插值可把 $r(\xi,\theta)$ 变换为矩阵 $R(m,n)$，$m=0,1,\cdots,M-1$，$n=0,1,\cdots,N-1$。对 $R(m,n)$ 进行二维离散傅里叶变换，求其幅度即可求得幅度矩阵 $M_R(m,n)$。

在对数极坐标系中进行离散傅里叶变换等效于进行离散傅里叶-梅林变换，即

$$F_M(m,n) = \int_{-\infty}^{\infty} \int_0^{2\pi} r(\xi,\theta) \cdot \exp[i \cdot (m \cdot \xi + n \cdot \theta)] d\xi d\theta \tag{4-62}$$

设 $M_s(m,n)$ 为参考图像的傅里叶-梅林变换幅度，$M_R(m,n)$ 为探测图像的傅里叶-梅林变换幅度，则 $M_s(m,n)$ 和 $M_R(m,n)$ 应具有最大相似性，两个矩阵之差满足最小二乘法

$$L = \sum_{m=0}^{M-1} \sum_{n=0}^{N-1} [M_s(m,n) - M_R(m,n)]^2 \tag{4-63}$$

定义 L 为误差系数，则 L 满足一定的阈值条件时，可认为这是探测到地球图像的位置。

控制光通信终端天线瞄准该位置，则地球图像应出现在光通信终端视场中，这时可缩小信标探测器的视场，提高信标探测器的测量精度。计算出信标图像的中心，其中心可表示为

$$x = \frac{\sum_{m=0}^{M-1}\sum_{n=0}^{N-1} m \cdot s(m,n)}{\sum_{m=0}^{M-1}\sum_{n=0}^{N-1} s(m,n)}, \quad y = \frac{\sum_{m=0}^{M-1}\sum_{n=0}^{N-1} n \cdot s(m,n)}{\sum_{m=0}^{M-1}\sum_{n=0}^{N-1} s(m,n)} \tag{4-64}$$

计算出地球图像的中心位置，可根据地面接收站和地球图像中心位置关系来

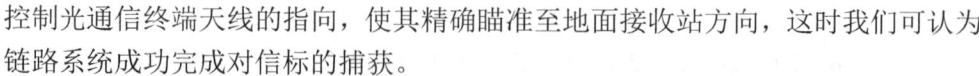

控制光通信终端天线的指向，使其精确瞄准至地面接收站方向，这时我们可认为链路系统成功完成对信标的捕获。

3.捕获理论计算机数值模拟

为了简化分析，我们采用分行扫描方式进行扩展信标的捕获。设不确定区域的中心为原点，方位角和俯仰角方向分别为 X 轴和 Y 轴，建立平面直角坐标系。不确定平面角大小为 θ_u，则方位角 θ_h 和俯仰角 θ_v 不确定范围都为 $(-\theta_u/2, \theta_u/2)$，设从第三象限开始扫描，扫描过程中探测器视场中心位置坐标可用递推公式来表示：

$$x_1 = \frac{\sqrt{2}\theta_{\text{fov}}}{4} - \frac{\theta_u}{2} \tag{4-65}$$
$$x_{j+1} = x_j + d$$

$$y_1 = \frac{\sqrt{2}\theta_{\text{fov}}}{4} - \frac{\theta_u}{2}$$
$$y_{i+1} = \begin{cases} y_i + (-1)^{j+1} \cdot d, & \frac{\theta_u}{2} - |y_i| > d \\ y_i, & \frac{\theta_u}{2} - |y_i| < d \end{cases} \tag{4-66}$$

在星敏感器的配合下，深空探测航天器的指向精度可以达到 0.2°，其姿态稳定度可以达到 0.01°/s 或更优。考虑到其他不确定因素，可在大小为 4mrad 的不确定视场角 θ_u 内进行搜索，实现以较高的概率捕获到信标图像。如果直接让信标探测器的视场覆盖整个不确定区域，能保证较高的捕获概率，但是给背景光的抑制带来了严重的挑战。设链路距离为火星到地球的平均距离，其大小为 1.5 亿千米（1.5×10^8km），则地球对通信终端所成的张角为 0.085mrad，因此选信标探测器的视场为 1mrad，采用天线扫描结合像素扫描来捕获地球图像是一种更为理想的方式。为了防止地球图像出现在相邻位置的交界处，导致误捕获，应保证扫描过程中相邻位置有一定的重叠，设相邻两位置的间隔为 2/3 mrad，则重叠区域为 1/3mrad，这样能确保肯定有一个位置能拍到完整的地球图像。设航天器上光通信终端天线口径为 30cm，通信光波长为 1064nm，光束的衍射极限为 3.5μrad，通常使光束角接近衍射极限是很困难的，因此取光束束散角为 10μrad。在允许至少 3dB 链路冗余情况下，3σ 瞄准精度要求为 2μrad。选用像素阵列为 1000×1000 的 CCD，在信标探测器为 1mrad 时，其一个像素对应的测量精度为 1μrad，即只要把信标中心误差控制在 0.5 个像素内即可满足 1σ 瞄准精度要求。在搜索到信标图像以后，我们可以采用缩小信标探测器视场或采用更大面阵 CCD 的方法，提高测量精度，这样甚至允许信标中心误差达到几个像素，完全可以满足瞄准跟踪精度要求。根据欧洲 Olympus 卫星平台振动频谱的实测结果，航天器卫星平台的振动功率谱密度函数如下式如示：

$$S(f) = \frac{A}{1+f^2} (\mu rad^2 / Hz) \qquad (4-67)$$

根据实测结果，可令 A=160，则航天器卫星平台的振动频谱如图 4-18（a）所示，由于卫星平台振动集中在 100Hz 以内，因此，采用 Monte Carlo 方法产生均匀分布的随机数，抽样生成式（4-67）所示随机振动，如图 4-18（b）所示。

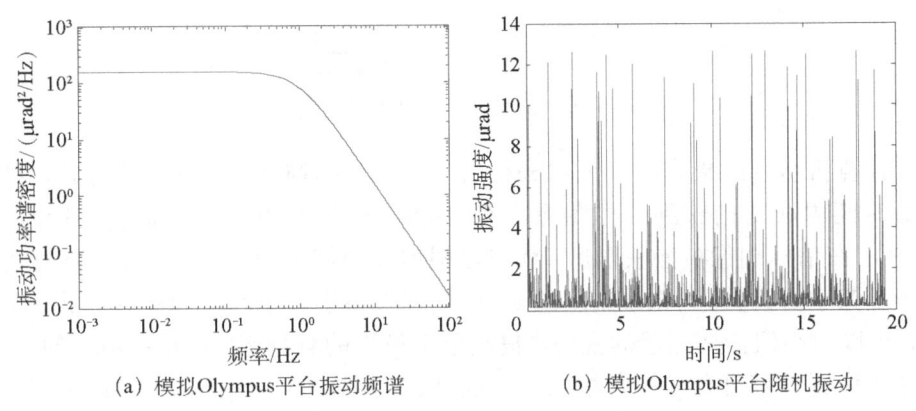

(a) 模拟Olympus平台振动频谱　　(b) 模拟Olympus平台随机振动

图 4-18　航天器星上随机振动

设航天器上存储的参考图像如图 4-19（a）所示，这是一幅大小为 250×250 像元的图像，设整个不确定区域图像如图 4-19（b）所示，这是一幅大小为 506×506 像元的图像，则进入信标探测器瞄准的部分应为不确定区域内 51×51 像元的一幅子图像，放大的不确定区域内的地球图像如图 4-19（c）所示。

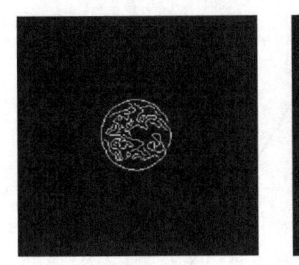  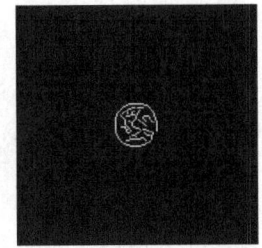

(a) 参考图像　　　　(b) 不确定区域　　(c) 放大的不确定区域内信标图像

图 4-19　参考图像及不确定区域

设信号处理时间为 50ms，天线在相邻两个位置的扫描时间间隔为 100ms，根据图 4-18（b）所示的随机振动的分布，随机产生 1000 个不确定区域，按图 4-20 原理进行仿真。需要做的工作是利用参考图像在不确定区域内识别出实际信标图像。

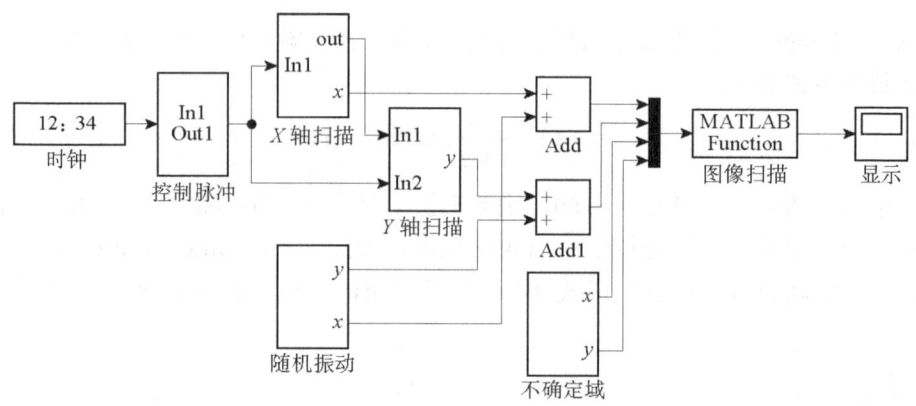

图 4-20　扩展信标捕获原理示意图

计算机仿真结果表明，采用分行（列）天线扫描结合像素扫描方式，能在较短时间内成功捕获到信标图像，在 1000 场随机实验中，成功捕获概率为 99.6%。在信标图像被捕获以后，就可以根据标准信标图像和实际信标图像的关系确定其中心位置，当系统采用的 CCD 面阵为不小于 1000×1000 像素的探测器时，可以缩小信标探测器的视场，提高单个像素的测量精度。根据前面的分析，其中心位置误差可允许在几个像素，这是完全可行的。因此在不考虑链路其他影响因素（如大气影响）的情况下，对信标图像的成功捕获也就意味着链路可以成功建立。

改变捕获不确定域方差 σ 的大小（一般取 3σ 为扫描范围），按上述方法进行随机实验，在扫描范围内成功捕获到信标的概率如图 4-21 所示。

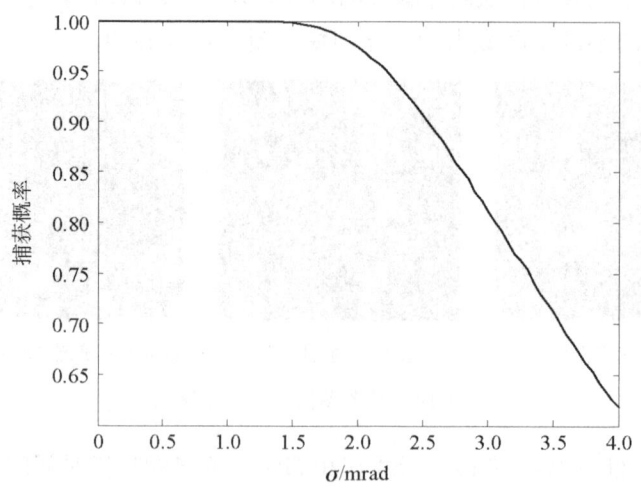

图 4-21　不同方差下信标成功捕获概率

图 4-21 表明,随着捕获不确定域方差的增大,信标成功捕获概率呈指数降低。但即使 $3\sigma=6\text{mrad}$,正确捕获概率仍在 96.8%以上,表明采用扩展信标进行捕获的方法是有效可行的。

改变 σ 的大小,按上述方法进行随机实验,则在 3σ 不确定区域内进行扫描的平均捕获时间变化如图 4-22 所示。

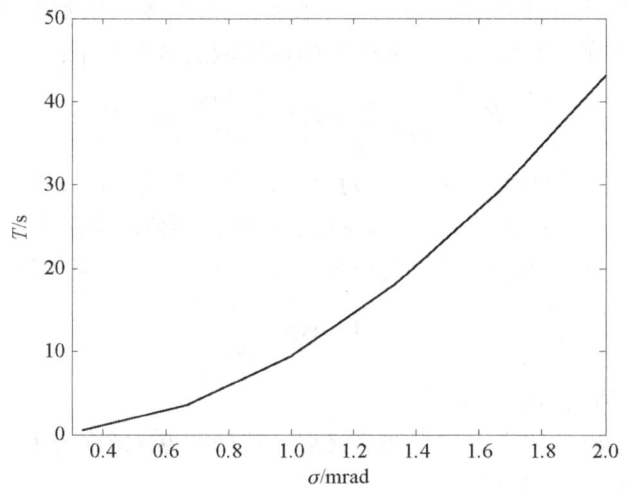

图 4-22　不同方差下扩展信标平均捕获时间

仿真结果表明,随着方差的增大,在 3σ 不确定区域内完成捕获所需的平均时间增加,但即使 3σ 等于 6mrad,其平均捕获时间仍在 1min 以内,这表明采用天线扫描结合像素扫描是深空光通信信标捕获的有效方案。

在深空光通信链路建立过程中,信标的成功捕获是链路建立的前提和基础。采用扩展天体图像作为信标因其满足链路全天候运行的优点而受到重视。采用扩展天体图像作为信标,其关键是在众多的天体图像中识别出作为信标的天体。本节采用天线扫描结合像素扫描的方式完成对信标图像的捕获,在图像识别过程中,为消除参考图像和实际探测图像因大小和旋转角度不同而引起的误识别,引进傅里叶-梅林变换的方法。采用欧空局 Olympus 卫星平台振动的实测结果模拟深空探测器平台的微振动,采用 Monte Carlo 方法随机产生 1000 个视场进行仿真,结果表明该方法能在较短的时间内完成对扩展信标的捕获。

4.2.6　基于线偏振光捕获

基于线偏振光的捕获和跟踪技术是线偏振光应用于卫星光通信终端的关键技术。本节研究基于线偏振光的捕获模型以及影响线偏振光捕获概率和捕获时间的主要因素。

1. 基于线偏振光的捕获概率模型

本小节将建立基于线偏振光的捕获概率模型。在理论上，对基于线偏振光的捕获概率进行分析，从而得出基于线偏振光的捕获概率与哪些因素相关。首先需要讨论信标光出现在不确定区域的概率问题，它直接关系到能否成功捕获信标光。信标光出现在光通信终端扫描的不确定区域的概率如下：

$$P_s = \frac{1}{2\pi\sigma_1^2}\iint_{\Omega_u}\exp\left(-\frac{\theta_v^2+\theta_h^2}{2\sigma_1^2}\right)\mathrm{d}\theta_v\mathrm{d}\theta_h \tag{4-68}$$

其中，θ_v 为卫星俯仰轴角偏差；θ_h 为卫星方位轴角偏差；σ_1 为卫星在俯仰轴和方位轴方向的均方差；Ω_u 为光通信终端的捕获扫描范围所对应的空间立体角。

如果不确定区域概率服从瑞利分布，公式可以进一步简化为

$$P_s = 1-\exp\left(-\frac{\theta_u^2}{8\sigma_1^2}\right) \tag{4-69}$$

其中，θ_u 为 Ω_u 所对应的平面角。

为了便于分析，约定卫星光通信终端捕获探测器 CCD 捕获线偏振光的概率模型应满足以下三个假设条件：

（1）假设 CCD 每个像素的捕获概率服从正态分布。

（2）假设 CCD 每个像素在捕获过程中是相互独立的。

（3）假设 CCD 视域中只存在两个光斑，其中一个光斑是由空间背景光形成的，另一个光斑是由信标光形成的，这两个光斑均匀地分布于 CCD 的每个像素上。当然也存在着多个光斑的情况，不过讨论方法相同。同时，根据具体链路系统的不同情况，也可以假设捕获概率密度服从其他的分布，但是讨论方法和本模型相同，这里不作详细的讨论。

由于空间背景光和 CCD 传感器自身的噪声的影响，CCD 产生的虚警和漏检是无法避免的。其中，虚警概率是指 CCD 错误地将背景当成目标的概率，而漏检概率是指 CCD 错误地将目标当成背景的概率。这两个概率极大地影响着 CCD 捕获线偏振光的概率，这里先对这两个概率进行讨论。

在前述三个假设条件下，基于线偏振光的接收端 CCD 单帧虚警概率如下：

$$\begin{aligned}P_b &= \frac{1}{\sqrt{2\pi}\sigma}\int_{nTh}^{255}\exp\left[-\frac{(X-D_b)^2}{2\sigma^2}\right]\mathrm{d}X \\ &= \frac{1-\mathrm{erf}\left(\frac{nTh-D_b}{\sqrt{2}\sigma}\right)}{2}\end{aligned} \tag{4-70}$$

其中，P_b 为基于线偏振光的 CCD 单帧虚警概率；σ 为 CCD 每个像素灰度值的标准方差；nTh 为处理阈值；X 为 CCD 每个像素的灰度值；D_b 为平均背景噪声量。

当采用线偏振光时，CCD 接收的光功率将发生变化，对应的 CCD 的输出灰度值也成比例进行变化。基于线偏振光的 CCD 单帧漏检概率为

$$\begin{aligned} P_T &= \frac{1}{\sqrt{2\pi}\sigma} \int_0^{nTh} \exp\left[-\frac{(X - X_0\cos\theta/2n - X_0/2n - D_b)^2}{2\sigma^2}\right] dX \\ &= \frac{1 - \mathrm{erf}\left(\dfrac{X_0\cos\theta/2n + X_0/2n + D_b - nTh}{\sqrt{2}\sigma}\right)}{2} \end{aligned} \quad (4\text{-}71)$$

其中，P_T 为基于线偏振光的 CCD 单帧漏检概率；n 为信标光斑在 CCD 上所分布的像素个数；X_0 对应 CCD 接收到的线偏振光的最大光功率所对应的灰度值；θ 为线偏振光的偏振方向与检偏器 II 的检偏方向之间夹角的两倍。

在完成多帧采集后，CCD 成功捕获线偏振光的概率为

$$P_{\mathrm{CCD}} = (1 - P_T^n)(1 - P_b)^{m_1(N^2 - n)} \quad (4\text{-}72)$$

其中，P_{CCD} 为 CCD 成功捕获线偏振光的概率；m_1 为 CCD 的帧频；N^2 为 CCD 采集窗口内像素的个数。

作为对比，此处讨论在不利用激光偏振特性的情况下，CCD 成功捕获信标光的概率。同样假定：

（1）假设 CCD 每个像素的捕获概率服从正态分布。

（2）假设 CCD 每个像素在捕获过程中是相互独立的。

（3）假设 CCD 视域中只存在两个光斑，其中一个光斑是由空间背景光形成的，另一个光斑是由信标光形成的，这两个光斑均匀地分布于 CCD 的每个像素上。当然也存在着多个光斑的情况，不过讨论方法相同。

基于模型的假设条件，可以得到未利用激光的偏振特性时的 CCD 的单帧虚警概率如下：

$$\begin{aligned} P_b' &= \frac{1}{\sqrt{2\pi}\sigma} \int_{nTh}^{255} \exp\left[-\frac{(X - D_b)^2}{2\sigma^2}\right] dX \\ &= \frac{1 - \mathrm{erf}\left(\dfrac{nTh - D_b}{\sqrt{2}\sigma}\right)}{2} \end{aligned} \quad (4\text{-}73)$$

其中，P_b' 为未利用激光的偏振特性情况下的 CCD 单帧虚警概率。

同理，可以得到未利用激光偏振特性时的 CCD 单帧漏检概率为

$$P_T' = \frac{1}{\sqrt{2\pi}\sigma} \int_0^{nTh} \exp\left[-\frac{(X - X_1/n - D_b)^2}{2\sigma^2}\right] dX$$
$$= \frac{1 - \mathrm{erf}\left(\dfrac{X_1/n + D_b - nTh}{\sqrt{2}\sigma}\right)}{2} \tag{4-74}$$

其中，P_T' 为未利用激光偏振特性情况下的 CCD 单帧漏检概率；X_1 为 CCD 接收到的光功率所对应的灰度值。

根据式（4-74），可以得到基于空间背景光的 CCD 单帧漏检概率为

$$P_T'' = \frac{1}{\sqrt{2\pi}\sigma} \int_0^{nTh} \exp\left[-\frac{(X - X_2/n_2 - D_b)^2}{2\sigma^2}\right] dX$$
$$= \frac{1 - \mathrm{erf}\left(\dfrac{X_2/n_2 + D_b - nTh}{\sqrt{2}\sigma}\right)}{2} \tag{4-75}$$

其中，P_T'' 为基于空间背景光的 CCD 单帧漏检概率；X_2 为 CCD 接收到的空间背景光功率所对应的灰度值。

最后得到，在不利用激光偏振特性的条件下，CCD 成功捕获信标光的概率为

$$P_{\mathrm{CCD}}' = [1 - (P_T')^n](1 - P_b')^{m_2(N^2 - n)} \left\{1 - [1 - (P_T'')^{n_2}](1 - P_b')^{m_2(N^2 - n_2)}\right\} \tag{4-76}$$

其中，P_{CCD}' 为 CCD 成功捕获信标光的概率；m_2 为 CCD 采集的帧数；n_2 为空间背景光斑在 CCD 上所分布的像素个数。

综上所述，可以得到基于线偏振光的单场捕获概率为

$$P_{\mathrm{acq}} = P_{\mathrm{CCD}} \cdot P_S \tag{4-77}$$

其中，P_{acq} 为基于线偏振光的单场捕获概率。同理，可以得到未利用激光的偏振特性时的单场捕获概率为

$$P_{\mathrm{acq}}' = P_{\mathrm{CCD}}' \cdot P_S \tag{4-78}$$

其中，P_{acq}' 为未利用激光的偏振特性情况下的单场捕获概率。

下面讨论信标光的多场捕获概率。将扫描区域（即不确定区域）分成若干子区域，这里子区域互相不重叠，但其全体需要覆盖整个扫描区域。同时假设这些子区域中的单场捕获概率均相同，可以得到如下公式：

$$m = \frac{\Omega_2}{\Omega_1} \tag{4-79}$$

其中，m 为划分的子区域的个数。

在整个扫描区域中，基于线偏振光的多场捕获概率为

$$\overline{P}_{\mathrm{acq}} = \frac{1}{m} \sum_{j=1}^{m} P_{\mathrm{acq}} (1 - P_{\mathrm{acq}})^{j-1} = \frac{1 - P_{\mathrm{acq}}^m}{m} \tag{4-80}$$

其中，$\bar{P}_{acq}$ 为基于线偏振光的多场捕获概率。

2. 基于线偏振光的单场捕获概率仿真分析

本小节研究基于线偏振光的单场捕获概率，并进行数值仿真分析。先给出影响 P_{CCD} 的两个主要因素，定义如下两个变量 K 和 Q：

$$K = \frac{nTh - D_b}{\sigma} \tag{4-81}$$

$$Q = \frac{X_0 \cos\theta/2n + X_0/2n + D_b - nTh}{\sigma} \tag{4-82}$$

下面对基于线偏振光的单场捕获概率进行数值仿真，主要仿真参数见表4-1。

表 4-1 仿真中的主要参数设置

参数名称	参数符号	参数取值
信标光斑的像素个数	n	7
背景光斑的像素个数	n_2	7
采集窗口的总像素个数	N^2	200×200
CCD 的帧频 I	m_1	50Hz
CCD 的帧频 II	m_2	50Hz

从图 4-23~图 4-25 中可以看出，CCD 成功捕获线偏振光的概率与处理阈值、CCD 接收到的线偏振光的功率相关，变量 K 主要由处理阈值与平均背景噪声量

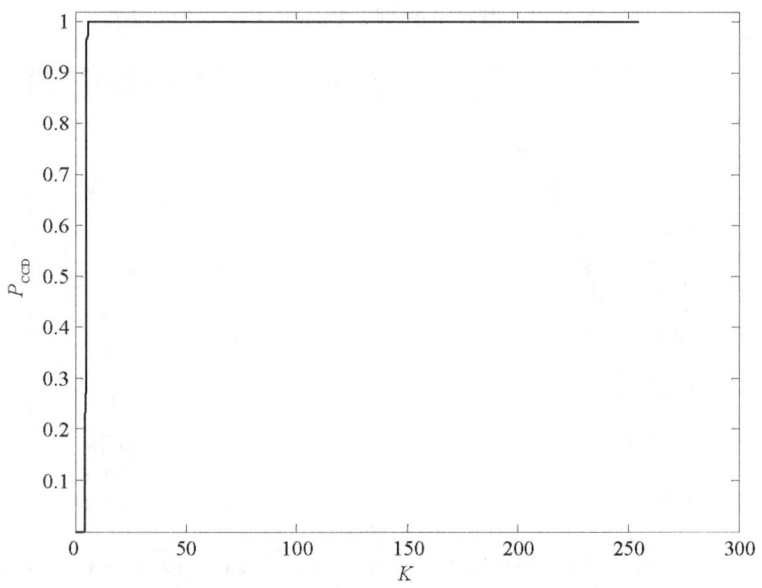

图 4-23 当 $Q=10$ 时，P_{CCD} 与 K 之间的关系图

之差决定。合理设置图像处理阈值可以大大消除平均背景噪声量的影响。变量 Q 主要由 CCD 接收到的光功率和 K 之差决定,从图 4-25 中可以看出,在相同的条件下,Q 越小则 CCD 成功捕获线偏振光的概率会减小。在 Q 为定值的情况下,随着 K 值的增加,CCD 成功捕获线偏振光的概率也会不断增加。

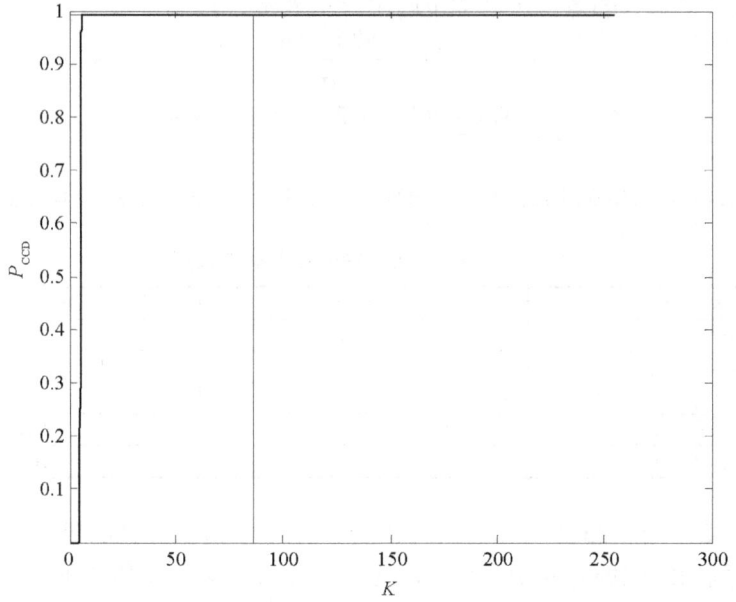

图 4-24 当 $Q=0.01$ 时,P_{CCD} 与 K 之间的关系图

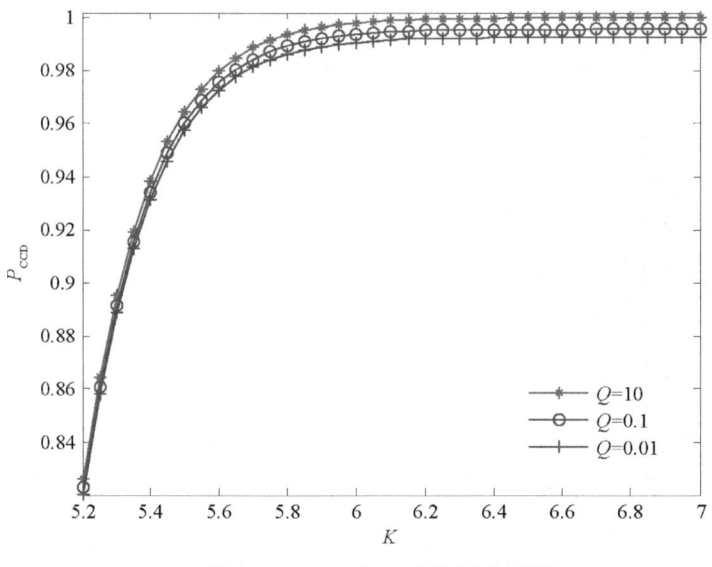

图 4-25 P_{CCD} 与 K 之间的关系图

设置 $X_0=100\sigma$，$K=10$，基于线偏振光的单场捕获概率与 θ 的关系图如图 4-26 所示。

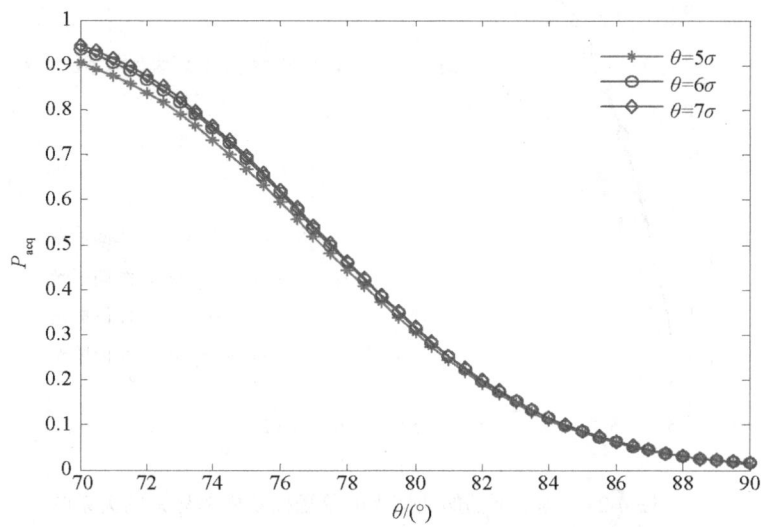

图 4-26　基于线偏振光的单场捕获概率与 θ 的关系图

从图 4-26 中可以看出，随着 θ 的变化，基于线偏振光的单场捕获概率会发生变化，所以在实际应用中，CCD 需要检测出入射的线偏振光的偏振方向，以获得较高的单场捕获概率。

下面比较基于线偏振光的单场捕获概率和未利用激光的偏振特性的信标光单场捕获概率，这里分别考虑 θ_u 为 $6\sigma_1$ 和 $7\sigma_1$ 两种情况。

根据表 4-1 中的参数，以及 $Q=10$，$X_2/n_2+D_b-nTh=-2\sigma$（这里考虑的空间背景光略低于处理阈值的情况），可以得到在利用和不利用激光偏振特性两种情况下单场捕获概率与 K 的关系，如图 4-27 所示。

从图 4-27 可以看出，在相同的系统条件以及相同背景光影响的条件下，基于线偏振光的单场捕获概率要高于未利用激光偏振特性时的单场捕获概率。应用线偏振光作为信标光（或信号光），有利于提高光通信终端的单场捕获概率。根据前面的讨论可知，在相同的系统条件以及相同的背景光影响的条件下，基于线偏振光的多场捕获概率也高于未利用激光偏振特性时的多场捕获概率。

3.基于线偏振光的平均捕获时间

本小节将讨论基于线偏振光的平均捕获时间。基于前面的分析，可以推导出基于线偏振光的平均捕获时间为

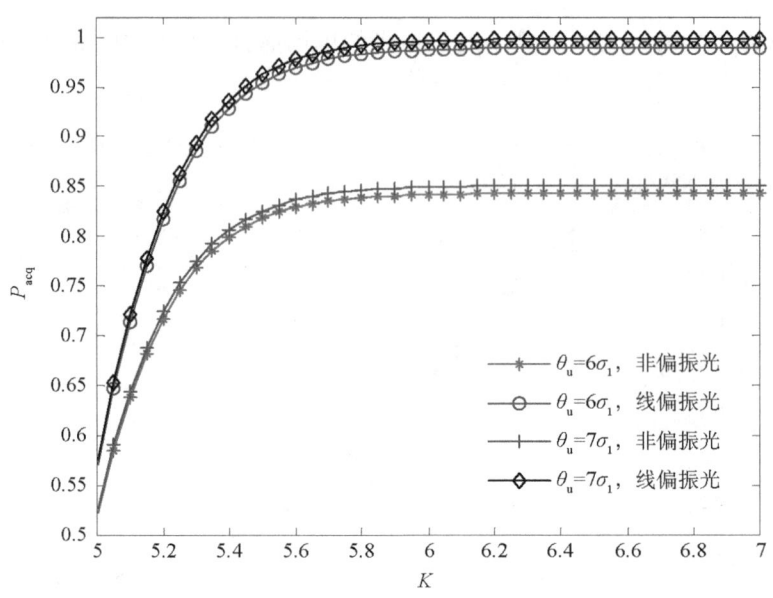

图 4-27 基于不同的通信光的单场捕获概率与 K 的关系图

$$\overline{T} = T_0 P_{\text{acq}} + (T_0 + T_1) P_{\text{acq}}(1 - P_{\text{acq}}) + \cdots + [T_0 + (m-1)T_1] P_{\text{acq}}(1 - P_{\text{acq}})^{m-1} \quad (4\text{-}83)$$

其中，$\overline{T}$ 为基于线偏振光的平均捕获时间；T_0 为在任意一个子区域内 CCD 捕获线偏振光所花费的时间；T_1 为所有子区域中任何一个被完全扫描完毕所花费的时间。

式（4-83）可以进一步简化为

$$\overline{T} = T_0 \sum_{j=1}^{m}[1 - (1 - P_{\text{acq}})^m] + T_1 \sum_{j=2}^{m}[1 - (1 - P_{\text{acq}})^m] \quad (4\text{-}84)$$

这里作如下假设：$m = 2$；$T_0 = T_1$。在相同的系统条件以及相同背景光影响的条件下，这里考虑图 4-27 的仿真结果中的一种情况。从图 4-27 的仿真结果可知，当基于线偏振光的单场捕获概率为 0.93 时，未利用激光偏振特性时的单场捕获概率（现阶段的光通信终端）为 0.8。根据式（4-84），可以计算出基于线偏振光的平均捕获时间为 $1.06\,T_0$，同理根据式（4-84）也可计算出未利用激光偏振特性时（现阶段的光通信终端）的平均捕获时间为 $1.12\,T_0$。在相同的系统条件以及相同背景光影响的条件下，基于线偏振光的平均捕获时间要短于未利用激光偏振特性（现阶段的光通信终端）时的平均捕获时间。

4.基于线偏振光的光通信终端通信信噪比分析

通信信噪比是卫星光通信终端中的重要参数，在本节中对现阶段的光通信终端的通信信噪比和基于线偏振光的光通信终端的通信信噪比进行对比分析。空间背景光噪声主要是由恒星、月亮等星体引起的。本节中主要考虑月球背景光进入光通信终端后，系统通信信噪比的变化。

恒星是较为标准的黑体，同样月球也可以看成黑体，其黑体辐射等效温度为5900K。由普朗克黑体辐射定律及辐射能传输性质可得等效温度为 T 的辐照度谱函数 $W(\lambda)$ 如下所示：

$$W(\lambda) = 573.1 \frac{2.512^{-26.7-m}}{\int_{\lambda_1}^{\lambda_2} \frac{c^2 h}{\lambda^5 \left(e^{\frac{hc}{\kappa \lambda T}} - 1\right)} d\lambda} \cdot \frac{c^2 h}{\lambda^5 \left(e^{\frac{hc}{\kappa \lambda T}} - 1\right)} \quad (4-85)$$

其中，c 为光速；h 为普朗克常量；λ 为波长；κ 为玻尔兹曼常量；T 为等效温度；m 为目视星等；λ_1 为 0.38μm；λ_2 为 0.72μm。

由于恒星、月球距离卫星光通信终端较远，这里考虑的月球背景光可以近似看成是平行光，这样可以得到光通信终端接收到的月球背景光的功率如下：

$$W_{PB} = \frac{1}{4} \pi \cdot D_R^2 \cdot \eta \cdot \cos\varphi \cdot \int_{\lambda_0 - \Delta\lambda/2}^{\lambda_0 + \Delta\lambda/2} W(\lambda) d\lambda \quad (4-86)$$

其中，W_{PB} 为光通信终端可以接收到的月球背景光的功率；D_R 为终端的接收孔径；$\Delta\lambda$ 为终端的光学带宽；λ_0 为终端光学系统的中心波长；η 为终端的光学透光率；φ 为入射的月球背景光与终端天线的法线方向的夹角。

由于主要讨论月球背景光影响下的通信信噪比，因此通信信噪比定义为信号光的光功率与月球背景光噪声功率、APD 噪声功率之和的比值，那么可以得到现阶段的光通信终端的通信信噪比为

$$SNR_1 = \frac{W_2}{W_{PB} + W_{APD}} \quad (4-87)$$

其中，SNR_1 为现阶段的光通信终端的通信信噪比；W_2 为根据公式所计算的信号光的光功率；W_{APD} 为 APD 噪声功率。

需要对式（4-87）进行简化处理，由于 $\Delta\lambda$ 很小，可以近似认为 $W(\lambda)$ 在区间 $[\lambda_0-\Delta\lambda/2, \lambda_0+\Delta\lambda/2]$ 是一个定值。这样可以得到通信信噪比的简化公式如下所示：

$$SNR_1 \approx \frac{4\eta W_1 D_R^2}{L^2 \cdot \theta^2 [\pi \cdot D_R^2 \cdot \eta \cdot W(\lambda_0) \cdot \cos\varphi \cdot \Delta\lambda + 4W_{APD}]} \quad (4-88)$$

如果不利用激光的偏振特性，光学系统主要采用滤光片的方式去除背景光噪声，而滤光片的带宽直接决定了光学系统去除背景光噪声的能力。从式（4-88）可以看出，随着光学带宽 $\Delta\lambda$ 的增加，系统的通信信噪比会下降。现阶段的光通信终端光学系统设计的难点和重点是如何获得比较小的光学系统带宽而达到去除空间光背景噪声的目的。

同理，根据前面的通信信噪比定义，可以得到基于偏振光的光通信终端的通

信信噪比为

$$\text{SNR}_2 = \frac{W_{\text{LRA}}}{W_{\text{PB}} + W_{\text{APD}}} = \frac{\left[\dfrac{4 \cdot W_1 \cdot D_R^2 \cdot \gamma}{L^2 \theta^2}\cos^2\beta + \dfrac{2 \cdot W_1 \cdot D_R^2 \cdot (1-\gamma)}{L^2 \theta^2}\right] \cdot \eta_1}{\pi \cdot \eta_B \cdot D_R^2 \cdot \cos\varphi \cdot \int_{\lambda_0-\Delta\lambda/2}^{\lambda_0+\Delta\lambda/2} W(\lambda)\mathrm{d}\lambda + 4W_{\text{APD}}}$$
(4-89)

由于 $\Delta\lambda$ 很小，因此可以近似认为 $W(\lambda)$ 在区间$[\lambda_0-\Delta\lambda/2, \lambda_0+\Delta\lambda/2]$是一个定值，于是得到通信信噪比的简化公式如下：

$$\text{SNR}_2 \approx \frac{\left[\dfrac{4 \cdot W_1 \cdot D_R^2 \cdot \gamma}{L^2 \theta^2}\cos^2\beta + \dfrac{2 \cdot W_1 \cdot D_R^2 \cdot (1-\gamma)}{L^2 \theta^2}\right] \cdot \eta_1}{\pi \cdot \eta_B \cdot D_R^2 \cdot W(\lambda_0) \cdot \cos\varphi \cdot \Delta\lambda + 4W_{\text{APD}}}$$
(4-90)

当 $\beta=0$ 和 $\gamma=1$ 时，可以进一步简化式（4-90），因此可以得到基于线偏振光的光通信终端通信信噪比为

$$\text{SNR}_2 \approx \frac{4 \cdot W_1 \cdot D_R^2 \cdot \eta_1}{L^2\theta^2[0.5\pi \cdot \eta_1 \cdot D_R^2 \cdot W(\lambda_0) \cdot \cos\varphi \cdot \Delta\lambda + 4W_{\text{APD}}]}$$
(4-91)

根据 APD 探测器理论，这里主要考虑 APD 的噪声等效功率（noise equivalent power，NEP），可以得到 APD 的噪声功率如下：

$$W_{\text{APD}} = W_{\text{NEP}} \cdot \sqrt{f_{\text{APD}}}$$
(4-92)

其中，W_{NEP} 为 APD 的噪声等效功率；f_{APD} 为 APD 的工作频率。APD 的典型参数值见表 4-2。

表 4-2　APD 的典型参数值

参数名称	参数符号	参数取值
APD 的噪声等效功率	W_{NEP}	0.05pW/Hz$^{1/2}$
APD 的工作频率	f_{APD}	2.048MHz

根据式（4-92）以及表 4-2 中的参数，可以得到 W_{APD} 为 0.7×10^{-10}W。为了将现阶段的光通信终端的通信信噪比与基于线偏振光的光通信终端的通信信噪比进行对比分析，仿真参数参考 SILEX 计划中的 ARTEMIS 卫星上的光通信终端的系统参数，见表 4-3。

表 4-3　仿真参数

参数名称	参数符号	参数取值
发射光功率	W_1	0.06W
通信距离	L	45000km
接收孔径	D_R	25cm

续表

参数名称	参数符号	参数取值
光学透过率 1	η	0.6
光学透过率 2	η_1	0.6
光学系统带宽	$\Delta\lambda$	10nm
发射光束束散角	θ	16μrad

月球背景光对光通信终端的影响比较大，会造成链路的通信信噪比下降。由文献中可知，以 SILEX 计划为例，由 ARTEMIS 卫星光通信终端系统参数计算得到月球背景光的功率为 3.31×10^{-10}W，即 W_{PB} 为 3.31×10^{-10}W。

根据表 4-3 中的仿真参数以及 W_{PB} 和 W_{APD} 的计算结果，可以得到在只考虑月球背景光影响下，现阶段的光通信终端的通信信噪比 SNR_1 为 10.8，而基于线偏振光的光通信终端的通信信噪比 SNR_2 为 18.4。由计算结果可以看出，当有月球背景光入射到光通信终端后，在相同的系统条件下，基于线偏振光的光通信终端的通信信噪比要高于现阶段的光通信终端（未利用激光的偏振特性）的通信信噪比。采用线偏振光提高了整个系统的通信信噪比，获得了比较好的通信性能。

为了进一步说明问题，将上述分析结果与采用圆偏振光的系统信噪比进行对比分析。采用圆偏振光的光通信终端参考美国的 STRV-2 系统。根据前面的通信信噪比定义，可以求出基于圆偏振光的光通信终端通信信噪比为

$$SNR_3 \approx \frac{4\eta_3 W_1 D_R^2}{L^2 \cdot \theta^2 [0.5\pi \cdot D_R^2 \cdot \eta_3 \cdot W(\lambda_0) \cdot \cos\varphi \cdot \Delta\lambda + 4W_{APD}]} \tag{4-93}$$

其中，SNR_3 为圆偏振光的光通信终端通信信噪比；η_3 为光学系统的光学透过率（APD 接收的光路）。

为了能够与线偏振光的光通信终端通信信噪比进行对比分析，这里根据本节中的仿真参数，如表 4-2 和表 4-3 所示，W_{APD} 为 0.7×10^{-10}W，考虑月球背景光存在的情况下（月球背景光功率为 3.31×10^{-10}W），得到基于圆偏振光的光通信终端通信信噪比 SNR_3 为 18.4（这里考虑的光学透过率 η_3 为 0.6）。

通过上面的仿真结果可以看出，当有月球光背景噪声入射到光通信终端后，在相同的系统条件下，基于线偏振光的光通信终端的通信信噪比与基于圆偏振光的光通信终端的通信信噪比相同，均高于现阶段的非偏振光通信终端的通信信噪比。虽然在通信性能方面，基于圆偏振光的光通信终端与线偏振光的光通信终端相当，但是采用圆偏振光的光通信终端需要利用原子线滤波器，使得系统温控精度要求大大提高，会增加系统的体积、重量，增大系统的工程化应用难度。而采用线偏振光的光通信终端结构简单，大大降低了航天工程化应用的难度。因此，采用线偏振光的光通信终端在光信号识别方面优于采用圆偏振光的光通信终端。

4.2.7 基于点噪声拓扑特性捕获方法

恒星是宇宙中分布最广、数量较多的天然背景光源。当某时刻恒星进入光通信终端的视域中,光通信终端会将恒星在接收系统的图像采集单元上所成的点像误认为是信标光,产生的后果是导致系统产生指向偏差,严重时会导致激光链路的中断,从而造成通信的失败。

本节的研究工作是从卫星光通信的系统需求出发,依据点噪声的分布特点,提取点噪声分布的拓扑结构特性,计算空间点噪声的分布特征值,据此消除点噪声对信标光的识别捕获和跟踪的影响。

1. 特定路径下点噪声分布长度特征捕获

利用特定路径下点噪声分布的长度特征进行信标光识别捕获的方法:要求生成一条折线,这条折线遍历 CCD 视域中所有光斑的质心(方向为从 CCD 视域的左上角起点开始,按照视域从左到右逐行进行遍历)。这条折线就是点噪声的分布特性,而这条折线的总长度就是特定路径下点噪声分布的长度特征值,用于表征当前空间背景光的状态,图 4-28 是一个简单的例子。

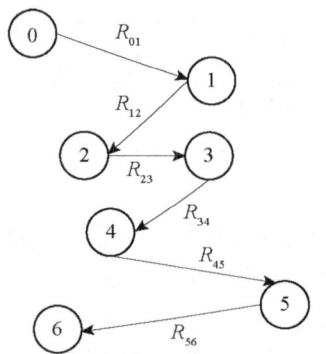

图 4-28 点噪声分布特征值计算示意图

在图 4-28 中,假设视域中存在编号为 0~6 的 7 个光斑。首先计算它们的质心坐标,然后由从左上角的 0 号光斑的质心出发生成一条折线遍历视域中的这 7 个光斑的质心,最后计算出这条折线的总长度。在图 4-28 所示的实例中,折线的起点是 0 号光斑的质心,该折线遍历全部 7 个光斑的质心,其总长度为 $R_{01} + R_{12} + R_{23} + R_{34} + R_{45} + R_{56}$,而其对应的长度就是需要获得的点噪声分布特征值。

如果入射光斑运动轨迹比较特殊,那么上述点噪声分布的长度特征值的计算方法需要适当修正。

在两种特殊情况下，点噪声分布的长度特征值不会发生变化，如下所示：

（1）假设 CCD 视场中有三个光斑（光斑 0、光斑 1 和光斑 2），其中光斑 1 沿着一条椭圆轨迹运动，光斑 0 和光斑 2 分别位于为椭圆轨迹的焦点位置，则 $R_{01}+R_{12}$ 始终相等，此时，点噪声分布的特征值不会发生变化，如图 4-29 所示。

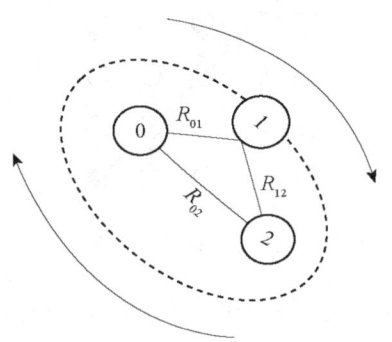

图 4-29　光斑的特殊运动轨迹（Ⅰ）

（2）假设 CCD 视场中有三个光斑（光斑 0、光斑 1 和光斑 2），光斑 1 在由光斑 0 和光斑 2 形成的线段上移动，此时，点噪声分布的特征值也不会发生变化，如图 4-30 所示。

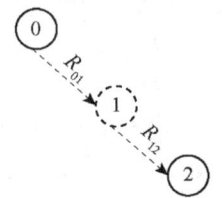

图 4-30　光斑的特殊运动轨迹（Ⅱ）

在上述两种特殊的情况发生时，由于点噪声分布的长度特征值不会发生改变，所以会造成 CCD 无法正确识别出信标光，造成漏检。这里以第二种情况为例，计算 CCD 对信标光的漏检概率。

首先假设由光斑 0 和光斑 2 的质心位置构成的线段 R_{02} 的长度为 L_{02}，CCD 的采集窗口的大小为 $M \times M$（像素），这里计算发生第二种情况下最大的 CCD 的漏检概率。为便于计算，设光斑 0 和光斑 2 分别处于 CCD 采集窗口的对角线顶点，此时光斑 0 和光斑 2 构成的线段最长（否则，CCD 的漏检概率将更小）。如图 4-31 所示，这里以 CCD 的采集窗口为 5×5 为例。光斑 0 和光斑 2 处于 CCD 的对角线的顶点，图中 S_1、S_2、S_3 和 S_4 分别为光斑 0 和光斑 2 组成的直线所经过的像素点以及和这些像素点只相差一个像素尺寸的像素点所组成的区域的面积，那么当发生第二种情况时，光斑 1 只落在光斑 0 和光斑 2 所形成的线段上的概率不会超过落在这些区域内的概率。

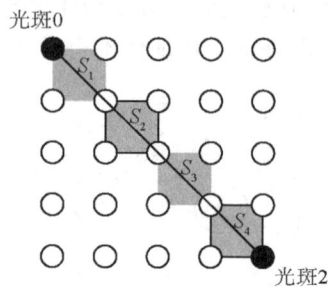

图 4-31 计算 CCD 最大的漏检概率（第二种情况）

假设 CCD 的采集窗口大小为 1024×1024，可以计算出发生第二种情况时，最大的漏检概率将低于 0.098%。同理，发生第一种情况的 CCD 的漏检概率计算方法相同。但实际上，可以通过对特征值计算方法的改进，发现光斑 1 的运动。

下面研究如何利用点噪声分布特征值进行信标光的识别捕获。由于恒星距离相当遥远，它入射到光通信终端的各个点噪声位置相对稳定，因此点噪声分布特征值将稳定在一定范围内。考虑到点噪声分布特征值受光通信链路轨道和光通信终端综合误差等因素的影响，变化前后点噪声分布特征值之比大约是 1：

$$\frac{L_1'}{L_1} = 1 + \Delta L_1 \tag{4-94}$$

其中，L_1' 为 CCD 前一时刻采集的图像所计算出的特定路径下（非封闭）折线的总长度；L_1 为 CCD 当前时刻采集的图像所计算出的特定路径下（非封闭）折线的总长度；ΔL_1 是利用点噪声分布拓扑稳定性进行信标光识别捕获的长度判别量，它主要由系统综合误差所决定。此外，计算质心坐标变化率为

$$\frac{\sqrt{(x_{i1}-x_{i2})^2+(y_{i1}-y_{i2})^2}}{n \cdot \frac{1}{f_{\text{CCD}}}} = 1 + \Delta C, \quad i=1, 2, 3, \cdots, K \tag{4-95}$$

其中，(x_{i1}, y_{i1}) 为第 i 个光斑初始时刻的质心坐标；n 为 CCD 连续采集的次数；f_{CCD} 为 CCD 的帧频；(x_{i2}, y_{i2}) 为 CCD 第 n 次采集光斑的质心坐标；ΔC 是利用点噪声分布中质心坐标缓慢变化特性进行信标光识别捕获的坐标变化率判别量，它是一个补充判别量，主要由系统综合误差所决定；K 为 CCD 视域内的光斑个数。

利用特定路径下的点噪声分布的长度特征的信标光识别捕获过程如下。首先考虑 CCD 视域中只有一个光斑的情况，此时点噪声特征值为零，光斑运动不会改变点噪声特征值。此时，以式（4-95）中的补充判别量 ΔC 判断它是否为信标

光。补充判别量 ΔC 是在一定时间内光斑质心坐标的变化率。如果变化率超出允许的范围（系统的综合误差决定其范围），判定这个光斑为信标光斑，否则判定这个光斑为点噪声。这个判据所利用的是点噪声光斑的缓慢移动特性，它体现了点噪声分布的一种拓扑稳定性。

在一般情况下，即前述两种特殊情况除外且 CCD 视域内的光斑至少有两个，利用公式计算判别量，进行联合判定：

（1）CCD 采集一幅图像，将采集到的图像进行阈值分割处理获得光斑质心分布图像。

（2）根据光斑质心分布图像，计算并记录分布特征值。

（3）在前述两种特殊情况不发生的条件下，根据公式计算长度判别量 ΔL_1。如果长度判别量 ΔL_1 比较小（系统的综合误差决定其范围），则判定入射光斑全为点噪声；否则，判定 CCD 采集的图像中出现信标光光斑，同时，判定辅助判别量 ΔC（坐标变化率判别量）最大者对应的是信标光光斑。在前面讨论的两种特殊情况发生时，直接利用公式计算辅助判别量 ΔC。如果辅助判别量 ΔC 的值都比较小，则判定为点噪声；否则，判定辅助判别量 ΔC 的值最大者对应的是信标光光斑。

（4）重复步骤（1）~（3），对 CCD 采集的图像进行连续处理，达到对信标光的连续跟踪。

在初次使用这个方法时，利用系统的时间控制，可以保证步骤（1）第一次采集得到的是一个只有背景光的图像，从而获得背景光形成的点噪声的拓扑结构。这是上述判别过程的初始状态。

这种信标光识别捕获方法的最大优点是利用了背景光点噪声分布拓扑结构的稳定性。与星历表查询方法等其他方法相比，该方法因不用对各个光斑质心坐标的变化方向进行跟踪和图像逐点匹配，计算简单快捷，资源消耗极少。其他涉及点噪声质心坐标变化方向以及变化率跟踪的各种方法，因需要计算和记录 CCD 视域内所有光斑质心的坐标变化方向及变化率，在图像上进行逐点匹配，需要的计算复杂度高、计算量大，消耗和占用的系统资源多。

下面简单分析在这个链路的恒星背景中出现恒星的概率，以此说明本书所提算法在使用过程中可能达到的实际复杂度将非常低。

这里以欧空局 SILEX 计划的星间激光链路为例进行简单分析说明。在 SILEX 计划中，数据中继卫星 ARTEMIS 与卫星 SPOT-4 间的通信链路是目前典型的 LEO 与 GEO 之间的星间激光链路。有些文献已经针对这个激光链路中可能出现在 CCD 的恒星数量以及概率进行了仿真，这里参考其仿真结果：在 LEO-GEO 反向链路中，在 5 天的仿真时间内，链路建立和保持的总时间共 314516s，在 CCD 的视场中有恒星出现的总时间共计 25981s，因此，概率约为 8.26%。在 CCD 的视场中，三颗恒星同时出现的时间为 25s；两颗恒星同时出现的时间为 974s；一颗恒星出现的时间则为 24982s。

根据上述仿真结果，可以计算出对应的点噪声分布特征值，用于表征空间光背景噪声，分下面三种情况进行讨论：

（1）在 CCD 视场中只出现一颗恒星。此时，算法计算得到的点噪声分布特征值为零，视场中只有一个光斑，在出现恒星背景光点噪声的情况下，这种情况出现的概率最高。

（2）当有两颗恒星进入光通信终端的视场时，点噪声分布特征值由如下公式得出：

$$T_{CV} = \sqrt{(x_2-x_1)^2+(y_2-y_1)^2} \tag{4-96}$$

其中，T_{CV} 为点噪声分布特征值；（x_1，y_1）和（x_2，y_2）分别为视域中两个点噪声光斑对应的质心坐标。

（3）当有三颗恒星进入光通信终端的视场时，点噪声分布特征值由如下公式得出：

$$T_{CV} = \sqrt{(x_2-x_1)^2+(y_2-y_1)^2}+\sqrt{(x_2-x_3)^2+(y_2-y_3)^2} \tag{4-97}$$

其中，T_{CV} 为点噪声分布特征值；（x_1，y_1）、（x_2，y_2）和（x_3，y_3）分别为视域中三个点噪声光斑对应的质心坐标。

在这个链路的仿真时间内，在 CCD 视域内没有出现更多的恒星，其余时间出现在 CCD 视域内的光斑只有信标光或者信号光。

图 4-29 和图 4-30 给出了两种特殊情况，由于点噪声分布特征值不会发生改变，所以会造成 CCD 无法正确识别出信标光，造成漏检。在这两种特殊的情况下，利用特定路径下点噪声的长度特征进行信标光识别捕获的方法就可能无法正确识别信标光，但是根据前面的文献的仿真结果以及漏检概率的计算可知，发生这两种特殊情况的概率很低。在下文中，将进一步针对这两种特殊情况提出解决方法。

2. 封闭路径下点噪声分布向量特征捕获方法

为了能够处理如图 4-29 以及图 4-30 的两种特殊情况，本节研究改进特定路径下点噪声分布的长度特征进行信标光识别捕获的方法，提出利用封闭路径下点噪声分布的特征向量进行信标光识别捕获的方法，详细说明如下。

如图 4-32 所示，假设视域中存在编号为 0~6 的 7 个光斑。首先计算它们的质心坐标，然后从初始光斑的质心出发（起点光斑可以为任意光斑）生成一条折线，遍历视域中的这 7 个光斑的质心，要求每个光斑只能经过一次，折线中的任何一段线段只能经过两个光斑，不允许各条线段出现交叉的情况，最终生成的折线需要回到初始光斑的质心，这样就会形成一个封闭的区域。计算形成这个区域的折线的总长度和由这些折线围成的封闭区域的面积，将这两个参数作为点噪声分布特征值。那么，把折线的总长度和该封闭折线所围区域的面积共同作为点噪

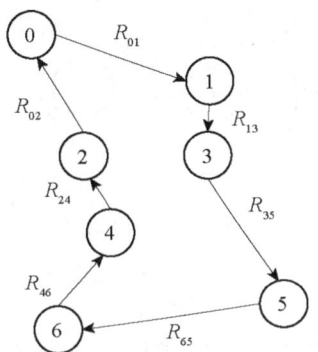

图 4-32　点噪声分布第二特征值计算示意图

声分布的第二特征值。因此，点噪声分布的第二特征值向量是由封闭折线的长度和所围封闭区域的面积构成的二维向量。

利用连续采样的图像中点噪声分布第二特征值，构造信标光识别捕获的两个判别量。

首先，计算面积比，令

$$\frac{S'_2}{S_2} = 1 + \Delta S_2 \tag{4-98}$$

其中，S'_2 为 CCD 前一时刻采集的图像所计算出的封闭区域的面积；S_2 为 CCD 当前时刻采集的图像所计算出的封闭区域的面积；ΔS_2 为信标光识别捕获的面积判别量，其大小由系统综合误差所决定。

其次，计算长度比，令

$$\frac{L'_2}{L_2} = 1 + \Delta L_2 \tag{4-99}$$

其中，L'_2 为 CCD 前一时刻采集的图像所计算出的封闭路径下折线的总长度；L_2 为 CCD 当前时刻采集的图像所计算出的封闭路径下折线的总长度；ΔL_2 为信标光识别捕获的长度判别量，其大小由系统综合误差所决定。

第一种识别捕获方法不便处理提到的第一种特殊情况，点噪声分布的第二特征值向量将发生变化。因为即使出现计算的折线的长度不变的情况，但是对于封闭区域的面积会随着光斑的运动轨迹而改变，也会使点噪声分布的第二特征值向

量产生变化，如图 4-34 所示。

如图 4-33 所示，如果光斑 1 沿着一条椭圆轨迹运动，光斑 0 和光斑 2 分别位于椭圆轨迹的焦点位置，那么 $R_{01}+R_{12}+R_{20}$ 始终保持不变。但是此时它们所围封闭区域的面积会发生变化。因此，点噪声分布的第二特征值向量产生变化。

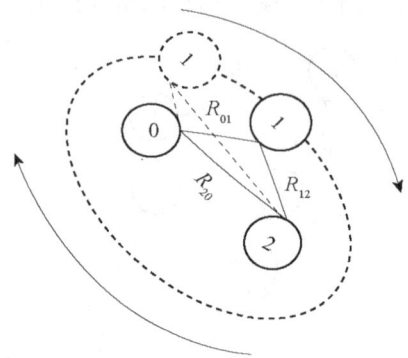

图 4-33　光斑的特殊运动轨迹（Ⅲ）

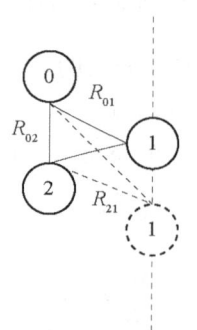

图 4-34　光斑的特殊运动轨迹（Ⅳ）

此外，如果出现图 4-34 所示的情况，CCD 视场中有三个光斑（光斑 0、光斑 1 和光斑 2），其中光斑 1 沿着平行于光斑 0 和光斑 2 所在直线的轨迹运动。此时，虽然它们所围封闭区域的面积不会随光斑 1 的运动发生改变，但封闭折线的长度却会发生改变，同样使点噪声分布的第二特征值向量产生变化。

现在说明如何利用封闭路径下点噪声分布的特征向量进行信标光的识别捕获。首先考虑 CCD 视域中只有一个光斑的情况，此时点噪声特征值为零，光斑运动不会改变点噪声特征值。此时，采用公式中的补充判别量 ΔC 判断此光斑是否为信标光。补充判别量 ΔC 是在一定时间内光斑质心坐标的变化率。如果变化率超出允许的范围（系统的综合误差决定其范围），判定这个光斑为信标光斑，否则判定这个光斑为点噪声。这个判据所利用的是点噪声光斑的缓慢移动特性，它体现了点噪声分布的一种拓扑稳定性。

在一般情况下，即 CCD 视域内的光斑至少有两个，利用封闭路径下点噪声分布的特征向量进行信标光识别捕获的方法由以下步骤构成：

(1) CCD 采集一幅图像，将采集到的图像进行阈值分割处理获得光斑质心分布图像。

(2) 根据光斑质心分布图像，计算并记录光斑质心分布的第二特征值向量。分别计算面积判别量 ΔS_2 和长度判别量 ΔL_2。

(3) 在不出现三点共线或更多点共线的前提下，如果面积判别量 ΔS_2 和长度判别量 ΔL_2 都比较小（系统的综合误差决定其范围），则判定入射光斑为点噪声；否则，判定 CCD 上出现的入射光斑中包含信标光斑，同时判定光斑质心坐标变化率判别量最大者对应的光斑为信标光斑。转入步骤 (5)。

(4) 在出现三点共线或更多点共线时，去除这些共线光斑，其余光斑仍然按照前述步骤进行判定，如果判定结果认定 CCD 图像的光斑中包含信标光光斑，则进一步判定光斑质心坐标变化率判别量最大者对应的光斑为信标光光斑，转入下一步骤；如果判定结果认定 CCD 图像的光斑中不包含信标光光斑，即这些光斑都是恒星背景光斑，那么接着单独处理那些被去除的共线光斑，利用式 (4-95) 计算共线的各个光斑质心坐标的变化率判别量 ΔC，如果计算所得的这些变化率判别量都比较小，则判断这些共线光斑都是恒星背景光斑；否则，判断共线光斑质心坐标变化率判别量最大者对应的光斑为信标光光斑。

(5) 重复步骤 (1)~(4)，对 CCD 采集得到的图像进行连续处理，达到对信标光的连续跟踪。

这种利用点噪声分布第二特征值向量进行信标光识别捕获的方法在三点共线或更多点共线时，处理过程所需计算量较大，略显繁复。根据前面对多点共线产生的漏检概率的理论分析以及在典型链路 CCD 探测器中出现恒星光斑个数的统计分析说明，这种情况出现的实际可能性是很小的。在下文中将对三点共线以及更多点共线的特殊情况，提出解决方法。

3. 封闭路径下点噪声分布优化参量捕获方法

为了能够更便捷处理多点共线的特殊情况，本节研究的重点是引入点噪声分布的优化参量，并据此提出利用这种优化参量的信标光识别捕获方法，把这种方法称为利用封闭路径下点噪声分布的优化参量进行信标光识别捕获方法。

和前述两个方法使用线段连接邻近两个光斑不同，新方法利用以邻近两光斑所成线段为直径的半圆弧连接这两个光斑，这些半圆弧全部连接形成封闭曲线，其端点遍历而且只遍历 CCD 内的所有光斑。为了便于理解这种方法的基本思想，以三光斑共线即其中一个光斑沿另外两个光斑构成的线段运动为例进行详细说明，示意如图 4-35 所示。光斑 1 在光斑 0 和光斑 2 所形成的线段上运动。连接光斑 0 和光斑 1 的半圆弧是 P_{01}，连接光斑 1 和光斑 2 的半圆弧是 P_{12}，连接光斑 0 和光斑 2 的半圆弧是 P_{20}，它们形成一个封闭的曲线，端点遍历了这三个光斑。注意，可以用两个半圆弧中的任何一个连接这两个邻近的光斑。

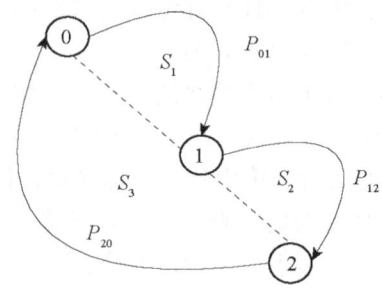

图 4-35　点噪声分布第三特征值计算示意图

定义遍历 CCD 图像全部光斑的半圆弧封闭曲线长度和各个半圆面积总和为光斑分布的第三特征值向量，即优化参量，前者称为弧长参量，后者称为半圆参量，显然，第三特征值向量是一个二维向量。在图 4-35 中，各个半圆弧段长度之和为 $P_{01}+P_{20}+P_{12}$，如果 S_1 是由光斑 0 和光斑 1 所成线段与连接这两个光斑的半圆弧线 P_{01} 围成的半圆面积，其余记号的理解同理。那么，全部半圆面积总和为 $S_1+S_2+S_3$。此时，点噪声分布的第三特征值向量就是二维向量 $(P_{01}+P_{20}+P_{12},S_1+S_2+S_3)$。如果光斑 1 在光斑 0 和光斑 2 所形成的线段上运动，点噪声分布的第三特征值向量 $(P_{01}+P_{20}+P_{12},S_1+S_2+S_3)$ 将会发生变化，即第三特征值向量能够体现点噪声分布的变化。

为了给出利用图像点噪声分布第三特征值的信标光识别捕获方法，先从连续两帧图像的点噪声分布第三特征值构造识别捕获信标光的两个判别量。

令

$$\frac{S_3'}{S_3}=1+\Delta S_3 \tag{4-100}$$

其中，S_3' 和 S_3 分别为前后两时刻 CCD 采集图像所得点噪声分布的第三特征值向量的半圆参量；ΔS_3 是半圆判别量，它主要由系统的综合误差所决定。

令

$$\frac{L_3'}{L_3}=1+\Delta L_3 \tag{4-101}$$

其中，L_3' 和 L_3 分别为前后两时刻 CCD 采集图像所得点噪声分布的第三特征值向量的弧长参量；ΔL_3 是弧长判别量，它主要由系统的综合误差所决定。

首先考虑 CCD 视域中只有一个光斑的情况，此时点噪声特征值为零，光斑运动不会改变点噪声特征值。此时，利用补充判别量 ΔC 判断此光斑是否为信标光。补充判别量 ΔC 是在一定时间内光斑质心坐标的变化率。如果变化率超出允许的范围（系统的综合误差决定其范围），判定这个光斑为信标光斑，否则判定这个光斑为点噪声。这个判据所利用的是点噪声光斑的缓慢移动特性，它体现了点噪声分布的一种拓扑稳定性。

在一般情况下，CCD 视域内的光斑至少有两个，下面给出利用封闭路径下点噪声的优化参量进行信标光识别捕获的方法，具体处理过程如下：

（1）CCD 采集一幅图像，将采集到的图像进行阈值分割处理获得光斑质心分布图像。

（2）根据光斑质心分布图像，计算并记录光斑质心分布的第三特征值向量。分别计算半圆判别量 ΔS_3 和弧长判别量 ΔL_3。

（3）当半圆判别量 ΔS_3 和弧长判别量 ΔL_3 都比较小时（系统的综合误差决定其范围），如果光斑质心坐标变化率判别量 ΔC 全都比较小（系统的综合误差决定其范围），则判定这些光斑都是恒星背景光斑；否则，判定光斑质心坐标变化率判别量最大者对应的光斑为信标光斑。当半圆判别量 ΔS_3 和弧长判别量 ΔL_3 至少有一个比较大时，则判定 CCD 上出现的这些入射光斑中包含信标光斑，同时判定光斑质心坐标变化率判别量最大者对应的光斑为信标光斑。

（4）重复步骤（1）~（3），对 CCD 采集得到的图像进行连续处理，达到对信标光的连续跟踪。

在对 CCD 采集的图像连续处理过程中，对于如图 4-31 所示的共线情况，光斑 1 沿光斑 0 和光斑 2 所成线段运动，只有当光斑 1 一次运动的前后两个位置正好是关于光斑 0 和光斑 2 的对称位置时，半圆判别量 ΔS_3 和弧长判别量 ΔL_3 同时为 0，即在这种特殊运动状态下，点噪声分布的第三特征值向量没有相应变化而点噪声的分布发生了变化。与点噪声分布的第二特征值向量相比较，第三特征值向量能更好度量点噪声分布的变化。

4.3 捕获性能影响因素

捕获是卫星光通信链路建立的基础，空间环境及卫星光学平台自身因素对捕获性能都会产生影响。本节将介绍影响捕获性能的主要因素，包括预瞄准误差、卫星姿态稳定度、卫星平台振动、固定偏移量大小、光终端系统误差及点噪声特性等。

4.3.1 瞄准误差对通信链路的影响

建立光通信链路的过程中,首先需要光终端控制发射光束瞄准指向目标终端,使发射光束覆盖目标终端,同时接收来自目标终端的光束,实现双向光终端捕获。然而,由于瞄准坐标系、卫星平台轨道预测误差、卫星平台姿态测量误差、瞄准角度预测误差和光终端瞄准误差等的存在,光终端实际瞄准角度偏离了理想角度,出现一定的不确定范围。通常,为了保证光通信链路的建立,采用扩大扫描范围的方式,但随着瞄准误差的增大,不确定范围变大,使得光终端捕获彼此光束的概率变小,捕获时间变大,无法有效解决问题。

对于光通信终端瞄准误差的统计分布情况,在一些相关文献中已经给出了分析,一般认为瞄准误差的方位角度瞄准误差$\Delta\theta_{Az}$和俯仰角度瞄准误差$\Delta\theta_{El}$均为独立同分布的高斯随机变量。令方位角度误差$\Delta\theta_{Az}$的均值为0,方差为σ_{Az}^2;俯仰角度误差$\Delta\theta_{El}$的均值为0,方差为σ_{El}^2,且$\Delta\theta_{Az}$,$\Delta\theta_{El}$满足圆对称,令方位角度误差$\Delta\theta_{Az}$,俯角度误差$\Delta\theta_{El}$满足如下条件:

$$\begin{cases} \sigma_{Az} = \sigma_{El} = \sigma_p \\ \Delta\theta = \sqrt{\Delta\theta_{Az}^2 + \Delta\theta_{El}^2} \end{cases} \qquad (4\text{-}102)$$

则可以获得瞄准误差概率密度函数如下:

$$p(\Delta\theta) = \frac{\Delta\theta}{\sigma_p^2} \exp\left(-\frac{\Delta\theta^2}{2\sigma_p^2}\right) \qquad (4\text{-}103)$$

光通信终端瞄准误差为二维对称高斯分布,那么单场扫描的捕获概率为

$$P_A = \frac{1}{2\pi\sigma_p^2} \iint_{\Omega_p} \exp\left(-\frac{\theta_{Az}^2 + \theta_{El}^2}{2\sigma_p^2}\right) d\theta_{Az} d\theta_{El} \qquad (4\text{-}104)$$

其中,设ψ_p为立体角Ω_p对应的平面角,显然在俯仰角和方位角方向的扫描范围均为$\pm\psi_{p/2}$,积分区域为半径$\psi_{p/2}$的圆面,求解积分可得

$$P_A = 1 - \exp\left(-\frac{\psi_p^2}{8\sigma_p^2}\right) \qquad (4\text{-}105)$$

定义光通信终端在瞄准不确定范围内扫描一次为单场扫描。令T_S为终端单场捕获所需时间,若全场扫描所需要的时间为T_u,则光通信终端链路捕获时间T_M的期望值为

$$\begin{aligned} E(T_M) = {} & E(T_S) \cdot P_A + (T_u + E(T_S))(1 - P_A) + \cdots \\ & + \left[(n-1)T_u + E(T_S)\right](1 - P_A)^{n-1} \end{aligned} \qquad (4\text{-}106)$$

将上式进行整理,可得

$$E(T_M) = E(T_S) \cdot P_A + \sum_{i=2}^{n}\left[E(T_S)+(i-1)T_u\right](1-P_A)^{i-1} \quad (4\text{-}107)$$

当扫描场次 $n \to \infty$,且 $0 < P_A < 1$ 时,捕获时间可以表示为

$$E(T_M) = E(T_S)\left(\frac{1-P_A+P_A^2}{P_A}\right) + T_u\left(\frac{1-P_A}{P_A^2}\right) \quad (4\text{-}108)$$

在 ψ_p 不变的情况下,提高瞄准精度,减小瞄准误差将等同于减小瞄准的不确定区域,即减小了瞄准误差的标准差 σ_p,那么单场的捕获概率 P_A 显著增加。在终端单场捕获所需时间 T_S、全场扫描所需要的时间 T_u 不变的情况下,随着 P_A 的增加,捕获时间 T_M 减小。实际上,随着瞄准精度的提高,瞄准不确定区域减小,终端单场捕获所需时间 T_S、全场扫描所需要的时间 T_u 都会变小,使得捕获时间 T_M 变得更小。由此可见,光通信终端的瞄准误差对激光链路建立和保持有较大影响,为确保卫星光通信链路的成功建立和稳定跟踪,需要对影响捕获性能的几种关键因素进行研究分析。

4.3.2 预瞄准误差

卫星间光通信中,捕获初始阶段预瞄准角度误差由参考坐标系、相对运动补偿方程和瞄准装置几类因素造成。

通常坐标系是根据某一已知的恒星或其他天体定位的,在这种情况下,必须对参照系的运动进行补偿,一般来说这种运动并不是精确已知的。除了实际参考轴的运动,还存在着表观运动,例如,地球从其轨道的一边移动到另一边而导致的恒星视差移动。因此,瞄准控制系统通常无法精确地决定所期望的瞄准方向,参照系的误差将导致瞄准视线方向的不确定性,瞄准只能在基本坐标系建立的精度内进行。

为了补偿发送端和接收端之间的相对运动,需要通过卫星轨道参数和姿态参数建立相对运动补偿方程。瞄准控制系统通过相对运动补偿方程预测两终端的相对运动以对其进行补偿。然而,卫星轨道参数和姿态参数存在一定的误差,不能精确地补偿这种运动,最终导致瞄准误差。

在卫星间光通信终端中,望远镜或透镜通过电子或机械进行连接,并通过传感器反馈进行瞄准控制。应力、噪声、安装结构、温度变化等因素造成的误差将使光束不能精确地瞄准。

卫星间光通信中,信号传输的距离很大,使得传输的弛豫时间较长。当考虑两颗卫星间的相对运动时,发送端的瞄准操作将进一步受阻碍。在这种情况下,发射端必须将光束实际瞄准到接收端的"前方"以便接收端进行信号接收。也就是

说，发送端在瞄准时必须要考虑到在光束传输弛豫时间内所发生的两星间的附加移动，以对准到预计的角位置。

4.3.3 卫星姿态稳定度

卫星姿态微小变化（姿态漂移和振动）将影响光束的传播方向，因此在进行捕获扫描过程中，应对卫星姿态的变化进行一定的补偿。为此，在进行实验研究之前，有必要建立相应的天线扫描捕获理论模型。

设终端 A 为信标光发射端，终端 B 为天线扫描捕获端。捕获定义：将终端 B 接收天线瞄准在终端 A 光场到达的方向，如图 4-36 所示。

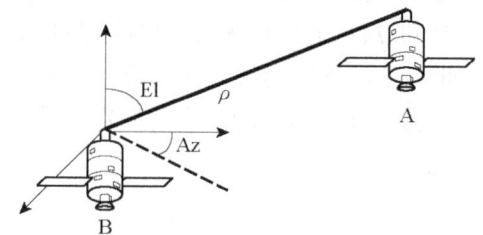

图 4-36 坐标系示意图

以终端 B 接收望远镜光阑中心为原点，建立星上运动坐标系 (ρ, Az, El)，其中的三个量分别表示斜距、方位角和俯仰角。我们假设：在信标光场进入终端 B 捕获探测器时刻，终端 A 的坐标 Az 和 El 相互独立且服从同一正态分布 $N(0,\sigma^2)$。暂不考虑信标光束散角内光强变化及噪声的影响，在扫描角度范围 Ω_u 内的捕获概率为

$$P_A = \iint_{\Omega_u} \frac{1}{2\pi\sigma^2} e^{-\frac{(Az^2+El^2)}{2\sigma^2}} dAzdEl \qquad (4\text{-}109)$$

激光波束属于针状波束，按扫描时波束在空间的运动规律，可采用的扫描方式有分行扫描、锯齿形扫描和螺旋扫描等。图 4-37 为采用分行扫描方式时的扫描轨迹，其中 Ω_r 为捕获分辨角，与终端 B 的探测视阈有关。通常 Ω_u 和 Ω_r 为毫弧度量级，可对其进行小角度近似。在 Ω_u 内的扫描行数为

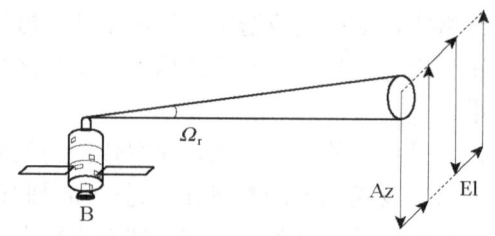

图 4-37 分行扫描轨迹

$$N_S \approx \frac{\sqrt{\pi \Omega_u}}{2\sqrt{\Omega_r}(1-\xi)} \qquad (4\text{-}110)$$

由前面的假设，Az 和 El 扫描范围相同，则天线扫描的最大捕获时间为

$$T_A \approx \frac{N_S^2 N_A}{F_A} = \frac{\pi \Omega_u N_A}{4(1-\xi)^2 \Omega_r F_A} \qquad (4\text{-}111)$$

其中，F_A 为系统带宽；N_A 为扫描场次，由瞄准偏差、卫星姿态精度等因素决定，若在扫描捕获期间,终端 B 的捕获天线始终在终端 A 信标光的束散角之内,则 N_A 为 1；ξ 为两相邻波束间的重叠度，与卫星平台姿态稳定度及捕获分辨角有关。设 θ_{AV} 为扫描期间由姿态漂移和振动造成的最大角度偏离，ξ 可表示为

$$\xi = \frac{\sqrt{\pi}\theta_{AV}}{2\sqrt{\Omega_r}} \qquad (4\text{-}112)$$

系统设计应保证 $0 \leqslant \xi < 1$，否则将可能出现漏扫实现。可得最大捕获时间和捕获概率间的关系式：

$$P_A = 1 - \exp(-C_A T_A) \qquad (4\text{-}113)$$

其中

$$C_A = \frac{\left(2\sqrt{\Omega_r} - \sqrt{\pi} A_V\right)^2 F_A}{2\pi^2 \sigma^2 N_A} \qquad (4\text{-}114)$$

对于特定的天线扫描捕获系统和星上动力学环境，C_A 为常量。

实测结果表明，相对于捕获扫描的角度范围，星上微振动的幅值很小并且是有限的。因此，可以采取在扫描间隔处设置一定的重叠的方法，来克服星上微振动对捕获的影响。给出了考虑星上微振动时扫描间隔的表达式，可得出与星上微振动最大幅值 δ_{max} 有关的分行扫描单场平均捕获时间表达式：

$$ET_{Ac} == \frac{\theta_u^2 + \theta_u\left(\sqrt{2}\theta_r - 2\delta_{max}\right)}{\left(\sqrt{2}\theta_r - 2\delta_{max}\right)^2 F_{Ac}} 2P_{Ac} \qquad (4\text{-}115)$$

仿真计算中，取扫描范围 $\theta_u = 20\text{mrad}$，捕获概率 $P_{Ac}=98\%$，δ_{max} 分别取 50μrad，100μrad 和 200μrad。图 4-38 为捕获控制系统带宽 F_{Ac} 与平均捕获时间的关系曲线，图 4-39 为捕获分辨角 θ_r 与平均捕获时间的关系曲线。可以看出，随着振动幅值的增加，平均捕获时间也增大，捕获性能下降，而通过增加捕获控制系统带宽或捕获分辨角均可以对其影响进行补偿。

通过对图 4-38 和图 4-39 进行对比可知，增大捕获分辨角对振动影响的补偿效果更为明显（图 4-39 中的纵轴为对数坐标）。在捕获系统的实际过程中，增大捕获分辨角的同时也引进了更多的噪声，这给光学滤波和信号处理带来了困难。增大捕获分辨角会使处理数据量增加，进而影响捕获控制系统带宽。尽管这样，

从上面的数值仿真结果来看,在捕获系统的设计过程中,应尽可能地增大捕获分辨角以提高捕获系统的性能。

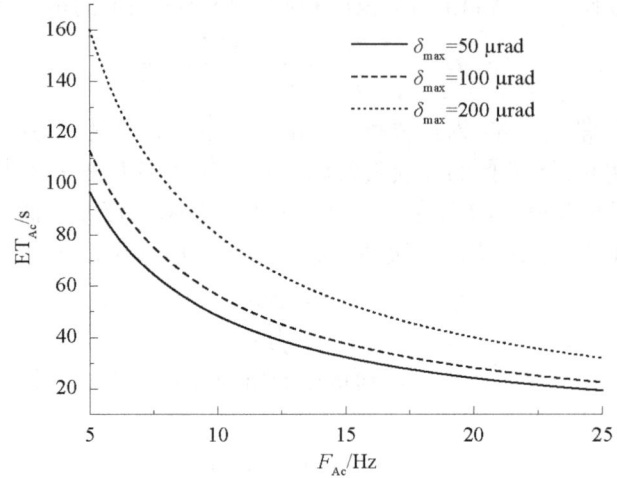

图 4-38 F_{Ac} 与 ET_{Ac} 关系曲线

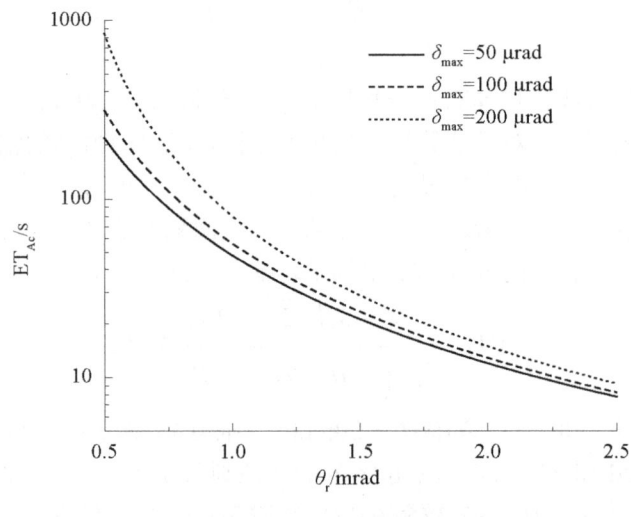

图 4-39 θ_r 与 ET_{Ac} 关系曲线

4.3.4 光终端系统误差

对于光终端中系统误差造成的瞄准误差的表现及分布情况,在一些文献中已经给出了相关分析,一般认为光终端的方位角瞄准误差和俯仰轴瞄准误差均是独立同分布高斯随机变量,并且利用这种假设针对光终端瞄准性能与通信链路建立的捕获概率、单场和多场捕获时间、通信误码率等的关系进行了研究。而对激光通信终端的光、机、电等系统产生的具体误差的分析研究还未见报道。

在光学望远镜瞄准误差方面,对于地平式天文望远镜(类似经纬仪式光终端结构)的系统误差研究比较深入。由于在经纬仪结构中,系统的光学轴系与机械轴系相对位置固定,可以彼此等效,所以利用球面三角学可以获得比较好的分析结果。利用已经建立了的基本参数模型、转台模型等,可详细分析经纬仪结构系统误差,进而修正天文望远镜的瞄准误差。这些误差模型保证了地面天文、光电望远镜的高精度工作。同时,在确保高质量观测数据的同时,极大地降低了地平式天文望远镜的制造成本和装调难度。然而,对于卫星光通信终端而言,由于不同于经纬仪光终端的特殊结构,经纬仪系统误差模型不适用于现有终端结构。以潜望式卫星激光通信终端为例,光学轴系与机械轴系相对分离的特点,使得球面三角学不能解决潜望式结构中的系统误差问题。因此,要分析光终端系统误差影响、提高瞄准精度,需要针对特定光终端工作原理及光束传输方式进行深入分析,找出适用于卫星光通信终端的瞄准误差修正方法。

如图 4-40 所示,潜望式光终端粗瞄准机构光路由方位轴、方位轴 45°平面镜、俯仰轴、俯仰轴 45°平面镜以及出光轴组成。发射光束由光源发射,经过透射镜、反射镜、望远镜等光学器件,入射到潜望式终端粗瞄准机构中,经过粗瞄准机构的两个 45°平面镜反射,出射光终端。潜望式光终端粗瞄准机构是通过绕方位轴和俯仰轴旋转这两个 45°平面镜来实现对输出的光束瞄准方向的控制。因此,潜望式光终端的瞄准指向依赖于方位轴和俯仰轴轴系;光束的发射方向则依赖于粗瞄准机构中可绕两轴旋转的两个 45°平面镜。上述结构造成在潜望式光终端中,终端的系统光学轴系与机械轴系既相对分离,又相互复合关联,而这种复合关联还随光终端粗瞄准方位角与俯仰角变化而变化。因此,在潜望式光终端中,机械轴系误差不能简单地等价于光学轴系误差。机械轴系误差会对光终端的瞄准精度产生影响,且随着光终端不同的姿态角度而变化。

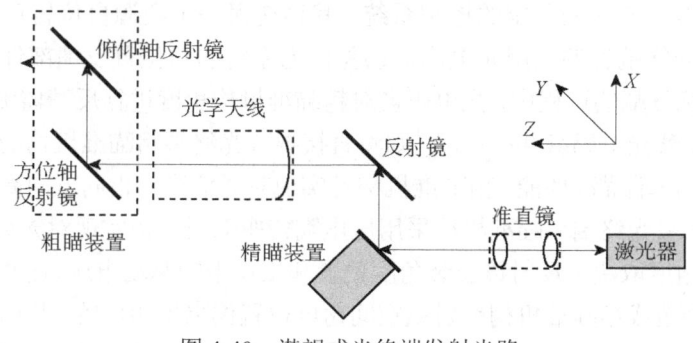

图 4-40 潜望式光终端发射光路

潜望式光终端中的机械误差主要体现为终端粗瞄准机构轴系误差。机械轴系通常存在三种误差：垂直度误差、回转误差、轴向误差。对于潜望式光终端方位轴系和俯仰轴系而言，影响终端瞄准精度的是垂直度误差和回转误差。其中轴系的垂直度误差是相对稳定的，它表征相互垂直的两个轴之间偏离垂直关系的程度，与轴系所处的状态无关；轴系的回转误差则是由转轴的加工偏差、安装间隙等原因造成，随着转轴角度位置变化而周期性变化的误差。由于在潜望式结构中，机械轴系误差首先造成45°平面镜偏离理想的空间位置，进而造成经过45°平面镜反射的光学轴系出现误差，使得出射光终端光束偏离理想位置。由于45°平面镜可以绕轴旋转，在旋转过程中，45°平面镜偏离理想位置的程度不断变化，使得在潜望式光终端中轴系误差对瞄准光束的影响更加复杂。因此，在潜望式光终端粗瞄准机构中轴系误差是影响光终端瞄准精度的重要因素。

潜望式光终端中，光学器件的位置误差会造成光终端发射光轴偏离理想位置，是影响终端的瞄准精度的重要因素，在本书中统称为光终端发射光轴误差。在理想无误差的潜望式光终端中，方位轴45°平面镜应与方位轴轴线成45°，俯仰轴45°平面镜应与俯仰轴轴线成45°。然而实际上，机械加工、装调、温度变化等原因会造成粗瞄准机构45°平面镜相对于理想位置出现一定的角度和位置偏差，进而使得终端发射光束出现瞄准误差。由于潜望式光终端粗瞄准机构光路随姿态角度不断变化，这种平面镜误差对光终端瞄准性能影响更加复杂。另外，光终端中的望远镜、光学透镜、光学反射镜等器件位置误差也会使由光源入射到潜望式粗瞄准机构的光束偏离理想位置，造成光终端瞄准误差，对于这些由光学器件误差引起的光终端瞄准误差的研究也是必不可少的。

为满足卫星光通信链路对终端瞄准捕获跟踪性能的高精度要求，目前光终端中普遍采用了粗、精结合的复合轴控制机构：采用粗瞄准机构实现对目标的大范围、低带宽的瞄准；采用精瞄准机构实现对通信光束的小范围、高精度控制。因此，在光终端中，粗瞄准机构和精瞄准机构的系统误差将影响光终端瞄准性能。光终端粗瞄准机构作为稳定的控制系统，其系统误差主要源自位置反馈单元的误差。目前，光终端普遍采用光电码盘误差作为系统的角位置反馈部件。在光终端瞄准指向目标终端的过程中，光电码盘对粗瞄准机构角度进行反馈监测，实现高精度闭环控制。若光电码盘存在误差，则将直接导致光终端粗瞄准机构的定位角出现误差，影响光终端瞄准性能。精瞄准机构是实现对通信光束指向方向高精度瞄准的关键器件。一般光终端精瞄准机构采用压电陶瓷驱动反射镜实现对光束的控制，反射镜的反射角度取决于反射镜安装角度位置和工作中的驱动电压，这两个方面中出现误差时，会造成精瞄准机构反射镜空间角度位置偏离理想位置，从而造成光终端瞄准误差。因此，对于光终端中的粗精瞄定位角误差进行分析也是十分必要的。

综上所述，在潜望式光终端中，机械轴系误差、发射光轴误差、粗精瞄定位角误差是影响光终端瞄准精度的重要因素，由于这些误差均为系统误差，如果能对这些光终端主要系统误差对光终端瞄准误差的影响进行建模，并可以通过测试获得这些系统误差的数值，则可通过修正瞄准控制软件的方法进行补偿，提高卫星光通信终端瞄准精度，有效缩小扫描范围，提高捕获性能。

4.3.5 点噪声

卫星光通信中通常所采用的信标光波长约为 800nm，而恒星背景光的光谱范围相对较宽，包含信标光的波长范围。在链路建立过程中，恒星背景光一旦进入卫星光通信终端将形成点噪声，与信标光进入卫星光通信终端之后形成的点像在形状、亮度等方面很相似，将会干扰光信号的识别捕获。

恒星背景光对卫星激光链路信标光识别捕获产生影响的条件是：①在星间激光链路的建立和保持过程中，恒星背景光进入光通信终端接收天线的视域；②恒星背景光进入终端的光功率要高于光通信终端的探测灵敏度。链路中卫星的相对运动过程是渐变的，而且速度是均匀变化的。由于恒星在天球中分布不均匀，因此不同时刻进入同一链路的恒星均不相同。在链路周期内恒星背景噪声的分布与恒星本身的位置以及卫星光通信终端接收天线的瞄准角度相关。

设星间激光通信链路是由卫星 M 和卫星 N 上的光通信终端建立的，S 为恒星，信标光从卫星 M 到卫星 N 传输。如果忽略两者之间的指向误差，则 M 到 N 的连线矢量为 R_{NM}，即卫星 N 上终端的天线指向矢量，恒星 S 与卫星 N 之间的连线矢量为 R_{NS}。

下面分析恒星背景光对卫星 N 上的光通信终端产生影响。假设卫星 N 上的光通信终端的视场角为 θ_N，则恒星可能对卫星 N 上的光通信终端产生影响的条件是连线矢量 R_{NS} 与连线矢量 R_{NM} 之间的夹角 θ_S 要小于 θ_N。

根据余弦定理，θ_S 可以如下计算：

$$\theta_S = \arccos\left(\frac{R_{NS} \cdot R_{NM}}{|R_{NS}| \cdot |R_{NM}|}\right) \approx \left(\frac{n_S \cdot R_{NM}}{|R_{NM}|}\right) \quad (4\text{-}116)$$

其中，n_S 为恒星 S 在地心赤道坐标系下的单位位置矢量。

在地心赤道坐标系中，恒星在宇宙中的方位通常采用赤经角和赤纬角表示。所以，n_S 可以表示为

$$n_S = \begin{pmatrix} \cos \mathrm{Dec} \cdot \cos \mathrm{RA} \\ \cos \mathrm{Dec} \cdot \sin \mathrm{RA} \\ \sin \mathrm{Dec} \end{pmatrix} \quad (4\text{-}117)$$

式中，Dec 和 RA 分别为恒星 S 在地心赤道坐标系中的赤经角和赤纬角。

根据前面的分析可知，由于恒星背景光的距离非常远，卫星光通信终端的视域又非常有限，所以一旦恒星背景光能够进入卫星光通信终端，入射到卫星光通信终端的图像处理单元探测器中的各个点噪声的相对位置就会比较稳定，这也为利用星间激光链路点噪声分布拓扑特性进行信标光捕获提供了条件。

4.4 捕获扫描工程实现方法

本节将介绍捕获扫描的实现过程，分别介绍了在分行扫描和螺旋扫描方式下链路捕获概率和时间。根据捕获扫描的指标要求，介绍扫描范围选取的原则以及扫描重叠角的设置方法，从工程角度实现激光链路的单向和双向捕获过程。

4.4.1 扫描方式及时间

在卫星间光通信过程中，应选择最佳的扫描方式以在最短的时间内完成捕获。激光波束属于针状波束，按扫描时波束在空间的运动规律，较为典型的扫描方式有分行扫描、螺旋扫描和分行式螺旋扫描等。在外部环境和系统参数相同的条件下，不同的扫描方式关系到平均捕获时间的长短。图 4-41 为分行扫描和螺旋扫描过程中捕获视场中心的扫描轨迹示意图。

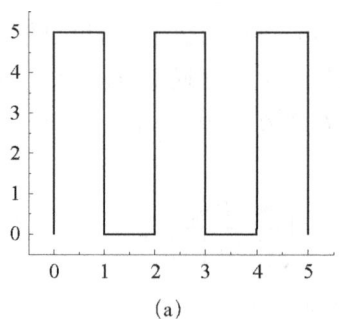
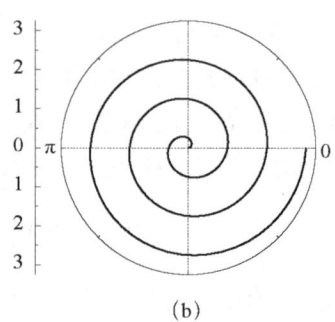

图 4-41 扫描轨迹示意图

以扫描范围的中心为原点，以扫描在俯仰和方位两个方向的角位移为坐标轴，建立平面直角坐标系。在该坐标系中，分行扫描在两个角方向上的扫描范围分别为 $\pm\theta_{uv}/2$ 到 $\pm\theta_{uh}/2$。当捕获探测器视阈中心的坐标为 (θ_v, θ_h) 时，对应的分行

扫描的角度路程可表示为

$$L_1(\theta_v, \theta_h) \approx \begin{cases} \dfrac{1}{2}\left(\dfrac{\theta_{uv}+2\theta_v}{I_\theta}\theta_{uh}+\theta_{uh}-2\theta_h\right), & \theta_h\downarrow \\ \dfrac{1}{2}\left(\dfrac{\theta_{uv}+2\theta_v}{I_\theta}\theta_{uh}+\theta_{uh}+2\theta_h\right), & \theta_h\uparrow \end{cases} \quad (4\text{-}118)$$

其中，$\theta_h\downarrow$ 和 $\theta_h\uparrow$ 分别表示当前时刻方位角减少和增加两种情况。根据扫描的角度路程，可得分行扫描的扫描时间函数为

$$T_1(\theta_v, \theta_h) = \frac{L_1(\theta_v, \theta_h)}{I_\theta F_{AC}} \quad (4\text{-}119)$$

为了方便分析螺旋扫描，将讨论分行扫描过程中建立的平面直角系变换为极坐标系，取 $\rho_{Sc}=\sqrt{\theta_v^2+\theta_h^2}$，$\theta_{Sc}=\arcsin\theta_h/\rho$。这时，螺线扫描的轨迹方程为

$$\rho_{Sc} = \frac{I_\theta}{2\pi}\theta_{Sc} \quad (4\text{-}120)$$

当捕获探测器视阈中心的坐标为 (ρ_{Sc}, θ_{Sc}) 时，对应的螺旋扫描的角度路程可表示为

$$L_2(\rho_{Sc}) \approx \int_0^{\theta_{Sc}} \rho d\theta' = \frac{\pi\rho_{Sc}^2}{I_\theta} \quad (4\text{-}121)$$

由式（4-120）和式（4-121）可得螺旋扫描的扫描时间函数为

$$T_2(\rho_{Sc}) = \frac{L_2(\rho_{Sc})}{I_\theta F_{AC}} = \frac{\pi\rho_{Sc}^2}{I_\theta^2 F_{Ac}} \quad (4\text{-}122)$$

由前面的分析可知，扫描的捕获不确定区域中，中心部分捕获概率较高，边缘部分较低。分行扫描的扫描重叠效率高，但扫描的起始点从捕获概率较低处开始；螺旋扫描的起始点从捕获概率较高处开始，但扫描重叠效率低。为此，有人综合上述两种扫描方式的优缺点，提出采用分行式螺旋扫描取代分行扫描和螺旋扫描进行捕获（如图4-42）。

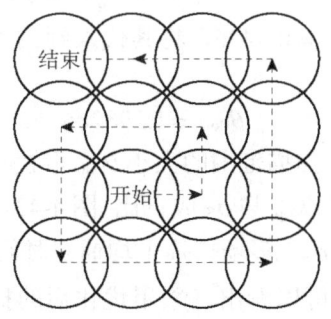

图 4-42　分行式螺旋扫描示意图

与螺旋扫描相比，分行式螺旋扫描在扫描过程中捕获视域间隔的重叠浪费较小。与分行扫描相同，分行式螺旋扫描也需要粗瞄转台进行多次启停操作，直接驱动难以保证扫描精度，一般多采用步进电机结合减速器实现驱动。考虑到很难求出精确的扫描时间解析表达式，对分行式螺旋扫描的分析将在后面的计算机仿真和实验室模拟实验中进行。

4.4.2 扫描范围选取

对于单场扫描，扫描范围取决于捕获概率要求和最大捕获时间限制。而对于多场扫描，通过分析平均捕获时间理论模型可知，存在最佳扫描不确定域使得多场扫描捕获时间最少。

理论上，多场扫描的最佳不确定域可通过对扫描范围 θ_U 进行求导，并令导数等于零得到，即

$$\frac{\partial \mathrm{ET}_{MII}}{\partial \theta_U} = 0 \qquad (4-123)$$

为了简化分析，令

$$\varepsilon = \theta_U^2 / 2\sigma_S^2 \qquad (4-124)$$

此时，式（4-123）等效为

$$\frac{\partial \mathrm{ET}_{MII}}{\partial \theta_U} = \frac{\partial \mathrm{ET}_{MII}}{\partial \varepsilon} \frac{\mathrm{d}\varepsilon}{\mathrm{d}\theta_U} = 0 \qquad (4-125)$$

进一步可以简化为

$$\frac{\partial \mathrm{ET}_{MII}}{\partial \varepsilon} = 0 \qquad (4-126)$$

具体展开为

$$\varepsilon \exp(-\varepsilon) + \frac{\exp(-\varepsilon)}{1-\exp(-\varepsilon)} - \frac{\varepsilon \exp(-\varepsilon)}{\left[1-\exp(-\varepsilon)\right]^2} = 0 \qquad (4-127)$$

方程（4-127）的解为 $\varepsilon = 0.8426$，将其代入到式（4-124）中，可得多场扫描中每场的最佳扫描范围为

$$\theta_{Uopt} = 1.2982\sigma_S \qquad (4-128)$$

式（4-128）表明，最佳扫描范围的大小 θ_{Uopt} 取决于目标卫星在不确定域内随机出现位置的标准差 σ_S，且 θ_{Uopt} 与 σ_S 成正比。图 4-43 给出了传统情况下 $\theta_U = 3\sigma_S$ 和最佳情况下 $\theta_{Uopt} = 1.2982\sigma_S$，多场扫描平均捕获时间 ET_{MII} 随目标卫星随机偏置角标准差 σ_S 变化的比较。可以看出，采用优化后的扫描范围，在同样的捕获概率要求下，捕获时间显著缩短。

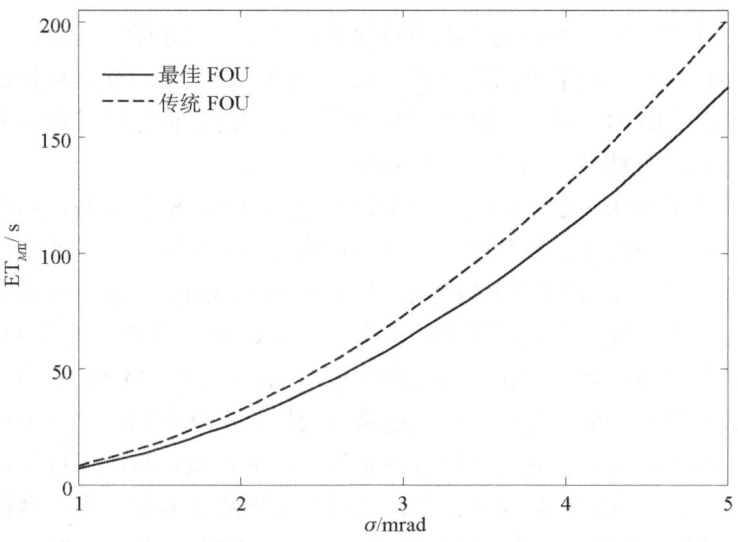

图 4-43 多场扫描平均捕获时间随偏置角标准差的变化

4.4.3 扫描重叠角设置

固定偏移量对捕获的影响较大,而随机偏移量对捕获的影响较小,可以通过增加扫描重叠进行补偿。在同样的扫描时间要求下,螺旋扫描的覆盖区域普遍小于分行扫描,这是由于螺旋扫描的重叠覆盖效率比分行扫描低。此外,随着扫描范围的增大,捕获概率有下降趋势。这是由于随着扫描步数的增加,为克服随机偏移量(星上微振动)对扫描的影响,加入的扫描重叠数目越来越多。因此,应尽可能增大扫描角度间隔 I_θ 以减少扫描步数。对实际的捕获系统来说,则应尽可能增大捕获探测器的视阈或捕获信标光发散角。

4.4.4 捕获探测方法选择

在瞄准捕获跟踪光学探测器方面,目前主要采用 CCD 和 QD。日本的卫星光通信终端,以及美国和 ESA 早期的卫星光通信终端大都采用 CCD 作为粗瞄和捕获探测器,采用 QD 作为精瞄跟踪探测器。CCD 面阵型器件是由微型光电二极管来记录图像的光强分布,再通过电荷的逐个依次转移读出每个像素上的电荷量。根据电荷转移方式的不同又分为帧转移 CCD、行转移 CCD 和开关型 CCD。在 ESA 的 SILEX 和美国的 OCD 中,采用 CCD 同时作为粗瞄和精瞄探测器。通过控制 CCD 输出像素面阵的大小改变探测视阈和采样频率,捕获过程中使用大视阈和较低采样频率,跟踪过程中则使用小视阈和较高采样频率。上述两种信标光信号探测方式中,第一种的处理电路较简单,但采用的光学元器件较多;第二种的处理电路较复杂,但整个瞄准捕获跟踪系统的光路大大简化。从目前的发展趋势来看,"采用 CCD 同时作为粗瞄和精瞄探测器"的信标光信号探测方案还有一定的发展潜力,更被各国的研究机构看好。

近几年来 CMOS 成像器件技术的发展很快,CMOS 更大的优势在于它可以将信号放大、数模转换、数字图像处理与存储等功能电路,部分或全部地集成到一块 CMOS 芯片上,形成片上成像系统(camera on chip),这无疑对今后卫星光通信终端小型化、轻量化具有重要的意义。面阵 CMOS 器件则是靠 MOS 芯片上所制造的微型光电管阵列来记录图像的光强分布,并由 CMOS 开关阵列控制每个像素电荷信号的读取,其中行控制电路和列控制电路分别控制一个行开关和一个列开关,由该行开关和列开关坐标决定被选中的像素,从而通过闭合的开关输出光电信号。由于 CMOS 成像器件是通过开关电路实施像素上光电信号传输,因此,通过对开关逻辑的控制,图像信息完全可以根据应用的目的有选择地获取,从而形成智能像素器件(active pixel sensor)。

参 考 文 献

[1] Kaufmann J E, Chan V W S. Coherent optical intersatellite crosslink systems. Proc. IEEE,1988,32:0533-0540

[2] Yu S Y, Gao H D, Ma J, et al. Selection of acquisition scan methods in intersatellite optical communications. Chinese Journal of Lasers,2002,B11(5):364-368

[3] 马晶,韩琦琦,于思源,等. 卫星平台振动对星间激光链路的影响和解决方案. 光电子激光,2004,15(4):472-476

[4] 于思源,马晶,谭立英,等. 激光星间链路中天线扫描捕获技术实验室模拟研究. 中国激光,2002,A29(6):498-502

[5] 于思源,马晶,谭立英. 提高卫星光通信扫描捕获概率的方法研究. 光电子激光,2005,16(1):57-62

[6] Hindman C, Toberton L. Beaconless satellite laser acqusiition—modeling and feasibility. MILCOM 2004—IEEE Military Communicatins Conference,2004:41-47

[7] 陈云亮,于思源,马晶,等. 卫星间光通信中多场扫描捕获的仿真优化. 中国激光,2004,31(8):975-978

[8] Harris A, Giuma T A. Minimization of acquisition time in a wavelength diversigied FSO link between mobile platforms. Proc. of SPIE,2007,6551:(655108-1)-(655108-10)

[9] 罗彤. 星间光通信 ATP 中捕获跟踪技术研究. 成都:电子科技大学,2005

[10] Bismoot A, Zaltzman A, Arnon S. Novel method for acquisition and identification of satellite in

a cluster for laser communication applications. Proc. of SPIE, 2002, 4489: 215-221

[11] 杨玉强, 谭立英, 马晶. 星间光通信中局部波前畸变对捕获精度的影响. 强激光与粒子束, 2009, 21 (2): 161-165

[12] Marola G, Santerini D, Prati G. Stability analysis of direct-detection cooperative optical beam tracking. IEEE Transactions on Aerospace and Electronic Systems, 1989, 25 (3): 325-333

[13] Gagliardi R M, Sheikh M. Pointing error statistics in optical beam tracking. IEEE Transactions on Aerospace and Electronic Systems, 1980, AES-16 (5), 674-682

[14] Held K J, Barry J D. Precision optical pointing and tracking from spacecraft with vibrational noise. Proc. of SPIE, 1986, 616: 1-12

[15] Chen C C, Jeganthan M, Lesh J R. Spatial acquisition and tracking for deep space. Proc. of SPIE, 1991, 1417: 240-250

[16] Germann L, Braccio J. Fine steering mirror technology supports 10 nanoradian system. Optical Engineering, 1990, 29 (11): 1351-1359

[17] Gagliardi R M, Sheikh M. Pointing error statistics in optical beam tracking. IEEE Transactions on Aerospace and Electronic Systems, 1980, AES-16 (5), 674-682

[18] Gagliardi R M, Karp S. Optical Communications. New York: Wiley, 1976

[19] Gagliardi R M, Karp S. 光通信技术与应用. 陈根祥, 秦玉文, 赵玉成, 等译. 北京: 电子工业出版社, 1998

[20] Kim I I, Riley B, Wong N M, et al. Lessons lerned from the STRV-2 satellite-to-ground lasercom experiment. Proc. of SPIE, 2001, 4272: 1-15

[21] Ansari H, Voisinet L A. CCD-based control loop for precision beam pointing. Proc. of SPIE, 1994, 2221: 148-151

第 5 章
光束跟踪和振动补偿技术

5.1 概　　述

在完成瞄准和捕获过程后，需要解决的问题就是将对面终端发射出的光束保持在探测器的视域范围内，需要将接收端光阑相对于入射光保持正确定向，这一过程即为跟踪过程。跟踪过程是通过调整硬件装置对探测到的即时瞄准角度误差进行补偿实现的。定义将接收端接收光阑相对于到达光场保持正确定向的操作为光束跟踪。在信号光束被成功地捕获之后，其光场应聚焦到捕获阵列的中心，而这一中心将被共轴地校准到跟踪系统的位置误差传感器上。当聚焦光束偏离中心时，跟踪子系统将产生误差信号。空间跟踪就是根据即时产生的误差信号对光学硬件进行连续的重新调整而实现的。本章主要介绍跟踪和振动补偿的理论方法，在卫星光通信跟踪链路影响因素、跟踪角度偏差获取和振动补偿方法等方面部分参考了国内外研究成果，具体见参考文献[1]~[20]。

跟踪系统通常对方位角和俯仰角两个方向分别进行闭环控制，位置传感器得到方位角和俯仰角两个角方向上的误差信号，通过这些误差信号对瞄准装置进行控制。一般采用分立的伺服环路对方位角和俯仰角分别进行控制，且控制环路采用相同动力学模型。典型的环路控制函数采用低通积分滤波形式，以使误差信号平滑化。滤波器带宽必须足够宽以使跟踪环路能够跟随预期的信号光束移动，同时还要使环路内的噪声最小化。根据卫星链路的不同情况和工作模式，光束跟踪可分为单向跟踪（链路光束开环）或双向跟踪（链路光束闭环）两种方式。

单向跟踪：在星间光通信过程中，一个光终端按照预定输入的轨道参数调节跟瞄装置；另外一个终端按照实际测得的瞄准角度误差，通过控制系统对误差进行补偿。在单向跟踪过程中，要求对卫星轨道和姿态定位的计算非常精确。在精确定位的情况下,对跟瞄装置的控制精度要求较低,甚至只采用粗跟踪就可以达到跟踪精度的要求。但是由于空间环境、系统结果和轨道参数等复杂因素的影响,精确计算轨道参数难以达到。目前,部分星地激光链路采用了单向跟踪方式,但是其跟瞄精度和链路稳定性还较差,受卫星平台性能限制较大,阻碍了通信数据率的提高和通信误码率的降低。

双向跟踪:当卫星的轨道参数和姿态定位的精度相对链路要求较低,无法准确预测时,需要使用双向跟踪方式。与单向跟踪方式不同的是,这种方法对光束偏差探测和粗精瞄准控制系统的要求相当高。实际在轨实验中,对轨道参数和姿态定位计算的随机影响因素较多,精确的定位信息几乎不能实现。所以在星间光通信中,为了提高通信数据率和光通信的可靠性,采用双向跟踪方法是控制系统达到更高精度后的必然趋势。双向光束跟踪为两个终端同时补偿接收到的瞄准角度误差。当瞄准角度误差大于系统能够允许的范围时,会导致瞄准角度误差发散,使链路中断。

5.2 跟踪和振动补偿理论

卫星光通信过程中,跟踪过程实际是连续测量信标在航天器星上俯仰坐标系中的位置,然后把测量信息、航天器姿态信息及 J2000 坐标系中航天器位置信息结合起来实现实时更新天线指向的过程。在出射探测器上地面接收站位置(在 J2000 坐标系中是已知的)是需要瞄准的方向,出射探测器测量出射光束相对于望远镜坐标系统的实际位置,把出射光束的方向和实际瞄准方向之间的偏差反馈给精瞄镜实现瞄准控制。

跟踪过程中,卫星光通信终端同时要参考卫星的实时轨道姿态变化测量数据和。上述跟踪机制现在类似于典型的卫星平台姿态控制系统(陀螺仪+星跟踪器的姿态控制系统),跟踪控制环如图 5-1 所示。

从图中可以看出,跟踪机制包括两个跟踪控制环,其中一个是基于信标跟踪的快跟踪环,另一个是基于卫星平台姿轨测量数据的慢跟踪环。跟踪基本过程如下:先启动精瞄镜及信标探测器,根据航天器及地球星历表计算地球位置及提前瞄准角,更新加速度计的测量信息,使用该测量信息更新航天器的姿态信息,计算出射探测器上出射光斑应在的位置,确定出射光束的中心。读出射探测器,补偿模式噪声和各像素点增益的不同。补偿背景噪声引起的误差及系统抖动引起的误差。启动信标探测器,从信标探测器上读取信标图像,并对其进行数字化处理,计算信标图像的中心,补偿模式噪声和各像素增益的不同。更新图像的背景噪声

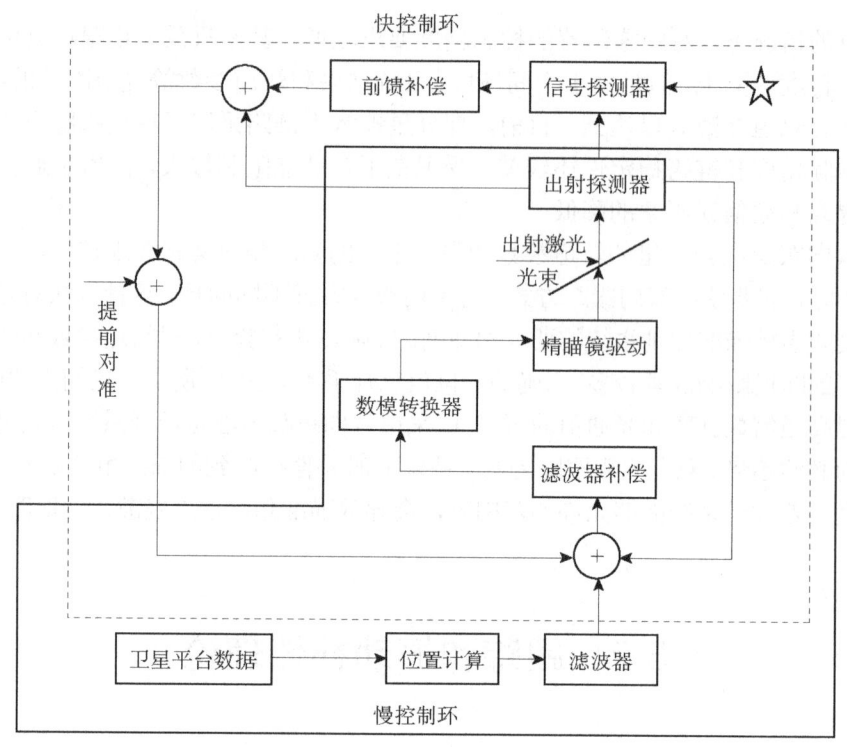

图 5-1 典型的跟踪控制环

和杂散光模式,补偿高杂散光模式下像素的非归一化引起的误差。更新姿态估计,把航天器姿态四要素和补偿后的信标图像结合起来提高航天器的姿态控制精度,实现对信标的跟踪。

5.2.1 开环跟踪

在信号接收端上建立星上坐标系,设($\theta_v(t)$,$\theta_h(t)$)分别为信标光束的俯仰角和方位角,($\phi_v(t)$,$\phi_h(t)$)分别为接收端光阑平面法向量的俯仰角和方位角。接收端与发送端间的瞬时角度误差可表示为

$$\Psi_{v,h}(t) = \theta_{v,h}(t) - \phi_{v,h}(t) \tag{5-1}$$

分别以 $\varepsilon_v(t)$ 和 $\varepsilon_h(t)$ 表示由光学传感器得到的俯仰角和方位角方向的误差信号,这些误差信号经处理后用于瞄准控制系统对($\phi_v(t)$,$\phi_h(t)$)进行修正。因此,式(5-1)还可以表示为

$$\Psi_{v,h}(t) = \theta_{v,h}(t) - \overline{\varepsilon_{v,h}(t)} \tag{5-2}$$

其中,上横线表示环路滤波器的平均效应。式(5-2)为一组单向跟踪过程中瞄准

角度误差的耦合方程。考虑到方程中的误差信号依赖于瞬时瞄准角度误差和环路中的探测器噪声等因素，于是

$$\overline{\varepsilon_{v,h}(t)} = F\left[\overline{g}eaP_{r}S(\Psi_{v,h}(t)) + n_{v,h}(t)\right] \tag{5-3}$$

式中，$F[\cdot]$ 表示信号处理操作；P_{r} 为探测器接收到的信号平均功率；$S(x)$ 为角度误差到误差电压的转换函数；$n_{v}(t)$ 和 $n_{h}(t)$ 分别表示各环路中合成的探测器噪声；$\overline{g}$ 为探测器的平均增益；e 为电子电荷；a 的定义为

$$a = \frac{\eta}{hf} \tag{5-4}$$

其中，η 为光电转换量子效率；h 为普朗克常量；f 为激光光场的频率。由式（5-1）和式（5-2）可得单向跟踪的光束跟踪方程

$$\Psi_{v,h}(t) + F\left[\overline{g}eaP_{r}S(\Psi_{v,h}(t)) + n_{v,h}(t)\right] = \theta_{v,h}(t) \tag{5-5}$$

上式为一对非线性随机方程，描述了 PAT 系统在方位角和俯仰角方向上的联合跟踪操作。跟踪探测器的输出为散弹噪声过程，每个跟踪环路的输入噪声谱电平为

$$N_{0L} = \overline{g^{2}}e^{2}a(P_{r}+P_{b}) + eI_{dc} + N_{oc} \tag{5-6}$$

其中，$\overline{g^{2}}$ 为探测器的均方增益；P_{b} 为背景光功率；I_{dc} 为暗电流；N_{oc} 为热噪声谱电平。当跟踪的角度很小时，可认为角度误差到误差电压的转换函数 $S(x)$ 为线性函数，设 $S(\Psi) = K_{c}\Psi$。采用线性跟踪环路对式（5-5）的跟踪操作进行建模（图 5-2），图中的 G_{L} 和 $F(\omega)$ 分别表示环路增益和环路滤波，显然 $G_{L} = \overline{g}eaP_{r}K_{c}$。

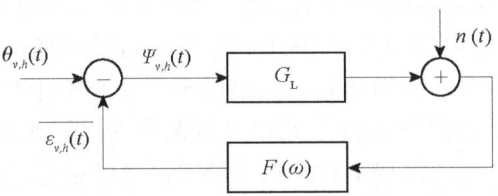

图 5-2　线性化跟踪环路

该线性化跟踪环路可用下面的闭环传递函数来描述

$$H_{L}(\omega) = \frac{S_{\varepsilon}(\omega)}{S_{\theta}(\omega)} = \frac{G_{L}F(\omega)}{1+G_{L}F(\omega)} \tag{5-7}$$

其中，$S_{\varepsilon}(\omega)$ 为输出控制电压信号 $\overline{\varepsilon_{v,h}(t)}$ 的频谱；$S_{\theta}(\omega)$ 为输入角度移动 $\theta_{v,h}(t)$ 的频谱。若环路噪声的频谱为 $S_{n}(\omega)$，则环路噪声的闭环传递函数为

$$H_{N}(w) = \frac{S_{\varepsilon}(\omega)}{S_{n}(\omega)} = \frac{F(\omega)}{1+G_{L}F(\omega)} = \frac{H_{L}(\omega)}{G_{L}} \tag{5-8}$$

在俯仰角方向或方位角方向上，总的跟踪误差的方差为

$$\sigma_e^2 = \frac{1}{2\pi}\int_{-\infty}^{\infty} S_\theta(\omega)|1-H_L(\omega)|^2 d\omega + \frac{1}{2\pi}\int_{-\infty}^{\infty} N_{0L}\left|\frac{H_L(\omega)}{G_L}\right|^2 d\omega \quad (5-9)$$

其中，右边第一项为视线移动引起的未经补偿的误差的方差。若所有的角度偏差信号均在环路带宽（满足$H_L(\omega)\approx 1$的ω范围）内，该项为零。式（5-9）中右边第二项为由环路噪声引起的跟踪角度误差的方差。定义环路噪声带宽为

$$B_L = \frac{1}{2\pi}\int_0^\infty |H_L(\omega)|^2 d\omega \quad (5-10)$$

则由噪声引起的误差的方差可表示为

$$\sigma_n^2 = \frac{2N_{0L}B_L}{G_L^2} = \frac{2B_L\left[\overline{g^2}e^2 a(P_r+P_b)+eI_{dc}+N_{oc}\right]}{(\overline{g}eaP_rK_c)^2} \quad (5-11)$$

可见，单向跟踪过程中由噪声引起的误差与探测器接收到的信号平均功率、探测器背景功率、暗电流、热噪声、探测器响应、环路噪声带宽和转换函数$S(x)$等参量有关。由式（5-11）可知，在所有影响跟瞄误差的因素中，提高光信号功率（提高P_r）和改善角度偏差信号检测精度（提高K_c），可以更为有效地降低噪声对跟瞄的影响。

5.2.2 闭环跟踪

双向光束跟踪时，两个光通信终端同时对来自另一个终端的光束进行跟踪，卫星光通信终端的两端都将产生瞄准角度误差且一端的瞄准精度将影响另一端的误差。因此，两个终端上的瞄准角度误差均为时间和统计上的联合随机变量。

在两颗链路的卫星上分别建立星上坐标系，对于各自的坐标系，设终端1探测到的入射光束的角方向为$\alpha_{v,h}(t)$，终端2探测到的入射光束的角方向为$\beta_{v,h}(t)$。取$\Psi_{v,h}(t)$，$\Phi_{v,h}(t)$分别为终端1和终端2的瞄准角度误差，设

$$\Psi_e(t) = \sqrt{\Psi_v^2(t)+\Psi_h^2(t)} \quad (5-12)$$

$$\Phi_e(t) = \sqrt{\Phi_v^2(t)+\Phi_h^2(t)} \quad (5-13)$$

为简化分析，暂不考虑跟踪中的提前瞄准过程，并且假定每个终端采用相同的光源、跟踪环路和转换函数$S(\Psi)$。t时刻终端1和终端2接收到的总功率分别为

$$P_{T1} = P_{r0}G(\Phi_e(t-t_d)) \quad (5-14)$$

$$P_{T2} = P_{r0}G(\Psi_e(t-t_d)) \quad (5-15)$$

其中，P_r为跟踪误差为零时的接收功率；$G(x)$为光功率损失函数；t_d为光束在两颗链路卫星间传输的时延。终端2在$t_d(s)$之前的瞄准误差将影响终端1在t时刻

的接收功率；同样，终端 1 在 $t_d(s)$ 之前的瞄准误差将影响终端 2 在 t 时刻的接收功率。两终端在双向跟踪时的瞄准角度误差的耦合方程分别为

$$\Psi_{v,h}(t) + F\left[\overline{g}eaP_rG(\Phi_e(t-t_d))S(\Psi_{v,h}(t)) + n_{v,h}(t)\right] = \alpha_{v,h}(t) \quad (5\text{-}16)$$

$$\Phi_{v,h}(t) + F\left[\overline{g}eaP_rG(\Psi_e(t-t_d))S(\Phi_{v,h}(t)) + n_{v,h}(t)\right] = \beta_{v,h}(t) \quad (5\text{-}17)$$

方程（5-16）和方程（5-17）表示一对互相关联的随机光束跟踪方程组，该方程组将双向跟踪过程中的联合瞄准误差联系了起来。方程组通过瞄准系统的动态特性和接收端噪声等参数建立，可以用稳定性的观点进行分析，以决定瞬时解的存在范围和条件。

下面以终端 1 为例分析跟踪误差的统计特性。假定跟踪环路为具有高斯型噪声、线性化及在俯仰角和方位角上无耦合情况。为讨论方便，取

$$x = \Phi_e(t-t_d) \quad (5\text{-}18)$$

$$y = \Psi_e(t) \quad (5\text{-}19)$$

考虑式（5-19），t 时刻终端 1 上由噪声引起的跟踪误差的条件方差为

$$\sigma_n^2\big|x = \frac{2B_L\left[\overline{g^2}e^2aP_rG(x) + \overline{g^2}e^2aP_b + eI_{dc} + N_{oc}\right]}{\left[\overline{g}eaP_rG(x)K_c\right]^2} \quad (5\text{-}20)$$

当 $\overline{g^2}e^2aP_rG(x) \gg \overline{g^2}e^2aP_b + eI_{dc} + N_{oc}$ 时，称为接收探测器量子极限情况，这时

$$\sigma_n^2\big|x = \frac{2B_L}{aP_rK_c^2}G^{-1}(x) \quad (5\text{-}21)$$

当 $\overline{g^2}e^2aP_rG(x) \ll \overline{g^2}e^2aP_b + eI_{dc} + N_{oc}$ 时，称为接收探测器噪声极限情况，这时

$$\sigma_n^2\big|x = \frac{2B_L\left[\overline{g^2}e^2aP_b + eI_{dc} + N_{oc}\right]}{\left(\overline{g}eaP_rK_c\right)^2}G^{-2}(x) \quad (5\text{-}22)$$

实际的情况应该介于上述两种情况之间，故可通过使 $G(x)$ 的指数在-1 和-2 间变化而得到式（5-20）一般化的表达式

$$\sigma_e^2\big|x = \sigma_n^2 G^{-q}(x) \quad (5\text{-}23)$$

指数 q 位于 1 和 2 之间，σ_n^2 为终端 2 在 $t-t_d$ 时刻准确瞄准终端 1 时的跟踪误差的方差，其表达式为前面的式（5-22）。由前面的假设，终端 1 上的瞄准误差振幅 $\Psi_e(t)$ 应为条件瑞利分布，概率密度为

$$p(y|x) = \frac{y}{\sigma_n^2 G^{-q}(x)}\exp\left[-\frac{y^2}{2\sigma_n^2 G^{-q}(x)}\right] \quad (5\text{-}24)$$

误差振幅变量 x 和 y 的联合概率密度可表示为

$$p(x,y) = p(y|x)p(x) \quad (5\text{-}25)$$

5.2.3 跟踪稳定性

对于双向闭环跟踪，$p(x)$可以通过假定终端 2 上的瞄准误差在 $t - t_\mathrm{d}$ 时刻之前已达到稳态来进行近似。通过分析跟踪误差方差的变化，可以对稳态条件进行估计。如果达到稳态，则在一个循环中方差不再增加。取迭代的间隔为 t_d，在 $(i+1)$ 时刻的方差应为 it_d 时刻方差的平均值

$$\sigma_{i+1}^2 = \int_0^\infty \left(\sigma_n^2 \middle| x\right) p_i(x)\mathrm{d}x = \sigma_0^2 \int_0^\infty G^{-q}(x) p_i(x)\mathrm{d}x \tag{5-26}$$

$p_i(x)$ 为 $x = \Phi_e(it_\mathrm{d})$ 的概率密度，取其为瑞利分布

$$p_i(x) = \frac{x}{\sigma_i^2}\exp\left(-\frac{x^2}{2\sigma_i^2}\right) \tag{5-27}$$

在 5.2.4 中将对光功率损失函数 $G(x)$ 的表达式进行详细的推导，这里先直接引用。对于束宽为 θ_b 的激光束，

$$G(x) = \exp\left(-\frac{8x^2}{\theta_\mathrm{b}^2}\right) \tag{5-28}$$

将式（5-27）和式（5-28）代入式（5-26）可得

$$\sigma_{i+1}^2 = \frac{\sigma_\mathrm{n}^2}{\sigma_i^2}\int_0^\infty x\exp\left[\left(\frac{8q}{\theta_\mathrm{b}^2} - \frac{1}{2\sigma_i^2}\right)x^2\right]\mathrm{d}x \tag{5-29}$$

由该式可知，σ_{i+1}^2 为有限值的条件是

$$\sigma_i^2 \leqslant \frac{\theta_\mathrm{b}^2}{16q} \tag{5-30}$$

这时，我们有

$$\sigma_{i+1}^2 = \frac{\theta_\mathrm{b}^2 \sigma_\mathrm{n}^2}{\theta_\mathrm{b}^2 - 16q\sigma_i^2} \tag{5-31}$$

如果存在稳态解，要求 $\sigma_{i+1}^2 = \sigma_i^2 \triangleq \sigma_\mathrm{ss}^2$，代入式（5-31）可得

$$16q\sigma_\mathrm{ss}^4 - \theta_\mathrm{b}^2\sigma_\mathrm{ss}^2 + \theta_\mathrm{b}^2\sigma_\mathrm{n}^2 = 0 \tag{5-32}$$

该式为关于 σ_ss^2 的一元二次方程，具有实数解的条件是

$$\sigma_\mathrm{n}^2 \leqslant \frac{\theta_\mathrm{b}^2}{64q} \tag{5-33}$$

求解式（5-32）可得

$$\sigma_\mathrm{ss}^2 = \frac{1 \pm \sqrt{1 - 64q\sigma_\mathrm{n}^2\theta_\mathrm{b}^{-2}}}{32q\theta_\mathrm{b}^{-2}} \tag{5-34}$$

若取正号的解则 σ_ss^2 总不为零，不符合收敛控制条件，因此只取负号的解，这时有

$$\sigma_{ss}^2 = \frac{\theta_b^2 - \theta_b\sqrt{\theta_b^2 - 64q\sigma_n^2}}{32q} \leqslant \frac{\theta_b^2}{32q} \quad (5\text{-}35)$$

该式为稳态跟踪方差的条件表达式，其中 σ_{ss}^2 为双向跟踪过程中的稳态方差。图 5-3 为不同 q 值下，最大稳态跟踪方差随发射光束宽的变化情况。从中可以看出，增大跟踪光束的束宽，可降低对系统跟踪精度的要求。

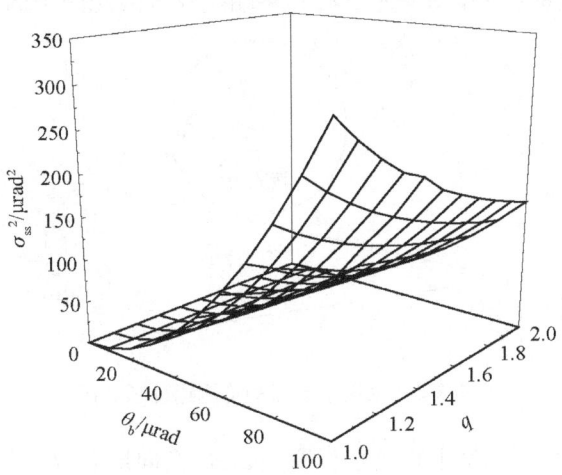

图 5-3　θ_b、q 与最大稳态跟踪方差的关系曲线

将稳态跟踪方差代入式（5-31）可得

$$p(x) = \frac{x}{\sigma_{ss}^2} \exp\left(-\frac{x^2}{2\sigma_{ss}^2}\right) \quad (5\text{-}36)$$

综上可得高斯型光功率损失函数，最终可得双向跟踪过程中误差振幅变量 x 和 y 的联合概率密度为

$$p(x,y) = \frac{xy}{\sigma_0^2 \sigma_{ss}^2} \exp\left(-\frac{8qx^2}{\theta_b^2}\right) \exp\left[-\frac{y^2}{2\sigma_0^2}\exp\left(-\frac{8qx^2}{\theta_b^2}\right) - \frac{x^2}{2\sigma_{ss}^2}\right] \quad (5\text{-}37)$$

其中，σ_0^2 为无跟踪误差时噪声引起的瞄准误差方差；σ_{ss}^2 为稳态跟踪误差方差；θ_b 为跟踪光束的束宽；q 与光功率接收电平有关。可见，上述参量决定了卫星间光通信中双向跟踪误差振幅的分布情况。

5.2.4　前馈振动补偿

由于星上振动是卫星光通信终端基准平台的振动，其影响将叠加在跟瞄系统的输出之上，单靠跟瞄系统内部的闭环控制来克服振动很难取得理想的效果。如果能够实时地检测出星上的微振动,则可以考虑采用前馈补偿来克服振动的影响。通常可以在星上安装高精度角度传感器,直接检测星上微振动,但这种方法对传感器件要求较高,而且使得瞄准捕获跟踪系统更为系统。

图5-4所示为激光星间链路中跟瞄阶段的某一时刻,卫星Ⅱ上光通信终端接收卫星Ⅰ终端发射信标光的情况。点 A 和 B 分别为卫星Ⅰ和Ⅱ上光通信终端接收(发射)天线光阑的中心,BN 为卫星Ⅱ终端接收天线光阑平面的法线。

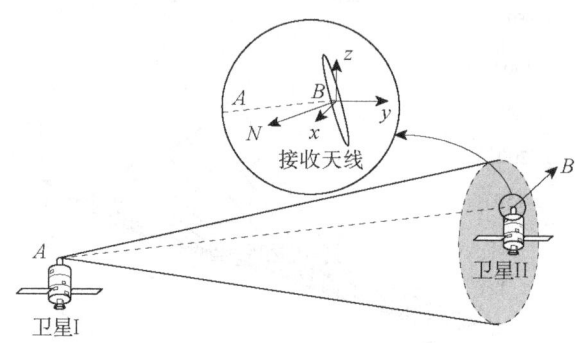

图5-4 卫星平台振动检测原理示意图

以点 B 为中心建立星上直角坐标系 xyz,Bz 指向地心,Bx 在卫星轨道平面内,垂直于 Bz 轴,指向卫星运动方向。设 $r_{BA}(\theta_v,\theta_h)$ 为点 B 到 A 连线的角方向矢量,$r_n(\theta_v,\theta_h)$ 为法线 BN 向终端外的角方向矢量。$r_{BA}(\theta_v,\theta_h)$ 表示卫星Ⅰ终端信标光入射到卫星Ⅱ终端的角方向,$r_n(\theta_v,\theta_h)$ 与卫星Ⅱ终端接收光路的轴线方向平行。在激光星间链路的跟踪过程中,$r_{BA}(\theta_v,\theta_h)$ 和 $r_n(\theta_v,\theta_h)$ 之间的夹角 $\Delta\theta$ 的存在将影响终端 B 的跟踪精度,必须通过实时瞄准控制进行补偿。

$\Delta\theta$ 的产生除了与卫星间的相对运动有关外,还与卫星平台的振动有关。从图5-4中可以看出,只有终端 B 所在卫星平台的振动对 $\Delta\theta$ 有影响。若利用终端 B 的跟瞄探测器检测入射信标光的角方向变化,就可以推算出卫星Ⅱ上的微振动。

由于星上振动是卫星光通信终端基准平台的振动,其影响将直接叠加在跟瞄系统的输出之上。由于存在探测滞后,仅靠跟瞄系统内部的闭环控制来克服振动很难取得理想的效果。如果能够实时地检测出星上的微振动并进行预测,则可以考虑采用前馈补偿来克服振动的影响。检测星上微振动的方法有两种:

(1)在星上安装高精度角度传感器,直接检测星上微振动;

(2)利用跟瞄探测器检测入射信标光的角方向变化,通过数据处理,滤掉粗瞄误差信号,进而推算出星上微振动。

第一种方法对传感器件要求较高,目前国内的器件水平难以满足要求,并且增加了终端的复杂度。对于第二种方法,只要跟瞄探测器有足够高的响应频率

（1kHz 左右），就可以满足振动补偿的要求。图 5-5 为采用第二种方法检测振动时的前馈补偿原理示意图。

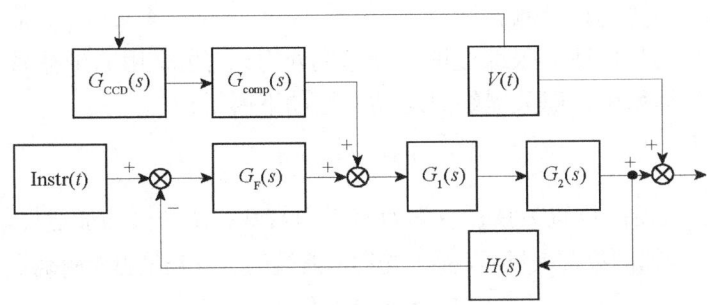

图 5-5　前馈补偿方案原理示意图

图 5-5 中，$G_1(s)$ 和 $G_2(s)$ 分别为精瞄驱动器和精瞄镜的传递函数，$H(s)$ 为精瞄系统闭环控制反馈函数，$V(t)$ 表示星上微振动，Instr(t) 表示精瞄控制指令，$G_F(s)$ 为精瞄控制器，$G_{CCD}(s)$ 为高速 CCD 的传递函数，$G_{comp}(s)$ 为振动补偿控制器。不进行振动补偿时，系统的传递函数为

$$W_F(s) = \frac{G_F(s)G_1(s)G_2(s)}{1 + G_F(s)G_1(s)G_2(s)H(s)} \tag{5-38}$$

上式表征了无振动时卫星光通信终端精瞄系统的控制特性。根据线性系统理论，若振动源到输出总的传函为零，则可消除振动，即

$$G_{CCD}(s)G_{comp}(s)\frac{G_1(s)G_2(s)}{1 + G_1(s)G_2(s)H(s)G_F(s)} + 1 = 0 \tag{5-39}$$

经变换可得完全补偿振动的条件

$$G_{comp}(s) = -\frac{1 + G_1(s)G_2(s)H(s)G_F(s)}{G_1(s)G_2(s)G_{CCD}(s)} \tag{5-40}$$

由于补偿路径较长，各个环节都会造成一定的延时，所以补偿输入信号 $V(t-\Delta t)$ 与实际影响系统的振动信号 $V(t)$ 有一定的差别，对补偿造成了一定的影响，无法实现完全补偿。对于实际的系统，显然 Δt 的大小取决于 CCD 探测响应频率、信号处理速度和精瞄执行器件的响应频率等因素，Δt 越小振动补偿的效果就越好。为了克服 Δt 的影响以取得更好的补偿效果，在补偿控制中可以采用在线函数逼近和预测算法。

5.2.5　自适应跟踪补偿技术

第 4 章中主要讨论了光信号自适应识别捕获算法的实现，在完成对光信号的捕获之后，下一阶段开始转入对光信号的跟踪。由于卫星光通信终端所处的空间力学环境的影响,对光信号的跟踪精度提出了更高的要求。在本节中针对提高光信号的跟踪精度及空间力学环境适应性,提出了一种光信号自适应跟踪算法,对光信号的运动趋势进行预测。

首先对光信号自适应跟踪理论进行建模分析。这里采用的坐标系为地心坐标系,在地心坐标系中,航天器经典运动方程如下所示:

$$\ddot{r} = -\frac{\mu r}{r^3} + A \tag{5-41}$$

其中,r 为航天器的位置矢量;μ 为万有引力常数;A 为摄动加速度。

在确定航天器的位置矢量后,星上光通信终端的位置矢量也相应确定,如下所示:

$$r_T = A_1 \cdot A_2 \cdot r \tag{5-42}$$

其中,r_T 为光通信终端的位置矢量;A_1 为位置矩阵,它与光通信终端安装在卫星上的位置相关;A_2 为耦合矩阵,用于补偿运动耦合。

为了简化问题,作如下假设:卫星平台的振动条件不变,卫星的运动耦合不考虑。信标光斑的质心坐标位置用[$x(t)$,$y(t)$]来表示,下面以信标光斑的质心坐标位置的 x 坐标计算为例来讨论 N 点二次函数拟合的位置预测算法,如下:

$$\hat{X}_1 = a_0 + a_1 t + a_2 t^2 \tag{5-43}$$

其中,$\hat{X}_1$ 表示信标光斑的质心坐标位置的 x 坐标 $x(t)$ 的最佳估计,依据前 N 帧的信标光斑的质心坐标位置 $x(t_k)$($k=1$,2,…,N),由上面的公式可以计算对应的估计值 X。这样,N 个点估计的误差平方和为

$$f(a_0, a_1, a_2) = \sum_{k=1}^{N} [x(t_k) - a_0 - a_1 t_k - a_2 t_k^2]^2 \tag{5-44}$$

运用最小二乘法原则使该误差平方最小,可以得到下面的公式:

$$\frac{\partial f}{\partial a_i} = 0,\quad i=0,\ 1,\ 2 \tag{5-45}$$

根据上式,可以求得最小方差意义下 $x(t)$ 的 N 点的最佳线性逼近问题的通解 $\hat{X}_1$,即为基于最小二乘法的二次函数预测算法轨迹方程。下一帧信标光斑的质心坐标位置的 x 坐标的最小二乘法预测值为

$$\hat{X}_1(t_{k+1}/t_k) = a_0 + a_1 t_{k+1} + a_2 t_{k+1}^2 \tag{5-46}$$

式中,$\hat{X}_1(t_{k+1}/t_k)$ 为利用 N 个信标光斑的质心坐标位置确定的系数 (a_0, a_1, a_2),来估计预测第($k+1$)帧的信标光斑的质心坐标位置。

由于卫星自身运动和微振动的影响,最终下一帧信标光斑质心位置的 x 坐标最小二乘法预测值为

$$\hat{X}_1(t_{j+1}/t_j) = a_0 + a_1 t_{j+1} + a_2 t_{j+1}^2 + a_{3(j+1)}\phi_x(\omega_j, \phi_j, \kappa_j, \theta_j) + a_{4(j+1)}\gamma_x(\Delta x_j)$$

$$\tag{5-47}$$

其中，j=N，N+1，N+2，…。当时间为 t_{j+1} 时，$\hat{X}_1(t_{j+1}/t_j)$ 为信标光质心位置的 X 轴坐标的预测值。$a_{3(j+1)}$，$a_{4(j+1)}$ 为权重系数，当时间为 t_j 时，$\phi_x(\omega_j,\varphi_j,\kappa_j,\theta_j)$ 为位置函数，表示光通信终端光轴的 X 轴坐标与光信号的入射方向之间的关系，表示由卫星平台的运动所引起的质心坐标的 X 轴坐标的变化量，ω_j 是卫星的滚动角，ϕ_j 是卫星的俯仰角，κ_j 是卫星的偏航角，θ_j 是终端的法线方向与光信号入射方向的夹角。当时间为 t_j 时，$\gamma_x(\Delta x_j)$ 代表卫星平台振动与终端光轴的 X 轴坐标振动量之间的关系，Δx_j 是终端光轴 X 轴方向的变化量。

同理，可以得到下一帧信标光斑质心位置的 y 坐标的最小二乘法预测值。

$$\hat{Y}_1(t_{j+1}/t_j) = b_0 + b_1 t_{j+1} + b_2 t_{j+1}^2 + b_{3(j+1)}\phi_y(\omega_j,\phi_j,\kappa_j,\theta_j) + b_{4(j+1)}\gamma_y(\Delta y_j) \tag{5-48}$$

其中，j=N，N+1，N+2，…。当时间为 t_{j+1} 时，$\hat{Y}_1(t_{j+1}/t_j)$ 为信标光质心坐标的 Y 轴坐标的预测值。$b_{3(j+1)}$，$b_{4(j+1)}$ 为权重系数，当时间为 t_j 时，$\phi_y(\omega_j,\phi_j,\kappa_j,\theta_j)$ 为位置函数，表示终端光轴的 Y 轴坐标与光信号的入射方向之间的关系，也就是表示由卫星平台的运动所引起的信标光质心坐标的 Y 轴坐标的变化量。当时间为 t_j 时，$\gamma_y(\Delta y_j)$ 代表卫星平台振动与终端光轴的 Y 轴坐标振动量之间的关系，Δy_j 是光轴 Y 轴方向的变化量。

位置函数 $\phi_x(\omega_j,\varphi_j,\kappa_j,\theta_j)$ 和 $\phi_y(\omega_j,\phi_j,\kappa_j,\theta_j)$ 分别为位置函数 $\boldsymbol{\phi}(\omega_j,\phi_j,\kappa_j,\theta_j)$ 的 X 轴分量和 Y 轴分量，位置函数可以由下面公式得出：

$$\boldsymbol{\phi}(\omega_j,\phi_j,\kappa_j,\theta_j) = \boldsymbol{A}_3 \cdot \boldsymbol{r}_T \tag{5-49}$$

其中，$\boldsymbol{A}_3$ 为系数矩阵；$\boldsymbol{r}_T$ 为光通信终端的位置矢量，由式（5-42）确定。

位置函数 $\boldsymbol{\phi}(\omega_j,\phi_j,\kappa_j,\theta_j)$ 是通过光通信终端的位置矢量通过系数矩阵得到的，该位置矢量表征光通信终端的位置矢量与 CCD 采集光斑的质心坐标之间的关系。

$\gamma_x(\Delta x_j)$ 和 $\gamma_y(\Delta y_j)$ 则需要通过模拟实验进行测定。

因为权重系数 (a_0,a_1,a_2) 和 (b_0,b_1,b_2) 已经通过式（5-47）和式（5-48）计算得出，其余的各个权重系数需要进一步确定。这里采用的方法是再应用（M-N）个实际的质心坐标值，通过最小二乘法，使得（T_1，T_2）为最小这个条件，来确定一组最优的权重系数：

$$T_1 = \sum_{j=N}^{M} [\hat{X}_1(t_{j+1}/t_j) - x(t_j)]^2 \tag{5-50}$$

$$T_2 = \sum_{j=N}^{M} [\hat{Y}_1(t_{j+1}/t_j) - y(t_j)]^2 \tag{5-51}$$

其中，T_1 为（M-N）帧的 X 轴质心坐标估计误差的平方和；T_2 为（M-N）帧的 Y 轴质心坐标估计误差的平方和；$x(t_j)$ 为当时间为 t_j 时，信标光斑的 X 轴质心坐标；$y(t_j)$ 为当时间为 t_j 时，信标光斑的 Y 轴质心坐标。

考虑到计算效率，算法中要求迭代系数满足如下公式：

$$a_{3(j+1)} = |a_{3(j)} \pm 0.01n| \tag{5-52}$$

$$a_{4(j+1)} = |a_{4(j)} \pm 0.04n| \tag{5-53}$$

$$b_{3(j+1)} = |b_{3(j)} \pm 0.01n| \tag{5-54}$$

$$b_{4(j+1)} = |b_{4(j)} \pm 0.04n| \tag{5-55}$$

其中，n 为迭代系数（$n=1$，2，3，4，…），这里的迭代步长为 0.01 和 0.04，这两个参数主要是由跟踪偏差角度单元的处理速度所决定。

5.3 跟瞄偏差角度的获取方法

5.3.1 跟瞄偏差角度探测机理

在卫星激光通信链路的建立和保持过程中，跟瞄偏差角度实时探测肩负着十分重要的作用。当发射端信标光进入接收端测角系统的视域内被接收系统探测到之后，测角系统利用光电图像传感器得到激光光斑图像，送入计算机进行图像处理和分析，确定信标光斑，计算出角度偏差量，控制天线轴的姿态，实现通信终端的瞄准、捕获和跟踪。

跟瞄偏差角度的探测，最主要的是要对探测到的光斑中心进行精确定位。在卫星激光链路过程中，发射端发出的光束经过长距离传输后，进入接收端的光学天线中，经由透镜组聚焦后，入射到安装在焦平面上的光学传感器(CCD 或 CMOS 探测器)上。光学天线通常为反射式望远镜，它可以增加接收端光学传感器接收到的光能量总和，并且缩短跟瞄偏差角度探测光路的长度。图 5-6 为跟瞄偏差角度探测示意图。

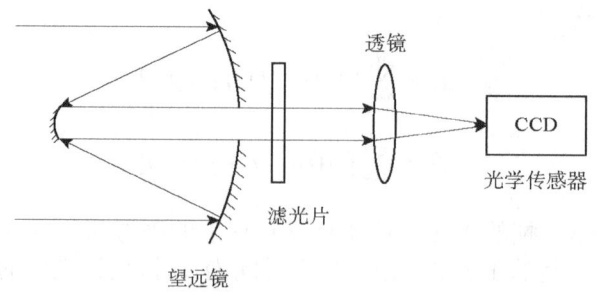

图 5-6　激光跟瞄偏差角度探测装置

如图 5-7 所示，以等效透镜中心为原点，接收光路光轴沿入射方向为 z 轴，建立直角坐标系。

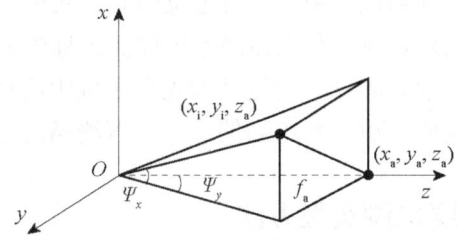

图 5-7 跟瞄偏差角度测量坐标系

设面 yOz 为基准面，入射光与基准面夹角为俯仰角 ψ_x，入射光在基准面上投影与 z 轴夹角为方位角 ψ_y，入射光与 z 轴夹角为跟瞄偏差角的总方向角 ψ。焦平面与 z 轴交点为 (x_a, y_a, z_a)，如图所示的入射光俯仰角和方位角跟瞄偏差角度表达式为

$$\psi_x = \frac{x_i - x_a}{\sqrt{z_a^2 + (y_i - y_a)^2}} \frac{d_a}{M_a} \qquad (5\text{-}56)$$

$$\psi_y = \frac{y_i - y_a}{z_a} \frac{d_a}{M_a} \qquad (5\text{-}57)$$

$$\psi = \frac{\sqrt{(x_i - x_a)^2 + (y_i - y_a)^2}}{z_a} \frac{d_a}{M_a} \qquad (5\text{-}58)$$

式中，x_i、y_i 分别是焦平面上光斑成像点位置的横、纵坐标（像素）；x_a、y_a 分别是焦平面与 z 轴交点横、纵坐标（像素）；d_a 是像元的尺寸（μm）；M_a 是望远镜放大倍数。

式（5-56）~式（5-58）即是跟瞄偏差角度计算公式。由两式可看出，由 CCD 探测到的光斑坐标 (x_i, y_i) 成为跟瞄偏差角度测量的关键。根据不同定位方法得到的光斑坐标值，使计算跟瞄偏差角度时精度不同，因此在选取光斑中心定位算法时，需要针对大气信道下成像光斑的特点进行选择。

焦平面与 z 轴交点的 x、y 值均为零，设焦距为 f_a，则 $z_a = f_a$。因为 f_a 的量级为 m，而 d_a 量级为 μm，所以 $f_a \gg r_a$，则式（5-56）~式（5-58）可简化为

$$\psi_x = \frac{x_i}{f_a} \frac{d_a}{M_a} \qquad (5\text{-}59)$$

$$\psi_y = \frac{y_i}{f_a} \frac{d_a}{M_a} \qquad (5\text{-}60)$$

$$\psi = \frac{\sqrt{x_i^2 + y_i^2}}{f_a} \frac{d_a}{M_a} \tag{5-61}$$

实际的跟瞄偏差角探测过程中,光斑定位中心真实值并不可知,无法定义其位置。因此用统计方法来解决,在跟瞄偏差角探测过程中采用无偏估计,即认为采用某种方法计算定位中心的平均值定义为光斑定位中心理论值,此时,计算得到的跟瞄偏差角均方差值越小,则跟瞄偏差角的探测精度越高。

5.3.2 跟瞄偏差角度探测实现方法

星载成像跟踪偏差角探测单元的设计应首先考虑光电跟踪传感器的选择,目前广泛采用高帧频 CCD 或其他光电成像器件(如 CMOS 探测器、红外焦平面阵列等)作为跟踪传感器,其性能(等效噪声角(NEA)、带宽等)直接影响系统的性能。除了跟踪元件的性能之外,跟踪偏差角探测单元的性能还与系统设计参数(增益、带宽、频率响应特性)有关。图 5-8 为典型的跟踪偏差角探测单元框图。

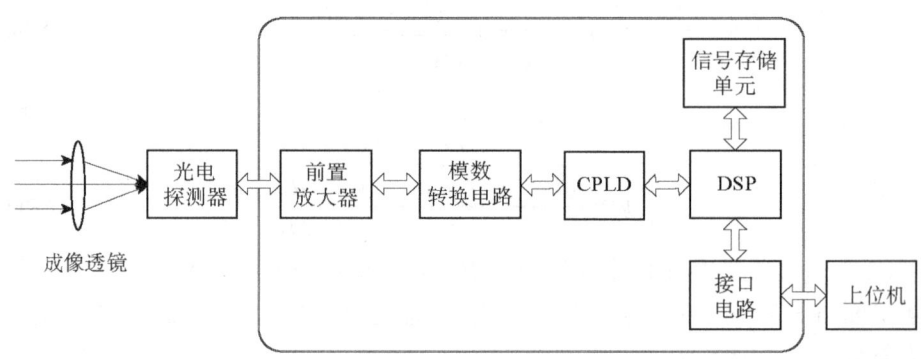

图 5-8 典型的跟踪偏差角探测单元框图

跟踪偏差角探测单元由成像光路、光电探测器、前置放大器、模数转换电路、复杂可编程逻辑器件(CPLD)、DSP、信号存储单元、接口电路等组成。各部分主要功能如下。

(1)成像光路:用于接收光信号,并成像到光电探测器。

(2)光电探测器:将系统通过成像光路接收到的光信号传换成易于处理的电信号。

(3)前置放大器:对光电探测器的输出模拟电信号进行放大。

(4)模数转换电路:将模拟电压信号转换成数字电压信号。

(5)CPLD:在作为粘接逻辑电路的同时,对光电探测器的输出信号进行预处理。

(6) DSP：对输入的数字电压信号进行处理。

(7) 信号存储单元：用于数字信号处理过程中的信号存储。

(8) 接口电路：负责整个电路与上位机之间的通信。

由于 CMOS 探测器可以将光信号转换后，直接输出数字信号，成像数据采集部分可以省去前置放大器和模数转换电路等部分。CMOS 探测器输出的数字信号经 CPLD 电路读出后输入到 FIFO 缓存电路。DSP 从 FIFO 缓存电路读取图像数据，进行处理后通过接口电路传输到上位机中。同时，上位机对于 CMOS 探测器的控制指令也可以通过上述电路进行发送。

通过对应用系统的分析和实际需要，可以有如下的解决方案：以 CMOS 图像传感器、TMS320C6711 处理器、CYPRESS 公司的 USB2.0 High-Speed Controller CY7C68013 和计算机为主体的解决方案，如图 5-9 所示。图像传感器在 DSP 的控制下采集图像；图像传感器输出的数据经过缓存（数据接口转换）送入 DSP 中，在 DSP 中数据经过处理、打包成帧，最后通过 USB2.0 设备传输到上位机上处理、显示与存储。

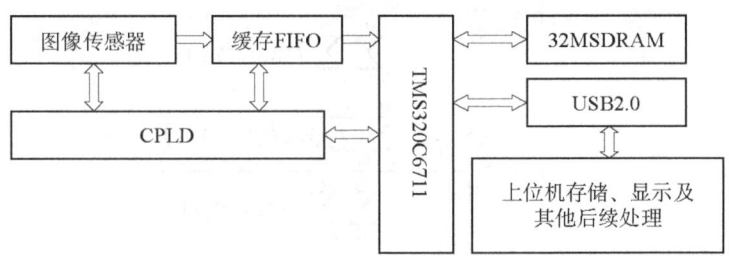

图 5-9 CMOS 成像数据采集系统

跟踪偏差角探测单元可工作在两种模式下：一种为图像采集传输模式，这时图像为标准大小 512（H）×384（V），图像数据可传输到上位机中；另一种模式为快速激光光斑图像采集功能，根据采集窗口大小的不同对应不同的采集频率。两种工作模式的转换通过上位机软件来控制切换。

跟踪偏差角探测单元的软件部分主要包括两个方面：第一部分主要是和 DSP 硬件相关的软件程序，如 USB 传输数据中断、传感器串行时序模拟、FIFO 的数据读取；第二部分主要包括对采集的数据进行处理，侧重于算法。

5.3.3 几种常用的光斑定位获取方法

在空间光通信瞄准、捕获、跟踪子系统中，常以信标光在接收系统光学位置传感器光敏面上所成光斑作为跟踪目标，以光斑图像中的某个稳定的点作为光斑的位置。通过光电位置探测器得到光斑图像位置的方式称为"定位方法"。在不同应用中,存在许多定位方法,不同的定位方法得到的位置精度也不一样。本节介绍卫星光通信系统中几种常用的光斑定位获取方法。

1. 质心法

质心法也叫重心法,类似于物理学中求物体重心的方法。将 CCD 采集到的光斑图像作为密度不均匀的一块薄板,把图像上各像素点的灰度分为256级,作为各点质量密度。设大小为 $M_1 \times M_2$ 维图像,第 $m1$ 行 $m2$ 列像元坐标记为(x_{m1},y_{m2}),$I(x_{m1}, y_{m2})$ 表示像元的质量密度(即图像上 x、y 处像素点的灰度值),在数字处理器中,x、y 值均取整数。那么光斑总能量 W_m 可用下式表示:

$$W_m = \sum_{m1=1}^{M_1} \sum_{m2=1}^{M_2} I(x_{m1}, y_{m2}) \tag{5-62}$$

光斑的质心坐标可表示为

$$x_c = \frac{\sum xI}{W_m} = \frac{\sum_{m1=1}^{M_1} \sum_{m2=1}^{M_2} x_{m1} I(x_{m1}, y_{m2})}{\sum_{m1=1}^{M_1} \sum_{m2=1}^{M_2} I(x_{m1}, y_{m2})}$$

$$y_c = \frac{\sum yI}{W_m} = \frac{\sum_{m1=1}^{M_1} \sum_{m2=1}^{M_2} y_{m2} I(x_{m1}, y_{m2})}{\sum_{m1=1}^{M_1} \sum_{m2=1}^{M_2} I(x_{m1}, y_{m2})} \tag{5-63}$$

质心定位算法适合处理光强分布比较均匀、对称性好的光斑图像,而处理其他类光斑就会产生较大误差,而且质心定位法抗干扰的能力不强,有干扰噪声光源,特别是当从侧面射入一定强度的干扰光线时,定位结果偏差较大。

2. 形心法

形心法与质心法相似,是将光斑图像作为密度均匀的薄板,这样求出光斑图像的质心叫做目标图像的形心。在求形心之前,首先要对光斑图像进行二值化处理,设大小为 $M_1 \times M_2$ 维图像,第 $m1$ 行 $m2$ 列像元坐标记为(x_{m1},y_{m2}),$I(x_{m1}$,y_{m2})表示像素点的灰度值,其中灰度值大于阈值 T 的为目标部分 A,其信号幅度为1;灰度值大于阈值 T 的为背景部分 B,其信号幅度为0。即

$$I(x_{m1}, y_{m2}) = \begin{cases} 1, & (x_{m1}, y_{m2}) \in A \\ 0, & (x_{m1}, y_{m2}) \in B \end{cases} \tag{5-64}$$

光斑总能量及形心坐标为

$$W_m = \sum_{m1 \in A} \sum_{m2 \in A} I(x_{m1}, y_{m2}) \tag{5-65}$$

$$x_g = \frac{\sum xI}{W_m} = \frac{\sum_{m1 \in A} \sum_{m2 \in A} x_{m1} I(x_{m1}, y_{m2})}{\sum_{m1 \in A} \sum_{m2 \in A} I(x_{m1}, y_{m2})} \tag{5-66}$$

$$y_g = \frac{\sum yI}{W_m} = \frac{\sum_{m1 \in A} \sum_{m2 \in A} y_{m2} I(x_{m1}, y_{m2})}{\sum_{m1 \in A} \sum_{m2 \in A} I(x_{m1}, y_{m2})}$$

目标图像的形状几何中心就是定位点位置,称为"形心"。目标图像的形心是目标图像上一个确定的点,当目标姿态变化时,这个点的位置很少变化,所以用形心定位目标稳定性较高,而且抗干扰能力优于质心定位法。形心算法计算过程简单,计算量小。适合用于需要实时处理的系统。

3.圆拟合法

基于圆拟合方法的激光光斑中心定位法,是根据最小二乘法用圆来逼近光斑轮廓,以圆心作为光斑中心。设点(x_0, y_0)为圆心,r为半径,圆的方程为

$$(x - x_0)^2 + (y - y_0)^2 - r^2 = 0 \tag{5-67}$$

光斑边缘像素点与圆的残差为

$$\varepsilon = (x - x_0)^2 + (y - y_0)^2 - r^2 \tag{5-68}$$

其中,(x, y)为激光光斑边界像素点坐标,则优化目标函数表达式为

$$\text{Er} = \sum \varepsilon = \sum [(x - x_0)^2 + (y - y_0)^2 - r^2] \tag{5-69}$$

根据最小二乘法原理使优化目标函数达到最小值,应有

$$\frac{\partial \text{Er}}{\partial x_0} = \frac{\partial \text{Er}}{\partial y_0} = \frac{\partial \text{Er}}{\partial r} = 0 \tag{5-70}$$

由此可求解出圆的参数表达式为

$$\begin{cases} x_0 = \dfrac{(\overline{x^2 x} + \overline{x y^2} - \overline{x^3} - \overline{x y^2})(\overline{y^2} - \overline{y}^2) - (\overline{x^2 y} + \overline{y y^2} - \overline{x^2} \overline{y} - \overline{y^3})(\overline{xy} - \overline{x}\overline{y})}{2(\overline{x^2} - \overline{x}^2)(\overline{y^2} - \overline{y}^2) - 2(\overline{xy} - \overline{x}\overline{y})^2} \\ y_0 = \dfrac{(\overline{x^2 y} + \overline{y y^2} - \overline{x^2} \overline{y} - \overline{y^3})(\overline{x^2} - \overline{x}^2) - (\overline{x^2 x} + \overline{x y^2} - \overline{x^3} - \overline{x y^2})(\overline{xy} - \overline{x}\overline{y})}{2(\overline{x^2} - \overline{x}^2)(\overline{y^2} - \overline{y}^2) - 2(\overline{xy} - \overline{x}\overline{y})^2} \\ r = \sqrt{x_0^2 - 2\overline{x} x_0 + y_0^2 - 2\overline{y} y_0 + \overline{x^2} + \overline{y^2}} \end{cases} \tag{5-71}$$

基于圆拟合算法的激光光斑中心定位法表达式形式复杂，但仅需计算一次即可计算出各个参数，时间复杂度较低，因此算法的计算速度较快，实时性较好。并且可以在给出光斑中心的同时给出光斑轮廓，对于形状较为规则的激光光斑有较好的描述。

4. 峰值法

峰值法是将目标图像的最亮点或最暗点作为定位点的一种算法。最亮点是目标图像中灰度值最大点，最暗点是图像经倒相后（正负极性反转，成为负像）灰度值最小点。在限定的电子窗口内，目标图像总要比背景亮一些（或暗一些），因此最亮点（或最暗点）一定位于目标图像上。峰值算法简单，不需要对目标图像进行预先处理，只需比较图像灰度值，求出图像最亮点（或最暗点）的坐标即可。当目标出现在视窗内时，根据算法可以在很短的时间内计算出目标的坐标及灰度值。因此峰值法是对比度跟踪中反应最灵敏、迅速的一种定位算法。

利用峰值法进行定位对目标图像的大小没有限制，但峰值法更适合较小目标的定位，若目标较大，目标亮度的最高峰在目标图像上不断变换，这样会降低定位的精确度。另外，孤立的噪声点对峰值定位法影响不大，不会降低算法精度。

5. 边缘法

边缘法定位算法是将目标图像边缘上一个特殊点作为定位点。目标图像边缘是指图像周围灰度值突变的像素集合，是图像局部的不连续性。图像边缘存在于目标与背景之间，它具有方向和幅度两个特性，沿着边缘方向，像素灰度值变化平缓，垂直于边缘方向，灰度值变化剧烈，可能呈阶跃状或斜坡状。

边缘定位法是以图像边缘的一个突出点或拐点为定位点，也可以选取上、下边缘或左、右边缘中间点作为定位点。因为定位点选择的是图像边缘上的具有一定特征的点，所以边缘定位法对目标图像边缘清晰、轮廓稳定的情况定位较为准确，并且图像不能有孔洞、裂隙等，否则会使定位点跳动，定位精度下降。在星地激光链路中，激光光斑由于受大气湍流的影响，光斑形状会发生快速变化，没有稳定的轮廓线，因此很少采用此种定位算法。

5.4　扩展信标的跟踪

采用地球或其附近的天体图像作为信标，在信标的捕获阶段需要精确确定图像的中心，根据地面站和图像中心的相对位置来精确确定星上光通信终端天线的指向。在捕获完成以后，系统进入跟踪阶段，在跟踪阶段需要根据图像在信标探测器视场内的微小移动来更新天线的指向，从而保持光通信链路不中断，下面进行具体分析。

5.4.1 扩展信标跟踪理论分析

在完成信标的捕获后，即可精确确定光通信终端天线的初始瞄准方向，此时可缩小信标探测器的视场，使跟瞄子系统进入跟踪模式，跟踪模式下系统的主要任务为对地球图像的运动进行补偿，地球图像的运动主要包括旋转和平移。

用地球图像作为深空激光通信终端的信标，需要在星载系统中存储一幅地球图像作为参考，用 $s(m,n)$ 来表示航天器中存储的参考图像，其大小为 $M \times N$，该图像的中心可表示为

$$x = \frac{\sum_{m=0}^{M-1}\sum_{n=0}^{N-1} m \cdot s(m,n)}{\sum_{m=0}^{M-1}\sum_{n=0}^{N-1} s(m,n)}$$

$$y = \frac{\sum_{m=0}^{M-1}\sum_{n=0}^{N-1} n \cdot s(m,n)}{\sum_{m=0}^{M-1}\sum_{n=0}^{N-1} s(m,n)}$$

（5-72）

航天器上信标探测器探测到的信标图像 $r(m,n)$ 可近似为参考图像 $s(m,n)$ 与附加高斯白噪声 $g(m,n)$ 之和，各像素上的噪声相互独立，其均值为 0，方差为 σ，如下所示：

$$r(m,n) = s(m,n) + g(m,n) \quad (5\text{-}73)$$

由于实际探测的信标图像受到噪声的污染，直接由实际信标图像确定图像中心与实际情况存在较大的误差，因此我们采用 $s(m,n)$ 的平移量 l、h 及 $s(m,n)$ 的中心作为初始时刻实际图像中心位置的估计 $\hat{x}, \hat{y}$，可表示为

$$\begin{aligned}\hat{x} &= x + l \\ \hat{y} &= y + h\end{aligned} \quad (5\text{-}74)$$

在信标捕获完成以后，系统进入跟踪阶段，对信标的跟踪实际就是对其运动的补偿。信标的运动包括两部分：平移和转动。设 $s_2(m,n)$ 是运动后的信标图像，其平移量为 (x_0, y_0)，转动角度为 θ_0，则 $s_2(m,n)$ 可表示为

$$s_2(m,n) = s(m \cdot \cos\theta_0 + n \cdot \sin\theta_0 - x_0, -m \cdot \sin\theta_0 + n \cdot \cos\theta_0 - y_0) \quad (5\text{-}75)$$

对 $s_2(m,n)$，$s(m,n)$ 进行离散傅里叶变换，可表示为

$$S(m,n) = \sum_{i=0}^{M-1}\sum_{j=0}^{N-1} s(m,n) e^{-i2\pi\left(\frac{m}{M}i+\frac{n}{N}j\right)}$$
$$S_2(m,n) = \sum_{i=0}^{M-1}\sum_{j=0}^{N-1} s_2(m,n) e^{-i2\pi\left(\frac{m}{M}i+\frac{n}{N}j\right)}$$
(5-76)

根据离散傅里叶变换的平移和旋转性质，$S_2(\xi,\eta)$ 可表示为

$$S_2(m,n) = e^{-j2\pi(m\cdot x_0 + n\cdot y_0)} \cdot S(m\cdot\cos\theta_0 + n\cdot\sin\theta_0, -m\cdot\sin\theta_0 + n\cdot\cos\theta_0) \quad (5\text{-}77)$$

用 $M_1(m,n)$ 和 $M_2(m,n)$ 分别表示 $S(m,n)$，$S_2(m,n)$ 的幅度，$M_1(m,n)$ 和 $M_2(m,n)$ 关系如下

$$M_2(m,n) = M_1(m\cdot\cos\theta_0 + n\cdot\sin\theta_0, -m\cdot\sin\theta_0 + n\cdot\cos\theta_0) \quad (5\text{-}78)$$

上式表明，$M_2(m,n)$ 只是 $M_1(m,n)$ 的旋转变换，在极坐标中可表示为

$$M_2(\rho,\theta) = M_1(\rho,\theta-\theta_0) \quad (5\text{-}79)$$

上式表明，信标的旋转运动可以转换为极坐标系中角度的平移。而实际信标图像可看成旋转后的信标图像与附加高斯白噪声和的形式，因此实际信标图像的幅度谱可表示为

$$\begin{aligned}M_R(\rho,\theta) &= M_2(\rho,\theta) + G(\rho,\theta)\\ &= M_1(\rho,\theta-\theta_0) + G(\rho,\theta)\end{aligned} \quad (5\text{-}80)$$

式中，$M_R(\rho,\theta)$ 是实际信标图像傅里叶变换幅度谱在极坐标系中的表示；$G(\rho,\theta)$ 是附加高斯白噪声傅里叶变换幅度谱在极坐标系中的表示。把 ρ_m 分成 M 段，2π 分成 N 段，则

$$\begin{aligned}\Delta\rho &= \rho_m/M\\ \Delta\theta &= 2\pi/N\end{aligned} \quad (5\text{-}81)$$

ρ_m 是 ρ 的最大值，则

$$\begin{aligned}x &= \frac{M+1}{2} + \rho\cos\theta\\ y &= \frac{N+1}{2} + \rho\sin\theta\end{aligned} \quad (5\text{-}82)$$

基于式（5-81）和式（5-82），可以利用二次插值把 $M_R(\rho,\theta)$ 变换为矩阵 $M_R(m,n)$，则 $M_R(m,n)$ 可表示为

$$M_R(m,n) = M_1(m,n-k) + G(m,n) \quad (5\text{-}83)$$

式中

$$k = \frac{\theta_0\cdot N}{2\pi} \quad (5\text{-}84)$$

对式（5-84）进行离散傅里叶变换，则

$$F_R(m,n) = F_1(m,n)\cdot e^{i\cdot\theta_k} + F_g(m,n) \quad (5\text{-}85)$$

式中，$F_R(m,n)$，$F_1(m,n)$，$F_g(m,n)$ 分别是 $M_R(m,n)$，$M_1(m,n)$ 及

$G(m, n)$ 的离散傅里叶变换，θ_k 为

$$\theta_k = -\frac{2\pi \cdot n \cdot k}{N} \tag{5-86}$$

$G(m, n) = M_R(m, n) - M_1(m, n-k)$，$G(m, n)$ 各像素点独立同分布，且服从均值为 0 的高斯分布。由于 $G(m, n)$ 中各点值都与 k 有关，则各像素点概率密度的乘积可表示为

$$f(M_R \mid k) = \frac{1}{(\sigma\sqrt{2\pi})^{MN}} \exp\left(-\frac{\|M_R(m, n) - M_1(m, n-k)\|^2}{2\sigma^2}\right) \tag{5-87}$$

显然，上式是平移量为 k，M_R 的条件概率密度函数，对其取极大值，即对 k 进行极大似然估计，设 $\hat{k}$ 是 k 的极大似然估计，则极大似然函数可表示为

$$f(M_R \mid \hat{k}) = \max_k f(M_R \mid k) \tag{5-88}$$

把式（5-87）代入式（5-88），使似然函数取得极大值，只需其指数部分取得极小值，即

$$f(M_R \mid \hat{k}) = \min_k \|M_R(m, n) - M_1(m, n-k)\|^2 = \min_k \|M_R - L_k(M_1)\|^2 \tag{5-89}$$

式中，L 表示平移操作。由离散傅里叶变换的性质，有

$$\|M_R - L_k(M_1)\|^2 = \frac{1}{MN}\|F_R(m, n) - F_1(m, n) \cdot e^{i\theta_k}\|^2 \tag{5-90}$$

展开后可表示为

$$\begin{aligned}
&\|F_R(m, n) - F_1(m, n) \cdot e^{i\theta_k}\|^2 \\
&= \sum_{m=0}^{M-1}\sum_{n=0}^{N-1}\{|F_R(m, n)|^2 + |F_1(m, n)|^2 - 2|\omega(m, n)|\cos(\xi - \theta_k)\}
\end{aligned} \tag{5-91}$$

式中

$$\omega(m, n) = F_R(m, n) \cdot F_1^*(m, n) = |\omega(m, n)|e^{i\xi} \tag{5-92}$$

联立式（5-90）~式（5-92），去掉不影响分析结果的常数项，使似然函数取得极大值，只需 $|\omega(m, n)|\cos(\xi-\theta)$ 取得极大值，则极大似然函数可写成

$$f_{\hat{k}} = \max_k\{g(k)\} = \max_k\left\{\frac{1}{MN}\sum_{m=0}^{M}\sum_{n=0}^{N}|\omega(m, n)|\cos(\xi - \theta_k)\right\} \tag{5-93}$$

$g(k)$ 的一阶导数可表示为

$$g'(k) = \frac{\mathrm{d}g(k)}{\mathrm{d}k} = -\frac{2\pi}{MN}\sum_{m=0}^{M-1}\sum_{n=0}^{N-1}\frac{n}{N}|\omega(m, n)|\sin(\xi - \theta_k) \tag{5-94}$$

使似然函数取得极大值的点必定是 $g(k)$ 的驻点，即 $g'(k)$ 的值为 0，则

$$\sum_{m=0}^{M-1}\sum_{n=0}^{N-1} n \cdot |\omega(m, n)|\sin(\xi - \theta_k) = 0 \tag{5-95}$$

通常 $\xi-\theta_k$ 的值非常小，$\sin(\xi-\theta_k)\approx \xi-\theta_k$，则式（5-95）可表示为

$$-\frac{1}{2\pi}\sum_{m=0}^{M}\sum_{n=0}^{N}n|\omega(m,n)|\xi = \hat{k}\cdot\sum_{m=0}^{M}\sum_{n=0}^{N}n\frac{n}{N}|\omega(m,n)| \qquad (5-96)$$

解方程即可得

$$\hat{k} = -\frac{N}{2\pi}\cdot\frac{\sum_{m=0}^{M}\sum_{n=0}^{N}n|\omega(m,n)|\xi}{\sum_{m=0}^{M}\sum_{n=0}^{N}n^2|\omega(m,n)|} \qquad (5-97)$$

由式（5-94）可得

$$\hat{\theta}_0 = \frac{2\pi}{N}\cdot\hat{k} \qquad (5-98)$$

把 $\hat{\theta}_0$ 代入则可得旋转后的参考信标图像。根据该图像和实际信标图像，由推导的极大似然算法，X,Y 方向的平移可导出两个类似方程（5-96）所示的非线性方程，解两个非线性方程组成的方程组，可以求得 X,Y 方向的平移值 ($\hat{x}_0,\hat{y}_0$)。

由旋转角度计算值 $\hat{\theta}_0$，平移量计算值 ($\hat{x}_0,\hat{y}_0$)，平移前的图像中心 ($\hat{x},\hat{y}$)，设平移后的图像中心值为 ($\hat{x}_t,\hat{y}_t$)，则

$$\begin{aligned}\hat{x}_t &= \hat{x}\cos\hat{\theta}_0 + \hat{y}\sin\hat{\theta}_0 - \hat{x}_0\\ \hat{y}_t &= -\hat{x}\sin\hat{\theta}_0 + \hat{y}\cos\hat{\theta}_0 - \hat{y}_0\end{aligned} \qquad (5-99)$$

确定了信标图像的中心位置，可根据地面站和信标图像中心位置之间的关系更新天线的瞄准方向。

5.4.2 扩展信标跟踪计算机仿真

根据理论模型，实际信标图像是参考信标图像与附加高斯白噪声之和。各像素上的噪声独立同分布，其均值为0，方差为 σ，信噪比定义如下

$$\text{SNR} = \frac{S}{G} = \frac{1}{\sqrt{MN}}\frac{\|s(m,n)\|}{\sigma} \qquad (5\text{-}100)$$

设信噪比为1。参考信标图像如图5-10（a）所示，这是一幅257×250像元的图像，实际信标图像如图5-10（b）所示，这是一幅512×512像元的图像。

初始时刻，根据不同方法计算得到信标图像中心如表5-1所示，仿真结果表明，根据参考图像确定实际信标图像的中心，其误差非常微小，几乎为0，而直接采用实际信标图像来计算其中心，因噪声的影响，其误差较大，在0.5个像素左右。当精确地确定信标图像的中心后，可根据地面站和地球图像中心位置的相对关系来精确确定光通信终端天线的指向。这时，可认为跟瞄子系统完成对信标的捕获，使系统进入跟踪阶段。

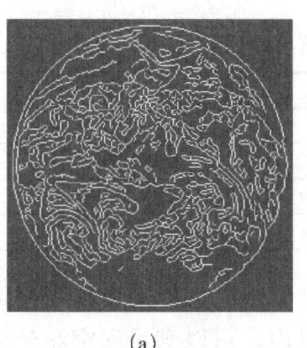 

图 5-10 （a）参考信标图像和（b）实际信标图像

表 5-1 根据不同方法计算的地球图像中心

实际信标图像中心 /像素		根据参考图像计算的实际图像中心 /像素		直接根据信标图像计算的图像中心 /像素	
x	y	$\hat{x}$	$\hat{y}$	x'	y'
251.05	254.27	251.05	254.27	250.78	254.75

在捕获完成以后，可缩小信标探测器的视场，系统进入跟踪模式，在跟踪阶段，需要对信标图像的旋转和平移运动进行补偿。

采用地球图像作为信标，其噪声的主要来源是地球表面云层覆盖引起的地表反射率的变化，因此噪声只影响实际信标图像灰度值的大小，不影响图像的结构，根据理论分析，在进行扩展信标位置平移及旋转角度跟踪时，噪声实际是一种用来构成似然函数的手段，因此我们有意识地设置扩展信标的信噪比很小，来检验该算法的可行性及抗干扰性。设标准信标图像如图 5-11(a) 所示，信噪比为 10 时，运动后的信标图像如图 5-11(b) 所示，信噪比为 1 时，运动后的信标图像如图 5-11(c) 所示，信噪比为 0.1 时，运动后的信标图像如图 5-11(d) 所示。

 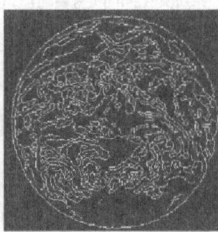 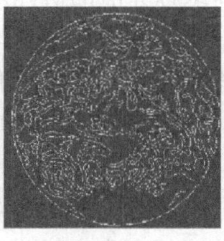 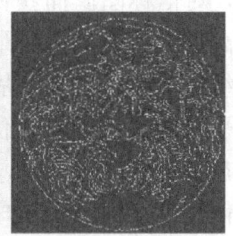

(a) 标准图像　　(b) 信噪比10　　(c) 信噪比1　　(d) 信噪比0.1

图 5-11 不同信噪比下运动后信标图像对比

根据前面推导的极大似然算法，结合离散傅里叶变换，求出信标图像的平移值和旋转值，如表 5-2 所示。

表 5-2 实际值与计算值对比

信噪比 SNR	实际平移量/像素		平移量计算值/像素		实际旋转角度 θ/(°)	旋转角计算值 θ_c/(°)
	x	y	x_c	y_c		
10	-3.00	-4.00	-2.90	-3.88	5.00	5.04
1	-3.00	-4.00	-2.92	-3.87	5.00	5.04
0.1	-3.00	-4.00	-2.89	-3.88	5.00	5.04

仿真结果表明，在不同的信噪比下，计算得到信标图像的平移量和旋转角度与实际值相差非常小，误差在 0.5 个像素以内，可以满足深空激光通信光束精确瞄准的要求。同时，计算结果也表明，改变信标图像的信噪比，计算结果没有明显的变化，这表明该方法具有较好的抗干扰性。

根据计算得到的平移量和旋转角度，由公式可得运动后信标图像的中心，如表 5-3 所示。

表 5-3 运动前后信标图像的中心坐标

信噪比 SNR	运动前信标图像中心/像素		计算的运动后信标图像的中心/像素	
	x	y	x_m	y_m
10	124.05	123.27	137.30	115.78
1	124.05	123.27	137.32	115.77
0.1	124.05	123.27	137.29	115.78

根据平移量和旋转角度的计算值，可精确地确定信标图像的中心，从而动态地更新光通信终端天线的指向。

理论分析和仿真都表明，采用可视地球图像作为深空光通信终端信标是一种可行的方案。该方案的关键是精确确定地球图像的中心位置，根据地球图像的中心位置和地面站的关系，确定航天器上光通信终端天线的瞄准方向。在这个过程中，对信标图像捕获和跟踪算法的研究是其核心问题。把地球图像噪声近似为附加高斯白噪声，采用最小二乘算法捕获地球图像，确定地球图像的中心位置，使系统进入跟踪模式。基于离散傅里叶变换和极大似然算法对信标图像的旋转角度和平移量进行计算，仿真结果表明，这是一种可行的、精确的求解算法，瞄准误差在 0.5 个像素以内，可以满足深空光通信的要求。根据平移量和旋转角度的计算值，可以计算出地球图像的中心，根据中心位置和地面站的位置关系可更新光通信终端天线指向，使下行光束实时瞄准地面站方向。

5.4.3 扩展信标跟踪方法

在跟踪过程中需要精确计算信标图像的平移量及转动量，根据初始图像的中心位置及平移转动因子来实时确定图像的中心位置，更新天线的指向。因此，如何抑制跟踪误差，提高系统的抗噪能力是关系到链路成功运行的关键，当信标具有一定的分辨率时，采用相位相关方法也是一种比较理想的方法，下面进行具体分析。

信标图像用一个二维 $M×N$ 矩阵来表示，设探测到的信标图像为 $r(m,n)$，该图像平移 (m_0, n_0) 后可表示为

$$r_1(m,n) = r(m-m_0, n-n_0), \quad m=0,1,\cdots,M-1; \quad n=0,1,\cdots,N-1 \quad (5\text{-}101)$$

式中，$r_1(m,n)$ 表示平移后的图像。

对平移后的图像进行离散傅里叶变换，则

$$R_1(\xi,\eta) = R(\xi,\eta)\exp[-j2\pi(\xi m_0 + \eta n_0)] \quad (5\text{-}102)$$

平移前后图像在空频域内的相位关系可表示为

$$\frac{R(\xi,\eta)\cdot R_1^*(\xi,\eta)}{|R(\xi,\eta)\cdot R_1^*(\xi,\eta)|} = \exp[j2\pi(\xi m_0 + \eta n_0)] \quad (5\text{-}103)$$

对上式进行傅里叶逆变换，可得到一个脉冲函数 $\delta(m-m_0, n-n_0)$，从而可以确定其平移量。

图像的实际运动通常包括平动和转动两部分，设平移量为 (m_0, n_0)，转动的角度为 θ_0，则变化后参考信标图像可用初始图像表示为

$$R_2(m,n) = R(m\cos\theta_0 + n\sin\theta_0 - m_0, -m\sin\theta_0 + n\cos\theta_0 - n_0) \quad (5\text{-}104)$$

对运动后的图像进行离散傅里叶变换，可得到

$$R_2(\xi,\eta) = R(\xi\cos\theta_0 + \eta\sin\theta_0, -\xi\sin\theta_0 + \eta\cos\theta_0)\exp[-j2\pi(\xi m_0 + \eta n_0)] \quad (5\text{-}105)$$

显然，运动后图像傅里叶变换的幅度谱是运动前图像傅里叶变换幅度谱旋转后的副本，即

$$I_2(\xi,\eta) = I(\xi\cos\theta_0 + \eta\sin\theta_0, -\xi\sin\theta_0 + \eta\cos\theta_0) \quad (5\text{-}106)$$

上式在极坐标系内可表示为

$$I_2(\rho,\theta) = I(\rho, \theta - \theta_0) \quad (5\text{-}107)$$

设 ρ_m 是 ρ 的最大值，把 ρ_m 等分为 M 段，2π 等分为 N 段，利用线性插值技术把 $I_2(\rho,\theta)$ 变换成二维的 $M×N$ 矩阵 $I_2(m×n)$。角度的平移可表示为

$$n_0 = \frac{N\cdot\theta_0}{2\pi} \quad (5\text{-}108)$$

对 $I_2(m×n)$ 进行离散傅里叶变换，根据相位相关技术可得图像的旋转角度。

在计算图像平移和旋转量的过程中，通常各种噪声的影响导致误差产生。当采用地球图像作为信标时，最显著的噪声是由地球表面云层覆盖及反射率的不同而导致的图像各像素点光强的不同。因此通常可把地球图像看成是一标准图像和附加高斯白噪声和的形式，则

$$I_2(m,n) = I(m, n-n_0) + g(m,n) \tag{5-109}$$

式中，$g(m, n)$ 是各像素上的附加高斯白噪声，各像素点上噪声独立同分布，其均值为 0。

设求得的 n_0 值为 $\hat{n}_0$，则得到的平移参考图像可表示为 $I(m, n-\hat{n}_0)$，对实际图像和计算得到的图像进行快速傅里叶变换，则

$$I_2(k_1, k_2) = I(k_1, k_2)\exp(\mathrm{i}\varphi) + G(k_1, k_2) \tag{5-110}$$

$$\hat{I}_2(k_1, k_2) = I(k_1, k_2)\exp(\mathrm{i}\hat{\varphi}) \tag{5-111}$$

式中

$$\varphi(k_1, k_2) = -\frac{2\pi k_2}{N} \cdot n_0 = -k_2 \theta_0 \tag{5-112}$$

$$\hat{\varphi}(k_1, k_2) = -\frac{2\pi k_2}{N} \cdot \hat{n}_0 = -k_2 \hat{\theta}_0 \tag{5-113}$$

要使 $\hat{I}_2(k_1, k_2)$ 最大地近似于 $I_2(k_1, k_2)$，则

$$\begin{aligned} C(k_1, k_2) &= I_2(k_1, k_2) \cdot \hat{I}_2^*(k_1, k_2) \\ &= |I(k_1, k_2)|^2 \exp(\mathrm{i}\phi) + G(k_1, k_2) \cdot I^*(k_1, k_2)\exp(-\mathrm{i}\hat{\varphi}) \end{aligned} \tag{5-114}$$

式中

$$\begin{aligned} \phi(k_1, k_2) &= \varphi(k_1, k_2) - \hat{\varphi}(k_1, k_2) \\ &= -k_2(\theta_0 - \hat{\theta}_0) \\ &= -k_2 \Delta\theta_0 \end{aligned} \tag{5-115}$$

使 $\hat{\theta}_0$ 最大可能地接近 θ_0，只需下式取得最大值：

$$\sum_{k_1=0}^{M-1} \sum_{k_2=0}^{N-1} \mathrm{Re}\{C(k_1, k_2)\} \tag{5-116}$$

上式对 $\Delta\theta_0$ 求导，则

$$\begin{aligned} \varepsilon_{\Delta\theta_0} &= \frac{\mathrm{d}}{\mathrm{d}\Delta\theta_0} \sum_{k_1=0}^{M-1} \sum_{k_2=0}^{N-1} \mathrm{Re}\{C(k_1, k_2)\} \\ &= -\sum_{k_1=0}^{M-1} \sum_{k_2=0}^{N-1} k_2 |I(k_1, k_2)|^2 \sin\phi + \sum_{k_1=0}^{M-1} \sum_{k_2=0}^{N-1} H_{\Delta\theta_0}(k_1, k_2) \end{aligned} \tag{5-117}$$

式中

$$H_{\Delta\theta_0}(k_1, k_2) = \frac{\mathrm{d}}{\mathrm{d}\Delta\theta_0} \sum_{k_1=0}^{M-1} \sum_{k_2=0}^{N-1} \mathrm{Re}\{G(k_1, k_2) \cdot I^*(k_1, k_2)\exp(-\mathrm{i}\hat{\varphi})\} \tag{5-118}$$

由于 $\Delta\theta_0$ 通常非常小，因此 $\sin\phi \approx \phi$，则式（5-117）可变为

$$\varepsilon_{\Delta\theta_0} = \sum_{k_1=0}^{M-1} \sum_{k_2=0}^{N-1} k_2^2 |I(k_1, k_2)|^2 \Delta\theta_0 + \sum_{k_1=0}^{M-1} \sum_{k_2=0}^{N-1} H_{\Delta\theta_0}(k_1, k_2) \tag{5-119}$$

因 $G(k_1, k_2)$ 是均值为 0 的附加高斯白噪声的离散傅里叶变换，把式（5-103）代入式（5-119），求 $\varepsilon_{\Delta\theta_0}$ 的均值，则

$$E_\varepsilon = C_k \Delta\theta_0 \tag{5-120}$$

式中，E_ε 是 $\varepsilon_{\Delta\theta_0}$ 的均值，C_k 为

$$C_k = \sum_{k_1=0}^{M-1}\sum_{k_2=0}^{N-1} k_2^2 |I(k_1,k_2)|^2 \tag{5-121}$$

解方程可得

$$\Delta\theta_0 = \frac{E_\varepsilon}{C_k} \tag{5-122}$$

则信标图像的旋转角度可表示为

$$\theta_0 = \hat{\theta}_0 + \Delta\theta_0 \tag{5-123}$$

求出图像旋转角度，对图像消旋后，可用式（5-116）求出图像的平移量，设求得的 X 方向、Y 方向的平移量分别为 $\hat{x}$、$\hat{y}$，设实际图像为原始图像 $r(m,n)$ 和附加高斯白噪声之和，按 $\Delta\theta_0$ 的求解过程，可求得 Δx、Δy。

$$\Delta x = x - \hat{x} = \frac{C_y E_x - C_{xy} E_y}{C_x C_y - C_{xy}^2} \tag{5-124}$$

$$\Delta y = y - \hat{y} = \frac{C_{xy} E_x - C_x E_y}{C_{xy}^2 - C_x C_y} \tag{5-125}$$

E_x，E_y 是下面两式的均值：

$$\begin{aligned}\varepsilon_x &= \frac{\partial}{\partial \Delta x} R_1(m,n)\hat{R}_1^*(m,n) \\ &= \frac{4\pi^2}{M^2}\sum_{m=0}^{M-1}\sum_{n=0}^{N-1} m^2 |R(m,n)|^2 \Delta x + \frac{4\pi^2}{MN}\sum_{m=0}^{M-1}\sum_{n=0}^{N-1} mn |R(m,n)|^2 \Delta y \\ &\quad + \sum_{m=0}^{M-1}\sum_{n=0}^{N-1} H_x(m,n)\end{aligned} \tag{5-126}$$

$$\begin{aligned}\varepsilon_y &= \frac{\partial}{\partial \Delta y} R_1(m,n)\hat{R}_1^*(m,n) \\ &= \frac{4\pi^2}{MN}\sum_{m=0}^{M-1}\sum_{n=0}^{N-1} mn |R(m,n)|^2 \Delta x + \frac{4\pi^2}{N^2}\sum_{m=0}^{M-1}\sum_{n=0}^{N-1} n^2 |R(m,n)|^2 \Delta y \\ &\quad + \sum_{m=0}^{M-1}\sum_{n=0}^{N-1} H_y(m,n)\end{aligned} \tag{5-127}$$

式中

$$H_x(m,n) = \frac{\partial}{\partial \Delta x}[G(m,n) \cdot \hat{R}_1^*(m,n)] \tag{5-128}$$

$$H_y(m,n) = \frac{\partial}{\partial \Delta y}[G(m,n) \cdot \hat{R}_1^*(m,n)] \tag{5-129}$$

C_x，C_y，C_{xy} 值如下：

$$C_x = \frac{4\pi^2}{M^2} \sum_{m=0}^{M-1} \sum_{n=0}^{N-1} m^2 \,|R(m,n)|^2 \qquad (5\text{-}130)$$

$$C_y = \frac{4\pi^2}{N^2} \sum_{m=0}^{M-1} \sum_{n=0}^{N-1} n^2 \,|R(m,n)|^2 \qquad (5\text{-}131)$$

$$C_{xy} = \frac{4\pi^2}{MN} \sum_{m=0}^{M-1} \sum_{n=0}^{N-1} mn \,|R(m,n)|^2 \qquad (5\text{-}132)$$

解出 Δx，Δy，则

$$x = \hat{x} + \Delta x \qquad (5\text{-}133)$$
$$y = \hat{y} + \Delta y \qquad (5\text{-}134)$$

我们把实际信标图像看成是参考信标图像与附加高斯白噪声和的形式，设其信噪比为 1，对上述算法进行计算机仿真。参考信标图像如图 5-12（a）所示，初始状态下实际信标图像如图 5-12（b）所示，该信标图像在探测器视场内变化后的图像如图 5-12（c）和（d）所示。

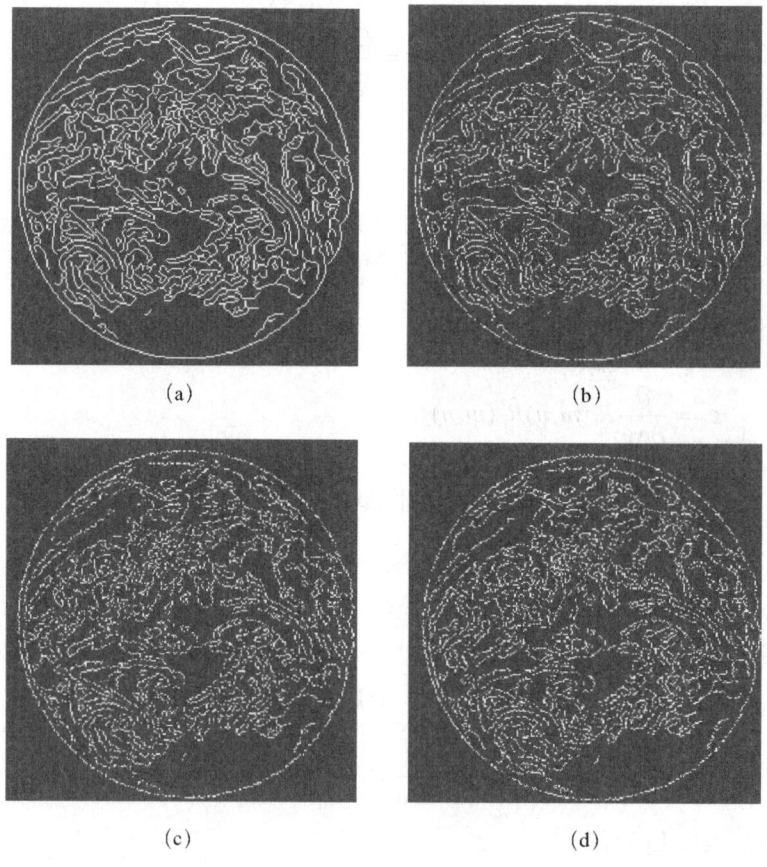

图 5-12 （a）参考信标图像，（b）初始信标图像，以及（c）和（d）变化后的信标图像

根据理论模型，进行计算机仿真，得到的仿真结果如表 5-4 所示。

表 5-4　跟踪仿真结果

旋转量/(°)		X 方向平移量/像素		Y 方向平移量/像素	
实际值	计算值	实际值	计算值	实际值	计算值
15	15.26	4.0	4.00	3.0	3.00
18	18.28	5.0	5.00	4.0	4.00

计算结果表明，得到的信标图像平移因子和实际值几乎没有误差，而旋转因子有一定的误差。在深空光通信中，需要精确地确定图像的中心位置，误差应控制在 0.5 个像素以内。在仿真过程中，我们把极坐标系中的角度等分为 250 份，因此，实际的因图像旋转引进的误差小于 0.5 个像素，可满足深空光通信对跟踪精度的要求。

通常信噪比的不同会对系统的性能造成影响，设信标图像的信噪比为 0.5，进行数值仿真，仿真结果如表 5-5 所示。

表 5-5　跟踪仿真结果

旋转量/(°)		X 方向平移量/像素		Y 方向平移量/像素	
实际值	计算值	实际值	计算值	实际值	计算值
15	15.38	4.0	4.00	3.0	3.00
18	18.41	5.0	5.00	4.0	4.00

对比表 5-4 和表 5-5 的仿真结果可以发现，信噪比降低了一半，旋转因子的计算误差有所增加，平移结果几乎不变，整体误差仍可控制在 0.5 个像素内，因此，表明该方案具有较好的抗干扰性，能满足在深空距离下进行激光通信的跟踪精度要求。

理论分析和仿真结果都表明，利用扩展天体图像作为信标，基于快速傅里叶变换，结合相位相关技术对扩展信标进行精确跟踪是可行的，该方法可把跟踪误差控制在 0.5 个像素以内，满足深空光通信瞄准精度要求，同时，针对不同信噪比对该方法进行仿真，仿真结果表明该方法具有较好的抗干扰性，在信噪比非常低的情况下，仍可以达到很高的跟踪精度。这为采用行星图像作为信标提供了方便。行星图像，尤其是地球图像，通常因其表面云层覆盖及不同的地面覆盖而反射率不均匀，给扩展信标的捕获跟踪带来误差，导致深空光通信性能下降，严重时甚至使得链路中断，采用该方法，可以有效地抑制噪声，实现深空光通信链路运行过程中两终端的精确跟踪，保持链路的实时运行。

5.5 基于线偏振光的偏振跟踪模型

在本节中，主要研究如何实现对线偏振光的偏振方向的跟踪以及在理论上建立基于线偏振光的跟踪模型，分析出偏振跟踪的影响因素，为实现偏振跟踪提供必要的理论依据。

5.5.1 基于线偏振光的偏振跟踪方法

在线偏振光被捕获后，系统的工作即转入对线偏振光的跟踪。基于线偏振光的跟踪系统如图 5-13 所示，它由检偏器、检偏控制器和 CCD 相机等组成。

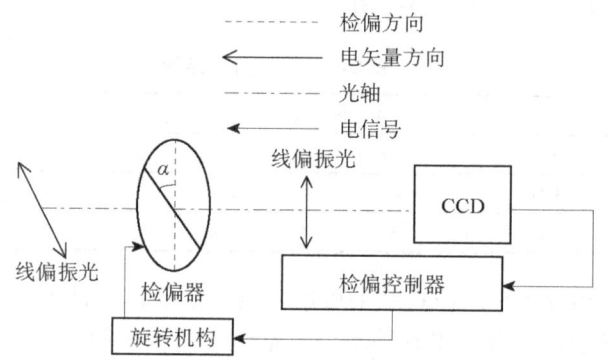

图 5-13　基于线偏振光的偏振跟踪系统示意图

实现偏振跟踪的方法如下：入射的线偏振光通过检偏器，被 CCD 所采集。CCD 将图像信息反馈给检偏控制器，而检偏控制器根据 CCD 反馈的信息，控制旋转机构。由于检偏器放置在旋转机构上，随着旋转机构的旋转，检偏器也会随之旋转。检偏器的检偏方向会随之变化，保证线偏振光的偏振方向与检偏器的检偏方向的角度关系保持一定，这样无论入射的线偏振光的偏振方向如何变化，则基于线偏振光的跟踪系统会随着线偏振光的偏振方向的变化而改变，从而实现对线偏振光的偏振跟踪。实际上此跟踪方法是利用检偏器对入射偏振信标光进行偏振调制，CCD 将图像信息反馈给检偏控制器，检偏控制器将根据图像信息进行偏振解调，最后根据解调结果，驱动旋转结构，完成偏振跟踪。

5.5.2 基于偏振跟踪系统的偏振跟踪理论建模

在本小节中，在理论上对偏振跟踪理论进行建模分析，从而分析出影响偏振跟踪精度的因素，为偏振跟踪的应用提供必要的理论基础。影响偏振跟踪系统跟踪精度的主要因素是旋转机构的偏转速度、CCD 的帧频和灵敏度。偏振跟踪的原理示意图如图 5-14 所示。

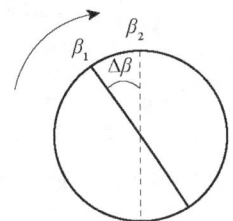

图 5-14 偏振跟踪示意图

如图 5-14 所示，β_1 为线偏振光的偏振方向所处的角度，β_2 为检偏控制的期望角度位置，可以得到如下公式：

$$\Delta\beta = |\beta_2 - \beta_1| = \omega \cdot N_{\text{CCD}} \cdot \frac{1}{F_{\text{CCD}}} \tag{5-135}$$

其中，ω 为检偏器的旋转速度；N_{CCD} 为 CCD 连续采集次数；F_{CCD} 为 CCD 的帧频。定义

$$g_3 = g_0 \left(\frac{1 + \cos 2\beta_1}{2} \right) + g_b \tag{5-136}$$

$$g_4 = g_0 \left(\frac{1 + \cos 2\beta_2}{2} \right) + g_b \tag{5-137}$$

其中，g_3 为在角度 β_1 处，CCD 所采集线偏振光的灰度值；g_4 为在角度 β_2 处，CCD 所采集线偏振光的灰度值。（g_0+g_b）为最大的线偏振光功率所对应的 CCD 采集的灰度值。由此可得

$$\left| \frac{1}{2}\arccos\left[\frac{2(g_3 - g_b)}{g_0} - 1 \right] - \frac{1}{2}\arccos\left[\frac{2(g_4 - g_b)}{g_0} - 1 \right] \right| = \omega \cdot N_{\text{CCD}} \cdot \frac{1}{F_{\text{CCD}}} \tag{5-138}$$

其中，$g_3 - g_4 \geqslant g_T$，g_T 为 CCD 可分辨的灰度变化值，由 CCD 的灵敏度决定。根据式（5-138），假设 g_0 为 25，g_b 为 200，$g_3 = g_b$（初始角度 β_1 为 90°），$K_{\text{CCD}} = F_{\text{CCD}} / N_{\text{CCD}}$，那么可以得到检偏器的角速度与 CCD 采集的灰度值之间的关系，如图 5-15 所示。

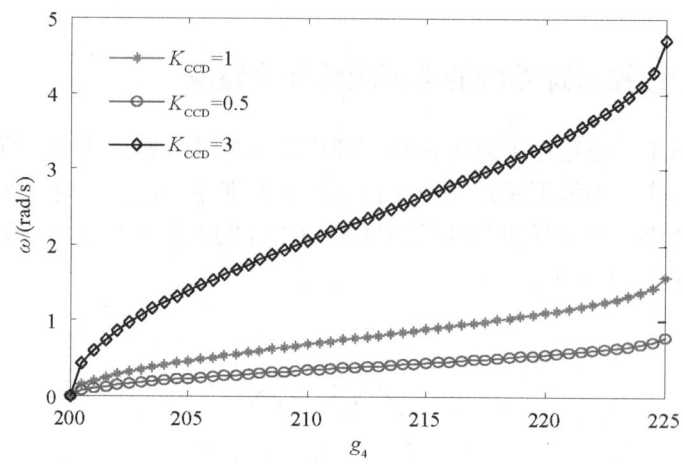

图 5-15　检偏器的角速度与灰度值（g_4）之间的关系图

在偏振跟踪阶段，检偏器的旋转速度取决于旋转结构的机械特性以及控制特性，因此，这有别于第 4 章讨论的线偏振光信标光的识别过程。从图中可以看出，随着灰度值 g_4 的增加，为了实现对线偏振光偏振方向的跟踪，检偏器需要更高的旋转角速度。此外，CCD 的帧频会显著影响偏振跟踪。因此，提高 CCD 的帧频也有助于提高偏振跟踪精度。

5.6　跟踪和振动补偿影响因素

5.6.1　星上微振动

根据卫星间的相对运动和星上微振动的不同特点，在激光链路中采用的补偿方式也不同。链路跟踪过程中，对于由相对运动产生的幅度较大的瞄准角度误差，由粗瞄装置进行补偿，然后精瞄装置对粗跟踪误差进行补偿，精瞄装置还负责对星上微振动进行补偿。

星上微振动的主要来源为内部的机械运动和外部的空间环境影响。由于空间光通信的距离远，空间通信环境复杂，激光光束窄，功率低等，卫星产生的微小振动都会对系统有很大的影响，而且由于振动的随机性，很难建立准确的数学模型。为了对星上微振动进行有效的补偿，需要了解微振动的来源，如表 5-6 所示。NASA 和 ESA 等都对在轨卫星的微振动情况进行了测试，评测表明，振动频谱集中在200Hz，振幅随频率增加而降低，低于100Hz的振动对光通信链路的影响较大，最大振幅为几十微弧度。补偿方式可以分为主动补偿和被动补偿：

（1）主动补偿主要针对低频振动的补偿。先收集振动信号，通过补偿方法，对平台的振动情况作出分析和预测，然后产生驱动信号，控制执行器件进行补偿。

（2）被动补偿是将光通信终端和卫星平台进行隔离，达到减振的目的。其中，有源隔离系统可以分离振动的带宽较高，缺点为结构复杂，功率大等。

已有实验结果表明，采用前馈补偿方法对不同的振动频率进行抑制，对于6Hz的振动，补偿比例为44%；对于100Hz的振动，补偿比例为71%。随着扰动频率的升高，系统的跟踪补偿效果急剧恶化。目前主动补偿方法对低频扰动的抑制效果较好，对于高频扰动的抑制，仍然是需要进一步对跟踪控制算法进行研究的问题。

表5-6 振动分类及对光通信的影响

	影响因素	幅值	频率	瞄准角度误差
卫星平台	机械运动	高	低	高
	推进器运动	高	高	高
	天线运动	高	低	高
	太阳能帆板运动	高	低	高
空间环境	微碎片	高	高	高
	太阳辐射	低	低	低
	引力	高	低	低
	热形变	低	低	高

5.6.2 终端与卫星平台间动力学耦合

卫星光通信跟踪过程中，根据动量守恒原理，二维转台的粗瞄转动将与卫星平台之间发生动力学耦合运动。由于卫星光通信终端安装在卫星平台上，上述动力学耦合运动将影响粗瞄和粗跟踪精度，本节对此进行简要分析。

三轴稳定卫星采用卫星本体坐标系与卫星轨道坐标系间的姿态角描述卫星姿态，姿态矩阵为

$$A = \begin{bmatrix} C\theta C\psi - S\varphi S\theta S\psi & C\theta S\psi + S\varphi S\theta C\psi & -C\varphi S\theta \\ -C\varphi S\psi & C\varphi C\psi & S\varphi \\ S\theta C\psi + S\varphi C\theta S\psi & S\theta S\psi - S\varphi C\theta C\psi & C\varphi C\theta \end{bmatrix} \quad (5\text{-}139)$$

根据欧拉定理，刚体绕固定点的任一位移可由绕通过此点的某一轴转过一个角度而得到。转轴 e 与转角 Φ 为

$$e = \frac{1}{2\sin\Phi}\begin{bmatrix} A_{yz} - A_{zy} \\ A_{zx} - A_{xz} \\ A_{xy} - A_{yx} \end{bmatrix} \quad (5\text{-}140)$$

$$\cos\Phi = \frac{1}{2}[\text{tr}\boldsymbol{A} - 1] \quad (5\text{-}141)$$

其中，$\text{tr}\boldsymbol{A} = A_{xx} + A_{yy} + A_{zz}$ 为姿态矩阵 $\boldsymbol{A}$ 的迹。当卫星姿态角为 $[\varphi, \theta, \psi]$ 时，信号光指向将偏离原方向，偏离角度 $\Delta\alpha$ 为

$$\Delta\alpha = \arccos(\cos\theta\cos\psi - \sin\varphi\sin\theta\sin\psi + \cos\varphi\cos\psi + \cos\varphi\cos\theta) \quad (5\text{-}142)$$

通过求解二维转台与卫星平台的耦合运动方程，得到耦合运动引起的卫星姿态变化，即可得到耦合运动导致的瞄准偏差。将卫星平台与光通信终端组成的系统看成由卫星平台、转动体 $r1$ 和转动体 $r2$ 组成的运动系统。系统的角动量 $\boldsymbol{H}$ 可列为各子体角动量之和：

$$\boldsymbol{H} = \int \boldsymbol{r_p} \times \left(\frac{\mathrm{d}\boldsymbol{r_p}}{\mathrm{d}t}\right)\mathrm{d}m + \int \boldsymbol{r_{r1}} \times \left(\frac{\mathrm{d}\boldsymbol{r_{r1}}}{\mathrm{d}t}\right)\mathrm{d}m + \int \boldsymbol{r_{r2}} \times \left(\frac{\mathrm{d}\boldsymbol{r_{r2}}}{\mathrm{d}t}\right)\mathrm{d}m \quad (5\text{-}143)$$

整理可得

$$\begin{aligned}\boldsymbol{H} = &(\boldsymbol{I}_0 + \boldsymbol{I}_P + \boldsymbol{R}_{r1}^{\mathrm{T}}\boldsymbol{I}_{r1}\boldsymbol{R}_{r1} + \boldsymbol{R}_{r2}^{\mathrm{T}}\boldsymbol{I}_{r2}\boldsymbol{R}_{r2})(\boldsymbol{\omega}_p)_p \\ &+ \boldsymbol{R}_{r1}^{\mathrm{T}}\boldsymbol{I}_{r1}(\boldsymbol{\omega}_{r1/p})_{r1} + \boldsymbol{R}_{r2}^{\mathrm{T}}\boldsymbol{I}_{r2}(\boldsymbol{\omega}_{r2/p})_{r2}\end{aligned} \quad (5\text{-}144)$$

其中

$$\boldsymbol{I}_0 = (\boldsymbol{O}_p^{\mathrm{T}}\boldsymbol{O}_p\boldsymbol{E} - \boldsymbol{O}_p\boldsymbol{O}_p^{\mathrm{T}})m_p + (\boldsymbol{O}_{r1}^{\mathrm{T}}\boldsymbol{O}_{r1}\boldsymbol{E} - \boldsymbol{O}_{r1}\boldsymbol{O}_{r1}^{\mathrm{T}})m_{r1} + (\boldsymbol{O}_{r2}^{\mathrm{T}}\boldsymbol{O}_{r2}\boldsymbol{E} - \boldsymbol{O}_{r2}\boldsymbol{O}_{r2}^{\mathrm{T}})m_{r2} \quad (5\text{-}145)$$

为卫星平台与二维转台的集中质量在平台质心系坐标系的惯量阵。$\boldsymbol{R}_{r1}$、$\boldsymbol{R}_{r2}$ 分别为 $r1$ 惯量主轴坐标系和 $r2$ 惯量主轴坐标系与 $Ox_p y_p z_p$ 间的转换矩阵。设万向转台转过方位角为 θ_{AZ}，俯仰角为 θ_{EL}，则 $\boldsymbol{R}_{r1}$、$\boldsymbol{R}_{r2}$ 分别为

$$\boldsymbol{R}_{r1} = \begin{bmatrix} \cos\theta_{\text{AZ}} & \sin\theta_{\text{AZ}} & 0 \\ -\sin\theta_{\text{AZ}} & \cos\theta_{\text{AZ}} & 0 \\ 0 & 0 & 1 \end{bmatrix} \quad (5\text{-}146)$$

$$\boldsymbol{R}_{r2} = \begin{bmatrix} \cos\theta_{\text{AZ}} & \sin\theta_{\text{AZ}} & 0 \\ -\cos\theta_{\text{EL}}\sin\theta_{\text{AZ}} & \cos\theta_{\text{EL}}\cos\theta_{\text{AZ}} & \sin\theta_{\text{EL}} \\ \sin\theta_{\text{EL}}\sin\theta_{\text{AZ}} & -\sin\theta_{\text{EL}}\cos\theta_{\text{AZ}} & \cos\theta_{\text{EL}} \end{bmatrix} \quad (5\text{-}147)$$

由角动量定理

$$\dot{\boldsymbol{H}} + \boldsymbol{\omega}_p \times \boldsymbol{H} = \boldsymbol{M} \quad (5\text{-}148)$$

当卫星所受外力矩为 0 时，

$$\begin{aligned}\dot{H}_x + \omega_p^y H_z - \omega_p^z H_y &= 0 \\ \dot{H}_y + \omega_p^z H_x - \omega_p^x H_z &= 0 \\ \dot{H}_z + \omega_p^x H_y - \omega_p^y H_x &= 0\end{aligned} \quad (5\text{-}149)$$

由此微分方程组可以得到终端与平台发生耦合运动时，卫星平台对空间的转速在卫星本体坐标系中的表示：$\boldsymbol{\omega}_p = [\omega_p^x \ \omega_p^y \ \omega_p^z]^T$。由于卫星相对于轨道坐标系的转速为$(\dot{\varphi}, \dot{\theta}, \dot{\psi})$，轨道坐标系在空间中的转速为$(0, -\omega_0, 0)$，则卫星平台对空间的转速在本体坐标系中的表示为

$$\begin{bmatrix} \omega_p^x \\ \omega_p^y \\ \omega_p^z \end{bmatrix} = \begin{bmatrix} \dot{\varphi} - \omega_0 \psi \\ \dot{\theta} - \omega_0 \\ \dot{\psi} + \omega_0 \varphi \end{bmatrix} \qquad (5-150)$$

由此可以求解二维转台与卫星平台的耦合运动引起的平台姿态运动，进而得到瞄准角偏差。下面以星间激光链路（GEO-LEO）为例，针对卫星光通信终端二维转台以最大角加速度、最大角速度运动情况进行分析，分析条件为：LEO卫星平台质量1000kg，主轴转动惯量1000kg·m²（三轴）；GEO卫星平台质量5000kg，主轴转动惯量10000kg·m²（三轴）；卫星光通信终端二维转台质量5kg，主轴转动惯量0.037kg·m²、0.055kg·m²。卫星光通信终端二维转台运动情况如下：加速运动角加速度900mrad/s²，加速时间0.1s；匀速运动角速度90mrad/s，运动时间1s；减速运动角加速度-900mrad/s²，减速时间0.1s。

表5-7为卫星光通信终端二维转台运动时，由与卫星平台发生耦合运动引起的卫星平台最大姿态角速度、姿态角及光终端瞄准偏差角。表中"中心"表示二维转台安装于平台安装面中心时的情况，"偏心"表示二维转台安装于平台安装面一角时的情况，如图5-16所示。

表5-7 耦合运动引起姿态角运动和瞄准偏差

		滚动角速度/(°/s)	俯仰角速度/(°/s)	偏航角速度/(°/s)	滚动角/(°)	俯仰角/(°)	偏航角/(°)	瞄准偏差/rad
LEO	中心	-2.824×10⁻⁴	-2.664×10⁻⁵	-4.735×10⁻⁴	-3.101×10⁻⁴	-1.536×10⁻⁵	-5.208×10⁻⁴	1.064×10⁻⁵
	偏心	-2.818×10⁻⁴	-2.713×10⁻⁵	-4.726×10⁻⁴	-3.094×10⁻⁴	-1.593×10⁻⁵	-5.198×10⁻⁴	1.062×10⁻⁵
GEO	中心	-2.829×10⁻⁵	-2.669×10⁻⁶	-4.735×10⁻⁵	-3.106×10⁻⁵	-1.539×10⁻⁶	-5.208×10⁻⁵	1.064×10⁻⁶
	偏心	-2.823×10⁻⁵	-2.722×10⁻⁶	-4.723×10⁻⁵	-3.100×10⁻⁵	-1.600×10⁻⁶	-5.194×10⁻⁵	1.062×10⁻⁶

从表中可以看出，在所设定的较严苛的分析条件下，耦合运动对卫星姿态稳定度和光终端跟踪精度均有一定的影响。为了降低此类影响，在光终端设计过程中需要重点考虑以下两方面：①尽量降低终端粗瞄转动部件的质量，减少转动惯量；②避免粗瞄控制进行不必要的高速和高加速度运动，尽量采用低速和平稳角运动。

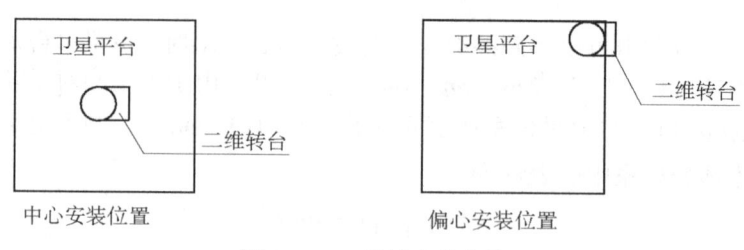

图 5-16 二维转台的安装

5.6.3 探测器测角误差

在瞄准、捕获及跟踪各个阶段都需要由探测器对瞄准角度误差进行测量，测角误差的存在对整个通信过程都会产生影响。提高跟踪系统性能的另一个有效方法是降低探测器的测角误差，提高系统中各个器件的灵敏度和降低噪声对测角精度的影响。在光通信的不同阶段，对探测器的要求也不同。在捕获和粗跟踪过程中，由于要求较大的角度范围，但是对响应频率要求不高，所以一般情况下使用 CCD（或 CMOS）作为探测器。但是在对角度范围要求较小，但是响应频率要求高的精跟踪过程，需要使用采样频率高、反应迅速的探测器来抑制高频微振动等对系统的影响。高精度相位灵敏探测器、四象限探测器或者角位置数字转化器都可以作为精跟踪探测器。由于 CCD（或 CMOS）的探测精度和响应时间等性能都显著提高，所以 CCD（或 CMOS）目前更普遍使用。本节主要针对 CCD（或 CMOS）的测角误差进行分析。

由于受到光通信终端光学系统孔径光阑的限制，即使没有其他任何因素的干扰，在像面上也不能得到一个理想的像点，而是一个弥散的像斑。由于光通信终端的视域较小，几何像差对于成像的影响可以通过系统设计较好地补偿。本节将终端的光束角度偏差检测光路作为衍射受限系统来考虑，即不考虑光学系统的几何像差，仅考虑系统孔径光阑的所引起的衍射。

衍射受限系统的脉冲响应是光学系统出瞳的夫琅禾费衍射图样，其中心在几何光学的理想像点处。对于终端的光束角度偏差检测光路，①当入射光束平行于主轴入射时，衍射光斑为夫琅禾费圆孔衍射图样，中心在焦点上；②当入射光束与主轴成一定倾角入射时，光斑的中心为理想几何像点的位置，相对于主轴有一个偏移量。因此，在光路的焦平面上将得到一个衍射像斑，中心的亮斑为艾里斑，光强分布满足贝塞尔函数，级数表达式如下：

$$I = I_0 \left[\sum_{k=0}^{\infty} \frac{(-1)^k}{4^k k!(k+1)!} u^{2k} \right]^2 \quad (5\text{-}151)$$

其中，$u = \pi D\sqrt{(x-x_0)^2 + (y-y_0)^2}\big/(f\lambda)$，$D$ 为透镜孔径，f 为透镜焦距，λ 为入射光波的波长，(x_0, y_0) 为几何光学理想像位置坐标，即光斑形心的真实值。艾里斑的半径为 $\rho_0 = 1.22 f\lambda/D$，在其外部的像斑能量弱且分布很广，并且在实际测量中易受到噪声的干扰，信噪比较低，故成像中只考虑艾里斑为有效范围。根据上面的分析原则，对光强分布的表达式作近似和变形，结果如下：

$$I = I_0 \begin{cases} \left[\sum_{k=0}^{10} \dfrac{(-1)^k}{4^k k!(k+1)!}\left(\dfrac{1.4884\pi^2 r^2}{\rho_0^2}\right)^k\right]^2, & r \leqslant \rho_0 \\ 0, & r > \rho_0 \end{cases} \quad (5\text{-}152)$$

式中，$r = \sqrt{(x-x_0)^2 + (y-y_0)^2}$。参变量 (x_0, y_0)、ρ_0 分别为像斑形心的真实值和像斑的半径。

下面重点分析 CCD 像元大小的有限性对测角精度所造成的影响。CCD 输出的是每个像元的灰度值，即每个像元上总的光强。由于像元大小总是有限的，它并不能反映出像元内各个点的光强信息，因此必然使得 CCD 的测量产生误差。一般而言，CCD 的像元越小，测量的精确度越高。

设安装时使主焦点落在 CCD 面上某一像元的正中心，以主焦点为原点，建立平面直角坐标系。设 CCD 的像元尺寸为 $d \times d$，每个像素坐标为 (id, jd)，i、j 均为整数。在原点上下左右，各考虑 n 个像素，则构成一个尺寸为 $(2n+1)d \times (2n+1)d$ 的正方形区域。考虑衍射受限系统，入射光的倾角发生变化时，像面上像斑的光强分布不发生变化。因此，由于 CCD 平面坐标系建立其像素中心，在统计平均误差时，只考虑光斑均匀随机地落在 1/4 像素中。从图 5-17 中可以看出，当光斑落在任何一个像素上时，都可以建立与初始坐标系相同的子坐标系。在这样的子坐标系下讨论光斑形心的测量误差与在原坐标系中完全相同。

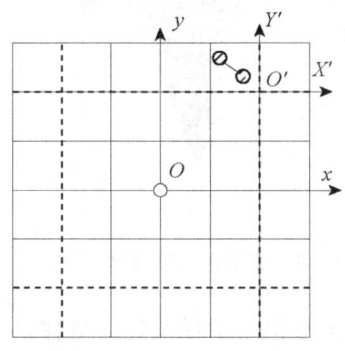

图 5-17 CCD 平面坐标系

通过积分可以求出每个像素上的光能量：

$$W_{ij} = \int_{d(j-1/2)}^{d(j+1/2)} \int_{d(j-1/2)}^{d(j+1/2)} I(x, y, x_0, y_0, \rho) \mathrm{d}x\mathrm{d}y = W_{ij}(x_0, y_0, \rho_0) \tag{5-153}$$

式中，$i, j = -n, -(n-1), \cdots, n-1, n$。利用 CCD 的质心算法，算出光斑形心的位置，与真实值进行比较，就可以得出误差 $\mathrm{error}(x_0, y_0, \rho_0)$。

考虑到卫星光通信的实际情况，假设信标光与主轴的夹角（即入射光的瞄准角度偏差）服从均匀随机分布，可以采取如下方式进行统计：

$$\overline{\mathrm{error}(\rho_0)} = \frac{4}{d^2} \int_0^{d/2} \int_0^{d/2} \mathrm{error}(x_0, y_0, \rho_0) \mathrm{d}x_0 \mathrm{d}y_0 \tag{5-154}$$

其数学过程相当于求一个曲顶柱体的平均高度。可以看出，光通信终端测角的平均误差与光斑的半径及成像位置有关。为使讨论问题方便，定义光斑的相对尺寸如下：$r = D/d$，D 和 d 分别为光斑的直径和 CCD 像素尺寸。

图 5-18 是光斑相对尺寸取 3 时，测角误差随真实形心变化的分布图，x 和 y 轴为光斑的中心位置坐标（将 CCD 每个像素 10 等分），z 轴表示不同位置对应的测量误差。可以得出如下结论：当光斑中心位于像素的面心、边心、顶角时，误差为零；当其位于 1/4 像素的正中心时，误差最大，但对测角的影响较小。该结论可以推广到一般情况，同时，光斑相对尺寸越大，则光斑位置分布对于测角的影响越小。

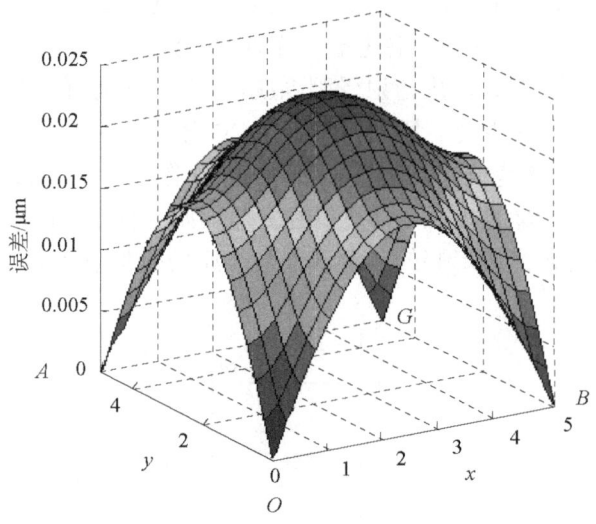

图 5-18 测量误差随光斑位置的分布

图 5-19 为平均误差随光斑相对半径变化的规律，其中考虑光斑落在 CCD 面上每个点的概率完全相等的情况。图中横轴表示相对半径，纵轴表示平均误差，分别给出了信噪比为 10、20、40 以及没有噪声的情况。可以看出，平均误差随

光斑尺寸迅速减小。当光斑相对半径大于2.0时，变化的趋势变缓，CCD像元有限性对测量误差的影响不明显。

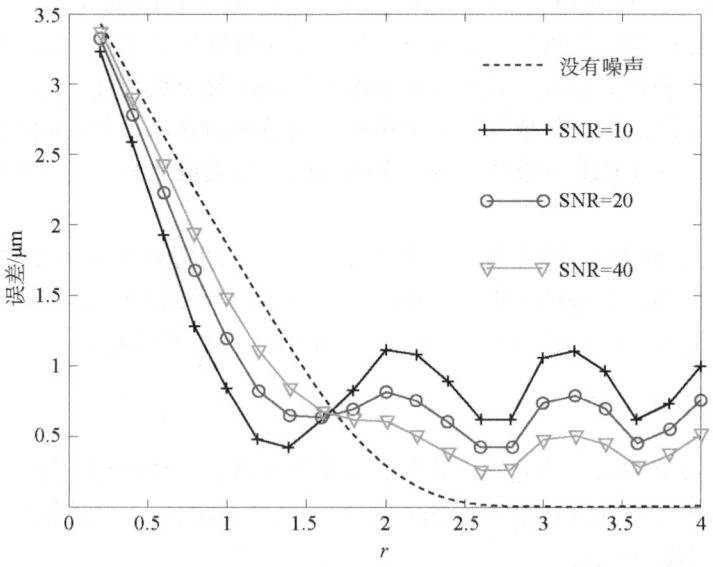

图 5-19　测量误差随光斑相对半径的变化

对于选定的卫星光通信终端 CCD 探测器，增大成像光斑尺寸有利于提高测角精度。但当成像光斑尺寸增大到一定程度后，提高的趋势变缓。此时，继续增大成像光斑尺寸将会造成卫星平台资源浪费、系统综合性能下降。综合考虑激光链路跟踪测角精度要求、终端整体性能等因素，选择光斑相对半径在 2～3 较为合适。

5.6.4　背景噪声

背景噪声在确定成像光斑位置时，会对探测器的测角精度产生影响，进而影响激光链路的跟踪精度。为了提高测量精度，需要通过图像处理对成像光斑去噪。目前，普遍使用的去噪方法是将多种去噪方法相互结合以达到更好的处理效果。以下几种方法对抑制噪声对光斑的影响效果十分显著：

（1）基于小波变换的 Bayesian 阈值法，利用阈值对含有噪声的光斑进行小波去噪。

（2）采用自适应中值滤波方法，根据不同的信号灰度值和背景噪声灰度值的差异对阈值进行调节。

（3）对于图像处理子系统的积分时间、增益等设计成可调节量，根据不同成像光斑的情况，调节参数，并使用反馈电路校正暗电流产生的影响。

实验结果表明这几种方法可将受到背景光噪声污染的成像光斑的质心误差从 6 个像素下降到 0.15 个像素以下。相对于传统的去噪方法，定位误差下降了 80%。上述几种方法虽然有效地减小了噪声对光斑成像的干扰，但是现有去噪方法只对某一类噪声具有较好效果。CCD 测角误差对整个系统性能的影响分析还比较少。上述方法虽然有效地抑制了噪声对光斑位置测量精度的影响，但由于瞄准角度的偏差，在 CCD 上成像光斑的光强减弱，导致成像光斑的信噪比下降从而产生测角误差。

本节重点介绍影响激光链路跟踪精度的几种空间背景噪声。取跟瞄系统典型参数值如下：系统光路透过率 τ_{ccd}=0.6，终端接收望远镜入瞳面积 A=491cm²（天线口径 250cm），跟瞄系统视场角 $\theta_{\text{r-ccd}}$=1.5mrad，滤光片带宽 $\lambda_2-\lambda_1$=0.003μm。

1.太阳辐射

太阳是最重要的天然光源，其辐射规律基本符合黑体辐射定律。在大气层外测量的太阳辐照度曲线在 0.3～2.5μm 区间相当于 6000K 下黑体辐照度曲线，实测结果如图 5-20 所示。

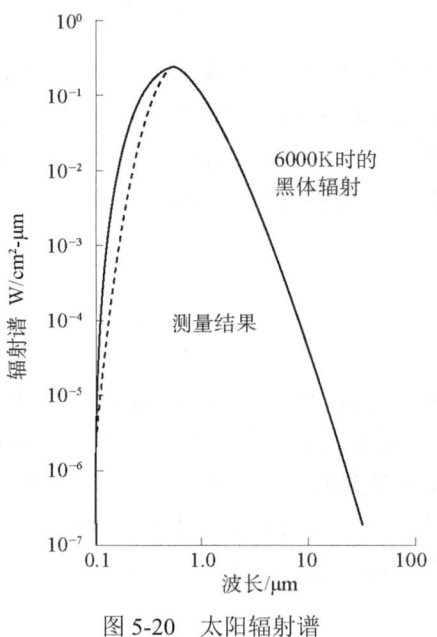

图 5-20　太阳辐射谱

光通信终端跟踪视场角为 mrad 量级，因此对于光通信终端而言，太阳应视为面光源。太阳背景光在跟踪 CCD 探测器上将成面像，像点占满整个光敏面。

当太阳进入光通信终端跟瞄系统视域时，照射在接收天线上的太阳光经光学系统成像后，CCD 所接收到的光功率为

$$P_{\text{sun-ccd}} = \tau_{\text{ccd}} \cdot A \cdot \left(\frac{\theta_{\text{r-ccd}}}{\theta_{\text{r-sun}}}\right)^2 \cdot \int_{\lambda_1}^{\lambda_2} W_{\text{sun}}(\lambda) \mathrm{d}\lambda \quad (5\text{-}155)$$

其中，$W_{\text{sun}}(\lambda)$ 为太阳辐射功率谱密度，在跟踪信标光波长 810nm 附近为 0.1W/cm^2-μm-sr；$\theta_{\text{r-sun}}$ 为光通信终端对太阳的平面张角，其值为 9.3mrad（太阳直径 1.4×10^{6}km，日地平均距离 1.5×10^{8}km）。可以求得跟踪探测 CCD 接收到的太阳背景噪声为 2.3×10^{-3}W。由于入射的太阳背景噪声覆盖整个 CCD 探测面，则 CCD 每个像元探测到太阳背景光功率为 $P_{\text{sun/pixl}} = P_{\text{sun-ccd}}/n$，$n$ 为 CCD 探测器像元个数。若光通信终端跟瞄系统视场对应面阵 CCD 像元数为 100×100，则每个像元探测到太阳背景光功率为 2.3×10^{-7}W。该功率值远大于卫星光通信链路跟踪过程中信标光在跟踪探测器上的光功率，可使跟踪中断，严重时还可能对跟踪探测器造成损伤。因此，激光链路应主动避开太阳光辐射。

2. 月球反射光

月球主要光辐射来自太阳反射光，其发出的光波段几乎与太阳相同，产生有效温度为 6000K 的辐射，但弱得多。月球辐射谱曲线如图 5-21 所示。

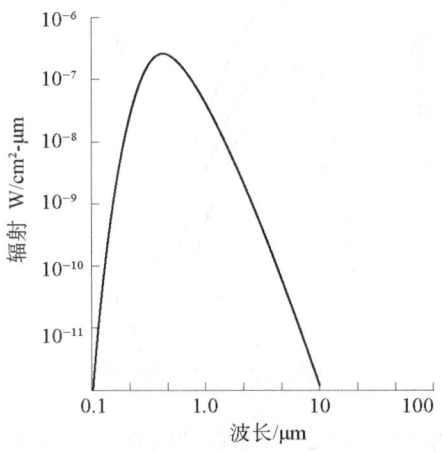

图 5-21 月球辐射谱

与太阳背景分析相似，当月球进入跟瞄系统视域时，CCD 探测器所能接到的背景光功率为

$$P_{\text{moon-ccd}} = \tau_{\text{ccd}} \cdot A \cdot \left(\frac{\theta_{\text{r-ccd}}}{\theta_{\text{r-moon}}}\right)^2 \cdot \int_{\lambda_1}^{\lambda_2} W_{\text{moon}}(\lambda) \mathrm{d}\lambda \quad (5\text{-}156)$$

其中，$W_{\text{moon}}(\lambda)$ 为月球辐射功率谱密度，在跟踪信标光波长 810nm 附近取值为 $3.3\times10^{-7}\text{W/cm}^2\text{-}\mu\text{m-sr}$；$\theta_{\text{r-moon}}$ 为光通信终端对月球的平面张角，其值为 9.2mrad（月球直径 3.5×10^3km，月地平均距离 3.8×10^5km）。可以得到 CCD 可探测到的月球背景光约为 7.7×10^{-9}W。由于入射的月球背景噪声覆盖整个 CCD 探测面，则 CCD 每个像元探测到月球背景光功率为 $P_{\text{sun/pixl}}=P_{\text{sun-ccd}}/n$，$n$ 为 CCD 探测器像元个数。若光通信终端跟瞄系统视场对应面阵 CCD 像元数为 100×100，则每个像元探测到月球背景光功率为 7.7×10^{-13}W。该功率值远小于卫星光通信链路跟踪过程中信标光在跟踪探测器上的光功率，对跟踪精度的影响可忽略。因此，激光链路中卫星光通信终端可不必规避月球反射光，但需要在接收光路中设置窄带光学滤波片。

3.行星反射光分析

由于遥远的距离和较小的半径，行星反射光对于卫星光通信终端可以看成点光源。其中，金星、火星、木星、土星、水星辐射光较强，是主要的行星背景光源，其辐射谱分布如图 5-22 所示。

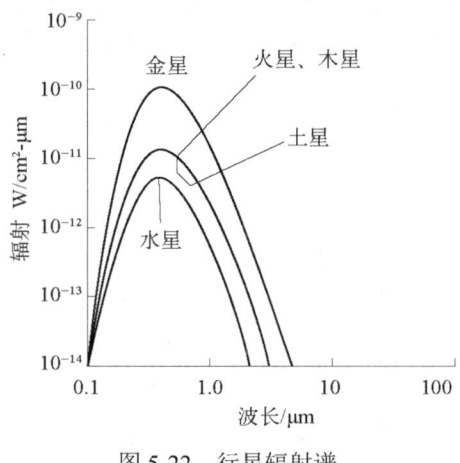

图 5-22　行星辐射谱

由于行星为点光源，光通信终端接收到的行星背景光与视场角无关，CCD 接收到背景光功率大小为

$$P_{\text{planet-ccd}} = \tau_{\text{ccd}} \cdot A \cdot \int_{\lambda_1}^{\lambda_2} W_{\text{planet}}(\lambda)\mathrm{d}\lambda \qquad (5\text{-}157)$$

其中，$W_{\text{planet}}(\lambda)$ 为行星辐射谱密度，单位为 $\text{W/cm}^2\text{-}\mu\text{m}$。可求得不同行星背景进入跟瞄系统视域时，CCD 接收到的行星背景光功率，如表 5-8 所示。

表 5-8 跟瞄系统行星背景光功率

	目视星等	辐射谱密度/(W/cm²·μm)	背景光功率/W
金星	-4.29	1.1×10^{-10}	9.7×10^{-11}
火星	-2.25	1.7×10^{-11}	1.5×10^{-11}
木星	-2.25	1.7×10^{-11}	1.5×10^{-11}
土星	-0.93	4.3×10^{-12}	6.7×10^{-12}
水星	-1.8	1.1×10^{-11}	9.7×10^{-12}

卫星光通信终端接收到的行星背景光功率与信标光功率量级相当,在链路跟踪控制中必须考虑。

4.恒星辐射

恒星光源是空间中数量最多的背景光源,但对于大多数光学系统来说,只有少数恒星足够亮,而大多数恒星不会使探测器感光。图 5-23 为空间中最亮的 5 颗恒星的辐射功率谱密度曲线。其中,天狼星是全天最亮的恒星,可视星等为-1.6 等,因此在分析计算中以天狼星为例。

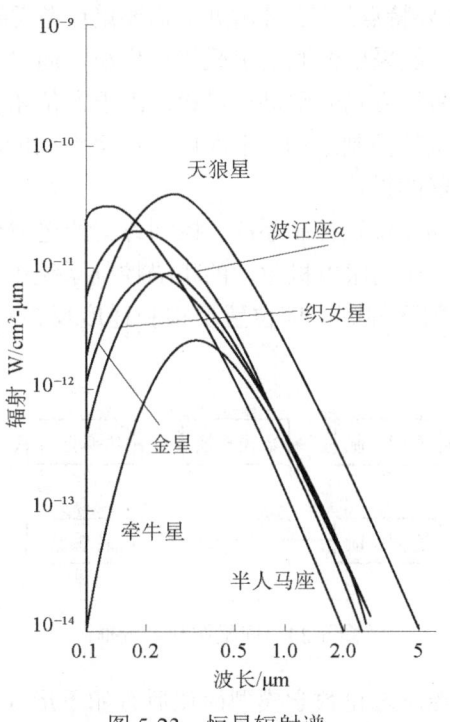

图 5-23 恒星辐射谱

恒星入射到光通信终端的背景光可视为平行光,因此恒星在 CCD 上成点像,

背景光功率为

$$P_{\text{star-ccd}} = \tau_{\text{ccd}} \cdot A \cdot \int_{\lambda_1}^{\lambda_2} W_{\text{star}}(\lambda) \text{d}\lambda \tag{5-158}$$

其中，$W_{\text{star}}(\lambda)$ 为恒星辐射谱密度，单位为 W/cm²-μm。在 810nm 附近，天狼星 $W_{\text{star}}(\lambda) = 9.1 \times 10^{-12}$ W/cm²-μm，则 CCD 可接收到恒星背景光功率为 8.0×10^{-12} W。卫星光通信终端接收到的较亮的恒星背景光功率与信标光功率量级相当，在链路跟踪控制中必须考虑。

5.7 跟踪控制工程实现方法

5.7.1 粗跟踪控制

卫星光通信终端中的粗瞄装置具有较大的瞄准范围，用来克服由卫星轨道运动和姿态控制引起的低频瞄准干扰分量，具体包括卫星捕获的初始化、扫描和跟踪。粗瞄装置控制的主要特点是低速高精度，需要重点考虑静摩擦力矩变化的影响。

在粗瞄装置中，一般采用伺服电机或步进电机，通过齿轮传动实现对万向转台的控制，本书对这两种方式分别进行讨论。由于方位角粗瞄控制回路和俯仰角粗瞄控制回路具有相似的控制结构，下面以方位角方向的粗瞄控制回路为例，介绍系统的模型及控制器的设计。

粗瞄装置属于大偏差位置控制系统，控制方案的选取应满足瞄准位置准确和动态过程平稳的要求。在伺服电机驱动的粗瞄控制系统中，采用无超调或超调很小的随动系统进行双闭环控制，即位置反馈和速度反馈相结合的方案，图 5-24 为系统构成框图。

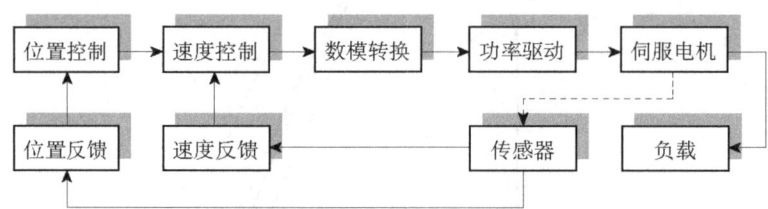

图 5-24 伺服控制系统框图

直流力矩电机的控制理论数学模型简化后有如下形式：

$$G(s) = \frac{1}{K_{\text{e}}\left(t_{\text{m}}t_{\text{e}}s^2 + t_{\text{m}}s + 1\right)} \tag{5-159}$$

其中，K_e 为反电势常数；t_m 和 t_e 为机械和电磁时间常数。粗瞄的控制策略采用 PID 控制，具有算法简单且鲁棒性好的特点，有利于抑制阶跃响应的超调、缩短调节时间和保持系统稳定性。粗瞄位置调节器的传递函数可以表示为

$$W(s) = \frac{T_i T_d s^2 + K_p T_i s + 1}{T_i s} \quad (5\text{-}160)$$

式中，T_i、T_d 和 K_p 分别为积分时间常数、微分时间常数和比例常数。粗瞄系统中位置反馈和速度反馈共用一个光电码盘作为传感器。速度反馈从位置反馈直接引入，即在引入过程中对位置进行微分。设计速度反馈的传递函数为如下形式：

$$H(s) = \frac{\tau_1 s + 1}{\tau_2 s + 1} s \quad (5\text{-}161)$$

图 5-25 为采用伺服电机的粗瞄控制系统动态结构，其中 K_v 代表功率放大器增益，$60/(2\pi s)$ 的作用是将转速输出变换为角位移输出，一般采用绝对式光电码盘作为反馈传感器。

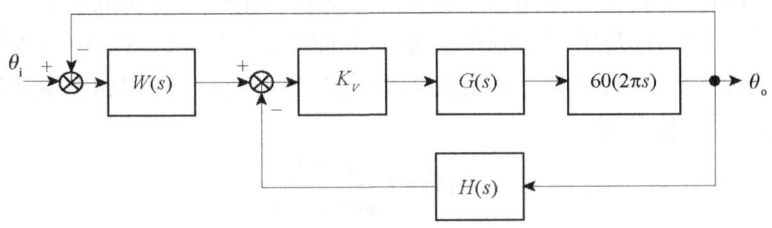

图 5-25　伺服控制系统动态结构

步进电机驱动系统由步进电机本体、步进电机驱动器和控制器三部分构成，可以采用数字信号直接进行控制，位移与输入脉冲信号数相对应，步距误差不累积。步进电机驱动系统的严重缺陷是电机振荡导致机械振动和噪声，此外还存在丢步和共振现象，图 5-26 为控制系统构成框图。

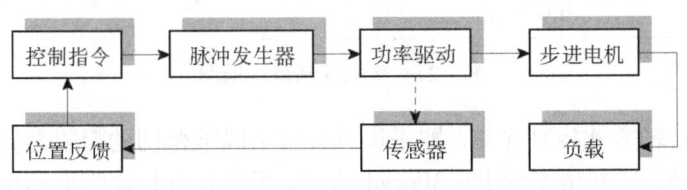

图 5-26　步进控制系统框图

采用增量式码盘作为步进电机的位置反馈传感器，以监测步进电机的丢步现象。步进电机的工作状态远比直流电动机复杂，对其特性进行解析是相当困难的，需要进行一系列的简化，然后根据电压方程和运动方程进行推导，在这里不再赘述。在斩波恒流驱动方式中，步进电机驱动系统的传递函数可表示为

$$G(s) = \frac{CI_m z_r^2 \cos\left(\dfrac{\pi f}{2 f_c}\right)}{Js^2 + Ds + CI_m z_r^2 \cos\left(\dfrac{\pi f}{2 f_c}\right)} \tag{5-162}$$

其中，C 为由步进电机机械结构和匝数决定的比例系数；I_m 为电流峰值；z_r 为转子齿数；f 为步进电机脉冲运行频率；f_c 为步进电机的极限脉冲运行频率；J 为终端的转动惯量；D 为黏性摩擦系数。

5.7.2 精跟踪控制

卫星光通信终端中的精瞄装置具有较高的瞄准精度，用来克服由星上振动等引起的高频瞄准干扰和补偿粗瞄瞄准误差，具体包括捕获完成后的进一步对准、跟踪和提前瞄准，图 5-27 为精瞄控制系统框图。

由于目前的 CCD 的采样频率较低，无法作为精瞄镜的模拟控制反馈单元，在图中加入 CCD 只是用来监测精瞄镜的瞄准情况。在控制过程中，为保证系统的稳态误差，应有积分环节，同时为加快系统的响应速度还需加上微分环节，最后可确定控制器传函为

$$G(s) = k \frac{\tau s + 1}{s(\tau_i s + 1)} \tag{5-163}$$

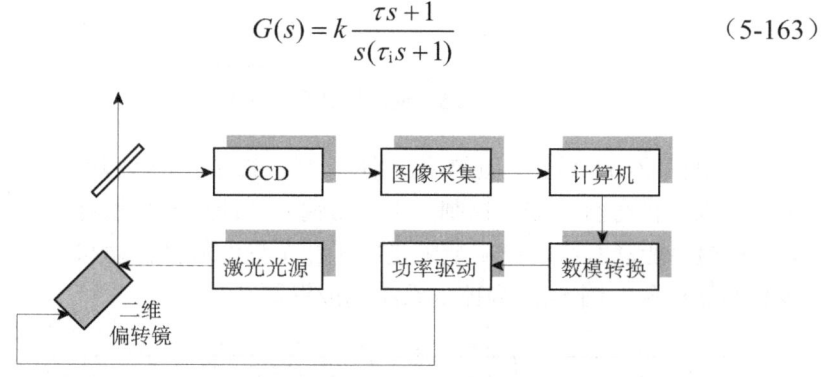

图 5-27　精瞄控制系统框图

采用复合轴方式控制光束，即采用具有较大瞄准范围的粗瞄装置来补偿两星间的相对运动，控制精度优于 $\pm 30\mu rad$（1σ）。采用具有较高瞄准精度的精瞄装置来补偿精瞄误差、克服高频振动干扰分量和补偿提前瞄准量。上述两种光束瞄准控制的执行装置分别采用光电码盘和位移传感器作为反馈单元。同时，利用光电探测器进行光信号角度误差反馈。采用上述方法可实行链路的双向闭环跟踪，确保链路的稳定和通信质量要求。

在激光通信终端的跟踪过程中，主要关心的是粗跟踪和精跟踪的控制耦合问

题。根据终端粗跟踪和精跟踪的设计指标,粗跟踪的控制带宽与精瞄控制带宽相差上百倍。因此,只要控制粗瞄装置在较低频率进行工作,粗跟踪和精跟踪之间的耦合对于终端跟踪的影响可以忽略。

5.7.3 链路跟踪稳定保持时间估算

卫星光通信的跟踪过程中,对随机产生的跟踪误差不断进行补偿。当某几种噪声相互叠加,产生较大的跟踪误差角,该误差角不能被 CCD 及时采样补偿,超出跟踪视域时,断路发生。分析跟踪误差角产生的原因,主要有卫星平台角振动、卫星相对运动、粗/精跟踪误差以及 CCD 测角误差等。

卫星平台振动功率谱密度一般可表示为

$$S(f) = \frac{160}{1+f^2} \tag{5-164}$$

利用精跟踪系统可以对上述振动进行补偿。跟踪角的绝对位置与振动时域序列之差可认为是跟踪误差角。对于跟踪误差角的补偿,一般跟踪系统带宽大于 CCD 探测到误差角的谱宽,故跟踪系统在 1 个 CCD 探测周期内可以完全补偿误差角。在实际情况中,由于脱靶量运算时间以及电控时间等的影响,对 CCD 探测到的脱靶量进行补偿需要延时 1 个探测周期。一般认为在 CCD 二维平面上由上述原因引起的误差分布为该高斯分布在 X、Y 轴相互独立的联合分布

$$f(x_v, y_v) = \frac{1}{2\pi \sigma_v^2} \exp\left[-\frac{1}{2}\left(\frac{x_v^2 + y_v^2}{\sigma_v^2}\right)\right] \tag{5-165}$$

光通信终端的复合跟踪(粗跟踪、精跟踪)系统具有宽跟踪带宽、强鲁棒性等特点。在一个 CCD 探测周期内,近似认为复合跟踪可完全达到预定位置,其影响仅为引入了方差为 σ_t 的高斯噪声。对于 σ_t 的取值,应考虑到粗、精跟踪的跟踪带宽与 CCD 的探测周期。由于电控延时,粗精跟踪的误差会被放大,放大系数与控制参数 p 有关,可表示为 $c(p)$。其噪声满足如下高斯分布:

$$f(x_t, y_t) = \frac{1}{2\pi c(p)^2 \sigma_t^2} \exp\left[-\frac{1}{2}\left(\frac{x_t^2 + y_t^2}{c(p)^2 \sigma_t^2}\right)\right] \tag{5-166}$$

根据延迟的跟踪策略可得控制参数与放大系数的关系。

CCD 测角误差使测得的脱靶量偏小,相当于 CCD 上一探测时刻得到的脱靶量的缩小,其分布为

$$f(x_{\text{CCD}}, y_{\text{CCD}}) = \frac{1}{2\pi \sigma_{\text{CCD}}^2} \exp\left[-\frac{1}{2}\left(\frac{(x_{\text{CCD}} - \mu(\Phi_B)x_d/p)^2 + (y_{\text{CCD}} - \mu(\Phi_B)y_d/p)^2}{\sigma_{\text{CCD}}^2}\right)\right] \tag{5-167}$$

其中，$\sigma_{CCD} = \mu(\Phi_B)\sqrt{c(p)^2\sigma_t^2 + \sigma_v^2}$。星间光通信中，考虑跟踪误差概率分布，可得极坐标系下断路的概率为

$$P = \int_0^{2\pi}\int_R^{+\infty} \frac{1}{2\pi(\sigma_v^2 + c(p)^2\sigma_t^2 + \sigma_{CCD}^2)} \exp\left\{-\frac{1}{2}\left[\frac{r^2 + (\mu+1)^2|V_d/p|^2 - 2r(\mu+1)|V_d/p|\cos(\theta)}{\sigma_v^2 + c(p)^2\sigma_t^2 + \sigma_{CCD}^2}\right]\right\}r\mathrm{d}r\mathrm{d}\theta$$

（5-168）

则链路稳定期望时间为

$$T = \frac{\tau}{P}$$

（5-169）

若认为跟踪误差角大于 10μrad 时，链路断路。图 5-28 给出了在不同星间相对角速度|V|及不同的控制参数 p 下，星间光通信链路保持稳定的期望时间。其中光束发散角 θ_b=200μrad，光斑中心信噪比 R_{SN0}=20。可知，在不同的相对角速度下，采用不同的控制参数 p，可使稳定时间达到最大。

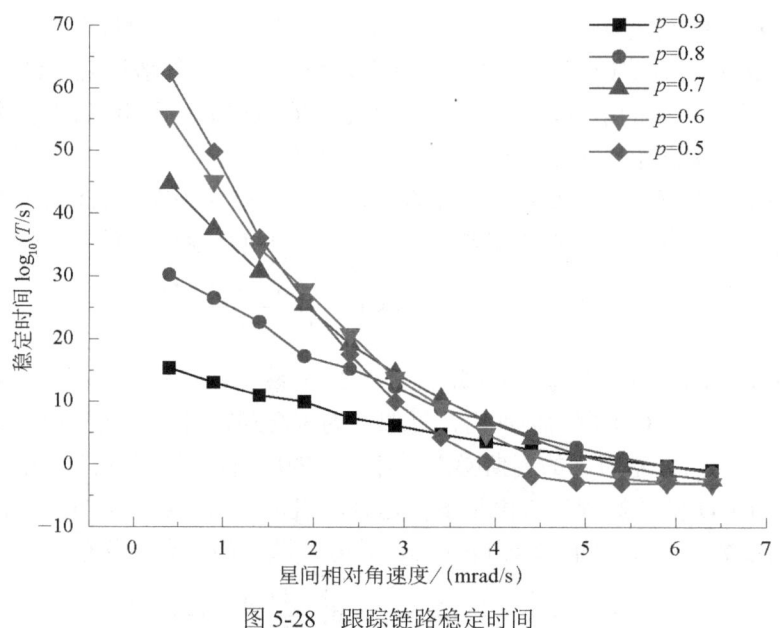

图 5-28　跟踪链路稳定时间

在激光链路跟踪系统设计中，可在不同的相对角速度下采用最佳的控制参数，以实现激光链路跟踪稳定时间最大。

参 考 文 献

[1] 于思源，韩琦琦，马晶，等. 卫星光通信终端 CCD 成像光斑弥散圆尺寸选择. 中国激光，2007，34（1）：67-71

[2] Anderson F, Christensen W, Kortegaard B. Real time, video image centroid tracker. Proc. SPIE, 1990, 1304: 82-91

[3] Leroux C, Dainty C. A simple and robust method to extend the dynamic range of an aberrometer. Optics Express, 2009, 17 (21): 19055-19061

[4] Ma X Y, Rao C H, Zheng H Q. Error analysis of CCD-based point source centroid computation under the background light. Optics Express, 2009, 17 (10): 8525-8541

[5] Ortiz G G, Lee S. Acquisition, tracking, and pointing using earth thermal images for deep space optical communications. Lasers and Electro-Optics Society, 2003; LEOS 2003. The 16th Annual Meeting of the IEEE, 2003, 1: 83, 84

[6] 孔兵, 王昭, 谭玉山. 基于圆拟合的激光光斑中心检测算法. 红外与激光工程, 2002, 31(3): 275-279

[7] 刘珂, 周富强, 张广军. 半径约束最小二乘圆拟合方法及其误差分析. 光电子·激光, 2006, 17 (5): 604-607

[8] Birnbaum K M, Sahasrabudhe A, Farr W H. Separating and tracking multiple beacon sources for deep space optical communications. Proc. SPIE, 2010, 7587 (75870Q-1) - (75870Q-11)

[9] Leroux C, Dainty C. Estimation of centroid positions with a matched-filter algorithm: relevance for aberrometry of the eye. Optics Express, 2010, 18 (2): 1197-1206

[10] Roddier N. Atmospheric wavefront simulation using Zernike polynomials. Optical Engineering, 1990, 29 (10): 1174-1180

[11] Noll R J. Zernike polynomials and atmospheric turbulence. J.Opt.Soc.Am., 1976, 66: 207-211

[12] Ma J, Li X, Yu S Y. Influence of satellite vibration on optical communication performance for intersatellite laser links. Optical Review, 2012, 19 (1): 25-28

[13] Li X, Yu S Y, Ma J. Analysis of capacity and outage probability for intersatellite optical communications in the presence of random pointing jitter. Journal of Russian Laser Research, 2012, 33 (2): 10-18

[14] Li X, Ma J, Yu S Y. Optimum signal input distribution design in the presence of random pointing jitter for intersatellite optical communications. Optics & Laser Technology, 2013, 45 (1): 705-707

[15] Ansari H. Digital control design of a CCD-based tracking loop for precision beam pointing. Proc. of SPIE, 1994, 2123: 328-333

[16] Lee S, Alexander J W, Jeganathan M. Pointing and tracking subsystem design for optical communications link between the international space station and ground. Proc. of SPIE, 2000, 3932: 150-157

[17] Lee H, Oh D G, Oh S H O. Angular error of LEO tracking system. Proc. of SPIE, 2000, 4025:

259-269

[18] Tan L Y, Yang Y Q, Ma J. Pointing and tracking errors due to localized deformation induced by transmission-type antenna in intersatellite laser communication links. Appl. Opt., 2009, 48: 786-791

[19] 马晶, 韩琦琦, 于思源, 等. 卫星平台振动对星间激光链路的影响和解决方案. 光电子激光, 2004, 15 (4): 472-476

[20] Dyne S J, Tunbridge D E L, Collins P P. The vibration environment on a satellite in orbit. Optical Engineering, 2010, 49 (8): (083604-1) - (083604-10)

第 6 章
卫星光通信瞄准捕获试验与应用

6.1 概 述

由于卫星激光通信传输距离远，存在卫星平台振动、空间环境以及卫星动态运动等因素的影响，所以要求对极窄光束高精度准确瞄准、快速捕获及稳定跟踪和通信。为确保激光链路在轨运行成功，需要前期在地面进行大量模拟试验。由于在地面无法完全模拟卫星光通信的真实环境，在地面验证激光链路系统的捕获跟踪能力需要进行等效测试。实际的激光通信链路中，卫星光通信的瞄准捕获在数千至数万千米进行，而地面测试在实验室内，两终端的距离为 2~4m。

对于光信号的收发特性测试，主要区别表现为：传输距离不同、工作平台状态不同和传输介质不同。对于传输距离不同，两种情况距离相差很大，空间传输对于能量的衰减影响不一致，需要进行等效性分析。只要能够测量出终端在多大的功率下能保证通信，无论终端的距离是数米，还是数万千米，都可以评价终端的收发性能。为了进行终端灵敏度和通信性能等参数的测试，模拟光束 42000km 距离传输的能量衰减，可以在发射终端的光路中安装中性衰减片。同时，还可以利用光束整体遮挡的方式精确控制接收终端的入射光能量。

在激光通信终端中，激光器发射激光经整形透镜后的强度分布为高斯分布，经卡塞格林望远镜对光束散角压缩后，通过终端的出瞳发射。激光光束的分布情况如图 6-1 所示，由于望远镜副镜的遮挡效应，在天线发射孔径上的光强中心部分为零，对于近场光束的捕获跟踪存在较大影响。

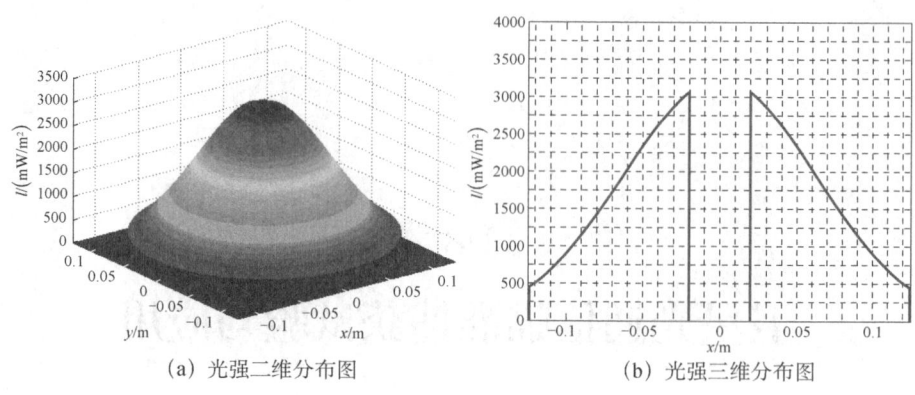

(a) 光强二维分布图　　　　　　　(b) 光强三维分布图

图 6-1　天线发射口径上光强分布

激光在空间中的传输过程通过标量波衍射理论可以得到准确的估算。通过数值仿真，可以得出两终端间距离为 4m、100km 与 40000km 时，接收平面处的光强分布如图 6-2 所示。

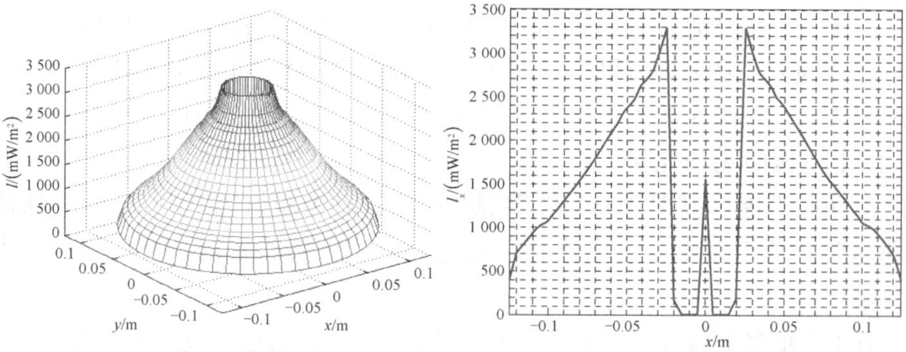

光强二维图　　　　　　　　　　光强三维图

(a) 距离4m

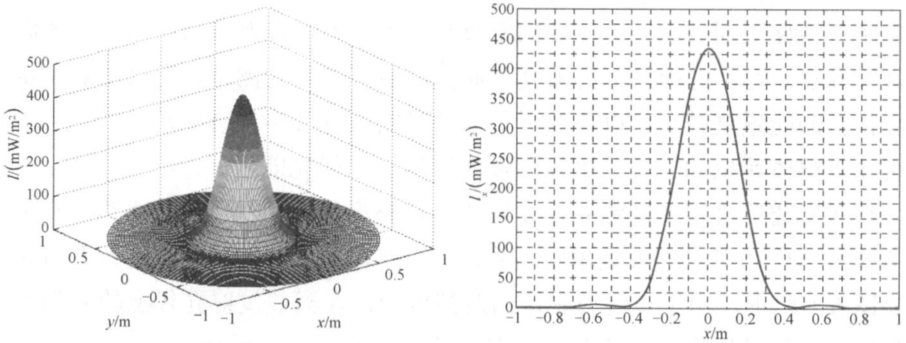

光强二维图　　　　　　　　　　光强三维图

(b) 距离100km

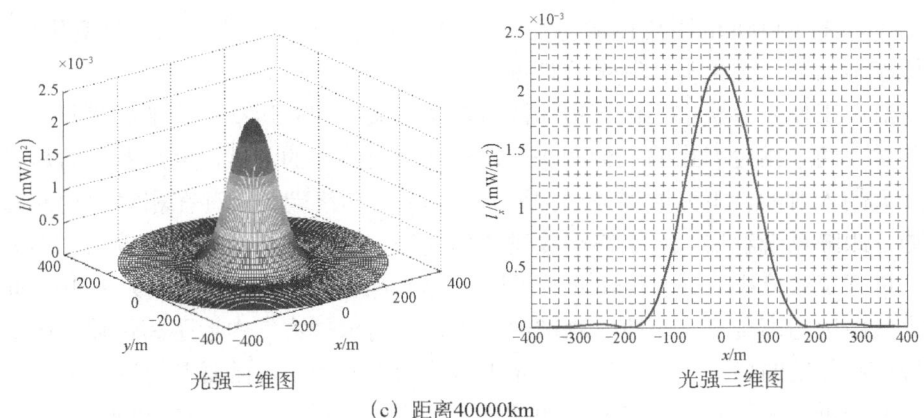

光强二维图

（c）距离40000km

图 6-2　接收平面上的光强分布

可见，在激光链路传输中，当通信距离小于 100km 时，由于卡塞格林望远镜中心遮挡问题，接收终端处的光强分布为存在中间遮挡的高斯分布；而当通信距离大于 100km 时，卡塞格林望远镜中心遮挡的影响已经可以忽略，接收终端处的光强分布为标准高斯分布。

由于在地面进行测试实验，无法实现 100km 以上的真空信道模拟，故只能选择在室内进行短距离测试。地面测试中，两终端间的距离为 2～4m，终端发射的光束在这样近的距离内可以认为就是平行光。对于接收端的能量接收，4m 与 40000km 传输距离下是有一定区别的，主要表现为接收望远镜的副镜遮挡问题。对于 40000km 距离链路，与接收端位置处的光斑尺寸相比，接收终端入瞳很小，这时入射到终端中的光束可以认为是平行光，光强可认为是均匀分布。

设终端天线次镜造成的能量损失百分比为 A_1，天线支架造成的能量损失百分比为 A_2，则

$$A_1 = \frac{\int_0^{R_1} I(r) \cdot 2\pi r \mathrm{d}r}{\int_0^{R_2} I(r) \cdot 2\pi r \mathrm{d}r}, \quad A_2 = \frac{3\int_{R_1}^{R_2} \frac{I(r) \cdot b_z r}{\sqrt{r^2 - R_1^2}} \mathrm{d}r}{\int_0^{R_2} I(r) \cdot 2\pi r \mathrm{d}r}$$

其中，$I(r)$ 表示光强分布，b_z 表示支架厚度，R_2 和 R_1 分别为天线主次镜半径。对于 2～4m 距离链路，接收端位置处的光斑尺寸与接收终端入瞳相当，这时入射到终端中的光束与发射端出瞳分布相同。由于终端副镜的遮挡，与光强平均分布情况明显不同。为了消除上述差别，在发射终端一方的出瞳处安装掩模板，该掩模板通光部分的形状应与接收终端通光部分（考虑副镜及支架在光束传播方向截面上的遮挡）的形状一致。这样可以模拟接收端在副镜之后的实际接收光强，通过公式推算即可获得终端在 40000km 链路状态下的接收灵敏度。可见，采用上述

方法可以将40000km距离传输与地面2～4m距离传输在接收端的能量变化等效，灵敏度地面测试结果与实际链路情况相同。

对于工作平台状态不同，实际链路在两个具有相对运动的终端间进行，而地面测试在两个相对静止的平台间进行。对于收发特性的测试，重点考虑的是终端在多大的入射能量下能够保证通信要求。因此，两终端是否存在相对运动的问题应通过跟瞄系统解决，对于终端收发能力的测试，静态与动态是等效的，不需要专门进行等效分析。对于传输介质不同，实际链路中光束在真空或大于30°仰角的大气中远距离传输，而地面测试中光束在室内水平大气中近距离传输。在室内环境控制稳定的情况下，大气对于光束传输的影响较小，需要专门进行大气补偿等效性分析。大气对卫星光通信跟踪影响较大，在后面的章节中详细介绍。

本章主要讲述卫星光通信瞄准捕获的仿真、测试、地面等效模拟试验和地面校准技术，该部分工作是在轨试验和后续工程应用的基础。最后，本章对我国进行的首次卫星光通信在轨试验——海洋二号星地激光链路的捕获部分进行了分析和介绍。本章内容在卫星光通信捕获地面仿真模拟实验和在轨试验等方面部分参考了国内外研究成果，具体见参考文献[1]～[19]。

6.2 捕获仿真分析技术

6.2.1 链路捕获需求分析

针对不同的通信需要，可建立的激光星间链路可以有如图6-3所示的三种情况：①同步轨道卫星与同步轨道卫星之间的激光通信（GEO-GEO）；②同步轨道卫星与低轨道卫星之间的激光通信（GEO-LEO）；③低轨道卫星与低轨道卫星之间的激光通信（LEO-LEO）。尽管中轨道（MEO）卫星也是卫星间光通信的一种选择，然而其应用场合相对较少，因此本书不讨论MEO卫星的激光链路情况。不同类型的激光链路对捕获时间的要求不同，所采取的捕获策略和捕获相关单元设计也不同。

在同步轨道间建立激光链路，可进行极高数据率中继，诸如传输图像。这样，在传输关键数据时可不必使用生存能力较低的地面站。根据GEO卫星的特点，理论上2～3颗GEO卫星组网就可以覆盖地球上除两极以外的所有地区。在构建全球通信网络时，利用GEO-GEO链路将大大提高信号传输效率。由于GEO-GEO激光链路长期可见，对捕获时间要求不高。

第 6 章 卫星光通信瞄准捕获试验与应用

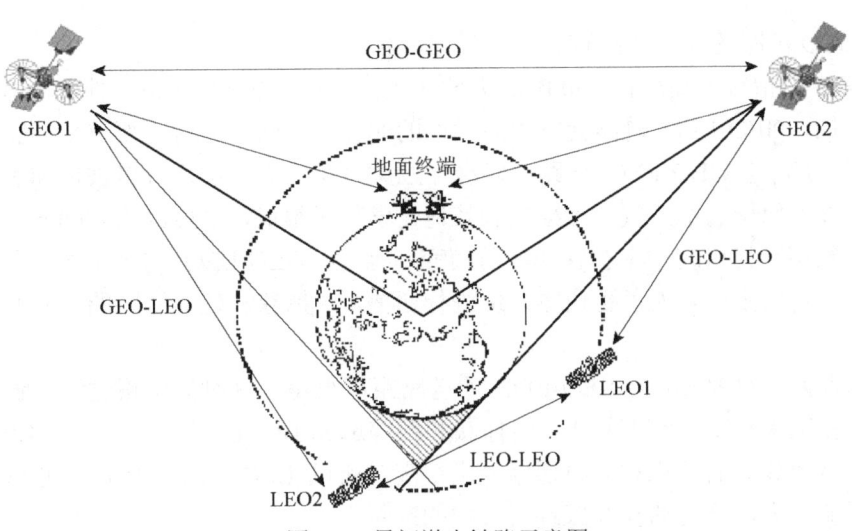

图 6-3 星间激光链路示意图

低轨道卫星一般用于对地观测、军事侦察和系统通信等。低轨道卫星的过顶时间较短，而且地面站的建立位置受到一定的限制，因而将低轨道卫星上的数据直接传送到地面站有一定的困难。因此，可以利用一颗或多颗 GEO 卫星作为地面站和 LEO 卫星之间的中继站，建立 LEO 卫星和地面站之间通信的桥梁。若采用一定的方式组成通信链路网络，还可以进行实时数据传输。由于存在地球遮挡问题，GEO-LEO 激光链路可见区域时间一般在 50min 左右，为确保链路通信传输时间，对链路捕获时间要求较严苛。

单颗低轨道卫星的覆盖范围很小，因而可持续通信的时间非常短，例如，对于 Motorola 公司的铱（Iridium）星系统，单颗卫星的最大可持续通信时间只有 10min。而如果利用地面信关站作为卫星之间信息沟通的桥梁，则可能需要几十或者上百个地面站，这显然是不现实的。如果采用 LEO-LEO 链路，实现卫星移动通信系统的空中组网，在某些情况下可以使得卫星通信信号在到达最终的通信用户之前，仅仅到达地面站一次或者根本不下降到地面，从而大大地节省了卫星移动通信系统地面部分的投资并实现了信号的快速传递。LEO-LEO 大部分为长期可见，一般对捕获时间要求不高。然而，未来进行高速组网后，对不同网络传输通道的切换时间要求极高，通常在 10s 以内，这对链路的捕获时间提出了较高的要求。

GEO-GEO 的链路距离是卫星间光通信中最长的，同步卫星轨道高度为 35786km，对于"三星链路系统"同步轨道卫星通信网络，两颗卫星间的链路距离为 73030km。可见，GEO-GEO 链路对激光信号的发射功率、束散角大小和接收灵敏度都提出了较高的要求。由于同步轨道卫星间基本不存在相对运动，

GEO-GEO 链路的捕获和跟踪相对来说比较容易。

LEO 是指轨道高度在 1500km 以下的卫星。在某些卫星轨道条件下，由于地球的阻挡，GEO-LEO 链路会发生周期性的非意外中断，这时需要重新捕获以建立链路。此外，GEO-LEO 链路有时会穿过大气层，大气层由许多被地球引力束缚的气体、原子、水蒸气、污染物和其他化学粒子组成，高度约为 650km，光束穿过大气层时将引起功率损耗和波前畸变。因此，GEO-LEO 的链路次数和链路时间有一定的限度，为了更快更好地进行通信，对捕获和建立链路的时间要求比较严格。

与前两种链路相比，LEO-LEO 的链路距离很短，这时的两路过程中瞄准角度的变化范围和变化幅度较大，给捕获和跟踪造成了一定的困难。此外，LEO 卫星上对有效载荷的体积和质量通常要求很高，所以 LEO 卫星上的激光通信天线尺寸不能太大，这对捕获和跟踪有一定的影响。

随着商业和军事通信应用系统需求的不断扩大，人们对通信系统的实时性和高速性要求越来越高。卫星光通信链路（IOL）与微波链路相比，具有信息容量大、数据传输率快、天线体积小、重量轻、抗干扰能力强及保密性好等优点。如何用窄带激光束实现精确的瞄准、捕获和跟踪（PAT）是今后建立卫星光通信链路的关键技术，而如何用较窄的信标对卫星姿态漂移进行补偿以提高捕获系统性能至关重要。

美国 STRV-2 计划中，地面终端捕获信标光束宽 400μrad，跟踪信标光束宽 40μrad。欧空局的 SILEX 空间试验中捕获信标光束宽 750μrad，跟踪信标光束宽 70μrad。美欧激光链路系统均采用捕获和跟踪两路信标分别完成链路的捕获和跟踪，终端结构复杂，体积、重量和功耗较大。捕获信标光光束大约是跟踪信标光光束的十倍，如用窄波束的跟踪信标光代替宽波束捕获信标光完成链路建立，可在卫星光通信终端中去掉专门的捕获信标光部分，简化系统结构，提高系统的综合性能。与宽波束信标捕获方法相比，采用窄波束信标捕获在硬件和软件策略的设计中需要考虑的因素更为复杂，卫星平台动力学因素的影响更大，该部分技术还需进行更多的研究和优化。

6.2.2 Monte Carlo 仿真技术

Monte Carlo 方法，或称计算机随机模拟方法，是一种基于"随机数"的计算方法。这一方法源于美国在第二次世界大战中研制原子弹的"曼哈顿计划"。该计划的主持人之一、数学家冯·诺伊曼用驰名世界的赌城——摩纳哥的 Monte Carlo 来命名这种方法，为它蒙上了一层神秘色彩。

Monte Carlo 方法的基本思想很早以前就被人们所发现和利用。早在 17 世纪，人们就知道用事件发生的"频率"来决定事件的"概率"。19 世纪，人们用投针试验的方法来决定圆周率 π。20 世纪 40 年代电子计算机的出现，特别是近年来高速电子计算机的出现，使得用数学方法在计算机上大量、快速地模拟这样的试验成为可能。

考虑平面上的一个边长为 1 的正方形及其内部的一个形状不规则的"图形"，如何求出这个"图形"的面积呢？Monte Carlo 方法是这样一种"随机化"的方法：向该正方形"随机地"投掷 N 个点，其中有 M 个点落于"图形"内，则该"图形"的面积近似为 M/N。此外，也可用民意测验来作一个不严格的比喻。民意测验不是征询每一个登记选民的意见，而是通过对选民进行小规模的抽样调查来确定可能的优胜者。其基本思想是一样的。

科技计算中的问题比这要复杂得多。比如金融衍生产品（期权、期货、掉期等）的定价及交易风险估算，问题的维数（即变量的个数）可能高达数百甚至数千。对这类问题，难度随维数的增加呈指数增长，这就是所谓的"维数的灾难"（curse of dimensionality），传统的数值方法难以对付（即便使用速度最快的计算机也无法实现）。Monte Carlo 方法能很好地用来对付维数的灾难，因为该方法的计算复杂性不再依赖于维数。以前那些本来无法计算的问题现在也能够计算。同时，为提高预算方法的效率，科学家们还提出了许多所谓的"方差缩减"技巧。

另一类形式与 Monte Carlo 方法相似，但理论基础不同的方法——"拟蒙特卡罗方法"（quasi-Monte Carlo 方法），近年来也获得迅速发展。我国数学家华罗庚、王元提出的"华-王"方法即是其中的一例。这种方法的基本思想是用确定性的超均匀分布序列（数学上称为 low discrepancy sequences）代替 Monte Carlo 方法中的随机数序列。对某些问题该方法的实际速度一般可比 Monte Carlo 方法提高数百倍，并可计算精确度。

6.2.3 捕获模拟技术

在激光链路捕获过程中，卫星平台振动和姿态变化影响捕获的概率。为此，在扫描的步距设计中，设置足够的重叠，可以消除上述因素对于捕获概率的影响。在地面测试中，也采用上述办法，保证在同等条件下，地面测试与实际链路情况的捕获扫描轨迹相同，如图 6-4（a）所示。若采用相同的捕获终端，则最大捕获时间和捕获概率也基本相同。综上，在卫星平台振动和姿态变化的影响方面，捕获行性能的地面测试与在轨实际情况等效。

图 6-4（b）为基于 Monte Carlo 方法的捕获计算机仿真原理框图。以不同的

种子分别产生捕获不确定偏差角度矢量 σ_i 在俯仰和方位角方向的分量,并保证这两个分量的值相互独立且符合正态分布。同时,以一对相互独立的均匀分布随机量模拟扫描程中的振动不确定角度矢量 δ_i 在俯仰和滚动方向的分量。俯仰角和方位角控制子系统分别模拟在扫描过程中的卫星光通信终端天线进行二维角运动情况。针对不同的扫描策略进行仿真实验,判断扫描和捕获方法的优劣。此外,仿真过程中还需考虑实际捕获系统中的光束远距离传输延时问题。

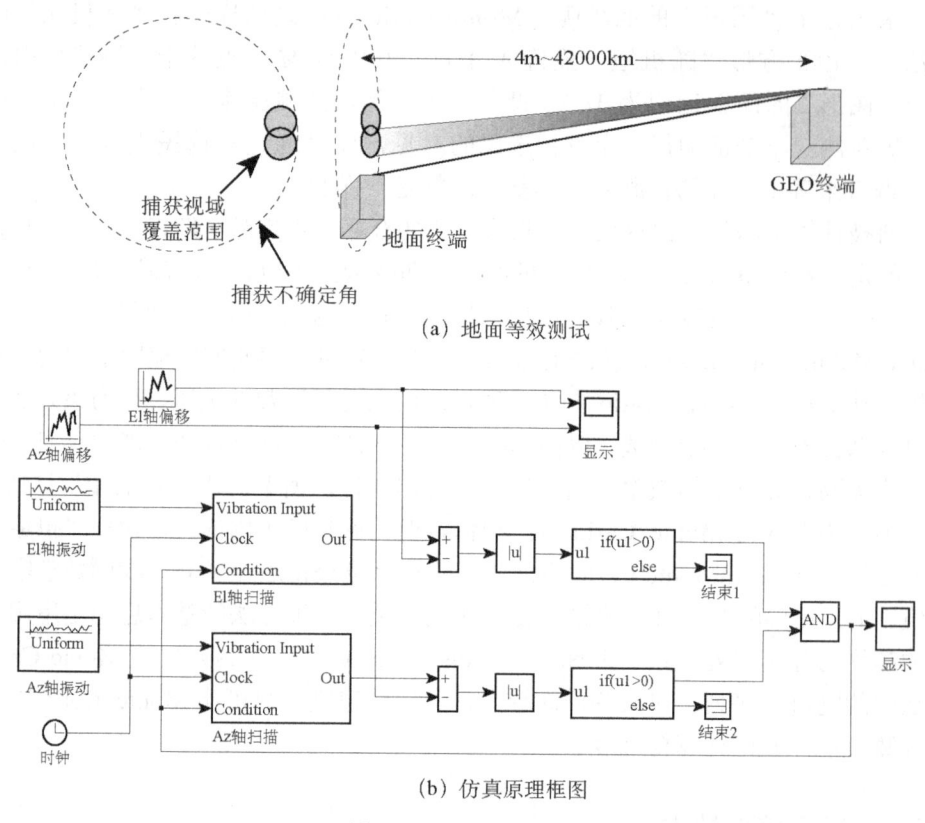

(a) 地面等效测试

(b) 仿真原理框图

图 6-4 捕获仿真实验

以典型星间激光链路为例进行实验参数设定:取捕获分辨角为 1.0mrad,星上振动最大幅值为 0.1mrad,则对应的扫描角度间隔 $I_\theta=0.6$mrad。对于每一对 σ_i,均进行 5 组实验,每组进行 1000 场单场扫描。

图 6-5 为固定偏移量为对称高斯分布时,单场扫描捕获的 Monte Carlo 仿真实验结果。从图 6-5(a)中可以看出,随着固定偏移量 σ_θ 的增大,平均捕获时间也增大。无论 σ_θ 的大小,分行扫描的平均捕获时间均大于分行式螺旋扫描。图 6-5(b)为实验中不同扫描范围下两种扫描方式的捕获概率,可见捕获

概率满足预先设定的大于 98%的要求。

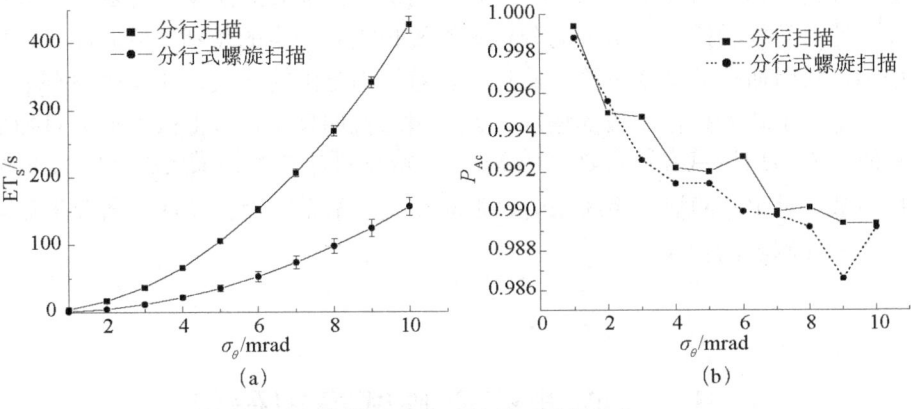

图 6-5　捕获仿真实验结果（对称分布）

图 6-6 为固定偏移量为非对称高斯分布时，单场扫描捕获的 Monte Carlo 仿真实验结果。其中取俯仰角和方位角方向的固定偏移量均方差的比值 $k=0.1$。分行式螺旋扫描的扫描范围是通过螺旋扫描的数学模型进行数值积分求得。从图 6-6（a）中可以看出，随着固定偏移量 σ_v 的增大，平均捕获时间也增大。在 σ_v 为 1~3mrad 时，分行扫描和分行式螺旋扫描的平均捕获时间相差不多；在 σ_v 大于 3mrad 时，分行扫描的平均捕获时间均小于分行式螺旋扫描。图 6-6（b）为实验中不同扫描范围下两种扫描方式的捕获概率，可见捕获概率基本满足预先设定的大于 98%的要求（图中点 A 给出的捕获概率略低于 98%）。

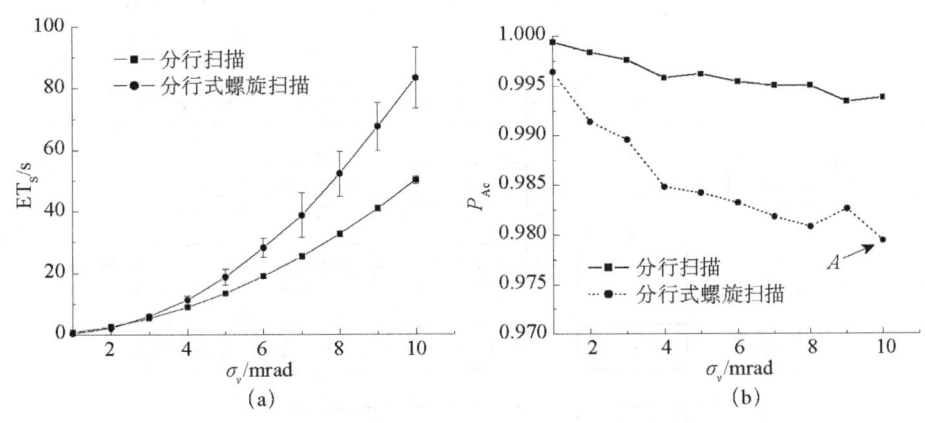

图 6-6　捕获仿真实验结果（非对称分布）

图 6-5 和图 6-6 中误差棒的取值范围为测量结果均方差的 3 倍。总的来看，

Monte Carlo 仿真实验结果与前面的理论分析和数值仿真符合得较好，从一定方面验证了理论模型。仿真实验结果中，分行式螺旋扫描的捕获概率普遍小于分行扫描，这是由于数学模型与实际的分行式螺旋扫描有一定的差别，造成计算扫描范围偏小，从而捕获的概率下降。此外，随着扫描范围的增大，捕获概率有下降趋势。这是由于随着扫描步数的增加，为克服随机偏移量（星上微振动）对扫描的影响而加入的扫描重叠数目越来越多。因此应尽可能增大扫描角度间隔 I_θ 以减少扫描步数。对实际的捕获系统来说，则应在光学子系统设计允许的情况下尽可能增大捕获探测器的视阈。

6.3 瞄准捕获测试模拟研究

6.3.1 模拟实验装置

整个瞄准捕获跟踪模拟实验装置包括：两套光通信模拟实验终端（分别称为终端 1 和终端 2）和伺服驱动导轨。两终端的光学部分和万向转台基本相同，主要差别是在其中的粗瞄装置中，终端 1 采用步进电机驱动，而终端 2 采用伺服电机驱动。此外，终端 2 的控制计算机还负责导轨的运动控制。以终端 2 为例，瞄准捕获跟踪模拟装置的主要结构如图 6-7 所示。

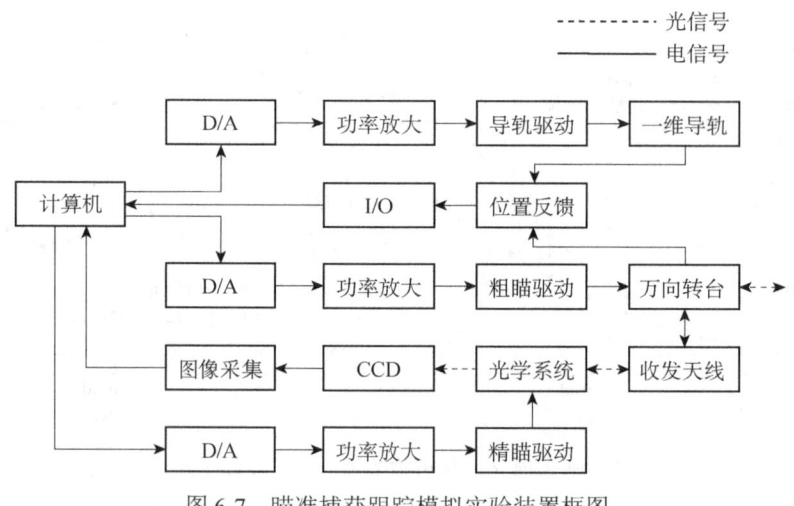

图 6-7 瞄准捕获跟踪模拟实验装置框图

第 6 章 卫星光通信瞄准捕获试验与应用

采用工控计算机进行模拟实验的控制操作，图像采集卡采用 PCI 总线，D/A 卡和 I/O 卡均采用 ISA 总线。用于角度偏差信号检测的光电探测器采用面阵式 CCD，通过图像采集，将光斑图像转化成数字图像，由计算机进行处理。导轨由伺服驱动系统、滚动丝杠、导轨和平台等几部分组成。在跟踪演示实验中，将模拟实验终端放在导轨的平台上，通过导轨的运动模拟卫星在轨状态下的一维角运动，导轨的可移动距离为 2.5m。

粗瞄装置包括伺服驱动系统（步进驱动系统）和万向转台。万向转台在俯仰角方向的偏转范围为±180°，在方位角方向的偏转范围为 360°。精瞄装置包括压电驱动系统和全反镜，具体参数在后面介绍。

瞄准捕获跟踪模拟实验装置的光路部分如图 6-8 所示。采用收发共用的 10 倍开普勒望远天线，接收口径为 70mm。在发射光路部分中，信号光采用 850nm 半导体激光器，信标光采用 650nm 半导体激光器。信标光的发射功率为 5mW，束散角为 1mrad。信号光的信标光经二维偏转镜和分束镜后，入射到望远天线，最后经过万向转台中的两个全反镜发射。

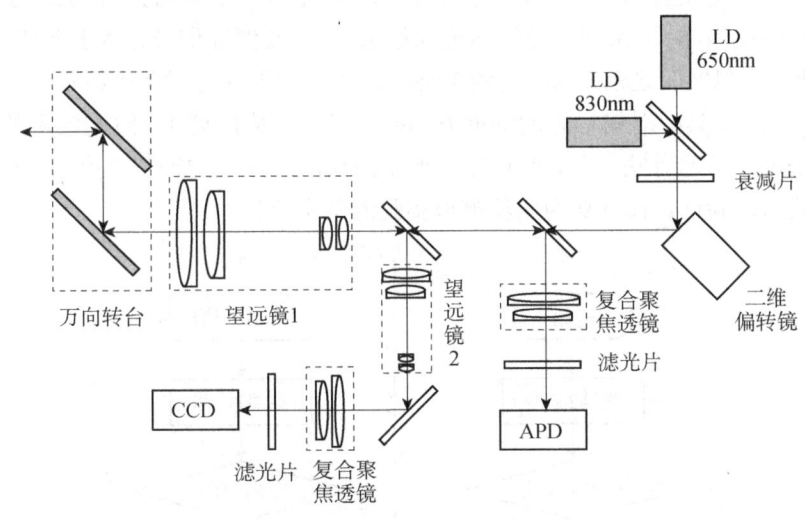

图 6-8 模拟实验光路图

在接收光路部分中，入射光束经万向转台和望远天线进入终端内部，一部分入射到 CCD 上用于瞄准捕获跟踪角度偏差信号检测，另一部分入射到 APD 上用于通信。在 CCD 成像透镜前放置一个 10 倍开普勒望远镜，接收孔径为 39mm，目的是提高 CCD 的测角精度。

由于模拟实验的距离较短，入射信标光不能近似为平行光，加入望远镜 2 后难以取得理想的效果，此外，由于模拟实验终端的安装精度较低，光路的调整也非常困难。为此，在捕获模拟实验中，去掉了望远镜 2，这样做使得精瞄窗口内的偏差信号探测精度下降，对精瞄造成了一定的影响。CCD 和 APD 均放置 50mm 聚焦成像透镜和窄带滤光片，窄带滤光片的中心波长分别为 650nm 和 830nm，带宽约为 10nm。

6.3.2 实验方案

在捕获的开始阶段，要求两个模拟实验终端按照预先给定的角方向进行相互瞄准，使得信标光入射角方向和捕获望远天线的法线方向的夹角大小符合一定的分布。可见，在卫星间光通信的扫描捕获过程中，只需考虑信标光和捕获扫描天线法向量在方位和俯仰方向的角度变化，与斜距方向的距离变化无关。

经发射望远天线压缩后，模拟实验中的信标光束散角约为 0.1mrad，而模拟实验中两终端间距离约为 4m，这样到达捕获天线的光斑直径仅为 2.5cm 左右，无法形成实际捕获过程中要求的对扫描天线的覆盖。在实验室进行短距离模拟捕获时，可以认为信标光发射角方向就等于在捕获扫描端信标光的入射角方向。对于用于捕获初始化的粗瞄，除了保证一定的固定偏移量外，还要保证信号光入射到望远天线。为此，捕获模拟实验之前，需结合两个终端的相对位置同时对两个终端的初始瞄准方向进行调整，其中对信标光的瞄准方向提出了较严格的要求。这与实际的卫星光通信捕获过程相比有些差别，但只是增加了捕获演示实验的调整难度，并不影响有关捕获的原理验证。图 6-9 为捕获模拟实验的基本流程。

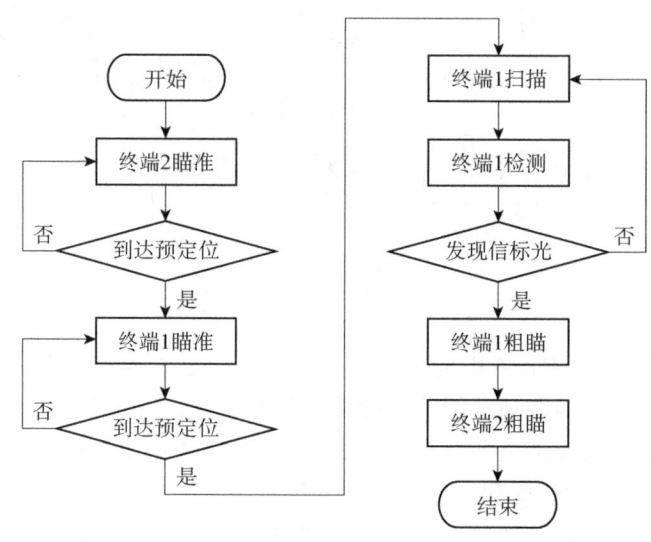

图 6-9　捕获实验流程

两个终端初始瞄准完成之后，终端 1 开始按照预定的扫描方式进行捕获。扫描过程中，CCD 不断对信标光进行检测，一旦检测到信标光则停止扫描。这时，终端 1 粗瞄装置根据 CCD 探测的光斑位置对扫描天线进一步调整，使信标光进入精瞄控制范围。同时，终端 2 的 CCD 也应探测到终端 1 发出的信标光束，其粗瞄装置也进行相应的调整。上述过程完成之后，即可认为捕获过程结束，模拟实验进入跟瞄和通信阶段。

实验过程中，首先通过调整使得两个终端的信标光分别入射到对方终端的 CCD 探测器中心，设此时的终端 1 和终端 2 的粗瞄角方向分别为 A_0 和 B_0。以终端 1 作为捕获扫描端为例，调整终端 1 的捕获初始角方向与 A_0 的夹角，可以改变捕获的扫描方式和扫描范围；而调整终端 2 的捕获初始角方向与 B_0 的夹角则可以改变固定偏移量的大小。这样就可以通过实验室模拟实验对捕获过程进行分析。

6.3.3 卫星动态参量对捕获影响模拟实验

以终端 1 单场分行扫描为例，通过模拟实验分析卫星动态参量对捕获的影响。如果直接模拟固定偏移量的二维随机分布，需要进行大量的捕获模拟实验才能验证前面的理论分析结果，这对于目前的模拟实验终端来说是难以承受的。为此，采用一种近似的模拟实验方案：根据单场捕获概率要求计算出扫描区域的大小，调整终端 2 的捕获初始角方向与 B_0 的夹角，使固定偏移量在终端 1 扫描区域的末端处。这样，实验得到的捕获时间就约等于一定捕获概率要求下的最大捕获时间 T_A。对于固定偏移量为对称高斯分布下的特定扫描方式，最大捕获时间 T_A 与理论分析中的平均捕获时间 ET_{Ac} 成一定的比例关系。因此，采用这种方法进行捕获模拟实验，可对理论分析结果进行相应的验证。

测得扫描控制系统带宽 F_{Ac} 为 12.5 Hz，通过调整 CCD 数据采集窗口的大小可以改变捕获系统的捕获分辨角 θ_r。当要求捕获概率 P_{Ac} 为 98%以上时，测得不同 θ_r 下卫星动态参量对捕获影响的关系曲线（图 6-10 和图 6-11），图中各点均进行了 5 次实验，误差棒的取值范围为测量值均方差的 3 倍。

图 6-10 为 σ_θ 对捕获影响的模拟实验结果，取 δ_{max} 为 50μrad。由前面的分析可知，固定偏移量 σ_θ 与卫星的轨道和姿态控制精度有关。从模拟实验结果中可以看出，随着卫星轨道和姿态控制精度的降低，一定概率要求下的最大捕获时间将增大。图 6-11 为 δ_{max} 对捕获影响的模拟实验结果，取 σ_θ 为 1mrad。从模拟实验结果中可以看出，随着星上微振动最大幅值 δ_{max} 增加，一定概率要求下的最大捕获时间将增大。图 6-10 和图 6-11 给出的实验结果表明，增大捕获分辨角，可以降低卫星动态参量对捕获的影响。可见，模拟实验结果与理论分析和数值仿真

结果基本吻合。

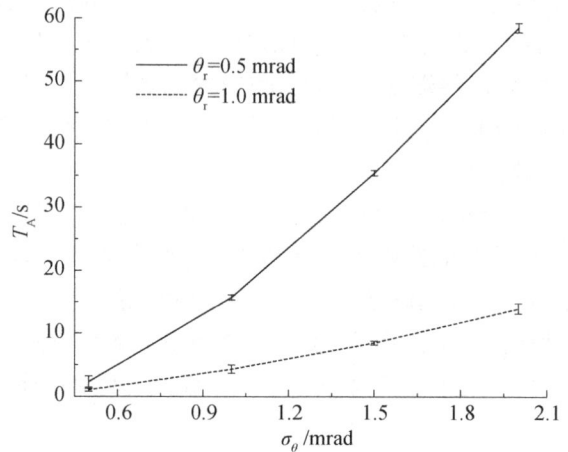

图 6-10　不同 σ_θ 下的捕获实验结果

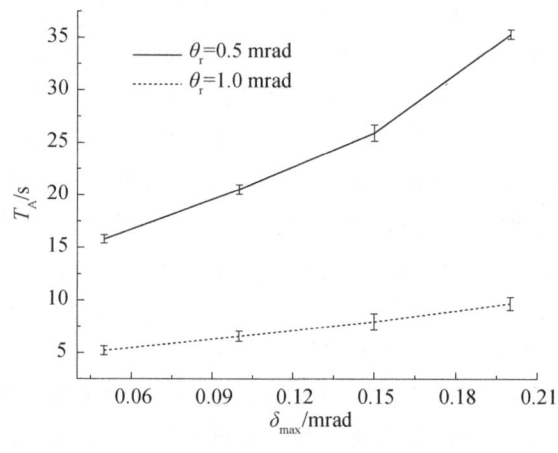

图 6-11　不同 $\delta_{\max}$ 下的捕获实验结果

6.3.4　不同扫描方式对捕获影响模拟实验

以固定偏移量为对称高斯分布情况为例,通过模拟实验分析不同扫描方式对捕获的影响。上一小节中提到的测量最大扫描捕获时间法在这里并不适用,这里采用 Monte Carlo 法进行捕获模拟实验。考虑到固定偏移量的分布情况,模拟实验中设置俯仰方向的固定偏移量为零,方位方向的固定偏移量仅取正值的情况。

取终端 1 为扫描捕获端,终端 2 为信标发射端。以不同的种子分别产生每组实验所需的固定偏移量在方位角方向的分量,并保证这些值符合正态分布。选取得到的固定偏移量中的正值,在模拟实验中分别调整终端 2 的捕获初始角方向与 B_0 的夹角来实现。对于每一个固定偏移量分布情况,均取 20 个固定偏移量进行不同扫描方式的捕获模拟实验,将测得的结果取平均后即可得到平均捕获时间。

模拟实验中扫描控制系统带宽 F_{AC} 为 12.5 Hz,取捕获分辨角 θ_r 为 2mrad,微振动最大幅值 δ_{max} 为 0.2mrad。图 6-12 为模拟实验测得的采用不同扫描时,固定偏移量分布的均方差 σ_θ 与平均捕获时间 ET_{AC} 之间的变化关系。注释中的 R_scan 即分行扫描,RS_scan 即分行式螺旋扫描。图中的离散点为实验数据,曲线为数值仿真结果。可以看出,尽管模拟实验存在着实验次数较少的问题,但实验结果与数值仿真的结果基本符合。此外,同前面的计算机模拟实验相比,实验结果的变化趋势也基本一致。

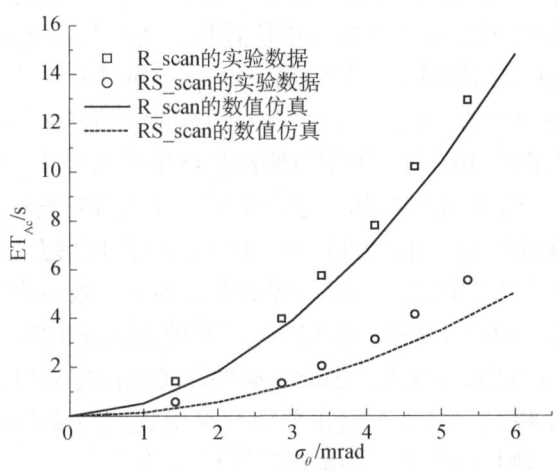

图 6-12 不同扫描方式下的平均捕获时间

6.4 终端捕获预瞄准角度误差地面补偿技术

对于卫星光通信终端的捕获预瞄准误差而言,存在系统误差和随机误差两类。其中瞄准随机误差由于其大小和方向的变化均没有固定的规律,原则上无法通过数学方法进行补偿,而瞄准系统误差由于其大小以及方向相对固定,对卫星光通信终端瞄准误差的影响具有一定的规律,可以利用数学模型进行修正补偿,实现光通信终端瞄准精度的提高以及链路捕获概率的增加。

本节以潜望式光终端为例，对粗瞄装置和精瞄装置的预瞄准角度补偿技术进行介绍。首先根据潜望式光终端接收光路特点，利用几何光学，建立了适用于潜望式光终端粗跟踪的 CCD 测角模型，并通过实验进行验证；利用该测角模型对被测潜望式光终端瞄准误差进行了测试，并对实验数据进行处理，获得了被测光通信终端各系统误差数值；根据测得的系统误差数据对被测终端瞄准误差进行了数值仿真，进而利用仿真结果对本节提出的潜望式光终端系统误差模型进行了修正；最后，对修正后的光通信终端粗瞄准机构补偿方案和精瞄准机构补偿方案进行了实验验证。

6.4.1 潜望式光终端 CCD 测角算法误差和实验验证

在对被测潜望式光终端瞄准误差进行测试过程中，通常是将被测潜望式光终端方位角和俯仰角转至目标光束的理论位置后，将由目标光束入射到被测终端 CCD 焦平面上光斑偏离视场中心的距离（x_i, y_i）换算为该时刻的瞄准误差。这时，由于被测光终端存在系统误差，直接利用理论上被测光终端 CCD 焦平面上光斑位置与入射光束偏角的关系模型将给测量结果带来误差。因此，比较理想的方法是将光终端方位轴和俯仰轴指向进行微调，使入射到被测光终端 CCD 焦平面的光斑移动到视场中心，对比实际光终端姿态角度和理想光终端姿态角度，获得在该理想姿态角度下被测光终端的瞄准误差。为了克服实验过程中手动操作的误差干扰，实验过程中采用终端自动跟踪控制的方式使被测光终端指向目标光束，获得精确的光终端瞄准精度。因此有必要在实验前建立用于粗瞄准装置自动跟踪的 CCD 测角模型。本小节将主要研究潜望式光终端中可用于自动跟踪的 CCD 测角模型，为测量被测光终端瞄准误差做准备。

图 6-13 为典型的潜望式卫星光通信终端信标接收光路图。入射光束由粗瞄准机构潜望镜接收，经过望远镜、反射镜（或分光镜）和成像透镜，最终聚焦在信标光探测器 CCD 上。卫星光通信终端根据 CCD 在信标光接收焦平面上成像光斑与探测视域中心点间的距离，可换算出入射光束相对于粗瞄准机构当前方位轴和俯仰轴角度的差值，从而控制二维转台驱动电机使光终端粗瞄准机构瞄准目标，实现对对向终端信标光束的捕获和跟踪。

在进行建模前，这里首先需要对 CCD 靶面坐标系进行定义，如图 6-13 所示，在 CCD 焦平面上，沿终端基准坐标系 Z 轴方向为 CCD 靶面坐标系 X_{CCD} 轴方向，沿终端基准坐标系 Y 轴方向为 CCD 靶面坐标系 Y_{CCD} 方向，X_{CCD} 方向由右手规则确定，垂直于 CCD 靶面指向反射镜中心。

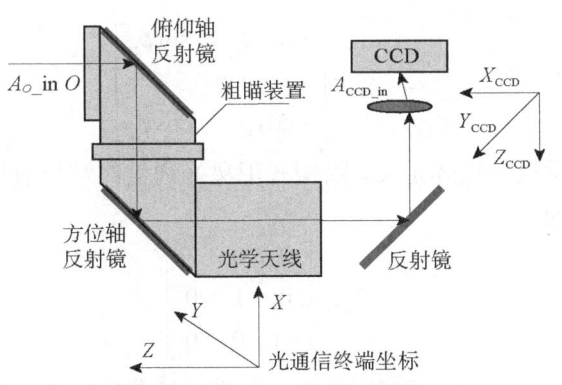

图 6-13 潜望式光终端接收光路

假定当终端处于 θ_{Az} 和 θ_{El} 时，光通信终端入射光束 A_{k_in} 在终端基准坐标系中的角度位置为 $(\theta_{Az}+\Delta\Omega_{Az}, \theta_{El}+\Delta\Omega_{El})$，那么相对终端所处的姿态角度，终端需要瞄准光束 A_{k_in} 转动 $\Delta\Omega_{Az}$，$\Delta\Omega_{El}$。由光路可逆性原理，可以获得入射光束 A_{k_in} 与由终端望远镜入射光学系统的光束 A_{o_in} 的关系：

$$\begin{cases}\phi_{yz}=\eta\left[\cos(\theta_{Az}-\theta_{El})\Delta\Omega_{El0}-\sin(\theta_{Az}-\theta_{El})\sin\theta_{El}\Delta\Omega_{Az0}\right]\\ \phi_{z}=\eta\left[\sin(\theta_{Az}-\theta_{El})\Delta\Omega_{El0}+\cos(\theta_{Az}-\theta_{El})\sin\theta_{El}\Delta\Omega_{Az0}\right]\end{cases} \quad (6\text{-}1)$$

其中，ϕ_{xy}，ϕ_z 分别为矢量 A_{o_in} 与终端基准坐标系 XOY 及 Z 轴的夹角，具体如图 6-14 所示。

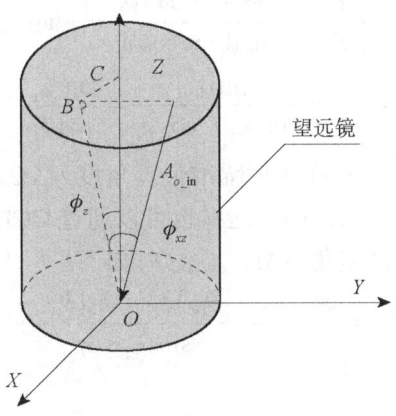

图 6-14 入射光束示意图

图中的 A_{o_in} 可以表示为

$$A_{o\_in} = \begin{bmatrix} -\cos\phi_{xy} \cdot \sin\phi_z \\ -\sin\phi_{xz} \\ -\cos\phi_{xz} \cdot \cos\phi_z \end{bmatrix} \tag{6-2}$$

根据几何光学反射矩阵定义，潜望式卫星光通信终端反射镜在终端基准坐标系中的反射矩阵为

$$T_F = \begin{bmatrix} 0 & 0 & -1 \\ 0 & 1 & 0 \\ -1 & 0 & 0 \end{bmatrix} \tag{6-3}$$

那么，在光束 A_{o_in} 入射到 CCD 前，在终端基准坐标系中的矢量为

$$A_{\text{CCD\_in}} = \begin{bmatrix} \cos\phi_{xz} \cdot \cos\phi_z \\ -\sin\phi_{xz} \\ \cos\phi_{xy} \cdot \sin\phi_z \end{bmatrix} \tag{6-4}$$

根据 CCD 靶面坐标系定义，理想情况下，由终端基准坐标系到光终端 CCD 靶面坐标系的变换关系如下：

$$\begin{bmatrix} X_{\text{CCD}} \\ Y_{\text{CCD}} \\ Z_{\text{CCD}} \end{bmatrix} = \begin{bmatrix} 0 & 0 & 1 \\ 0 & 1 & 0 \\ -1 & 0 & 0 \end{bmatrix} \begin{bmatrix} X \\ Y \\ Z \end{bmatrix} \tag{6-5}$$

已知在 CCD 靶面上能够获得入射光束光斑偏离 CCD 靶面中原点的距离为 (x, y)，光通信终端接收系统等效焦距为 f，则有下式：

$$\begin{cases} \dfrac{x}{f} = -\dfrac{\cos\phi_{xy} \cdot \sin\phi_z}{\cos\phi_{xz} \cdot \cos\phi_z} = -\tan\phi_z \\ \dfrac{y}{f} = \dfrac{\sin\phi_{xz}}{\cos\phi_{xz} \cdot \cos\phi_z} = \dfrac{\tan\phi_{xz}}{\cos\phi_z} \end{cases} \tag{6-6}$$

结合式（6-1），可知当存在入射瞄准偏差角度为 $\Delta\Omega_{\text{Az}}$，$\Delta\Omega_{\text{El}}$ 的光束时，CCD 上会出现相应的光斑坐标 (x, y)。这样也可以通过 CCD 靶面上的光斑坐标 (x, y) 计算获得相应的瞄准误差角度 $\Delta\Omega_{\text{Az}}$，$\Delta\Omega_{\text{El}}$ 如下：

$$\begin{cases} \Delta\Omega_{\text{Az}} = \dfrac{\cos(\theta_{\text{Az}} - \theta_{\text{El}})\phi_z - \sin(\theta_{\text{Az}} - \theta_{\text{El}})\phi_{xz}}{\sin\theta_{\text{El}} \cdot \eta} \\ \Delta\Omega_{\text{El}} = \dfrac{\sin(\theta_{\text{Az}} - \theta_{\text{El}})\phi_z + \cos(\theta_{\text{Az}} - \theta_{\text{El}})\phi_{xz}}{\eta} \end{cases} \tag{6-7}$$

其中，$\tan\phi_z = -\dfrac{x}{f}$，$\tan\phi_{xz} = \cos\phi_z \dfrac{y}{f}$。式（6-7）为潜望式光终端 CCD 测角模

型,通过式(6-7)可以获得在终端基准坐标系中目标光束与光终端粗瞄准机构当前指向的偏差$\Delta\Omega_{Az}$,$\Delta\Omega_{El}$,利用$\Delta\Omega_{Az}$,$\Delta\Omega_{El}$对粗瞄准机构进行控制,可以实现粗瞄准机构对目标光束的捕获和跟踪。因此,式(6-7)又可以作为潜望式光终端粗瞄准机构捕获跟踪模型。在后续的潜望式光终端瞄准误差测试实验中,利用式(6-7)的模型控制光终端自动对目标跟踪,可以有效地避免手动跟踪带来的误差。

为验证潜望式光终端测角模型的正确性,在实验室条件下,搭建了光路,通过实验方法测试该模型的计算精度。验证实验中的光路如图6-15所示。

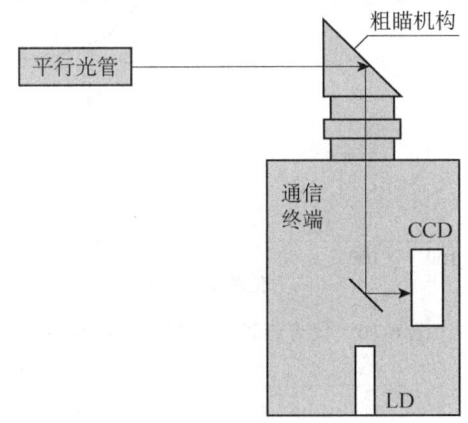

图6-15 实验光路示意图

实验具体操作步骤如下:

(1)首先调整被测光终端与平行光管的相对位置,使得发射平行光管的光束入射到被测光终端CCD靶面视域中心,并记录CCD上的光斑位置(x_0, y_0),粗瞄准机构方位轴和俯仰轴姿态数据(θ_{Az0}, θ_{El0})。

(2)通过被测终端控制计算机驱动被测光终端粗瞄准机构的方位轴或俯仰轴转动小角度,每次转动的角度间隔为0.01°,转动范围为±0.05°。

(3)通信终端粗瞄准机构姿态变化后,入射到接收端CCD平面上的光斑坐标将相应地发生偏移。记录每一次通信终端方位轴和俯仰轴相对于终端粗瞄准机构坐标系的姿态角度(θ_{Az}, θ_{El})以及相应的CCD焦平面上的光斑坐标(X_{CCD}, Y_{CCD})。

(4)将CCD上的光斑位置以及接收终端的姿态参量代入式(6-7),得到的计算结果与每次被测光终端转动的偏角进行对比。

图6-16为通信终端仅方位轴发生偏转,俯仰轴不变的情况下的实际跟踪曲线与计算曲线。图6-17为通信终端方位轴不变,仅俯仰轴发生偏转的情况下的实际

跟踪曲线与计算曲线。图 6-18 为通信终端方位轴、俯仰轴同时发生偏转的情况下的实际跟踪曲线与计算曲线。

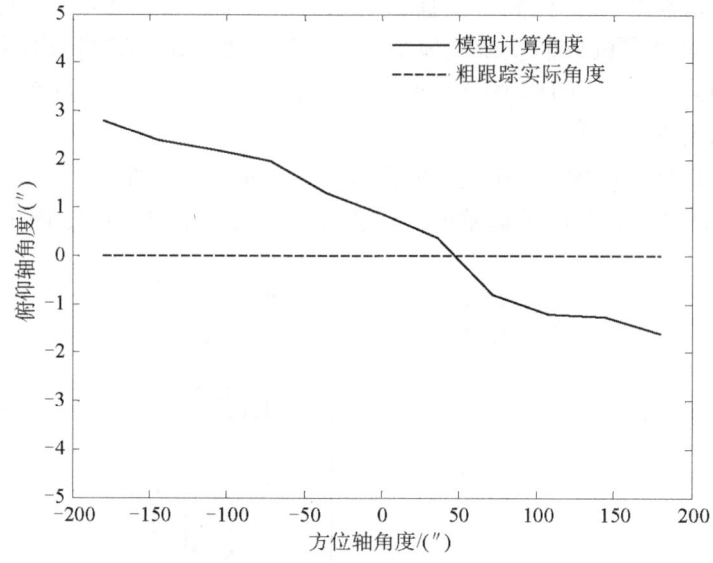

图 6-16　仅方位轴转动时的计算精度

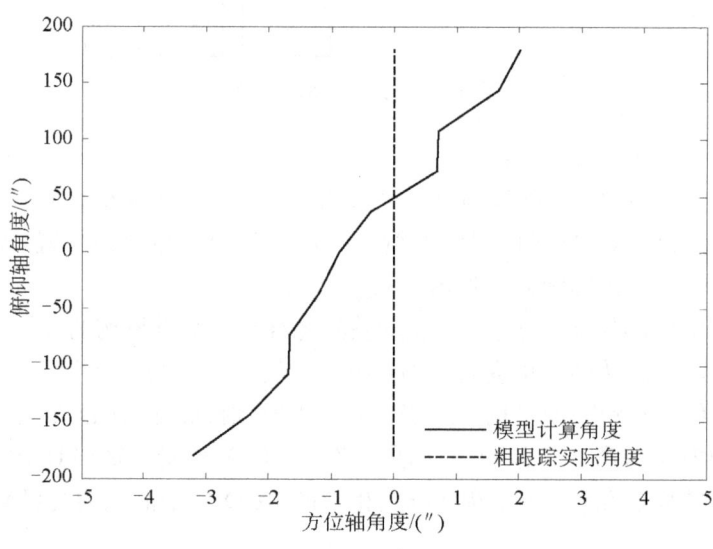

图 6-17　仅俯仰轴转动时的计算精度

如表 6-1 所示，在给定 CCD 焦平面光斑坐标、光终端方位轴和俯仰轴姿态参量后，可以通过式（6-7）给出的 CCD 测角模型获得系统跟踪所需的粗瞄装置的角度控制参量。

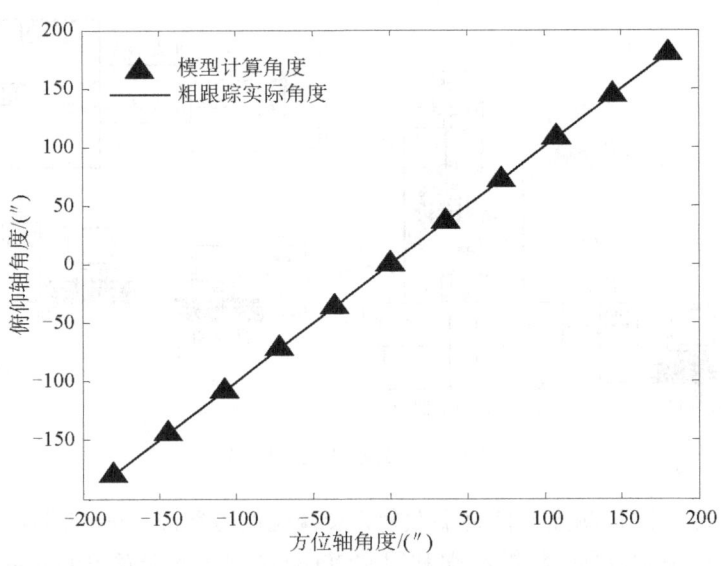

图 6-18 方位轴、俯仰轴同时偏转的计算精度

表 6-1 静态跟踪精度测量结果

轨迹	最大偏差/(″)	均方根误差/(″)	计算曲线斜率	角度偏差/rad
水平	3.198	1.741	−0.0127	−0.0126993
垂直	3.303	1.511	76.6552	−0.01304
45°方向	3.682	1.96	0.9763	−0.01199

表 6-1 中的角度偏差均偏向一个方向，该现象是由 CCD 安装误差造成的，误差角为−0.012 58rad。实验数据表明，通过该模型计算获得的控制精度误差最大值小于 3.7″，最小值小于 0.2″，平均值优于 2″，满足潜望式光终端粗瞄准机构捕获和跟踪的要求。

6.4.2 光终端瞄准误差测试实验

潜望式光终端瞄准误差测试及系统误差补偿实验中，由于光通信终端发射光轴与接收光轴之间的偏角很小（仅为几 μrad），可以认为光通信终端的接收光轴与发射光轴近似平行。因此，可以通过对信标接收光轴瞄准误差的测量和补偿，实现对信标发射光轴瞄准误差的修正。如图 6-19 所示，实验装置由模拟光源发射端、被测终端接收端两部分组成，采用高精度转台模拟卫星姿态角度变化，通过瞄准设定的平行光源模拟对方终端发射信标光，实现对终端接收光轴瞄准误差的测量。

在信标光模拟发射端（专用校准终端），通过计算机控制光束对准方向，激光器发出的激光经整形和压缩后输出平行光束用于模拟对方终端发射的信标光，

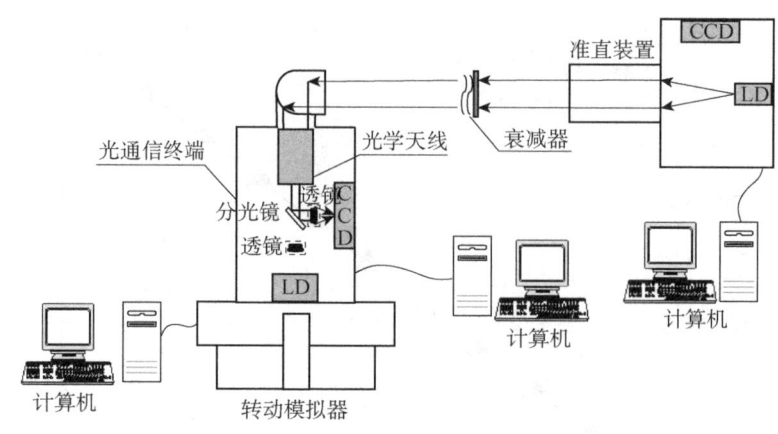

图 6-19 实验装置示意图

经衰减器衰减后向被测光通信终端发射，衰减比例可参照星间链路通信距离造成的自由空间传输损耗等。校准终端利用 CCD 对被测光终端发出的光束进行探测，并将探测结果传递给控制计算机。

在信标光接收端（被测终端），控制模拟转台稳定在一定的位置，通过光终端控制器控制卫星光通信终端粗瞄准机构瞄准和捕获校准终端，从而使入射模拟信标光在 CCD 视场中心成点像；同时，被测终端信标激光器发出的信标光束也入射到校准终端中，以进行双向精确对准。

实验中所使用的仪器和设备参数在表 6-2 中给出。

表 6-2　潜望式光终端瞄准误差测量及补偿实验主要仪器参数

	仪器名称	主要性能指标
1.	校准终端	输出光波长 830nm 指向精度 2μrad 光束束散角 50μrad 收发同轴 5μrad 焦距 3600mm CCD 视域±3000μrad 像素尺寸 6.7μm
2.	衰减器	衰减波长 400～900nm
3.	三自由度转台	内环角分辨率 2μrad，控制精度 3μrad 中环角分辨率 2μrad，控制精度 3μrad 外环位置分辨率 0.05mm，控制精度 0.1mm
4.	图像采集卡	最大数字更新速率 5MHz
5.	光功率计	功率探测范围-90～10dBm 功率不确定度±3.5% 波长响应范围 400～1700nm
6.	康宁多模光纤	光纤纤径 62.5μm 数值孔径 0.22 光纤接口 SMA905

第 6 章 卫星光通信瞄准捕获试验与应用

实验中,将被测终端固定在三自由度转台上,其中转台内环转动轴与被测终端方位轴同轴,转台中环与被测终端俯仰轴同轴。由于仅需要三自由度模拟转台进行角度姿态模拟,因此转台外环电机不需要工作。为了避免外环位移对实验的干扰,在实验过程中可通过机械方法将三自由度模拟转台外环锁定。另外,为了尽量减小校准终端控制过程中的随机误差,可以在校准终端指向被测终端且光路调整完毕后,关闭校准终端控制电机。

对于安装在卫星上的光通信终端而言,通信对象为地面站或星载光通信终端,地面终端相对运动速度较小,而搭载光通信终端的卫星所在轨道固定,所以通信对象的相对位置较为固定。因此,对于潜望式光终端粗瞄准机构而言,其工作范围也相对固定。对于星载光通信终端,其粗瞄准机构的工作角度范围是可以根据卫星轨道数据预先计算获得的,那么在对粗瞄准机构瞄准误差进行测量和修正的过程中,可以将粗瞄准机构的测试角度范围按工作所需进行限定,这样不但可以增加测试采样点密度,提高粗瞄准机构瞄准误差修正精度,也可以减小实验工作量,降低后期数据处理的难度。

以近地轨道卫星为例,针对低轨卫星光终端的粗瞄准机构对地面终端的工作角度范围进行分析。由于其对地面固定点的可见时段较小,一般在 2~10min,相对于卫星的整个运行周期,近似可以认为是圆轨道,如图 6-20 所示。

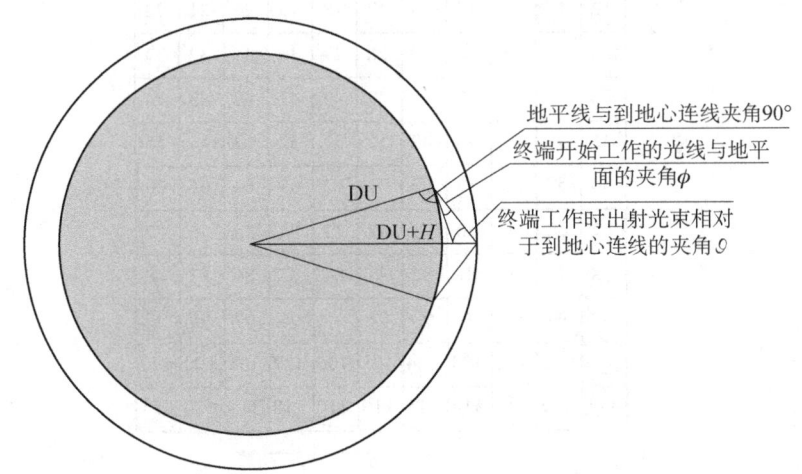

图 6-20 激光通信下行链路终端覆盖角度

根据正弦定理,存在以下关系:

$$\vartheta = \arcsin\left[\frac{DU}{DU + H} \cdot \sin\left(90° + \phi\right)\right] \quad (6\text{-}8)$$

式中，DU 为地球半径，H 为卫星轨道高度，ϕ 为星地激光链路光束与地平面之间的夹角，ϑ 为光星地激光链路光束与卫星及地心之间连线的夹角。以卫星轨道高度 1000km 为例，由式（6-8）可以获得粗瞄准机构角度覆盖范围情况，如表 6-3 所示。

表 6-3　粗瞄准机构角度覆盖范围

	ϕ	ϑ
1.	0°	60.31°
2.	15°	54.1°
3.	30°	48.8°

实际星地激光通信链路中的通信光束与地平面通常存在一定的夹角，在实验中，选用了表 6-3 中第 2 行数据进行实验，粗瞄准机构方位轴和俯仰轴活动范围宽度为 108.3°。为了划分区域方便，这里将活动范围定为 110°（大于 108.3°）。如图 6-21 所示，将测试区域定为 10°×10° 的正方形子区域，共存在 121 个测试区域，其中部分子区域超出通信光束与地平面夹角大于 15° 的活动范围，因此，图 6-21 中所示深色区域，可以不予考虑。

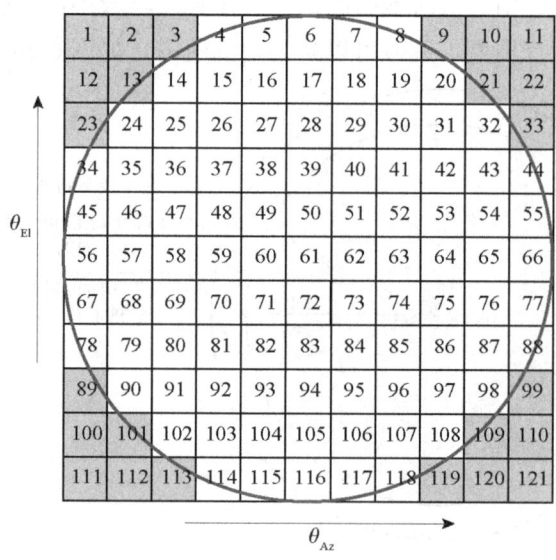

图 6-21　需要测试的区域

测试过程中，预先计算子区域 i 的中心所对应的被测光终端方位轴和俯仰轴角度 θ_{Az_i}、θ_{El_i}，以及三自由度模拟转台对应的内环和中环的角度 Θ_{I0_i}、Θ_{M0_i}。

为了保证三轴模拟转台的控制精度，实际测试过程中三轴模拟转台的中环转动范围为-25°～+25°，实际被测区域如图 6-22 所示。测试区域数量为 55，大于潜望式光终端瞄准误差模型中的待定系数。

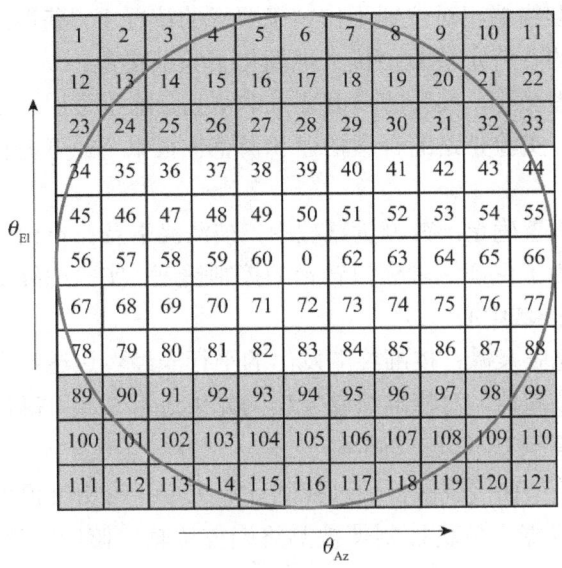

图 6-22　实际测试范围

在测试实验中，首先需要通过计算获得瞄准目标的理论位置，然而在实验室条件下，由于被测终端与校准终端之间距离较小（数米），微小的平移误差会造成很大的瞄准角度偏差，由于被测误差非常小，要求被测终端与校准终端之间相对位置的精度高于 0.01mm，这是很难达到的，因此无法精确地计算每个区域中心对于光终端瞄准角度的理论位置。

采用相对误差测试的方法克服上述问题：首先，调整校准终端与被测终端，使校准终端发射光束在被测终端 CCD 视域中心，并规定该时刻终端方位轴、俯仰轴瞄准角度为基本状态,记录为 θ_{Az_0} 和 θ_{El_0}，假定该时刻瞄准误差分别为 $\Delta\delta_{Az\_0}$ 和 $\Delta\delta_{El\_0}$。然后，令校准终端状态不变，而被测终端通过调整方位轴和俯仰轴角度位置，转动到区域 i，并测量获得区域 i 上相对于基本状态的瞄准误差 $\Delta\delta_{Az\_i}$ 和 $\Delta\delta_{El\_i}$，这样终端在区域 i 上的瞄准误差（$\Delta\theta_{Az\_i}$，$\Delta\theta_{El\_i}$）可由下式给出：

$$\begin{aligned}\Delta\theta_{Az\_i} &= F(\theta_{Az},\theta_{El}) = \Delta\delta_{Az\_0} + \Delta\delta_{Az\_i} \\ \Delta\theta_{El\_i} &= G(\theta_{Az},\theta_{El}) = \Delta\delta_{El\_0} + \Delta\delta_{El\_i}\end{aligned} \quad (6-9)$$

潜望式光终端瞄准系统误差模型可以表述为下式：

$$\Delta\delta_{Az\_i} = F(\theta_{Az}, \theta_{El}) - \Delta\delta_{Az\_0}$$
$$\Delta\delta_{El\_i} = G(\theta_{Az}, \theta_{El}) - \Delta\delta_{El\_0}$$
(6-10)

在求解方程（6-10）的过程中，$\Delta\delta_{Az\_0}$ 和 $\Delta\delta_{El\_0}$ 也是待求未知项，这样可以在对被测终端及校准终端相对位置不作精确要求的情况下，获得潜望式光终端系统误差补偿模型中的各待定参数，极大地简化了验证实验。

由于被测误差微小，实验的精度要求非常高。除了采用高精度仪器设备保证实验测试精度外，实验光路的合理搭建和调整也很重要。下面将详述实验的整个过程：

（1）相对角位置确定：在测量过程中，被测终端及三自由度模拟转台内环需要旋转约100°。为了保证三轴模拟转台的控制精度，实验中终端的基本状态选为图 6-22 中的第 0 区域中心。

（2）发射端光强衰减：校准终端发出的平行光经聚焦透镜聚焦在功率计探头靶面，通过调节衰减器，对校准终端发出的光束进行衰减，确保发出的光束能量不会对被测终端接收 CCD 造成破坏。

（3）光路调整：在接收端，通过控制计算机令三自由度模拟转台三轴姿态稳定，同时通过光终端上位机控制使被测终端方位轴、俯仰轴角度指向预设位置，并维持不变。在发射端，首先对校准终端进行粗调瞄准指向被测终端，使入射平行光在被测终端 CCD 视域中成像，再对校准终端电机进行微调，最终使入射到被测终端 CCD 视场终端的光斑稳定在视域中心。在调整过程中，被测 CCD 上光斑应尽量靠近中心以确保后续调整余量，稳定后记录光斑位置数据。同时，记录模拟转台内环、中环码盘角度数据 Θ_{I_0}、Θ_{M_0}，以及被测终端方位轴和俯仰轴码盘角度数据 θ_{Az_0}、θ_{El_0}。

（4）调整被测终端至区域 44：计算获得区域 44 中心的粗瞄准机构角度值为 θ_{Az_44}、θ_{Az_44}。通过被测终端上位机发送命令，令被测终端方位角和俯仰角转动至第 44 个区域中心 θ_{Az_44}、θ_{Az_44}。

（5）调整模拟转台至区域 44：待被测终端状态改变完成后，通过上位机控制模拟转台的内环与中环转动 $-d\theta_{Az\_44}$、$-d\theta_{Az\_44}$。转动后，被测终端粗瞄准机构指向校准终端方向。

（6）记录状态数据：待被测终端及模拟转台稳定后，记录模拟转台内环和中环码盘角度数据 Θ_{I_44} 和 Θ_{M_44}、被测终端方位轴和俯仰轴码盘角度数据 θ_{Az_44} 和 θ_{El_44} 以及 CCD 焦平面上相对于视域中心的光斑位置 $d\theta_{CCDx\_44}$ 和 $d\theta_{CCDy\_44}$。

（7）获得区域 44 瞄准误差：启动被测光终端粗瞄准机构跟踪功能，使 CCD

视场中的光斑稳定在视域中心,记录这时被测终端方位轴和俯仰轴码盘角度数据 θ'_{Az_44} 和 θ'_{El_44}。步骤(6)与步骤(7)获得的被测终端方位轴与俯仰轴角度差值($\theta'_{Az\_44}-\theta_{Az\_44}$,$\theta'_{El\_44}-\theta_{El\_44}$)记为姿态角度为($\theta_{Az\_44}$,$\theta_{El\_44}$)时的瞄准误差。

(8)恢复基本状态:待步骤(7)完成后,将被测终端及模拟转台恢复到基本位置(区域 0 的中心),并微调校准终端,使其发射的光束在被测终端 CCD 上形成的光斑保持在视域中心。

(9)顺序测量各区域瞄准误差:如图 6-23 所示,重复步骤(4)~(7),从区域 44 开始,顺序进行逐个区域测量,并记录相应的模拟转台内环和中环码盘角度数据 Θ_{I_i} 和 Θ_{M_i}、被测终端方位轴和俯仰轴码盘角度数据 θ_{Az_i} 和 θ_{El_i} 以及光斑稳定到 CCD 视域中心时的被测终端方位轴与俯仰轴码盘角度数据 θ'_{Az_i} 和 θ'_{El_i}。

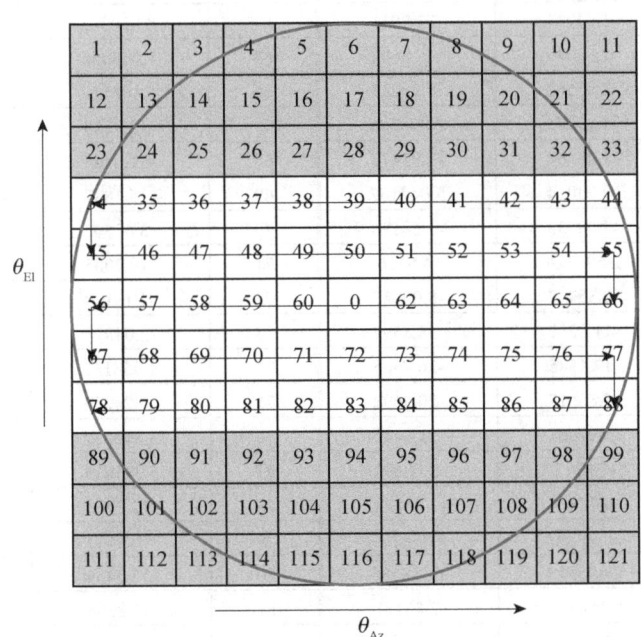

图 6-23 瞄准误差测量顺序

由于实验对测试精度的要求较高,因此在以上测试中需对工作环境进行一定的限制:

(1)测试环境要求为万级洁净室,温度(25±3)℃,湿度 40%~60%,尽量减少附近振动,同时避免人员走动引起的气流变化;

（2）为减少校准终端发出光束在被测终端 CCD 视场中的散焦造成的实验误差，在校准终端发射端面上架设小孔光阑，光阑直径为 30mm；

（3）测试应在暗室中进行，降低空间背景光对 CCD 探测的干扰。

6.4.3 光终端瞄准误差实验结果分析

利用前面给出的被测终端瞄准误差测量方法，获得了一套典型的潜望式卫星光通信终端对应 34～88 区域的 55 组瞄准角度数据，经处理后获得各区域的具体瞄准误差如表 6-4 所示。

表 6-4 被测潜望式光通信终端瞄准误差

区域	$\Delta\theta_{Az}$	$\Delta\theta_{El}$	区域	$\Delta\theta_{Az}$	$\Delta\theta_{El}$
34	-12.4825	-37.9697	62	2.694416	5.0248
35	-14.0696	-32.7576	63	-0.91123	1.474977
36	-13.4994	-23.7911	64	8.030012	2.251717
37	-12.8049	-15.8644	65	1.665056	-5.74137
38	-8.07562	-8.29237	66	4.166514	-12.4674
39	-8.20671	2.878565	67	-15.9339	-30.0217
40	-3.97764	-1.93677	68	-11.6465	-22.4165
41	-9.73024	5.044167	69	-15.1887	-15.528
42	-7.99733	-1.68196	70	-8.67502	-7.39194
43	2.593324	-4.5216	71	-10.2005	-1.65843
44	-2.35742	-8.00455	72	-4.13128	2.76935
45	-11.0282	-38.8592	73	-2.04378	5.524591
46	-12.1545	-26.7665	74	4.058152	6.78635
47	-5.85617	-20.9692	75	2.424254	-4.02009
48	-3.97607	-11.6442	76	3.890852	-4.31199
49	-10.313	-3.08699	77	5.391615	-12.4476
50	-9.42874	-1.25842	78	-12.2585	-28.2848
51	2.379897	3.054294	79	-15.6672	-20.3577
52	2.495519	1.538456	80	-17.3464	-8.89845
53	5.150283	-2.85151	81	-11.8308	-6.71808
54	-0.44647	-2.89401	82	-7.95531	3.153023
55	-0.88894	-13.0251	83	1.857192	3.743395
56	-6.64905	-35.778	84	5.150821	2.994029
57	-8.40776	-19.9702	85	10.01841	3.071157
58	-6.5375	-17.7771	86	12.12653	-5.98716
59	-0.14281	-7.62362	87	10.80724	-6.92258
60	-3.85588	-2.78368	88	7.391311	-14.708
0	0.130403	-0.18138			

被测终端瞄准误差的点分布如图 6-24 所示。

图 6-24　被测终端瞄准误差

图 6-24 为被测终端各测试区域中心处的瞄准误差值，通过实验测试获得被测光终端方位轴瞄准误差值期望值为-2.5″，俯仰轴瞄准误差值期望值为-10.5″，终端瞄准误差均值为 17.5″。被测光终端两轴瞄准误差值的期望值均比较大，说明瞄准误差中存在一定的系统误差。图 6-25 为随方位轴变化的被测终端瞄准误差；图 6-26 为随俯仰轴变化的被测终端瞄准误差。其中，终端方位轴最大瞄准误差值为-15.9″，俯仰轴最大瞄准误差值为-39.0″，终端综合瞄准误差最大值为 40.0″。

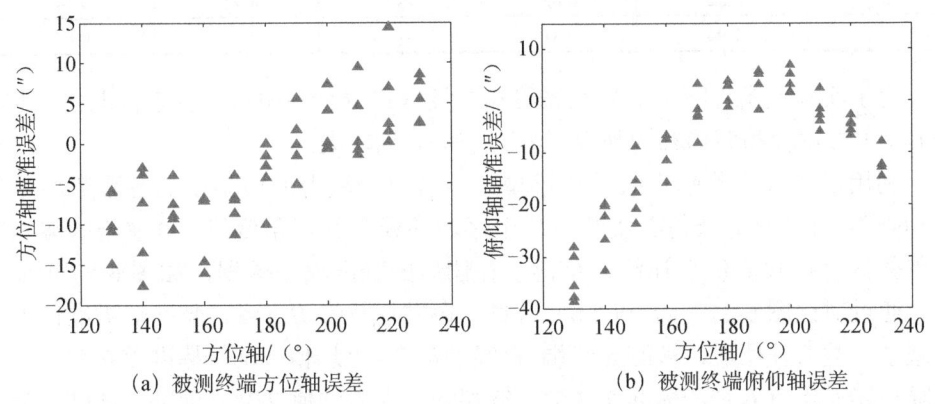

(a) 被测终端方位轴误差　　　　　　(b) 被测终端俯仰轴误差

图 6-25　被测终端瞄准误差随方位轴变化

将实验得到的终端瞄准误差（$\Delta\theta_{Az\_i}$，$\Delta\theta_{El\_i}$），以及对应的粗瞄准机构姿态角度（θ_{Az_i}，θ_{El_i}）代入式（6-10）所示的方程组，对潜望镜式光通信终端系统误差模型中的各待定误差系数进行了求解，然后利用最小二乘法进行拟合，可获得表 6-5 所示数据。

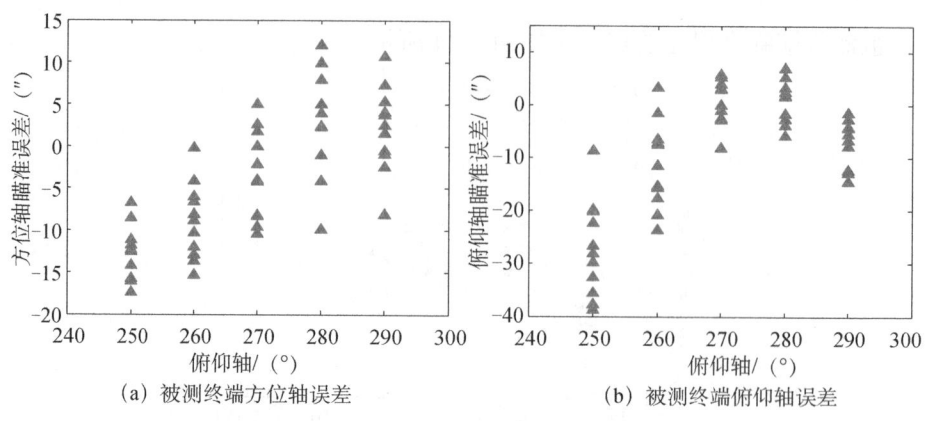

图 6-26 被测终端瞄准误差随俯仰轴变化

表 6-5 潜望式光终端系统误差模型系数

误差项	数值/ (″)	标准差	误差项	数值/ (″)	标准差
ϕ_{Az_yz0}	5.62	0.82	α_{El}	9.82	0.79
ϕ_{Az_z0}	−4.17	0.75	β_{El}	4.97	0.79
R_{Az}	9.47	0.91	ϕ_{O_z}	−3.39	0.22
ϕ_{El_x0}	−3.77	0.87	ϕ_{O_xz}	6.91	0.19
ϕ_{El_xy0}	5.62	0.67	θ_{code_Az}	−1.09	0.71
R_{El}	6.92	0.96	θ_{code_El}	0.95	0.39
α_{Az}	−4.22	0.82	ε_{Az}	36.85	1.34
β_{Az}	−1.94	0.81	ε_{El}	−26.54	0.89

由于实验室条件下，对被测光终端与校准终端之间相对位置未作严格要求，表 6-5 中方位轴和俯仰轴的基准误差 ε_{Az} 和 ε_{El} 均较大。

利用潜望式光终端系统误差模型，结合已经获得的模型中的各系数项数值（表 6-5），可以计算获得在实验中各个区域的误差补偿角度值，对被测终端瞄准误差数据进行数值仿真补偿，获得了补偿后的瞄准误差数据，如图 6-27 所示。

通过对比图 6-27（a）与（b）可见，在进行数值仿真后，光终端瞄准误差显著减小。数值补偿后，被测光终端方位轴瞄准误差均值 4.0″，标准差 2.4″；俯仰轴瞄准误差均值 6.1″，标准差 3.5″；终端瞄准误差均值 7.3″，标准差 4.0″。最大瞄准误差由 40.0″减小为 15.2″。

图 6-28 为数值仿真后，光终端瞄准误差随方位轴角度变化，图 6-29 为终端瞄准误差随俯仰轴角度变化。这时方位轴瞄准误差值期望值为 0.5″，已经非常接近 0″，而俯仰轴瞄准误差期望值为 4.5″，仍然较大，说明对于俯仰轴的瞄准修正不完全，仍有部分系统误差存在。在图 6-29 中，可见俯仰轴瞄准误差的残余误差与俯仰轴角度成一定的函数关系，通过多次实验确定俯仰轴瞄准误差修正函数近似为下式：

第6章 卫星光通信瞄准捕获试验与应用

$$\Delta\theta_{El} = \cos(2\theta_{El}) \cdot \phi_{com} \tag{6-11}$$

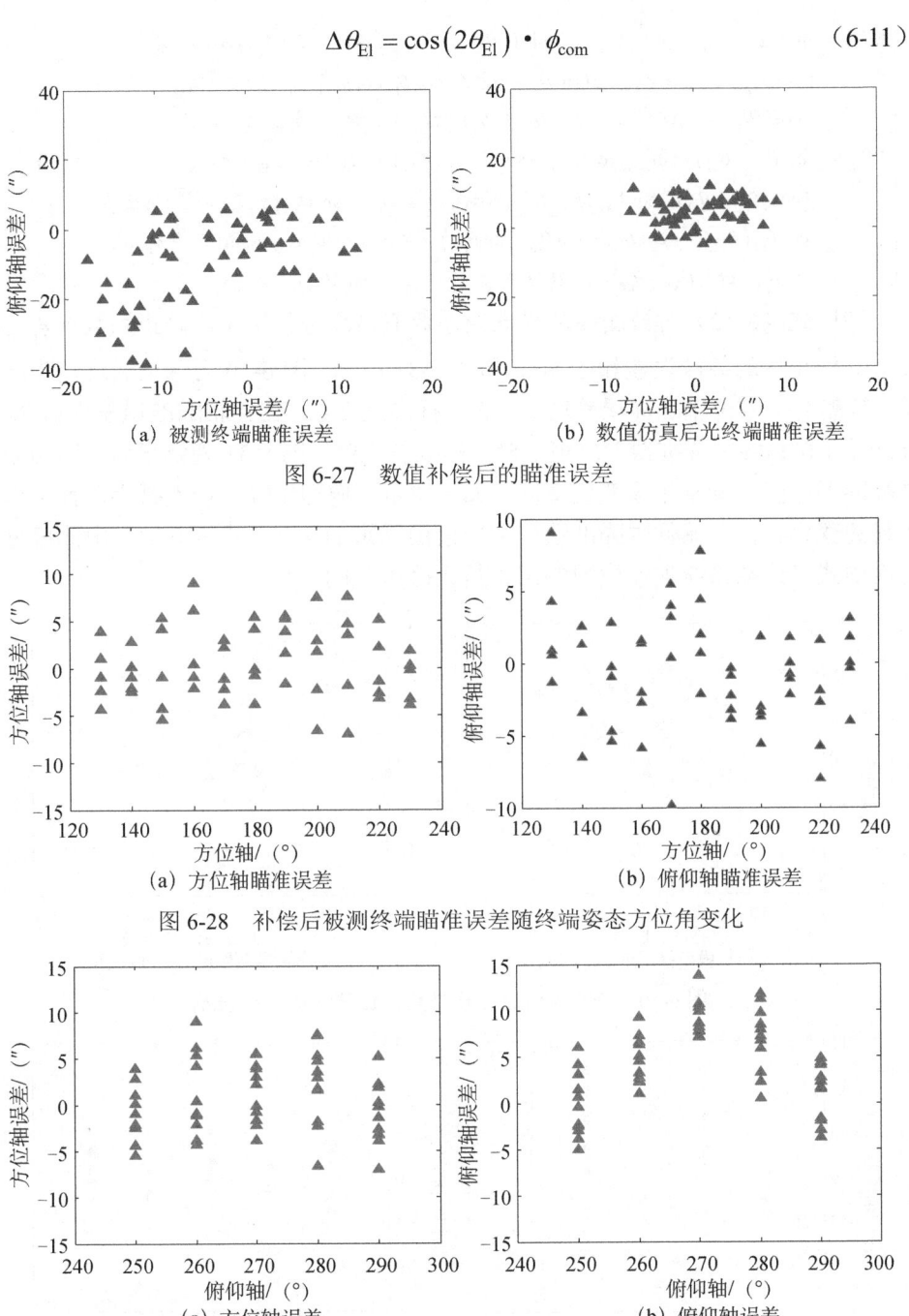

(a) 被测终端瞄准误差　　(b) 数值仿真后光终端瞄准误差

图 6-27　数值补偿后的瞄准误差

(a) 方位轴瞄准误差　　(b) 俯仰轴瞄准误差

图 6-28　补偿后被测终端瞄准误差随终端姿态方位角变化

(a) 方位轴误差　　(b) 俯仰轴误差

图 6-29　补偿后被测终端瞄准误差随终端姿态俯仰角变化

获得修正后的潜望式光终端系统误差模型为

$$\begin{cases} \Delta\theta_{Az} = \sin\theta_{Az}\phi_{Az\_yz0} + \cos\theta_{Az}\phi_{Az\_z0} + \sin(2\theta_{Az}) \cdot R_{Az} + 2\phi_{El\_x} - 2\cot\theta_{El}\cos\theta_{Az}\phi_{El\_xy} \\ \qquad + \sqrt{2}\beta_{Az} + 2\cot\theta_{El}\alpha_{Az} + 2(\sin\theta_{El} - \cos\theta_{Az}\cos\theta_{El}\cot\theta_{El})R_{El} + 2\csc\theta_{El}\alpha_{El} \\ \qquad + \cos(\theta_{Az} - \theta_{El})\csc\theta_{El}\phi_z - \sin(\theta_{Az} - \theta_{El})\csc\theta_{El}\phi_{xz} + \theta_{Az} \cdot \theta_{code\_Az} + \varepsilon_{Az} \\ \Delta\theta_{El} = (\sin(\theta_{Az} - \theta_{El}) - \sin\theta_{Az})\phi_{Az\_yz0} + \sin(2\theta_{Az} - \theta_{El}) \square R_{Az} + \cos\theta_{El} \cdot \phi_{El\_x} \\ \qquad + (\cos(\theta_{Az} - \theta_{El}) + \cos\theta_{Az})\phi_{Az\_z0} + (\cos\theta_{Az} \cdot \sin\theta_{El} - \sin\theta_{Az})\phi_{El\_xy} + \sqrt{2}\cos\theta_{El}\beta_{Az} \\ \qquad + \cos\theta_{El}(\sin\theta_{El} + \cos\theta_{Az} \cdot \sin\theta_{El} - \sin\theta_{Az}) \cdot R_{El} - 2\sin\theta_{El}\alpha_{Az} + \sin(\theta_{Az} - \theta_{El})\phi_z \\ \qquad + \sqrt{2}\beta_{El} + \cos(\theta_{Az} - \theta_{El})\phi_{xz} + \theta_{El} \cdot \theta_{code\_El} + \varepsilon_{El} + \cos(2\theta_{El}) \cdot \phi_{com} \end{cases} \quad (6-12)$$

利用式（6-12）对被测终端瞄准误差数值仿真进行修正，修正系数项 ϕ_{com} 为 5.52″，修正后的终端误差如图 6-30 和图 6-31 所示。图 6-30 为修正后终端瞄准误差，被测终端方位轴瞄准误差均值 4.0″，标准差 2.4″；俯仰轴瞄准误差均值 2.4″，标准差 1.6″；终端瞄准误差均值 3.5″，标准差 2.9″。图 6-31 为修正后，终端俯仰轴瞄准误差随俯仰轴角度变化情况，如图所示，俯仰轴瞄准误差减小，且不再有明显的变化特征，俯仰轴瞄准误差期望值由原来的 4.5″减小为 0.2″。由此可见，对潜望式光终端系统误差模型的修正是正确可行的。

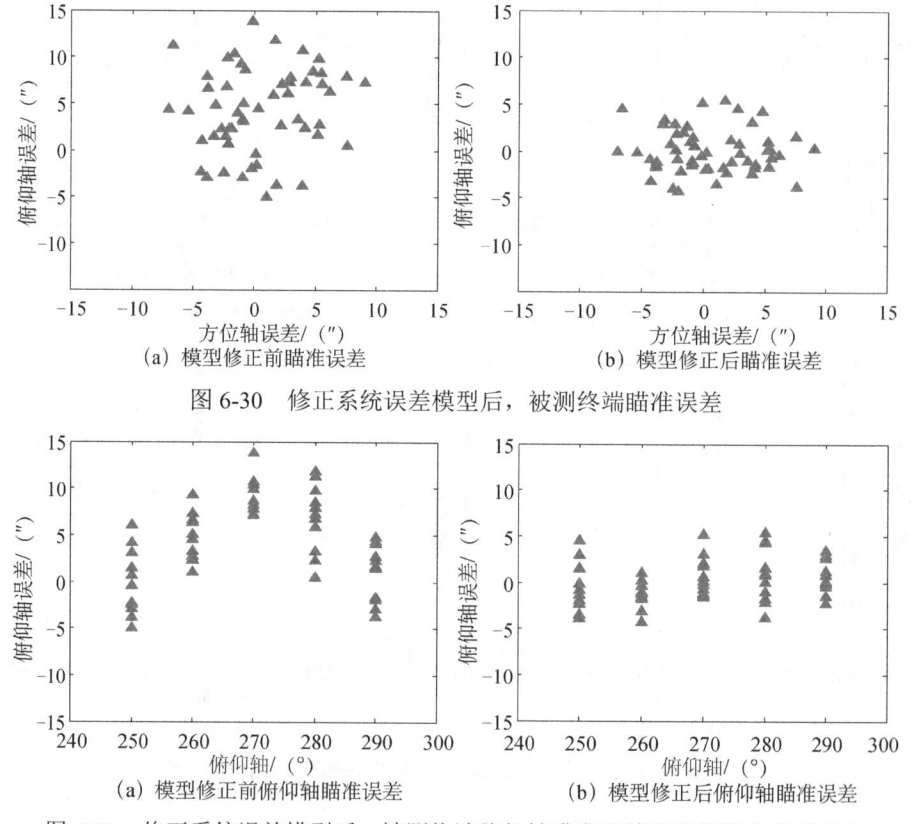

图 6-30　修正系统误差模型后，被测终端瞄准误差

图 6-31　修正系统误差模型后，被测终端俯仰轴瞄准误差随俯仰轴角度的变化

6.4.4 光终端瞄准误差地面补偿实验验证

在上一节中,利用实验室被测终端的瞄准误差,对提出的潜望式光终端系统误差模型各待定系数进了求解,并在此基础上进行了数值仿真修正,结果表明利用式(6-12)给出的误差模型修正后的瞄准误差显著减小。为了进一步验证该模型的正确性,下面对被测终端补偿后的瞄准误差进行实际测试。

根据表 6-5 所示的潜望式光终端误差修正模型待定系数数值,可以计算获得粗瞄准机构姿态角度为 (θ_{Az_i0}, θ_{El_i0}) 时被测终端的瞄准误差 ($\Delta\theta_{Az\_i0}$, $\Delta\theta_{El\_i0}$),这时被测终端粗瞄准机构控制姿态角度分别为 (θ_{Az_i}, θ_{El_i}),利用该角度值即可实现对终端瞄准误差的修正。其中 (θ_{Az_i}, θ_{El_i}) 可以通过下式得到。

$$\begin{cases} \theta_{Az\_i} = \theta_{Az0\_i} - \Delta\theta_{Az\_i0} \\ \theta_{El\_i} = \theta_{El0\_i} - \Delta\theta_{El\_i0} \end{cases} \quad (6\text{-}13)$$

使用式(6-13)计算得到的姿态数据对被测终端进行控制,并重复前面所述的实验过程,可以测得修正后被测终端的瞄准误差。图 6-32 给出了被测终端粗瞄准机构修正后瞄准误差角的测试结果,被测光终端方位轴瞄准误差均值为 4.6″,标准差为 2.9″;俯仰轴瞄准误差均值为 3.1″,标准差为 1.8″;终端瞄准误差均值为 5.5″,标准差为 2.4″。图 6-33 为修正后瞄准误差角随方位轴角度的变化,图 6-34 为修正后瞄准误差角随俯仰轴角度的变化。可知,最大瞄准误差由修正前的 40.0″减小为修正后的 9.5″,尽管略大于数值仿真结果,但相较于修正前,终端的瞄准误差有明显减小。通过该实验验证,证明本节提出的基于几何光学的,适用于潜望式光通信终端的系统误差模型正确可靠,可以达到对光通信终端瞄准误差补偿的目的。

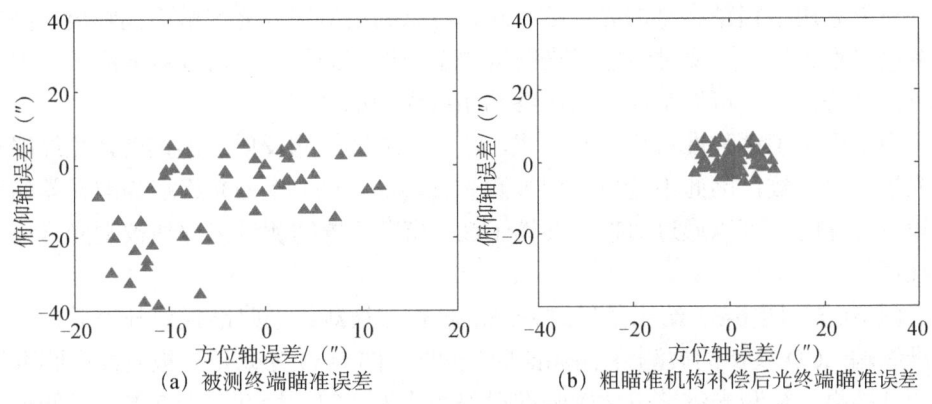

(a) 被测终端瞄准误差　　(b) 粗瞄准机构补偿后光终端瞄准误差

图 6-32　实测被测终端瞄准误差粗瞄准机构修正结果

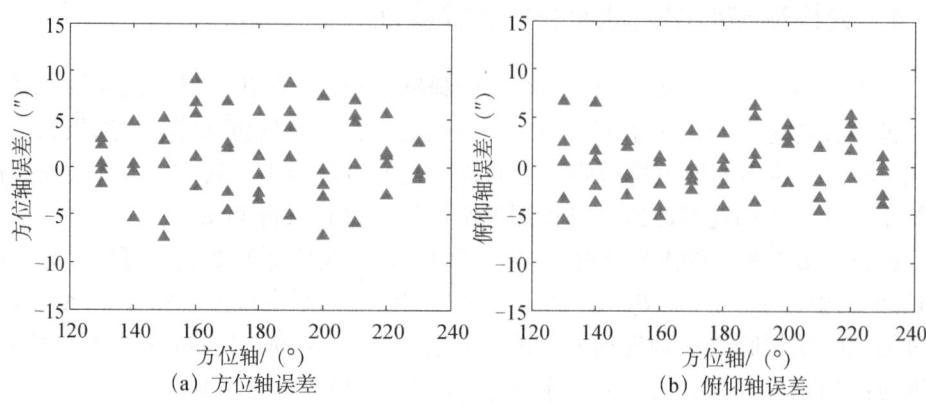

图 6-33 补偿后被测终端瞄准误差随终端姿态方位轴变化

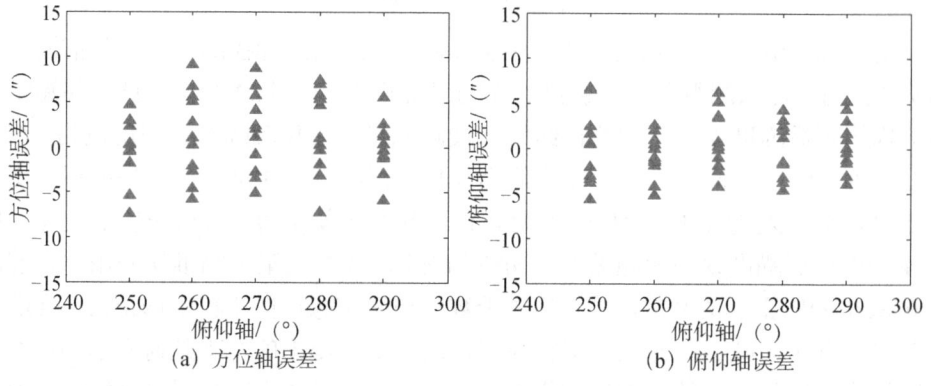

图 6-34 补偿后被测终端瞄准误差随终端姿态俯仰轴变化

对于采用了粗精结合的光通信终端，可以利用潜望式光终端中高精度、高带宽的精瞄准机构，实现对终端粗瞄准机构系统误差的补偿。通过对被测终端中精瞄镜的精确控制，可以实现对被测终端系统误差的补偿。

由于采用了精瞄准机构补偿方式，随着精瞄准机构反射镜的偏转，光终端收发光轴不再一致，因此不能再利用被测光终端的 CCD 作为光终端瞄准误差的测量设备。这时，可以通过对校准终端 CCD 光斑位置的测量来评估被测光终端的瞄准误差。

图 6-35～图 6-37 给出了经过精瞄准机构对被测终端瞄准误差补偿后，利用校准终端 CCD 获得的被测终端瞄准误差数据。图 6-35 为修正后被测终端瞄准误差测试结果，被测光终端方位轴瞄准误差均值为 4.2″，标准差为 2.7″；俯仰轴瞄准误差均值为 3.1″，标准差为 2.0″；终端瞄准误差均值为 5.2″，标准差为 2.8″。

图 6-36 为修正后被测终端瞄准误差角随方位轴角度的变化；图 6-37 为修正后被测终端瞄准误差角随俯仰轴角度的变化。

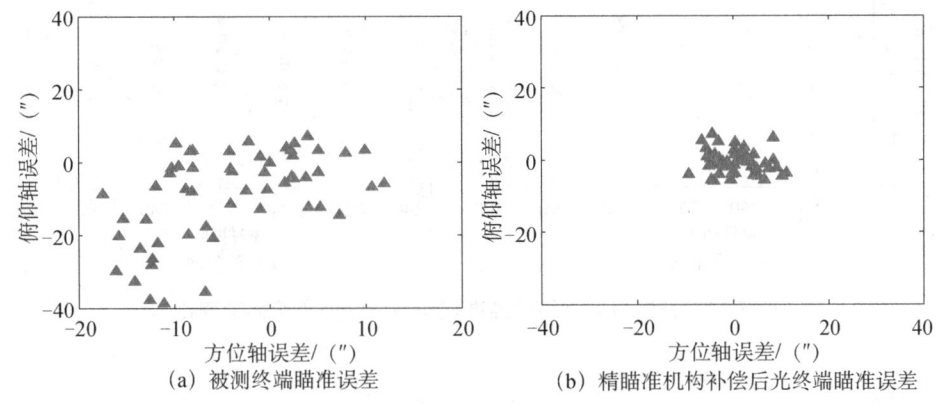

(a) 被测终端瞄准误差　　　　(b) 精瞄准机构补偿后光终端瞄准误差

图 6-35　实测被测终端瞄准误差精瞄准机构修正结果

经过式（6-12）计算获得修正数据，经过精瞄准机构修正后，被测终端瞄准误差由修正前的 40.0″减小为修正后的 11.2″，从而证明了利用精瞄准机构补偿瞄准误差方法的有效性。

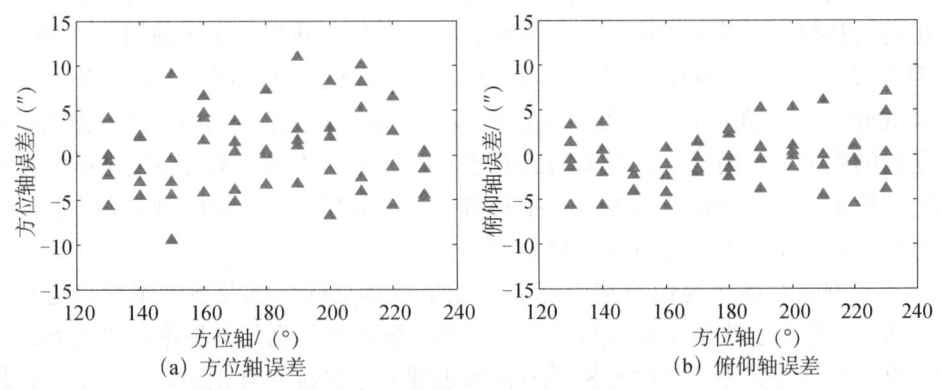

(a) 方位轴误差　　　　(b) 俯仰轴误差

图 6-36　补偿后被测终端瞄准误差随终端姿态方位轴变化

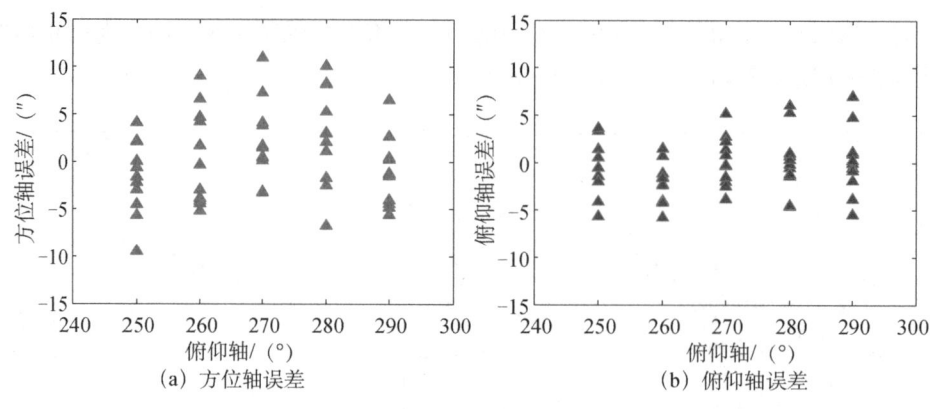

图 6-37 补偿后被测终端瞄准误差随终端姿态俯仰轴变化

6.5 捕获预瞄准角度偏差在轨修正技术

2011 年 10 月，我国首次星地激光通信链路地面捕获试验获得圆满成功。在整星发射之前，对激光通信终端进行了充分的地面测量和校准，有效补偿了地面光机装调和整星安装过程中存在的系统误差。卫星入轨后，由于轨道姿态测量、发射振动、失重和温度环境变化等原因，在轨试验初期在瞄准过程中存在 8~10mrad 的瞄准角度偏差，使得星地链路平均捕获时间大于 40s，严重影响星地光通信的数据传输时间。利用本书前面建立的卫星本体坐标系与终端基准坐标系修正变换矩阵，结合捕获校准过程中获得的测试数据，通过地面测量和上注，最终对光束瞄准角度偏差进行了有效补偿。

本节首先对激光通信终端坐标系、卫星本体坐标系以及参考坐标系进行定义；然后，建立了终端坐标系与参考坐标系、参考坐标系与卫星本体坐标系之间的光束瞄准偏差关系，根据坐标系变换原理建立了坐标系修正矩阵；最后，根据地面光机轴坐标系和在轨实测数据，利用上述修正矩阵所得修正偏角对地面装调和在轨遥控光束瞄准偏差进行修正，最终减小星地激光链路初始瞄准角度偏差，缩短在特定捕获概率要求下的捕获扫描范围和链路捕获时间。

6.5.1 瞄准偏差修正矩阵

激光通信终端主体安装在卫星本体内部，终端坐标系与卫星本体坐标系之间无法建立直接关系，因此，需要第三个坐标系作为坐标系变换的桥梁。在终端坐标系和卫星本体坐标系的基础上,建立安装在激光通信终端方位轴上的立方棱镜坐标系(以下简称参考坐标系),如图 6-38 所示,以实现终端坐标系与卫星本体坐标系之间的坐标转换。

终端坐标系是激光通信终端光学瞄准与机械控制的基础。其坐标系原点 O 在终端上,Z 轴为望远镜主轴方向,X 轴为分光片中心至 CCD 焦平面中线的矢量方向,Y 轴由 Z 轴和 X 轴确定的右手系方向确定。在研制前期的地面补偿过程中,激光通信终端在光束瞄准过程中存在的系统误差,已相对该坐标系作了必要的算法修正,因此可认为终端坐标系光学器件光束瞄准及电机控制理想无误差。

卫星本体坐标系 O_s-$X_sY_sZ_s$,坐标原点 O_s 在卫星本体上,Z_s 轴方向为卫星指向地心舱板的法线方向,X_s 轴方向为卫星在轨运动过程中的切线方向,即沿卫星承力筒轴线方向,Y_s 轴方向由 X_s 轴和 Z_s 轴确定的右手系方向确定。

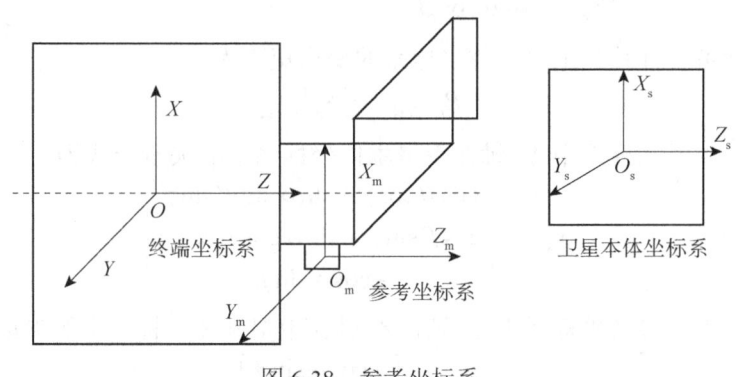

图 6-38 参考坐标系

在测试过程中,将一个正方体反光棱镜安装于激光通信终端方位轴上,当终端在终端坐标系零位时,反射棱镜垂直于方位轴的反射面,沿基准坐标系 Z 轴的法线方向为参考坐标系的 Z_m 轴;在垂直于终端方位轴的面内,沿终端坐标系 X 轴的立方镜安装面的法线方向为参考坐标系的 X_m 轴;参考坐标系 Y_m 轴由 X_m 轴与 Z_m 轴确定的右手系方向确定。

6.5.2 卫星本体坐标系与参考坐标系

假定卫星本体坐标系为 O_s-$X_sY_sZ_s$,参考坐标系为 O_m-$X_mY_mZ_m$。由 O_s-$X_sY_sZ_s$ 到 O_m-$X_mY_mZ_m$ 的变换顺序为 $Z_s \rightarrow x_1' \rightarrow y_2'$,首先将 O_s-$X_sY_sZ_s$ 绕 Z_s 轴旋转 γ 角,得到新的坐标系 $x_1'y_1'z_1'$;然后绕该坐标系的 x_1' 旋转 α 角,得到坐标系 $x_2'y_2'z_2'$;最后,绕该坐标系的 y_2' 转动 β 角得到最终的 $x_1y_1z_1$ 坐标系,根据以上的转动顺序得到相应的坐标系修正矩阵如下:

$$R_{\text{O-S(312)}} = \left(T_{i,j}\right) \tag{6-14}$$

其中，$T_{i,j}$ 为矩阵元素，具体表述如下：

$$\begin{cases} T_{1,1} = \cos\beta\cos\gamma - \sin\alpha\sin\beta\sin\gamma \\ T_{1,2} = \cos\beta\sin\gamma + \sin\alpha\cos\beta\cos\gamma \\ T_{1,3} = -\cos\alpha\sin\beta \\ T_{2,1} = -\cos\alpha\sin\gamma \\ T_{2,2} = \cos\alpha\cos\gamma \\ T_{2,3} = \sin\alpha \\ T_{3,1} = \sin\beta\cos\gamma + \sin\alpha\cos\beta\sin\gamma \\ T_{3,2} = \sin\beta\sin\gamma - \sin\alpha\cos\beta\cos\gamma \\ T_{3,3} = \cos\alpha\cos\beta \end{cases} \tag{6-15}$$

则由参考坐标系到卫星本体坐标系的变换矩阵为

$$R_{T-S(312)} = R_{S-T(312)}^{-1} \tag{6-16}$$

那么，参考坐标系中 X_m 轴在卫星本体坐标系中的矢量形式为

$$x_{XYZ} = \begin{bmatrix} \cos\beta\cos\gamma - \sin\alpha\sin\beta\sin\gamma \\ \cos\beta\sin\gamma + \sin\alpha\cos\beta\cos\gamma \\ -\cos\alpha\sin\beta \end{bmatrix} \tag{6-17}$$

同理，得到参考坐标系中 Y_m 轴，Z_m 轴在卫星本体坐标系中的矢量形式为

$$y_{XYZ} = \begin{bmatrix} -\cos\alpha\sin\gamma \\ \cos\alpha\cos\gamma \\ \sin\alpha \end{bmatrix} \tag{6-18}$$

$$z_{XYZ} = \begin{bmatrix} \sin\beta\cos\gamma + \sin\alpha\cos\beta\sin\gamma \\ \sin\beta\sin\gamma - \sin\alpha\cos\beta\cos\gamma \\ \cos\alpha\cos\beta \end{bmatrix} \tag{6-19}$$

如以上修正矩阵中 α、β、γ 三个角度确定，则可获得坐标系的修正矩阵，下面对以上三个变换角度具体数值进行计算。

瞄准坐标系测量结果如式（6-20）所示，矩阵的九个元素分别为参考坐标系中 X_m，Y_m，Z_m 轴正方向与卫星本体坐标系 X_s，Y_s，Z_s 轴正方向之间的夹角，具体表示如下：

$$R = \begin{bmatrix} \theta_{xX} & \theta_{xY} & \theta_{xZ} \\ \theta_{yX} & \theta_{yY} & \theta_{yZ} \\ \theta_{zX} & \theta_{zY} & \theta_{zZ} \end{bmatrix} \tag{6-20}$$

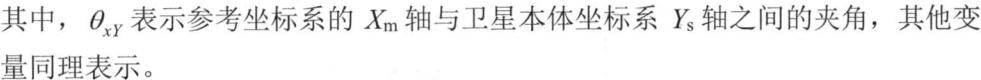

其中，θ_{xY} 表示参考坐标系的 X_m 轴与卫星本体坐标系 Y_s 轴之间的夹角，其他变量同理表示。

对式（6-20）所示矩阵中每个元素取余弦值：

$$R_S = \begin{bmatrix} \cos\theta_{xX} & \cos\theta_{xY} & \cos\theta_{xZ} \\ \cos\theta_{yX} & \cos\theta_{yY} & \cos\theta_{yZ} \\ \cos\theta_{zX} & \cos\theta_{zY} & \cos\theta_{zZ} \end{bmatrix} \quad (6\text{-}21)$$

则参考坐标系到卫星本体坐标系的变换矩阵为其转置矩阵。其中参考坐标系中的 X_m 轴在卫星本体坐标系内的向量形式为

$$x'_{XYZ} = \begin{bmatrix} \cos\theta_{xX} \\ \cos\theta_{xY} \\ \cos\theta_{xZ} \end{bmatrix} \quad (6\text{-}22)$$

同理 Y_m 轴，Z_m 轴在卫星本体坐标系中的向量形式为

$$y'_{XYZ} = \begin{bmatrix} \cos\theta_{yX} \\ \cos\theta_{yY} \\ \cos\theta_{yZ} \end{bmatrix} \quad (6\text{-}23)$$

$$z'_{XYZ} = \begin{bmatrix} \cos\theta_{zX} \\ \cos\theta_{zY} \\ \cos\theta_{zZ} \end{bmatrix} \quad (6\text{-}24)$$

通过分析可知式（6-19）～式（6-21）分别与式（6-22）～式（6-24）对应，即存在等式

$$\begin{bmatrix} \cos\beta\cos\gamma - \sin\alpha\sin\beta\sin\gamma \\ \cos\beta\sin\gamma + \sin\alpha\sin\beta\cos\gamma \\ -\cos\alpha\sin\beta \end{bmatrix} = \begin{bmatrix} \cos\theta_{xX} \\ \cos\theta_{xY} \\ \cos\theta_{xZ} \end{bmatrix} \quad (6\text{-}25)$$

$$\begin{bmatrix} -\cos\alpha\sin\gamma \\ \cos\alpha\cos\gamma \\ \sin\alpha \end{bmatrix} = \begin{bmatrix} \cos\theta_{yX} \\ \cos\theta_{yY} \\ \cos\theta_{yZ} \end{bmatrix} \quad (6\text{-}26)$$

$$\begin{bmatrix} \sin\beta\cos\gamma + \sin\alpha\cos\beta\sin\gamma \\ \sin\beta\sin\gamma - \sin\alpha\cos\beta\cos\gamma \\ \cos\alpha\cos\beta \end{bmatrix} = \begin{bmatrix} \cos\theta_{zX} \\ \cos\theta_{zY} \\ \cos\theta_{zZ} \end{bmatrix} \quad (6\text{-}27)$$

在式（6-25）～式（6-27）组成的方程组中存在三个未知数，分别对以上三个方程进行求解。如果卫星本体基准立方镜、终端基准立方镜误差通过测量校正，可控制在 1″ 内，在理论分析中忽略不计，那么在总体数据中九个变量是相关的，仅有三个变量是独立的，因此可分别对以上三个方程组求解后取平均，获得简单数据

$$\begin{cases} \alpha = \arcsin(\cos\theta_{yZ}) \\ \beta = \arctan\left(-\dfrac{\cos\theta_{xZ}}{\cos\theta_{zZ}}\right) \\ \gamma = \arctan\left(-\dfrac{\cos\theta_{yX}}{\cos\theta_{yY}}\right) \end{cases} \quad (6\text{-}28)$$

同样由 $O_s\text{-}X_sY_sZ_s$ 到 $O\text{-}XYZ$ 转换时，以 $Z \to x_1' \to y_2'$ 的变换顺序进行了坐标系的变换，即以上各角关系如下：

$$\begin{cases} \alpha_T = \alpha - \eta_y \\ \beta_T = \beta \\ \gamma_T = \gamma + \eta_x \end{cases} \quad (6\text{-}29)$$

η_x、η_y 为参考坐标系 Z_m 面光轴与基准坐标系 Z 轴的夹角，在上注参数中，将式（6-29）中的三个角度进行上注，卫星光通信终端主控程序利用上注参数，结合如下的修正矩阵进行修正：

$$R_{O\text{-}S(312)} = \left(a_{i,j}\right)_{3\times 3} \quad (6\text{-}30)$$

通过该矩阵对已经获得的星地相对位置矢量进行变换，得到在终端坐标系中地面站的修正位置为

$$R_T = R_{O\text{-}S(312)} \cdot R_S \quad (6\text{-}31)$$

其中，R_S 为卫星本体坐标系中的星地相对位置矢量，R_T 为终端坐标系相对位置矢量，$R_{O\text{-}S(312)}$ 为两坐标系之间的修正矩阵。

在地面发射前进行主光轴测量，即对卫星光通信终端方位轴立方镜与终端主光轴夹角测量中，方位轴码盘角度为 C_{Az0}，测量状态如图 6-39 所示。

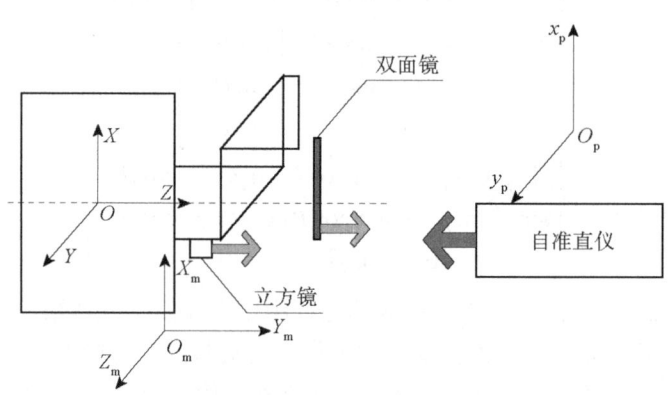

图 6-39　终端坐标系与参考坐标系测量

终端相对于主光轴测量的方位轴状态减小 90°，那么码盘反馈角度值应为 $(C_{Az0}-\pi/2)$。相对于该反馈值，如果系统返回的马盘数据为 C_{Az1}，则应有角度

$$\beta_{CAz0} = C_{Az1} - C_{Az0} + \frac{\pi}{2} \tag{6-32}$$

该角度由装星测试阶段终端压紧状态偏差造成，应在测量数据处理后进行剔除修正，修正结果为

$$\begin{cases} \alpha = \arcsin(\cos\theta_{yZ}) \\ \beta = \arctan\left(-\dfrac{\cos\theta_{xZ}}{\cos\theta_{zZ}}\right) - \left(C_{Az1} - C_{Az0} + \dfrac{\pi}{2}\right) \\ \gamma = \arctan\left(-\dfrac{\cos\theta_{yX}}{\cos\theta_{yY}}\right) \end{cases} \tag{6-33}$$

至此，可由测量数据及光电码盘数据计算获得终端参考坐标系与卫星本体坐标系之间的三个偏角。

6.5.3 瞄准偏差地面测量及修正

2010 年 3 月，在哈尔滨工业大学空间激光通信研究中心对参考坐标系与终端坐标系之间的光束瞄准偏差进行了地面测量，测量数据如表 6-6 所示。

表 6-6 光学主轴角度（双面反射镜，单位：μm）

测量点	(x0, y0)	(x1, y1)
1	(9.8, 17.6)	(158.7, 87.4)
2	(9.7, 17.2)	(158.6, 87.7)
3	(9.8, 18.7)	(158.1, 87.6)
4	(9.6, 18.4)	(158.9, 88.1)
5	(9.2, 18.8)	(159.5, 88.9)
6	(9.0, 18.0)	(160.7, 88.6)
7	(6.9, 18.1)	(158.2, 88.7)
8	(6.9, 18.3)	(157.5, 88.3)
9	(6.5, 18.5)	(157.3, 89.6)
平均值	(8.6, 18.2)	(158.6, 88.3)

参与测试的平行光管的等效焦距 $f=2\text{m}$，参考坐标系 Z_m 面光轴与基准坐标系 Z 轴的夹角为

$$\eta_x = 0.0007272 \text{rad}$$
$$\eta_y = 0.0003400 \text{rad} \tag{6-34}$$

2011 年 7 月，在北京唐家岭卫星总装大厅，在总体精测组的配合帮助下，对海洋二号卫星坐标系与激光通信终端参考坐标系光束瞄准偏角进行了测试，测试结果如表 6-7 所示。

表 6-7　卫星本体与终端参考坐标系偏差（单位：″）

	X_s	Y_s	Z_s
X_m	0.3472	79.7833	98.0681
Y_m	92.2169	0.2587	91.0265
Z_m	88.9421	88.9473	0.0655

首先，根据表 6-7 测试获得数据取余弦，可得所需坐标变换修正后的三个角度为

$$\begin{cases} \alpha = -0.017910 \text{rad} \\ \beta = 0.139440 \text{rad} \\ \gamma = -0.0386614 \text{rad} \end{cases} \tag{6-35}$$

已知在终端压紧状态下，（$C_{Az0} - \pi/2$）=1.984400rad，把式（6-34）、式（6-35）数据代入到式（6-29）中，即可获得最终修正整星安装误差的上注参数

$$\begin{cases} \alpha_T = \alpha - \eta_y = -0.018251 \text{rad} \\ \beta_T = \beta = -0.130712 \text{rad} \\ \gamma_T = \gamma + \eta_y - 0.037934 \text{rad} \end{cases} \tag{6-36}$$

通过上述修正，可基本剔除卫星光通信终端安装在卫星平台上后产生的误差，修正精度一般为 10″左右。

6.5.4　瞄准偏差在轨测量及修正

卫星光通信终端在轨运行阶段，卫星轨道、卫星姿态漂移和星上热环境变化对链路捕获不确定域的影响可分为固定量和随机量两部分，其中固定量在一定范围内是可以预测的。因此，通过多次扫描捕获，可以分析出影响捕获不确定域中的固定量，采用有效的在轨校准方式进行预补偿，可以进一步缩小链路捕获不确定域，优化链路捕获性能。

瞄准偏差在轨测量及修正方法是通过控制卫星光通信终端进行初始瞄准和扫描捕获；记录捕获完成时刻跟瞄机构二维转台的捕获不确定域矢量，计算捕获完成时刻光轴与跟瞄机构二维转台捕获不确定域偏差；计算初始捕获不确定域校

第6章 卫星光通信瞄准捕获试验与应用

准量均值;通过地面监控中心将初始捕获不确定域校准量上传至卫星光通信终端,部分校准卫星轨道、姿态漂移和热环境变化造成的初始瞄准偏差,缩小捕获不确定域,大大缩短捕获时间。

设卫星光通信终端的粗瞄准二维转台坐标系为 O_T-X_TY_T(1),X_T 轴和 Y_T 轴坐标值的单元位置矢量分别为 i_T 和 j_T。捕获探测单元的 CCD 探测器坐标系为 O_C-X_CY_C(2),两轴的单元位置矢量分别为 i_C 和 j_C。瞄准偏差在轨测量及修正的基本步骤是:

(1)控制卫星光通信终端按卫星轨道和姿态数据进行初始瞄准,初始捕获不确定域矢量定义为 $\theta_0 = \alpha_0 i_T + \beta_0 j_T$。对粗瞄装置二维转台旋转控制,按照旋转角度调整其承载的收发光学天线位置;终端信标光源发出的光束通过分光镜分光后经光学天线发射,在粗瞄准二维转台的控制下,实现向对方卫星光通信终端的初对准。

(2)控制粗瞄准二维转台进行捕获扫描,同时监测捕获探测单元的 CCD 探测器,一旦捕获到对方激光通信终端的光信号,停止二维转台的扫描,完成捕获。

(3)记录捕获完成时刻粗瞄准二维转台的捕获不确定域矢量 $\theta_T = \alpha_T i_T + \beta_T j_T$,利用 CCD 探测器中光斑质心坐标($X_C$, Y_C),计算捕获完成时刻光轴捕获不确定偏差域 $\theta_C = \alpha_C i_C + \beta_C j_C$。

(4)利用坐标变换矩阵,将 CCD 探测器中捕获完成时刻光轴捕获不确定偏差域 $\theta_C = \alpha_C i_C + \beta_C j_C$ 转换到 O_T-X_TY_T(1),得到 $\theta'_C = \alpha'_C i_T + \beta'_C j_T$。

(5)计算捕获完成时刻捕获不确定域与初始捕获不确定域 $\theta_0 = \alpha_0 i_T + \beta_0 j_T$ 的偏差 $\theta_\Delta = \alpha_\Delta i_T + \beta_\Delta j_T$,即得到初始捕获不确定域二维校准量。

(6)重复上述步骤(1)~(5)至少 5 次,取 θ_Δ 均值。通过地面监控中心将初始捕获不确定域校准量上注至卫星光通信终端,完成不确定域校准。

上述步骤(3)中利用 CCD 探测器中光斑质心坐标(X_C, Y_C),计算捕获完成时刻光轴捕获不确定偏差域 $\theta_C = \alpha_C i_C + \beta_C j_C$ 的公式如下:

$$\alpha_C = \arctan\left(\frac{X_C}{f}\right), \quad \beta_C = \arctan\left(\frac{Y_C}{f}\right) \tag{6-37}$$

式中,f 为卫星光通信终端接收光学子系统等效焦距。

上述步骤(4)中,利用坐标变换矩阵,将 CCD 探测器中捕获时刻光轴捕获不确定偏差域 $\theta_C = \alpha_C i_C + \beta_C j_C$ 转换到 O_T-X_TY_T(1),得到 $\theta'_C = \alpha'_C i_T + \beta'_C j_T$,依据以下公式计算:

$$(\alpha'_C, \beta'_C) = \begin{bmatrix} \cos\delta_{cT} & \cos\delta_{tC} \\ \cos\delta_{cC} & \cos\delta_{tT} \end{bmatrix} \begin{bmatrix} \alpha_C \\ \beta_C \end{bmatrix} \tag{6-38}$$

式中,δ_{cT}、δ_{tC}、δ_{cC}、δ_{tT} 为根据激光通信终端地面装调测试得到的 CCD 探测器坐标系 O_C-X_CY_C(2)和粗瞄准二维转台坐标系 O_T-X_TY_T(1)之间的夹角。

上述步骤（5）中，计算捕获完成时刻捕获不确定域与初始捕获不确定域 $\boldsymbol{\theta}_0 = \boldsymbol{\theta}(\alpha_0, \beta_0)$ 的偏差 $\boldsymbol{\theta}_\Delta = \alpha_\Delta \boldsymbol{i}_T + \beta_\Delta \boldsymbol{j}_T$，依据以下公式计算：

$$\boldsymbol{\theta}_\Delta = \alpha_\Delta \boldsymbol{i}_T + \beta_\Delta \boldsymbol{j}_T = \begin{bmatrix} \alpha'_C - \alpha_0 & \beta'_C - \beta_0 \end{bmatrix} \begin{bmatrix} \boldsymbol{i}_T \\ \boldsymbol{j}_T \end{bmatrix} \tag{6-39}$$

上述步骤（6）中，重复步骤（1）～（5）至少 5 次，取 $\boldsymbol{\theta}_\Delta$ 均值，依据以下公式计算：

$$\boldsymbol{\theta}_\Delta = \frac{1}{n} \sum_{i=1}^{n} \boldsymbol{\theta}_{\Delta i} \tag{6-40}$$

式中，$n \geq 5$ 表示重复步骤（1）～（5）的次数。

6.5.5 捕获扫描轨迹在轨实时修正

卫星轨道和姿态变化是影响卫星激光链路捕获性能的主要因素，现有的捕获方式通过地面测控得到的卫星轨道和姿态数据，参照上述数据在捕获初始阶段进行预瞄准。由于预测时间间隔长达几小时以上，预瞄准精度低，容易使捕获不确定角超出预期范围，将造成链路捕获时间长，捕获概率低，严重影响激光链路通信性能。以美国的 STRV-2 星地链路试验为例，由于轨道和姿态预测精度严重超出设计要求，经过 17 次捕获也无法建立链路，最终试验宣布失败。

考虑到目前大多数卫星平台具备 GPS 定位和星敏感器，在捕获初始阶段通过可获得的在轨轨道和姿态测量数据，可以大幅提高预捕获瞄准精度，缩小捕获不确定角。然而，由于扫描过程中存在卫星平台轨道运动和姿态漂移，经常会发生漏扫现象，降低链路系统的捕获性能。现有的扫描方法中，通过轨道姿态预测的方法，预设捕获扫描路径，进行一定的补偿。由于预测间隔时间较长（几十秒到几分钟），预测精度较低，漏扫现象仍无法得到有效解决。

本节提出一种基于卫星轨道姿态实时数据的激光链路捕获扫描方法。通过实时获得的卫星轨道和姿态测量数据（更新频率 1~2Hz），在轨进行轨道姿态变化预测，实时更新捕获扫描路径，补偿捕获扫描过程中轨道姿态动态变化，有效解决漏扫问题，提高捕获概率。

在惯性坐标系（IJK）下描述卫星轨道姿态的位置矢量为 $r_{IJK}(t) = r_I(t) + r_J(t) + r_K(t)$，在星上水平俯仰坐标系（$SEZ$）下描述捕获扫描角度的矢量为 $r_{SEZ}(t) = r_S(t) + r_E(t) + r_Z(t)$。卫星轨道姿态参数为：半轴长 a，偏心率 e，轨道倾角 i，升焦点黄经 Ω，近拱点角距 ω，过近拱点时刻 t_0。为便于推导计算，用卫星位置矢量与近拱点方向矢量在某一时刻的夹角 v 代替 t_0，称 v 为真近点，用半正交弦 p 代替 a，变换关系为 $p = a(1-e^2)$。基于卫星轨道姿态实时数据的激光链路捕获扫描方法基本

第6章 卫星光通信瞄准捕获试验与应用

步骤如下:

(1) t 时刻控制卫星光通信终端进行捕获扫描,读取 t 时刻捕获扫描角度矢量 $r_{SEZ}(t_0) = r_S(t_0) + r_E(t_0) + r_Z(t_0)$,其中 $r_S(t_0)$、$r_E(t_0)$ 和 $r_Z(t_0)$ 分别是捕获扫描角度矢量在星上水平俯仰坐标系(SEZ)下三个轴的分量。

(2) 通过卫星平台读取 GPS 测得的卫星轨道参量,通过星敏感器测得卫星的姿态参量,记录当前时刻 t 卫星轨道姿态位置矢量 $r_{IJK}(t) = r_I(t) + r_J(t) + r_K(t)$,其中 $r_I(t)$、$r_J(t)$ 和 $r_K(t)$ 分别是卫星轨道姿态位置矢量在星上直角坐标系(IJK)下三个轴的分量。

(3) 利用变换矩阵 R 将轨道姿态位置矢量 $r_{IJK}(t) = r_I(t) + r_J(t) + r_K(t)$ 转换到星上水平俯仰坐标系(SEZ)下,得到 $r'_{SEZ}(t) = r'_S(t) + r'_E(t) + r'_Z(t)$,其中 $r'_S(t)$、$r'_E(t)$ 和 $r'_Z(t)$ 分别是卫星轨道姿态位置矢量在星上水平俯仰坐标系(SEZ)下三个轴的分量。

(4) 在星上水平俯仰坐标系(SEZ)下,计算当前时刻 t 卫星轨道姿态位置矢量 $r'_{SEZ}(t) = r'_S(t) + r'_E(t) + r'_Z(t)$ 与 t 时刻捕获扫描角度矢量 $r'_{SEZ}(t_0) = r'_S(t_0) + r'_E(t_0) + r'_Z(t_0)$ 在俯仰角和方位角两个方向上的偏差 $\psi_{v,h}(t)$,即得到下一时刻 $t + \Delta t$ 捕获扫描轨迹修正量。

(5) 重复步骤(1)~(4)至少 10 次,取 $\bar{\psi}_{v,h}(t)$ 均值。

(6) 捕获扫描控制器根据获得的捕获扫描轨迹修正量 $\bar{\psi}_{v,h}(t)$,对二维转台进行旋转控制,按照捕获扫描轨迹修正量旋转角度调整光学天线位置,实现在卫星激光通信链路的捕获扫描过程中实时更新捕获扫描轨迹。

上述步骤(3)中,利用坐标变换矩阵 R,将轨道姿态位置矢量转换到星上水平俯仰坐标系(SEZ)下,得到 $r'_{SEZ}(t) = r'_S(t) + r'_E(t) + r'_Z(t)$,依据以下公式计算:

$$\begin{pmatrix} r'_S & r'_E & r'_Z \end{pmatrix} = \begin{bmatrix} \cos\Omega\cos\omega - \sin\Omega\cos i \sin\omega & \sin\Omega\cos\omega + \cos\Omega\cos i \sin\omega & \sin i \sin\omega \\ -\cos\Omega\sin\omega - \sin\Omega\cos i \cos\omega & -\sin\Omega\sin\omega + \cos\Omega\cos i \cos\omega & \sin i \cos\omega \\ \sin i \cos\omega & -\cos\Omega\sin i & \cos i \end{bmatrix} \begin{bmatrix} r_I \\ r_J \\ r_K \end{bmatrix}$$

(6-41)

式中,i 为轨道倾角;Ω 为升焦点黄经;ω 为近拱点角距,由 GPS 和星敏感器数据计算获得。

上述步骤(4)中,计算当前时刻 t 卫星轨道姿态位置矢量 $r'_{SEZ}(t) = r'_S(t) + r'_E(t) + r'_Z(t)$ 与初始捕获扫描角度矢量 $r'_{SEZ}(t_0) = r'_S(t_0) + r'_E(t_0) + r'_Z(t_0)$ 在俯仰角和方位角两个方向上的偏差 $\psi_{v,h}(t)$,依据以下公式计算:

$$\bar{\psi}_{v,h}(t) = \theta_{v,h}(t + \Delta t) - \theta_{v,h}(t) \tag{6-42}$$

式中,$\theta_v(t)$ 和 $\theta_h(t)$ 分别表示俯仰角和方位角矢量,其表达式为

$$\theta_v(t) = \arctan\left[\frac{r'^2_Z(t)}{\sqrt{r'^2_S(t) + r'^2_E(t)}}\right] \quad (6\text{-}43)$$

$$\theta_h(t) = \arctan\left[\frac{r'_E(t)}{r'_S(t)}\right] \quad (6\text{-}44)$$

重复步骤（1）～（4）至少 10 次，取 $\bar{\psi}_{v,h}(t)$ 均值，依据以下公式计算：

$$\bar{\psi}_{v,h}(t) = \frac{1}{n}\sum_{i=1}^{n}\bar{\psi}_{v,h}(t_i) \quad (6\text{-}45)$$

式中，$n \geq 10$ 表示重复步骤（1）～（4）的次数。

采用以上方法基于卫星轨道姿态参量对捕获扫描角度进行预测，可在 0.5～1s 的时间间隔内进行轨道姿态动态变化预测，实时更新捕获扫描路径，有效解决漏扫问题，提高激光链路综合性能。

6.6 海洋二号星地链路捕获

搭载激光通信终端的海洋二号卫星于北京时间 2011 年 8 月 16 日发射升空，在卫星入轨后，星地激光通信的主要任务分为在轨测试、在轨试验和数据积累三部分，如图 6-40 所示。在轨测试主要进行捕获、跟踪和通信功能测试，同时进行终端维护模式测试。在轨试验主要进行捕获、跟踪和通信性能测试工作。在轨测试和在轨试验工作在激光通信星上终端的在轨 9 个月寿命期内完成（2011 年 8 月 16 日~2012 年 5 月 16 日），之后进行科学试验数据累计工作。

(a) 海洋二号卫星发射　　　　　　(b) 星地激光通信试验

图 6-40 海洋二号星地激光链路

第6章 卫星光通信瞄准捕获试验与应用

在卫星入轨后,首先进行了激光通信星上终端上电测试。通过接收到的实时遥测和存储遥测数据判断,各参数变化范围均与前期地面试验结果一致,证明激光通信星上终端各单机/单元状态良好。试验初期,机械热形变和应力释放等原因的存在,导致在星地激光链路地面捕获试验过程中,终端图像探测单元未捕获地面光束,根据终端图像探测单元视场和扫描时间设计,可以认为终端瞄准过程中仍存在 8~10mrad 的光束瞄准偏差,且平均捕获时间大于 40s。以低轨道星地激光链路可连通平均时间 5min 为例,上述链路捕获时间将占用 13.3%的通信时间,捕获时间长将严重影响后续的有效通信时间。

经过地面测量及修正后,卫星光通信终端瞄准坐标系的误差可控制在 10″左右,对在轨捕获和跟踪的影响较小。卫星入轨后,由于轨道姿态测量误差、在轨预测误差等因素,捕获初始瞄准角度存在很大的偏差。此外,发射振动、失重和温度环境变化等原因,也将造成捕获初始瞄准角度偏差,影响捕获的性能。为此,还需要进行在轨修正以进一步降低捕获不确定范围,实现快速捕获。

基于坐标修正矩阵方法,对所测海洋二号星地激光链路数据进行计算,最终将得到的光束瞄准偏差修正角度公式上注到卫星光通信终端。对终端瞄准偏差修正后,瞄准偏差显著减小。图 6-41 给出了进行光束瞄准偏差修正后的瞄准数据。终端光束瞄准偏差范围缩小到±0.4mrad 之间。上述残留偏差主要是由卫星姿态漂移、轨道测量及平台微振动等不可预测的随机因素产生。

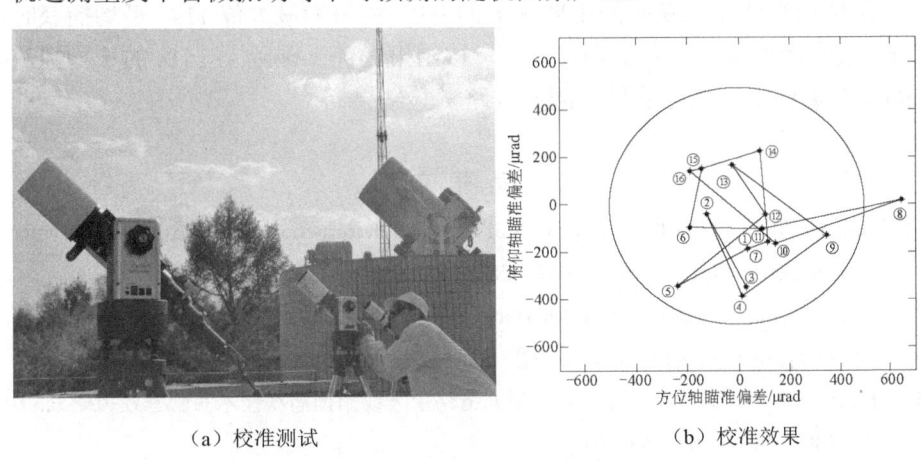

(a)校准测试　　　　　　　　　　(b)校准效果

图 6-41　初始标准偏差在轨修正

在星地激光链路在轨试验中,还同时进行了捕获扫描轨迹在轨实时修正,有效缩短了捕获时间。在进行的 48 次捕获试验中,最大捕获时间 11s,捕获概率 100%。图 6-42 为各次捕获性能试验中捕获时间的测试结果。其中,最短捕获时间小于 1s,即在粗瞄准阶段就实现了光束的捕获,无需进行天线扫描。

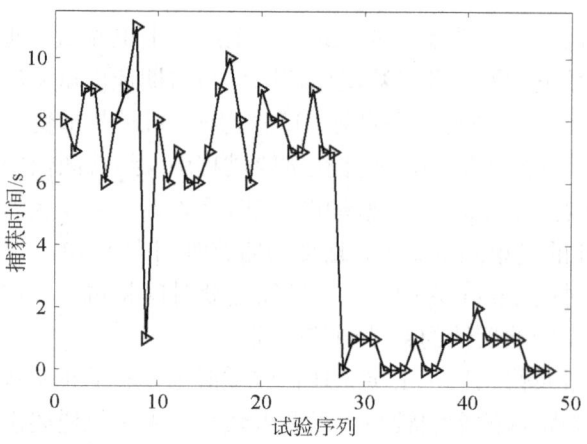

图 6-42　捕获性能测试结果

从图中可以看出，在试验后期捕获时间明显缩短。分析如下：通过对终端预瞄准角度的不断修正和完善，实现了高精度在轨校正，提高了捕获初期的瞄准精度，使得星上终端捕获的不确定角基本减小到捕获视场范围内；卫星平台的轨道和姿态稳定度较高，星上和地面终端可实现较高精度的初始位置预估和扫描轨迹在轨修正；星上终端主控软件设计较合理，可根据在轨实际工作情况及时调整瞄准、扫描和捕跟切换的策略。

星地激光链路捕获时间由要求值的 90s，缩短为最大值 11s、平均捕获时间仅 4.5s，大大增加了链路有效通信时间。该结果远优于国际上 151s 的平均捕获时间（2009 年美日联合进行的星地激光链路试验结果）。

参 考 文 献

[1] Yang Y，Tan L，Ma J，et al. Effects of localized deformation induced by reflector antenna on received power. Opt. Comm.，2009，282（3）：396-400

[2] Jiang Y，Ma J，Tan L，et al. Measurement of optical intensity fluctuation over an 11.8 km turbulent path. Optics Express，2008，16（10）：6963-6973

[3] 于思源，马晶，谭立英，等. 激光星间链路中天线扫描捕获技术实验室模拟研究. 中国激光，2002，A29（6）：498-502

[4] 陈云亮，于思源，马晶，等. 卫星间光通信中多场扫描捕获的仿真优化. 中国激光，2004，31（8）：975-978

[5] Yu SY，Gao HD，Ma J，et al. Selection of acquisition scan methods in intersatellite optical communications. Chinese Journal of Lasers，2002，B11（5）：364-368

[6] 于思源，马晶，谭立英. 提高卫星光通信扫描捕获概率的方法研究. 光电子·激光，2005，

15（4）：57-62

[7] 武凤，周彦平，于思源. 基于空间成像的卫星光通信双向捕获技术. 光电子·激光，2006，17（6）：700-704

[8] 于思源，吴世臣，马晶，等. 潜望式卫星光通信终端 CCD 测角算法的设计. 哈尔滨工业大学学报，2007，39（1）：257-262

[9] 刘剑峰，韩琦琦，于思源，等. 卫星光通信终端二维转台运动参量对天线指向影响研究. 宇航学报，2007，28（4）：926-930

[10] 武凤，于思源，马仲田，等. 星地激光通信链路瞄准角度偏差修正及在轨验证. 中国激光，2014，41（6）：0605008-1-0605008-6

[11] Li X，Yu SY，Ma J，et al. Analytical expression and optimization of spatial acquisition for intersatellite optical communications. Optics Express，2011，19（3）：2381-2390

[12] Li X，Yu S，Ma J，et al. Analysis of capacity and outage probability for intersatellite optical communications in the presence of random pointing jitte. Journal of Russian Laser Research，2012，33（2）：10-18

[13] Xie WQ，Tan LY，Ma J. Mutual alignment errors analysis based on wavelet due to antenna deformations in inter-satellite laser communications. Optics and Laser Technology，2012，44（1）：198-203

[14] Zhao F，Yu SY，Ma J. IM-DD system for inter-orbit optical communication. SPIE Optical Transmission，Switching，and Subsystems V，2008，6783：926-933

[15] Kim I I，Riley B，Wong N M，et al. Lessons learned from the STRV-2 satellite-to-ground lasercom experiment. Proc. of SPIE，2001，4272：1-15

[16] Smutny B，Kaempfner H，Muehlnikel G，et al. 5.6Gbps optical inersatellite communication link. Proc. of SPIE，2009，7199：719906-1-719906-8

[17] Wilson K E，Kovalik J，Biswas A，et al. Preliminary results of the OCTL to OICETS Optical Link Experiment（OTOOLE）. Proc. of SPIE，2010，7587：758703-1-758703-13

[18] Oaida B V，Abrahamson M J，Witoff R J，et al. OPALS: An optical communications technology demonstration from the international space station//Aerospace Conference. IEEE，2013

[19] Israel D J，Edwards B L，Whiteman D E. Mission concepts utilizing a laser communications and DTN-based GEO relay architecture//Aerospace Conference. IEEE，2013

第 7 章
卫星光通信跟踪通信试验与应用

7.1 概 述

由于地面与实际链路的工作平台动力学环境不同，卫星光通信跟踪通信地面测试在某些方面无法完全与真实在轨情况一致。在激光通信终端的协调跟踪控制性能测试中，主要关心的是粗跟踪和精跟踪的控制耦合问题。根据终端粗跟踪和精跟踪的设计指标，粗跟踪的控制带宽大于 3Hz，而精跟踪的控制带宽大于 800Hz，两者相差几百倍。因此，只要控制粗瞄装置在较低频率进行工作，粗跟踪和精跟踪之间的耦合对于终端跟踪的影响可以忽略。在精跟踪性能测试中，一般采用了动态变化光信号来模拟，该信号充分考虑了实际激光链路中粗瞄残差、提前瞄准角度和卫星平台振动变化情况的模拟。终端通过跟踪该光信号，可以考察系统的快速角度检测、快束瞄准和时序逻辑控制等功能，与实际链路的情况基本相同。

在卫星光通信跟踪过程中，由于通信距离远、激光发射束散角小，要求光通信终端具有非常高的跟踪精度（通常在微弧度量级）。卫星平台是光通信终端基准平台，其振动的影响将叠加在跟瞄系统的输出之上，造成接收端信号功率下降，严重时会造成链路中断。卫星平台的振动分为平动和转动两种，其中平动部分对激光链路的影响可以忽略不计，而转动部分（即相对角振动）的影响必须重点考虑补偿能力测试问题。

与实际链路情况不同的是，在地面测试中，若某一个终端的粗瞄装置出现瞄准偏差，两个终端的跟踪视窗中均出现光斑抖动。若两个终端均进行补偿，将造成跟瞄发散，无法进行正常通信。为此，在跟踪通信测量中，控制 GEO 终端和

第7章 卫星光通信跟踪通信试验与应用

LEO 终端粗瞄装置保持一定的瞄准角度。同时，为了在接近链路实际情况的条件下检测终端精跟踪特性，采用某一终端的精瞄装置按一定的规律控制出射光束，产生具有一定角运动的信号用于另一个终端进行跟踪特性测试。考虑如下几点因素进行控制跟踪光束的输入信号的选取：

（1）能够模拟低频高振幅的粗跟踪残差角度变化，终端在链路要求的各种跟踪速率下，粗瞄偏差变化频率 3Hz 左右，平均幅值 45μrad（可参考单机设计和测试结果进行相应调整）。

（2）能够模拟低频低振幅的提前瞄准角度变化，变化频率和幅值极低，测试中可以与粗跟踪残差角度变化一起考虑（可参考进行激光链路的卫星具体轨道参数情况设定）。

（3）能够模拟高频低振幅的卫星平台振动等效终端入射光束角度变化；由于我国目前可获得的该类数据较少，在地面模拟试验中一般参照 NASDA 设计参考曲线选取卫星平台的振动谱情况，如图 7-1 中的绿色虚线所示。

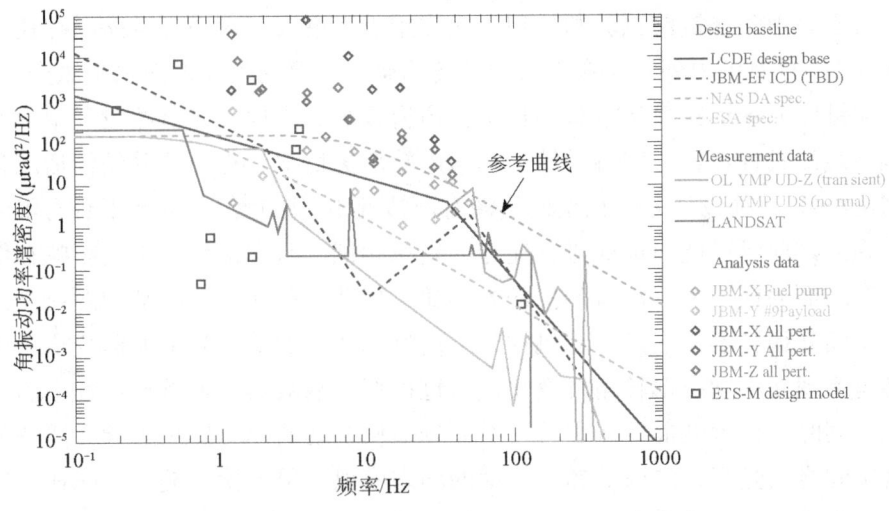

图 7-1　振动谱参考曲线（后附彩图）

选取正弦变化的期望角度信号，幅值为 50μrad，频率 1~5Hz，用于模拟粗瞄残差和提前瞄准角度变化。同时，在每个输入的正弦波上加入低幅高频随机扰动，模拟卫星平台振动。该扰动的频谱与 NASDA 设计参考曲线接近，对于跟踪性能的测试等效。将该扰动序列叠加到正弦变化的粗瞄期望角度信号上，可得出相应的跟踪通信测试输入信号，如图 7-2 所示。

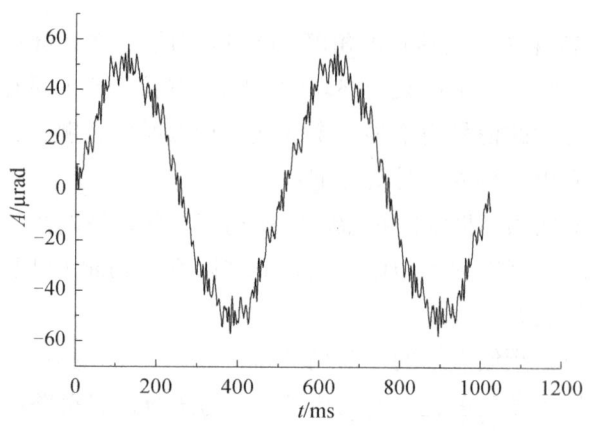

图 7-2　跟踪测试输入信号

综上，采用图 7-2 给出的曲线进行模拟测试，可以很好地模拟实际链路过程中精跟踪需要解决的跟踪问题。因此，通过地面实验测试终端的精跟踪能力可以与实际链路情况具有等效性。

对于星地激光链路试验与应用，还需重点考虑大气对激光链路跟踪通信的影响问题。目前国内外对光在大气中的传输研究主要局限在地面水平激光链路，大仰角链路光场远距离传输分布情况报道得较少。星地激光链路设计中主要采用包络线法进行设计（即各种情况均考虑较恶劣情况，光通信系统需适应各种恶劣情况），此种设计方法在空间资源有限情况下，比较浪费载荷平台有限的资源。为此，应尽可能在地面进行充分的模拟测试，研究最优的大气影响补偿方法。在地面为模拟大气湍流产生的光场随机扰动，可在测试终端的发射光路中增加空间光调制器，通过计算机控制实现特定要求的动态光束波前变化；通过偏转镜实现光束动态偏转角度变化；通过可变光衰减器模拟链路过程中的光强变化。同时，设置波前探测装置，对光场随机扰动的模拟情况进行在线评测，实现空间光场光强、波前等随机扰动的动态模拟，用于检测链路系统在大气干扰下的跟踪通信补偿能力。

本章主要讲述卫星光通信中光束跟踪的仿真、测试、地面等效模拟试验和大气影响补偿技术，该部分工作是在轨试验和后续工程应用的基础。最后，本章对国外典型在轨跟踪通信试验和我国进行的首次卫星光通信在轨试验的跟踪部分进行了分析和介绍。本章内容在卫星光通信跟踪地面仿真模拟实验、外场试验和在轨试验等方面部分参考了国内外研究成果，具体见参考文献[1]～[19]。

7.2 双向光束跟踪过程稳定性

卫星之间的双向光束跟瞄基本原理如图 7-3 所示，通信终端卫星Ⅰ发出一束极窄光束，同时通信终端卫星Ⅱ接收该光束，BN 是接收天线口径平面。当通信终端卫星Ⅱ处理得到该信息，将会向通信终端卫星Ⅰ发出光信号。A 和 B 分别是发出和接收通信终端天线口径中心。

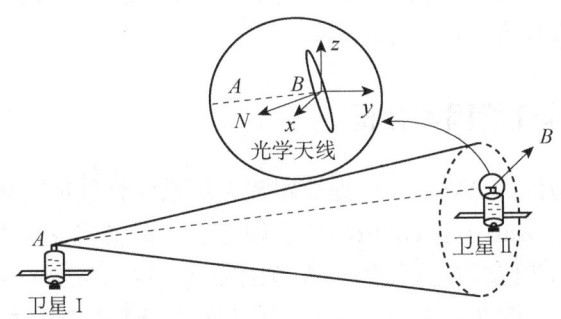

图 7-3 星间通信双向光束跟踪瞄准基本原理

在双向光束跟踪过程中，光通信终端上的跟瞄系统接收到来自另一端发出的光束，分别计算出瞄准角度误差的大小后，同时对测得误差进行补偿。卫星光通信终端一端的瞄准精度将影响另一端的误差。因此，两个终端上的瞄准角度误差相互影响。在前面的章节中根据已有文献中的理论思想和结论对单向和双向跟踪过程的数学模型进行了分析，在双向跟踪时，每一端上可以承受的最大跟踪均方差为

$$\sigma \leqslant \frac{\theta_b}{4\sqrt{2q}} \tag{7-1}$$

式中，θ_b 为光束的发散角；在量子极限跟踪时 $q=1$，在背景极限运动时 $q=2$。其中 q 依赖于功率电平，功率电平与 SNR_0 有关。该式为稳态跟踪方差的条件表达式。可以看出，增大跟踪光束的束宽，可降低对系统跟踪精度的要求。现有理论的双向光束稳定跟踪约束条件在推导过程中作了如下近似：

（1）控制系统可对瞄准角度误差完全补偿。认为瞄准角度误差信号在跟踪环路的控制带宽内，系统的跟踪方差只由环路噪声产生。但是考虑到提前瞄准角的预测误差、相对运动和星上微振动等因素，系统不能对上述因素产生的瞄准角度误差完全补偿。

（2）q 的准确值无法确定。在两种极限情况下，光功率损失函数的指数 q 分

别取 1 和 2。但是实际系统中，指数介于 1 和 2 之间，具体到某一系统时，q 的取值不能准确计算。通常在计算 σ 时，q 的取值近似为 1.5。

由于 q 与光功率接收电平和探测器噪声有关，可以等效成探测器上成像光斑的信噪比对稳定性的影响。由于系统对瞄准角度误差的补偿效果代表了系统整体的跟踪性能，同样影响稳定跟踪情况下均方差的大小。

由于跟踪过程中瞄准角度误差的大小是衡量跟踪过程稳定性的关键因素，本节首先讨论瞄准角度误差与接收的探测器测角误差之间的关系，研究瞄准角度误差对 CCD 测角误差的影响。在跟踪过程的数学模型中考虑了系统对瞄准角度误差的补偿效果和信噪比等因素，重新界定了在工程应用中双向稳定跟踪的最大瞄准角度误差和最大均方差的约束条件。

7.2.1 影响跟踪性能因素分析

对于星间光通信的 PAT 系统，提高跟瞄控制系统性能的有效途径之一是采用复合轴控制（composite axis control），这种方法目前被广泛使用。所谓复合轴控制就是用低带宽的粗瞄控制系统进行大范围跟踪，用高带宽的精瞄控制系统对粗跟踪误差进行补偿。图 7-4 是一种典型的基本的复合轴控制结构。CCD 探测器的视域较帧频低，可作为粗跟踪探测器。四象限探测器的视场角小，分辨率和帧频高，适合作为精跟踪探测器。

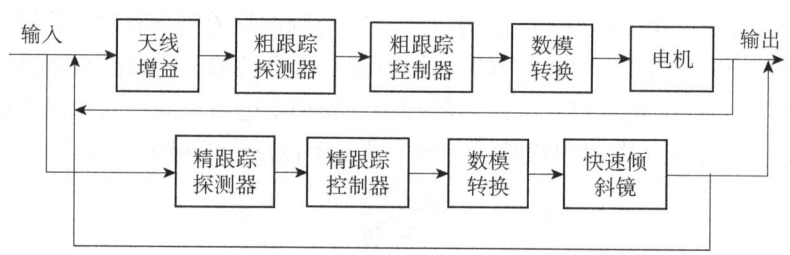

图 7-4 跟瞄控制系统的复合轴控制结构

近些年来，随着器件技术的发展，高帧频的 CCD 探测器（或 CMOS 探测器）不但可以作为粗跟踪探测器，也可作为精跟踪探测器应用于跟瞄系统中。在粗跟踪系统中，由电机作为执行控制器操作的硬件装置，在 STRV-2 终端中使用了中空直流无刷电机，SILEX 终端使用了步进电机，LUCE 终端使用了力矩电机。在精瞄系统中通常使用快速倾斜镜或者声光偏转器。

在星间光通信中，瞄准角度误差的存在最直接的影响是光功率的接收，并关系到整个光通信终端的稳定性。下面分析瞄准角度误差对光功率接收的影响。假

设发射的光束为基模高斯型,在直角坐标系中,基模高斯光束在传输横截面内的光强分布函数为

$$I(x,y,z) = \frac{C_0^2}{\omega^2(z)} \exp\left[-\frac{2(x^2+y^2)}{\omega^2(z)}\right] \qquad (7\text{-}2)$$

式中,C_0 为常数因子;$\omega(z)$ 是与传播轴线相交于 z 点的高斯光束等相位面上的光斑半径,表达式为

$$\omega(z) = \omega_0 \left[1 + \left(\frac{z}{f}\right)^2\right]^{\frac{1}{2}} \qquad (7\text{-}3)$$

其中,ω_0 为基模高斯光束的束腰半径。由于在星间光通信中,卫星相对距离较远,所以式(7-3)近似为

$$\omega(z) = \omega_0 \frac{z}{f} \qquad (7\text{-}4)$$

定义基模高斯光束的远场发散角(全角)为

$$\theta = \lim_{z \to \infty} \frac{2\omega(z)}{z} = \frac{2\omega_0}{f} = \frac{2\lambda}{\pi\omega_0} \qquad (7\text{-}5)$$

将式(7-3)~式(7-5)代入到式(7-1)中,这样,在传输横截面内的光强分布函数可表示为

$$I(\psi_v, \psi_h, \rho) = \frac{4C_0^2}{\rho^2 \theta_b^2} \exp\left[-\frac{8(\psi_v^2 + \psi_h^2)}{\theta_b^2}\right] \qquad (7\text{-}6)$$

所以功率损失函数 $G(\Psi)$ 的表达式为

$$G(\psi) = \frac{P_r}{P_{r0}} = \exp\left[-\frac{8(\psi_v^2 + \psi_h^2)}{\theta_b^2}\right] \qquad (7\text{-}7)$$

其中,P_{r0} 为无瞄准角度误差时的接收光功率。下面讨论光束强度下降对 CCD 测角精度的影响。图 7-5 为星间光通信跟踪角度误差的示意图,其中坐标系(X_A, O_A, Y_A)和(X_B, O_B, Y_B)分别代表通信终端 A、B。Φ_A 为以 A 作为接收端,与从 B 发出的光束的瞬时瞄准角度误差。Φ_B 是以 B 为接收端,与从 A 发出的光束的瞬时瞄准角度误差。

在跟踪过程中,终端 A 和 B 发出的信标光,分别在对面终端的探测器上成像。不同的入射角度,在 CCD 上成像的位置也不同。通过计算光斑的位置,确定 Φ_A、Φ_B 的大小。角度信息传递给控制系统,调节天线的方位,减小两个终端之间的角度差,从而达到对准的目的。所以准确测量 Φ_A 和 Φ_B 的值,将瞄准角度误差控

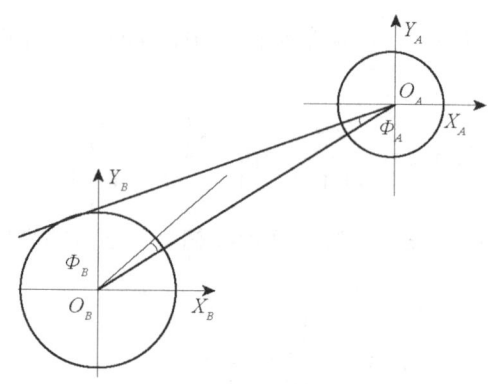

图 7-5 跟踪误差示意图

制在发散角半宽度内,可以保证跟踪过程的稳定。通过确定 CCD 光斑的质心,可确定瞄准角度误差为

$$\Phi = \arctan\left(\frac{\sqrt{\hat{x}^2+\hat{y}^2}}{f}\right)$$

（7-8）

目前计算 CCD 上成像光斑的位置的算法主要有形心法和质心法等。其中质心法可以简单高效地确定光斑的位置。考虑到光斑在 CCD 上成像不是一个质点,有一定的尺寸,所以当接收到的光束在 CCD 上成像时,会引入点噪声。同时背景光也是不可忽视的噪声,都会对成像光斑的质心定位产生影响。成像光斑呈近高斯分布,如图 7-6 所示。

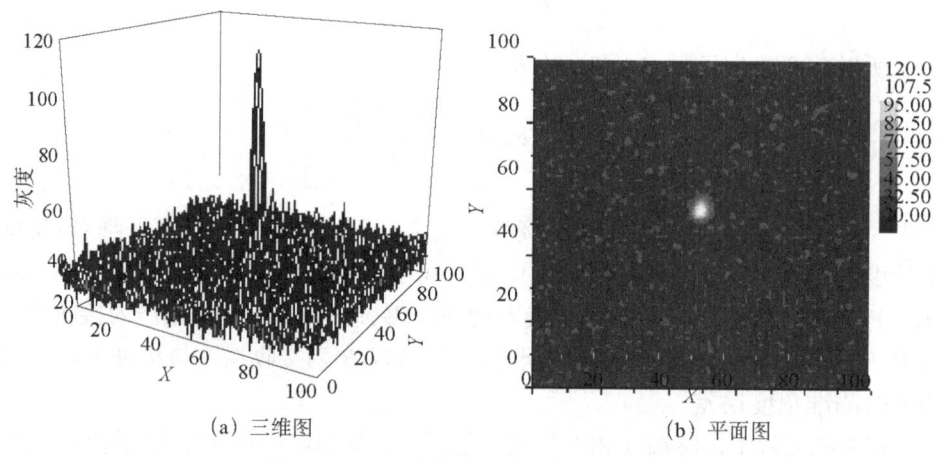

(a) 三维图　　(b) 平面图

图 7-6 CCD 成像激光光斑灰度分布

设 G_i 为像元的灰度值,由信标光和噪声的灰度值 S_i, N_i 组成。设像元的灰度值为 $G_i=S_i+N_i$,则 CCD 上光斑的质心坐标为

$$\hat{x} = \frac{\sum_{i}^{n} x_i (S_i + N_i)}{\sum_{i}^{n} (S_i + N_i)}, \quad \hat{y} = \frac{\sum_{i}^{n} y_i (S_i + N_i)}{\sum_{i}^{n} (S_i + N_i)} \tag{7-9}$$

以横坐标为例进行研究，将式（7-9）进行整理得

$$\hat{x} = \frac{\sum_{i}^{n} x_i (S_i + N_i)}{\sum_{i}^{n} (S_i + N_i)} = \frac{\sum_{i=1}^{n} x_i S_i}{\sum_{i=1}^{n} S_i} \left(1 - \frac{\sum_{i=1}^{n} N_i}{\sum_{i=1}^{n} (S_i + N_i)}\right) + \frac{\sum_{i=1}^{n} x_i N_i}{\sum_{i=1}^{n} (S_i + N_i)} \tag{7-10}$$

设信噪比为 $\mathrm{SNR} = \sum_{i=1}^{n} S_i / \sum_{i=1}^{n} N_i$，代入可得

$$\hat{x} = \frac{\sum_{i}^{n} x_i (S_i + N_i)}{\sum_{i}^{n} (S_i + N_i)} = \left(1 - \frac{1}{1+\mathrm{SNR}}\right) \frac{\sum_{i=1}^{n} x_i S_i}{\sum_{i=1}^{n} S_i} + \frac{1}{1+\mathrm{SNR}} \frac{\sum_{i=1}^{n} x_i N_i}{\sum_{i=1}^{n} N_i} \tag{7-11}$$

则 CCD 测得的质心坐标的误差为

$$\begin{cases} \Delta x = \dfrac{1}{1+\mathrm{SNR}} (\overline{x} - \overline{x'}) \\ \Delta y = \dfrac{1}{1+\mathrm{SNR}} (\overline{y} - \overline{y'}) \end{cases} \tag{7-12}$$

其中，$\overline{x}$ 为没有噪声的情况下，信标光的质心坐标；$\overline{x'}$ 为噪声信号的质心坐标，表达式分别为

$$\overline{x} = \frac{\sum_{i=1}^{n} x_i S_i}{\sum_{i=1}^{n} S_i}, \quad \overline{x'} = \frac{\sum_{i=1}^{n} x_i N_i}{\sum_{i=1}^{n} N_i} \tag{7-13}$$

对于 CCD 视域内的背景杂散光，CCD 产生的暗电流和恒星等噪声，通过中值滤波、阈值分割等方法对成像进行图像处理，可以有效地消除这些噪声对光斑位置测量准确性的影响，从而背景噪声的质心可以近似为 0。所以测角误差与信噪比的关系的表达式为

$$\Delta \Phi = \frac{1}{1+\mathrm{SNR}} \Phi \tag{7-14}$$

其中，信噪比与瞄准角度误差的关系为 $\mathrm{SNR}(\Phi) = \mathrm{SNR}_0 G(\Phi)$，则 CCD 测角误差与瞄准角度误差的关系为

$$\Delta \Phi = \frac{\Phi}{1+\mathrm{SNR}_0 \mathrm{e}^{-8\Phi^2/\theta_b^2}} \tag{7-15}$$

当束散角一定时，SNR_0 取值不同，测角误差和瞄准角度误差的关系如图 7-7 所示，当信噪比越大时，瞄准角度误差对测角误差的影响越小。当信噪比一定时，对应不同的光束发散角，测角误差与瞄准角度误差的关系如图 7-8 所示，光束发散角越小，瞄准角度误差对测角误差的影响越小。

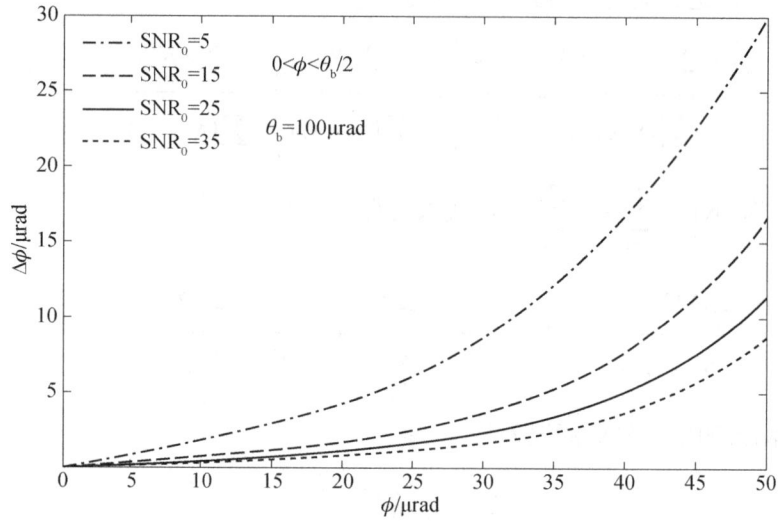

图 7-7 不同信噪比下瞄准误差与测角误差间关系

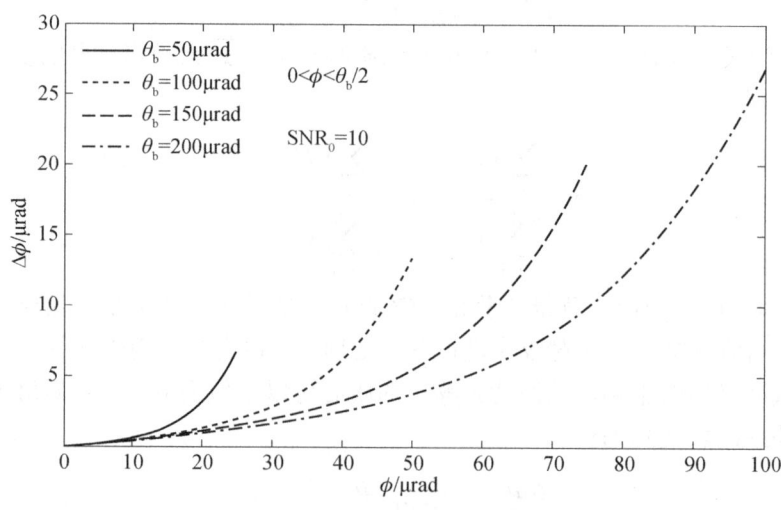

图 7-8 不同发散角下瞄准误差与测角误差间关系

当 $SNR_0=5$ 时，CCD 的测角误差较大，当瞄准角度误差为 1μrad 时，测角误差占瞄准角度误差的 16.67%，当瞄准角度误差达到束散角的一半时，测角误差占瞄准角度误差的 59.64%，严重影响了测角精度。当 $SNR_0=70$ 时，测角误差均在

10%以内。所以，在 CCD 成像去噪效果很好的系统中，可以将 CCD 的测角误差控制在较小的范围内。

当信噪比一定时，改变束散角的大小，测角误差占瞄准角度误差的比例不变。因此，使用有效的成像去噪方法或者增加光束的功率，提高成像光斑的信噪比，可以有效地降低测角误差；但是只增加光束的束散角不能降低测角误差。

跟瞄系统是一个对精度要求很高的复杂的精密系统。需要硬件结构和软件共同协作完成高精度的跟踪过程。每一部分的误差都将对其他部分的跟踪精度产生影响。跟踪系统的所有探测、控制、执行单元的工作目的都是将系统瞄准角度误差控制在一定范围内，保证通信链路的稳定。但是终端主体机械结构中存在摩擦干扰、参数摄动、系统响应时间等问题，系统的执行单元不能完全准确地完成控制系统传达的指令，存在一定的偏差。本书主要研究瞄准角度误差对跟踪过程稳定性的影响，用系统对瞄准角度误差的补偿效果作为衡量系统的标准，对系统硬件装置的性能不作具体讨论。

目前，星间光通信跟瞄系统的控制算法大多采用经典控制理论的超前校正，PID 算法，零极对消，以及现代控制理论的 LQ 最优控制、鲁棒控制等算法。其中星间光通信跟瞄控制系统普遍使用 PID 控制算法，在此基本算法上加以改进后，使其更符合跟瞄特性，可将跟踪精度显著提高。目前，PID 算法对于稳态跟踪过程有很好的跟瞄效果，但对于动态系统或系统运动状态发生较大变化时，PID 算法的控制性能较差。并且经典控制理论要求被控对象有精确的数学模型，但是由于卫星结构、运行轨道和空间环境复杂等原因，很难对光通信过程建立精确的数学模型，导致经典控制理论具有一定的局限性。有人对 PID 控制算法加以改进，采用高频脉冲叠加 PID 控制算法，将高频脉冲因子叠加在控制器输出端，使控制器的输出没有死区，系统处于动态稳定状态，并提出了"动态润滑"概念，保证了控制器输出的线性度。实验结果表明，该方法有效补偿了摩擦力矩，并且在环境温度变化很大的情况下仍然能够达到高精度稳定的跟踪要求。还有人提出了一种基于神经元网络的 PID 控制算法，将 PID 控制规则融合入神经元网络中，这种控制方法不需要辨识被控对象的数学模型，而是通过控制效果达到自主学习的目的。该方法也具有良好的稳态及动态性能，同时具有高精度、高带宽和很强的鲁棒性。此外，空间重力场变化、温度场变化等原因引起的对象摄动，也会影响跟踪精度。可以将振动问题等效为灵敏度问题，以改进复合轴控制策略，利用 $H\infty$ 控制，使系统在平台出现振动、对象摄动时，保证跟瞄控制系统的稳定性和鲁棒性。综上，与现代控制方法相互结合，进一步提高跟瞄系统的性能，研究更适合卫星光通信链路的跟踪控制算法，是未来跟瞄系统控制技术研究的主要发展方向。

7.2.2 双向光束稳定跟踪条件

双向跟踪时,两个终端同时进行跟踪操作,所以瞄准角度误差相互影响。对于收发同轴的光通信终端,光阑角度调整了$\Delta\phi$,则终端发出的信标光的角度也改变了$\Delta\phi$。对应的终端 B 光阑接收到的信号的瞄准角度误差也相应发生了改变。

系统接收到的瞄准角度误差为Φ_{in},当系统完成一次对瞄准角度误差的补偿过程后,剩余的瞄准角度误差为Φ_{out},则补偿效果η的定义为$\eta = 1 - |\Phi_{out}/\Phi_{in}|$,$0<\eta<1$。系统的$\eta$越接近 1 补偿效果越好。在理想系统中,系统对输入的瞄准角度误差可以完全补偿,此时系统的补偿效果为 1。下文中出现的η为在相同条件下的平均补偿效果。

对于收发同轴系统,当终端 A 的光阑改变角度以补偿瞄准角度误差时,发射出的光束的角度也发生了改变,导致终端 B 接收到的瞄准角度误差也发生了变化,如图 7-9 所示。当终端接收到从另一终端发出的光束 C 时,探测器探测的光束 C 与光阑之间的夹角为Φ,控制系统发出指令,减小光阑与光束 C 之间的夹角,使其从位置 a 变化到位置 b,角度改变了$(1-\eta)\Phi$。此时始终与光阑保持垂直方向的终端 A 的出射光束的方向也会改变$(1-\eta)\Phi$,这会导致终端 B 接收到的终端 A 发出光束的角度发生改变。设在 t 时刻,终端 A 需要补偿的瞄准角度误差为Φ_A;T 为光束传输的弛豫时间,在 $t-T$ 时刻,终端 B 发出的光束角度改变量为$(1-\eta)\Phi_B(t-T)$;当前时刻 t 系统测得的由于卫星间相对运动和微振动等原因产生的瞄准角度误差为$\Phi'_A(t)$。

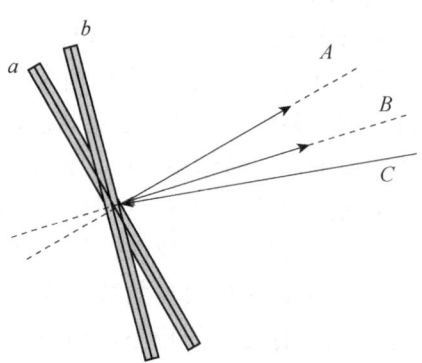

图 7-9 光阑对瞄准角度误差补偿示意图

则双向跟踪过程的理论模型为

$$\begin{cases} \Phi_A(t) = (1-\eta)\Phi_B(t-T) + \Phi'_A(t) \\ \Phi_B(t) = (1-\eta)\Phi_A(t-T) + \Phi'_B(t) \end{cases} \quad (7\text{-}16)$$

为了保证终端 A 和终端 B 之间的瞄准角度误差控制在一定范围内,保证链路的稳定,系统的跟踪过程应该为一个收敛的过程。设终端 A 和 B 的补偿效果相同,当进入稳定跟踪过程,完成一次双向跟踪过程后,终端 A 和 B 的瞄准角度误差应该小于由于相对运动和星上微振动等原因造成的瞄准角度大小。则考虑 CCD 测角误差,为保证光束稳定跟踪,瞄准角度误差的约束条件为

$$\Phi_{\max} < \left\{ \frac{1}{8} \ln \left[\mathrm{SNR}_0 \cdot \left(\frac{\eta^2}{1-2\eta^2} \right) \right] \right\}^{1/2} \cdot \theta_b \quad (7\text{-}17)$$

定义最大瞄准角度误差与发散角比值为稳定跟踪条件因子:$\omega = \Phi_{\max}/\theta_b$,$\omega$ 的表达式为

$$\omega = \left\{ \frac{1}{8} \ln \left[\mathrm{SNR}_0 \cdot \left(\frac{\eta^2}{1-2\eta^2} \right) \right] \right\}^{1/2} \quad (7\text{-}18)$$

可以看出,系统保持稳定跟踪状态允许的最大瞄准角度误差与信噪比、接收信噪比、补偿效果和光束的束散角有关。除去对跟瞄系统视域的考虑,通过式(7-18)可以给出一定光束发散角下保证跟踪过程收敛所能承受的最大角度误差,超出这个值后,光束的瞄准角度误差会发散,最终导致链路中断。此外,提高光束的信噪比或者加大束散角可以降低对系统跟瞄精度的要求;而当系统跟瞄性能很好时,可以降低通信过程中对光束质量的要求。

系统对瞄准角度误差的补偿是一个逐渐收敛的过程,系统每次测得的瞄准角度误差为 Φ_n,当相对运动可近似认为是匀速运动时,探测器即时接收到的瞄准角度误差近似相等。系统在 t 时间内对瞄准角度误差剩余量为 Θ。n 的值取决于系统在单位时间内的响应次数。由于跟瞄系统由复合轴控制,粗瞄和精瞄的响应频率差别很大,这里的响应次数为系统单位时间内完成跟踪过程的次数。

$$\Theta = \Phi_0 (1-\eta)^n + \Phi_1 (1-\eta)^{n-1} + \cdots + \Phi_{n-1}(1-\eta) + \Phi_n \quad (7\text{-}19)$$

为保证跟踪过程稳定进行,单位时间内的剩余量 Θ 需要控制在跟踪范围内,则

$$\Theta \leqslant \Phi_{\max} \quad (7\text{-}20)$$

则光束稳定跟踪方差的约束条件为

$$\sigma \leqslant \Phi_{\max} \cdot \left(\frac{1}{n(1-\eta^2)} - \frac{1}{n^2(1-\eta)^2} \right)^{\frac{1}{2}} \quad (7\text{-}21)$$

由式(7-21)可知,在双向跟踪过程中,一端允许的最大瞄准角度误差均方差与系统的补偿效果、光束信噪比等因素有关。图 7-10 为与式(7-21)对应的曲线,表示在不同的发散角和信噪比条件下的光束稳定跟踪的约束条件,$\eta = 0.6$。当补偿效果一定时,增加束散角和信噪比可以使稳定跟踪允许的均方差增加。当

相对运动速度较大时能够保证稳定跟踪。

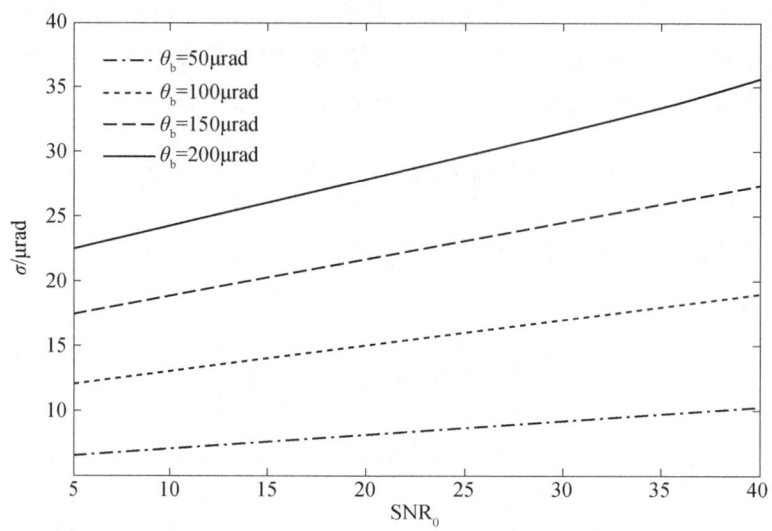

图 7-10 SNR_0、θ_b 最大稳态跟踪均方差的关系曲线

图 7-11 为当信噪比为 40 时,在保证稳定跟踪的情况下,不同的补偿效果所允许的最大瞄准角度误差均方差。

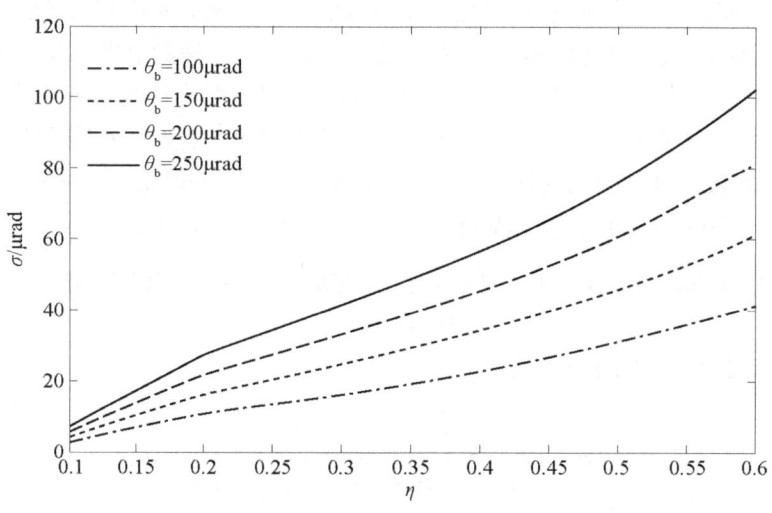

图 7-11 补偿效果与瞄准角度误差均方差的关系

通过上述分析可知:当信噪比较小时,瞄准角度误差对 CCD 测角误差的影响越大。例如,当信噪比为 5 时,最大测角误差可达到实际角度的 60%。由于目前光斑成像去噪方法比较成熟,信噪比的值较高。分析结果表明,当信噪比达到

70 以上时，最大测角误差占实际角度的 10% 以下。随着今后对卫星光通信速率要求的不断提高，对跟踪精度的要求越来越高，在传输过程中光束测角误差造成的光强衰减非常明显，所以接收端光信噪比仍对系统性能有较大的影响。

7.2.3 基于稳态跟踪的控制算法

双向光束跟瞄控制系统通过两个激光通信终端的系列控制单元实现光电大系统闭环控制策略，主要目标是在要求的跟踪精度下保持跟瞄通信链路的稳定性，如图 7-12 所示。对于通信终端卫星 Ⅰ 而言，瞄准角度 θ_1^* 为通信终端卫星 Ⅰ 接收到的通信终端卫星 Ⅱ 发出的信标光位置信息，θ_1 为通信终端卫星 Ⅰ 控制单元通过负反馈得到的近似实际值的给定值，机械结构将会按照控制系统给定信息改变 CCD 图像传感器瞄准点位置来保证跟踪的稳定性。通信终端卫星 Ⅱ 的工作原理与通信终端卫星 Ⅰ 的工作原理一致。

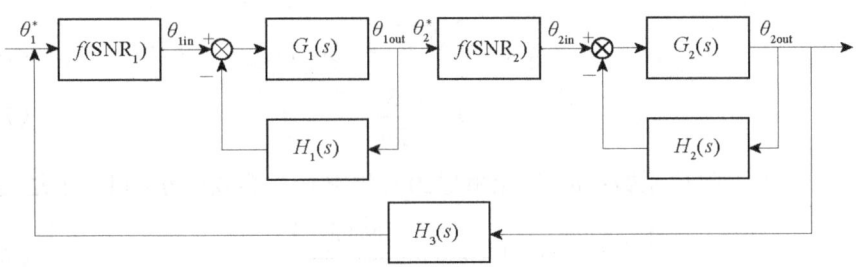

图 7-12　星间通信终端双向光束跟瞄控制系统

图 7-12 中的控制结构可以进一步简化，如图 7-13 所示。θ^* 为瞄准角度的实际值，θ_{in} 为跟瞄角度的测量值。一般而言，噪声造成瞄准角度误差，会使得瞄准角度的测量值与实际值不一致而引入跟踪误差。瞄准角度的输出值 θ_{out} 是根据测量瞄准角度 θ_{in} 通过负反馈计算得到的。$F(s)$ 为激光链路跟踪控制的滤波器和 PID 控制器。

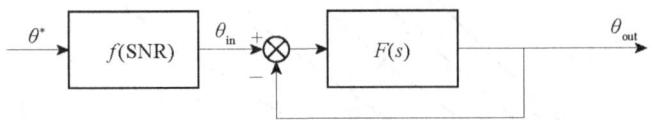

图 7-13　星间通信双向光束跟瞄控制系统简图

在进行双向光束跟瞄通信过程中，控制系统是一个光束瞄准开环系统，每一单独部件都为一阶惯性元件，按照上位机给定的角度值来完成瞄准工作。当激光跟踪链路所有元件整合到一起时，跟瞄控制系统可演化为一个经典的二阶系统，则补偿效果 η 可表示为

$$\eta = \frac{\theta_{out}}{\theta_{in}} = 1 - \lim_{s \to 0} \frac{1}{s(1+F(s))} \quad (7\text{-}22)$$

当信噪比 SNR 非常大的时候,可以忽略噪声的影响,补偿效应 η 演变成一个仅与跟瞄系统运行频率 ω_0 相关的方程。采用经典的控制理论,可以通过几个简单的参数来实时监测补偿效应。一般而言,二级控制系统是一个最基本的系统,高级系统都可以在特定条件下简化为二级系统。如前所述,双向光束跟瞄控制系统可以简化为一个经典二级控制系统,其中开环函数 $F(s)$ 可近似为 $(\omega_n^2)/(s(s+2\xi\omega_n))$,如图 7-14 所示。

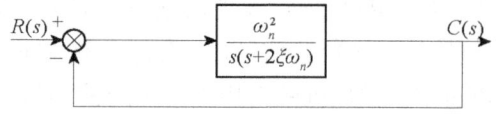

图 7-14 经典二级控制系统

于是,可以得到跟瞄控制的过冲 M_p 和响应时间 t_s:

$$M_p = e^{-\frac{\pi\xi}{\sqrt{1-\xi^2}}} \cdot 100\% \quad (7\text{-}23)$$

$$t_s = \frac{3}{\xi\omega_n} \quad (7\text{-}24)$$

其中,ξ 为阻尼系数;ω_n 为无阻尼固有频率。补偿效应 η 又可以表达为

$$\eta = 1 - \frac{2t_s \cdot \ln^2(M_p)}{3(\ln^2(M_p) + \pi^2)} \quad (7\text{-}25)$$

补偿效果 η 与过冲 M_p、响应时间 t_s 的关系可通过仿真得出,如图 7-15 所示。

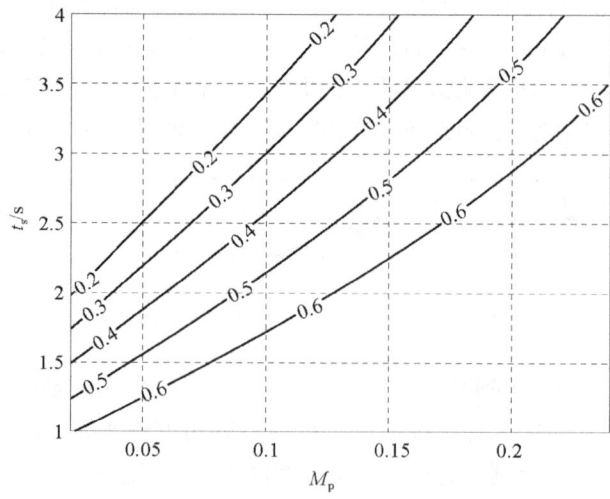

图 7-15 补偿效果 η 与过冲 M_p、响应时间 t_s 的关系曲线

第 7 章　卫星光通信跟踪通信试验与应用

综上，补偿效果可以简单地通过控制跟瞄系统中瞄准执行单元的过冲 M_p 和响应时间 t_s 来估计，而上述两个参数也直接影响激光链路的跟踪精度。在卫星光通信系统跟踪过程中，应综合考虑链路相对角速率、卫星平台角振动情况、跟踪精度要求和跟踪稳定性要求等多项因素，优化配置瞄准执行单元过冲和响应时间，实现系统综合性能最优。

7.3　双向跟踪计算机仿真

使用 MATLAB/Simulink 建立星间双向跟踪系统模型，通过仿真分析可验证前面得到的理论结果并对结果进行修正。使用仿真软件模拟激光链路跟踪过程，实验时间短，重复性强，可设置的参数范围大，还可以根据需要模拟不同星间通信环境，是进行卫星光通信跟踪技术研究的有效方法。

7.3.1　仿真系统组成

图 7-16 为跟瞄仿真系统框图，主要分为以下几个部分：信号发生模块、CCD 探测器模块、控制模块、时间延迟模块和噪声模块。下面对上述几个模块进行简要说明。

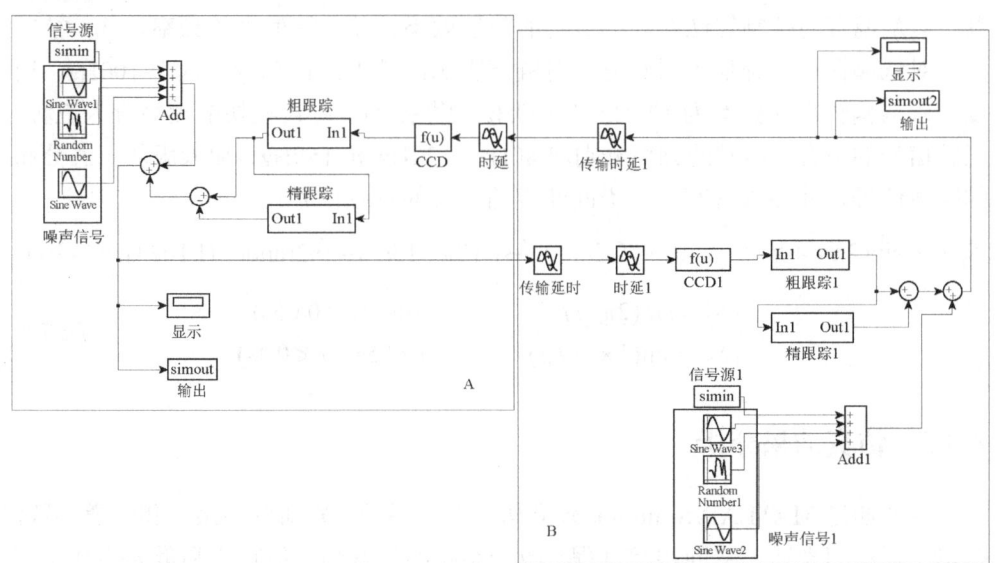

图 7-16　跟瞄仿真系统框图

(1) 信号源模块 (signal sources): 卫星间的相对运动和轨道方位的变换会产生瞄准角度误差。在光通信进入跟踪状态前要经过瞄准和捕获状态, 瞄准角度误差的初始值与捕获阶段的算法有关, 具体范围由跟瞄系统的精度决定。另一方面, 终端 A, B 的瞄准角度误差在跟踪过程中互相影响。当瞄准角度误差大于跟踪范围时, 跟踪过程终止, 并记录数据。信号源模块将重新输入一个在跟瞄范围内的初始瞄准角度误差, 继续开始跟踪过程。

(2) CCD 探测模块: CCD 计算两终端的瞄准角度误差, 测角误差与系统的振幅有关。信噪比的变化也体现在这一模块中。考虑到探测器的曝光时间和对信号的处理等因素, 还需要加上时间延迟模块。为了得到在系统补偿瞄准角度误差前的输入信号, 还需要在探测器模块中加入输出模块。

(3) 控制模块 (control unit): 控制器对振幅进行抑制, 系统性能和轨道参数不同时, 系统的补偿效果 η 不同。由于系统的影响因素较多, 在振动频率和相对运动等因素确定时, 系统的补偿效果仍不是一个固定的值, 而是在一定范围内随机变化。所以补偿效果 η 是一个在一段时间内的统计平均值, 在控制模块中可以根据不同条件设置 η 的值。系统单位时间内的响应频率为 20Hz。

(4) 时间延迟模块 (transport delay): 由于光束传播距离较远, 比如相对距离在 36000～45000km 的用户星与中继星之间存在 0.12～0.15s 的时间延迟。其他相对距离不同的光束传输也有相应的时间延迟。时间延迟模块可根据不同链路情况, 设置相应的值。

(5) 噪声模块 (noise generator): 对于星上的微振动, 幅值小的振动频率较高, 但是现有的控制算法对高频振动的补偿效果较差, 幅值大的频率较低, 控制算法对低频振动的补偿效果较好。对链路影响比较大的振动频率低于 100Hz, 所以加入振幅较小的频率为 120Hz 和 150Hz 的微振动。噪声模块的模型分为三种: 正弦信号的组合, 信号的频率分别取 40Hz、120Hz 和 150Hz, 加入服从正态分布的噪声信号, 并加入含有第二类间断点的分段的正弦信号:

$$S_1(t) = \sin(2\pi \times 40t) + \frac{1}{3}\sin(2\pi \times 120t) + \frac{1}{5}\sin(2\pi \times 150t) + 0.2\mathrm{randon}(1,1024) \quad (7\text{-}26)$$

$$\begin{cases} S_2 = \sin(2\pi f_0 t) & (0\mathrm{s} < t < 0.05\mathrm{s}) \\ S_2 = \sin(5 \times 2\pi f_0 t) & (0.05\mathrm{s} < t < 0.1\mathrm{s}) \end{cases} \quad (7\text{-}27)$$

7.3.2 仿真结果分析

本节通过 MATLAB/Simulink 建立仿真跟踪系统, 分别调整系统和轨道参数, 模拟实际星间光通信双向跟踪过程。改变系统的束散角、信噪比和最大瞄准角度误差的大小，对不同条件下的跟踪过程进行了仿真实验。仿真结果表明，理论结果与仿真值的趋势基本一致，但是仿真得到的系统允许的最大瞄准角度误差均方差和最大瞄准角度误差与理论值有一定差别，在分析原因后对理论公式进行了修正。然后将修正后的理论结果、仿真结果和现有的结果进行了比较。验证了修正后的约束条件符合仿真结果的变化规律，可以更具体地描述实际星间光通信双向跟踪过程的稳定特性。

1. 信噪比和束散角对系统稳定性的影响

为了比较不同信噪比和束散角对系统稳定性的影响，系统的补偿效果为 0.6 时，改变光束的信噪比和束散角。图 7-17 为保证跟踪过程稳定的最大均方差的仿真结果与理论值的比较。仿真结果与理论公式计算出的结果的变化趋势基本一致。增大束散角和信噪比，会使系统允许的最大瞄准角度误差均方差增大。仿真中光束的束散角选取了 50μrad 和 100μrad。仿真结果说明，当束散角增加 2 倍时，链路保持稳定跟踪允许的最大均方差也基本增加 2 倍，与理论值基本一致。

在图 7-17 中，仿真值均小于理论值。这是由于在跟踪过程中，存在瞄准角度误差 $\Delta\Phi$，导致 CCD 测得的瞄准角度误差偏大，当测得的瞄准角度误差大于 $0.5\theta_b$ 时会导致跟踪过程中断。实际保持链路稳定所要求的最大瞄准角度误差需满足 $\Phi+\Delta\Phi<0.5\theta_b$，所以需要在仿真过程中加入对最大瞄准角度误差的限制。

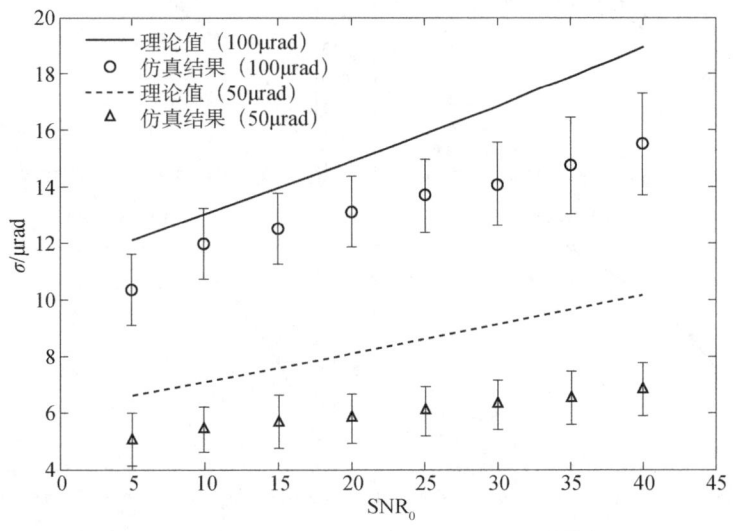

图 7-17 不同信噪比和束散角仿真结果与理论值的比较

2. 最大瞄准角度误差的约束条件对比分析

有关跟瞄最大瞄准角度误差验证的仿真结果如表 7-1 所示。图 7-18 给出了卫星跟踪条件因子 ω、补偿效果 η 和接收信噪比 SNR_0 之间关系的仿真结果与理论值比较。在表 7-1 中，在补偿效果较差，并且信噪比较低的情况下，保证稳定跟踪的最大瞄准角度误差较小。但是当补偿效果大于 0.6 时，只要瞄准角度误差在 $0.45\theta_b$ 以内，就可以保证稳定跟踪。

表 7-1 ω、η 和 SNR_0 的关系

SNR_0 \ η	0.25	0.3	0.35	0.4
5	—	—	—	0.14
10	—	0.10	0.24	0.32
20	0.21	0.31	0.38	0.42
40	0.36	0.43	0.45	0.45

SNR_0 \ η	0.45	0.5	0.55	0.6
5	0.25	0.33	0.38	0.38
10	0.39	0.41	0.41	0.41
20	0.43	0.43	0.43	0.43
40	0.45	0.45	0.45	0.45

注："—"表示任意小的瞄准角度误差都不能实现跟踪稳定。

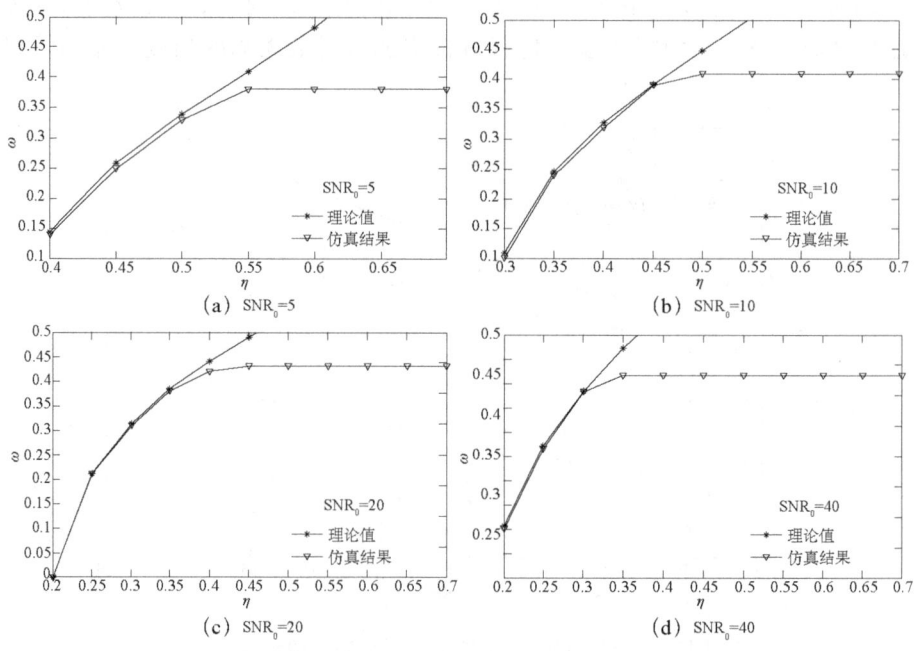

图 7-18 最大瞄准角度误差仿真结果与理论值的比较

当 η 较小时，理论值与仿真结果基本保持一致。当补偿效果较好时，系统对瞄准角度误差的要求较低，只要接收端可以接收到对面终端发出的光束，跟踪过程就能稳定进行。因此，在对最大瞄准角度误差的约束条件中还应加入其他约束条件使结论更符合实际规律。跟踪稳定性约束条件可修正为

$$\begin{cases} \Phi_{\max} < \left\{ \dfrac{1}{8} \ln \left[\mathrm{SNR}_0 \cdot \left(\dfrac{\eta^2}{1-2\eta^2} \right) \right] \right\}^{1/2} \cdot \theta_b \\ \Phi_{\max} < \dfrac{1}{2} \theta_b - \Delta\Phi \end{cases} \quad (7\text{-}28)$$

式中，$\Delta\Phi$ 为 CCD 的测角误差；$\dfrac{1}{2}\theta_b$ 为束散角半宽。上述修正后的最大瞄准角度误差约束条件更符合卫星激光链路跟踪的实际情况。

3. 稳定跟踪方差的约束条件对比分析

利用改进后的跟踪稳定性约束条件重新进行仿真实验分析，以 100μrad 跟踪光束发散角为例，修正后的试验比对结果如图 7-19 所示。

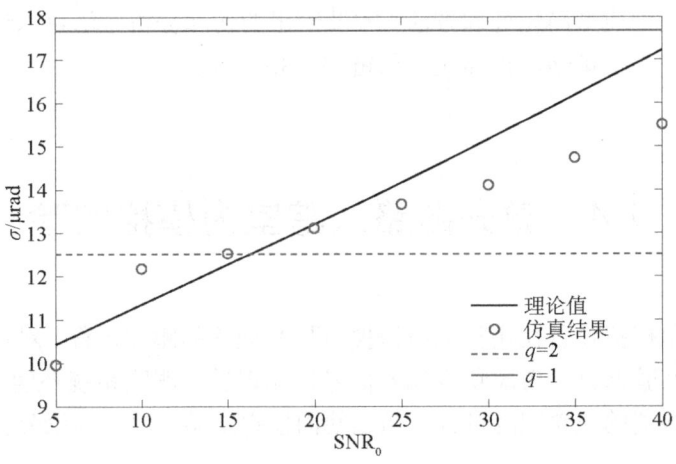

图 7-19　修正后的理论值与仿真值的比较

图中 $q=1$，$q=2$ 的曲线为根据早期文献方法分析得到的结果，可以看出两条曲线表示的约束条件范围比较宽泛，且与接收端探测信噪比无关，显然与实际情况偏离，没有反映出跟踪过程的稳定特性随不同链路情况的变化规律。修正后的理论公式与仿真结果的变化规律基本一致，体现出了在信噪比不同时，约束条件的变化规律。当束散角为 250μrad，光信号接收端信噪比一定时，卫星光通信链路跟踪系统保持稳定状态的最大均方差如图 7-20 所示。图中分别对两种不同信噪

比情况下的仿真值和理论值作了比较。根据比较可以发现，总体上理论值与仿真结果基本一致。上述结果说明了修正后的理论公式比较准确地描述了瞄准角度误差均方差与补偿效果之间的关系。

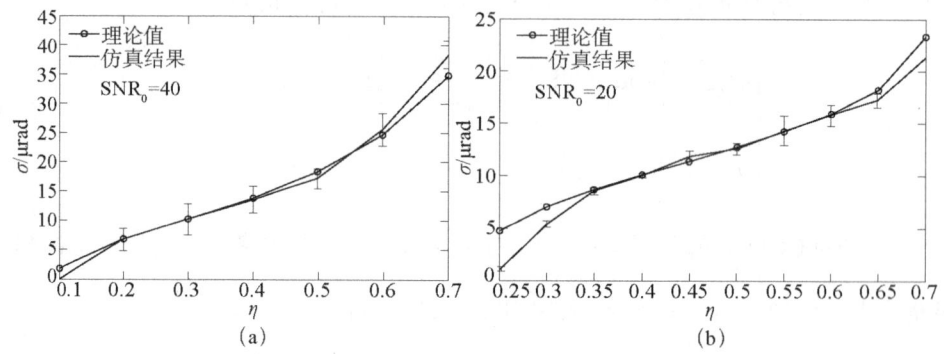

图 7-20　补偿效果不同时系统保持稳定跟踪的最大均方差比较

根据上述仿真结果与理论值的比较，修正后的理论值和仿真结果比较接近，符合仿真过程的变化趋势。对于卫星光通信终端，由于星上处理器资源限制，通常需要通过理论模型简化处理方法。本节给出的仿真分析方法可以进一步优化跟踪理论模型和跟踪策略，提高光通信链路的稳定性。

7.4　激光链路跟踪室内模拟实验

本节利用模拟设备在实验室内模拟卫星光通信的跟踪过程，对跟踪过程稳定性进行等效实验探讨。考虑角度偏差信号检测误差、跟瞄系统补偿效果等因素，模拟两通信终端的在轨跟踪过程，通过地面模拟实验，验证理论分析和仿真实验的结果。

7.4.1　室内模拟实验装置

为了在实验室内模拟星间光通信双向跟踪动态过程，需要两个激光通信终端、卫星轨道姿态变化等效模拟装置、卫星平台角振动模拟装置、空间光远场光场特性模拟装置、输入参数和输出实验数据处理计算机等配合完成。

由于两颗链路卫星间的距离远，相对运动速率高，在地面直接进行模拟较困

第 7 章 卫星光通信跟踪通信试验与应用

难。现有的技术方法为：通过多维导轨间的相对运动对两星间的相对角运动进行模拟。该方法的缺点是存在死点，只能分段进行模拟检测，无法进行链路动态跟踪性能的全过程模拟检测，具有一定的局限性。

针对卫星光通信系统中终端跟踪通信动态性能检测的需求，可采用一种新的双轴三自由度平台和双导轨结合的卫星轨道姿态等效模拟方法，将仿真计算机解算出的两颗光通信终端工作平台姿态和运行轨道转换为二维角度运动，通过二轴转台进行模拟。同时，为了避免瞄准光束的平移影响模拟实验（实际的链路中由于距离较远，瞄准光束的平移影响可以忽略），该装置还具有动态平移控制功能，图 7-21 为动态测试示意图。该模拟方法的主要特点是实现了卫星光通信链路中的全角度范围相对运动模拟，可以全面有效检测卫星光通信系统的动态捕获、跟踪和通信能力。

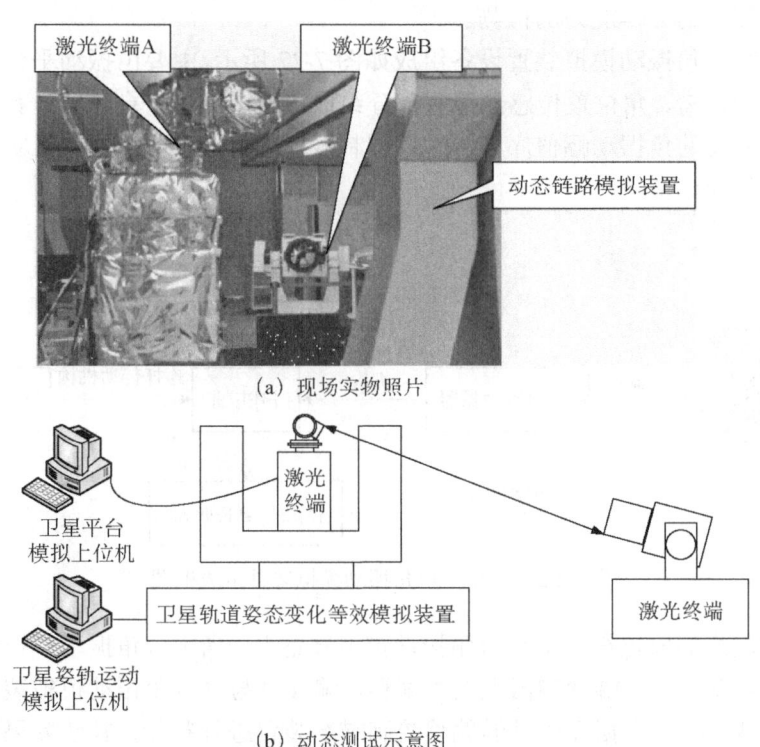

图 7-21 卫星轨道姿态动力学环境模拟测试

测试过程中，上位计算机解算出两颗链路卫星光通信终端间相对瞄准角运动对应的二维角度矢量 θ（Az，El，t），并预测出光束平移量 L（x，t），二维角度矢量 θ（Az，El，t）根据两颗链路卫星光通信终端的实时轨道和姿态变化数据计算得出，根据二维角度矢量 θ(Az，El，t) 和光束平移量 $L(x,t)$ 共同生成一组分别相应于二轴转台和一维导轨的期望位置，利用转台控制器控制二轴转台运动使二轴转台达到与自身相应的期望位置，并利用导轨控制器控制一维导轨运动使一维导轨达到与自身相应的期望位置，完成被测光通信终端发生瞄准角度偏差的模拟。

激光星间链路中，由于通信距离远、激光发射束散角小，要求光通信终端具有非常高的跟踪精度（通常在微弧度量级）。卫星平台是光通信终端基准平台，其振动的影响将叠加在跟瞄系统的输出之上，造成接收端信号功率下降，严重时会造成链路中断。卫星平台的振动分为平动和转动两种，其中平动部分对激光链路的影响可以忽略不计，而转动部分（即角振动）的影响必须重点考虑补偿能力测试问题。为此，可采用激振器驱动平台实现卫星角振动模拟，在地面实现对激光通信终端振动补偿能力的检测。

卫星平台角振动模拟装置设备组成如图 7-22 所示，主要由振动平台、激振器、主轴、变频机构、角位置传感器等五部分组成。根据卫星平台振动谱数据，反演出随时间变化的角振动幅值序列，通过控制振动平台进行高频摆动，实现卫星平台角振动等效模拟。

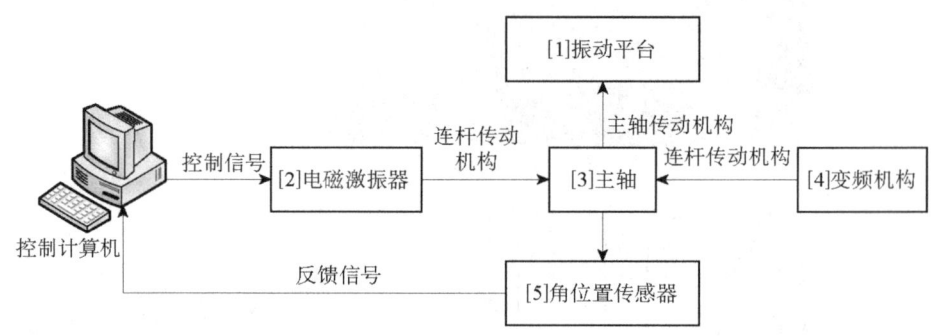

图 7-22　卫星平台角振动模拟装置组成框图

将被测终端放置在卫星平台角振动模拟装置上，当平台角振动模拟装置启动后，光信号在被测终端探测器上发生偏移，偏移量与平台角振动模拟装置的角振动对应。被测终端根据光信号的偏移控制瞄准装置进行补偿，补偿效果通过数据的光信号偏移量进行统计得出。对卫星平台角振动模拟装置的测试结果表明，对于 80kg 以内的空间光骨干网络终端，角振动模拟幅值 1～115μrad；振动频率 1～150Hz，满足对现有平台振动谱的模拟需求。

星间、星地链路激光远场特性是影响链路跟踪通信性能的关键指标，关系到卫星光通信链路的跟踪精度、跟踪稳定性和通信误码率等技术指标。卫星光通信过程中，由于两颗卫星之间存在相对运动，链路的距离将随卫星轨道运行而改变，使得接收端光场强度在一定范围内发生随机扰动，对于终端探测器性能和捕跟策略提出较高要求。

激光链路的远场传输光束在激光链路接收端表现为光强动态衰减（随机扰动）和均匀的平面波。通过辅助的光学系统可模拟远距离的传输情况，图 7-23 为激光链路跟踪模拟测试系统中的光束远场传输模拟装置。激光光源输出的光信号通过光纤传送至可变光衰减器。上位控制机分别对激光光源和可变光衰减器进行控制：调整激光光源发射功率可实现光源功率静态分段输出；控制可变光衰减器可实现输出功率动态变化。对激光光源和可变光衰减器进行综合控制，可实现 0～-300dB 的衰减比例动态范围。可变光衰减器通过压电陶瓷进行控制，在 20dB 变化范围内的可模拟分辨率为 0.2dB，变化频率 1kHz 以上的光信号随机扰动。根据演示验证的不同需求，可通过更换激光光源和可变光衰减器模块实现不同的输出波长。

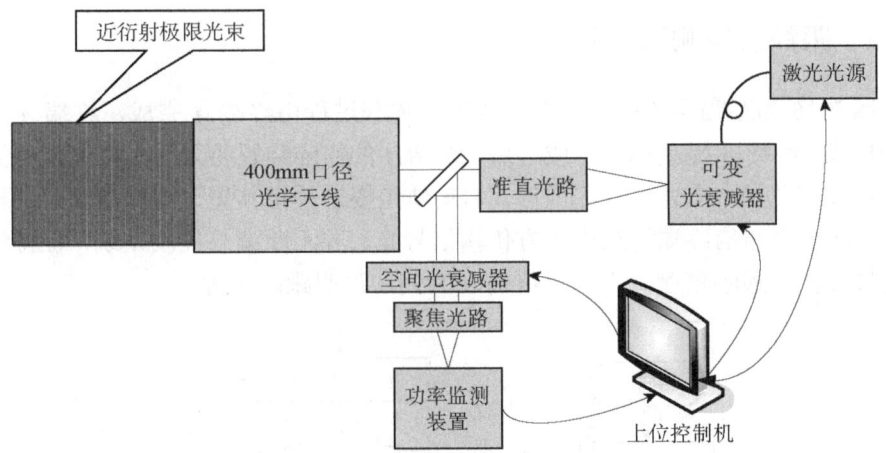

图 7-23　光束远场传输模拟装置示意图

卫星光通信传输的数据大部分要通过星地激光链路发送至地面，而大气湍流是星地激光链路所面临的一个重要问题。对于在随机信道中的光波传输而言，光束的扩展、光斑抖动和相干性退化是限制激光传输的重要因素。在光束远场传输模拟装置中加入空间光调制器，配合高精度二维偏转镜，可等效模拟大气湍流变化对光场特性的影响。如图 7-24 所示，光源模块输出的光信号经过空间光调制器后，输出的光波前发生动态变化，模拟各种大气湍流引起的光终端接收探测光强闪烁（闪烁指数 0～1.5）。光信号经过二维偏转镜后，输出的光轴矢量发生动态变化，模拟各种大气湍流引起的光终端接收探测到达角起伏（起伏角度 0～50μrad，频率 0～50Hz)。在终端中还设置了波前探测模块，检测光波前和光轴角度的动态变化情况，以实现更高精度的等效模拟和后续测试数据分析。

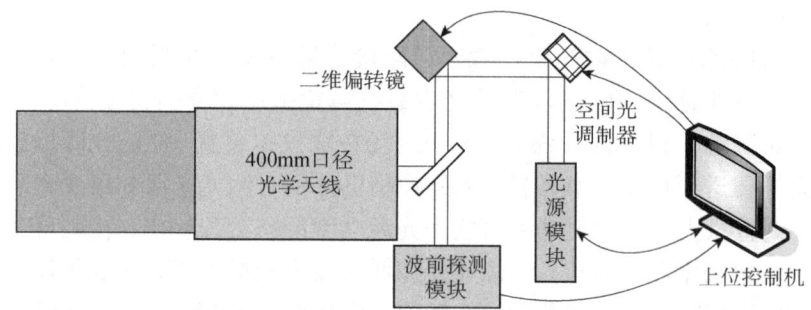

图 7-24　大气湍流影响模拟装置示意图

大气湍流影响模拟装置在工作中还需可变光衰减器配合，用于模拟高斯光束漂移在光终端接收探测处引起的光强动态变化。

7.4.2　跟踪模拟测试实验

图 7-25 为跟瞄实验的流程图。瞄准和捕获过程由终端 A 完成，终端 A 负责捕获扫描。终端 A 捕获扫描完成之后，终端 A 的粗瞄装置将入射信标光调整到精瞄装置控制范围。上述过程完成后，启动轨道姿态模拟装置，进行捕获跟踪模拟实验。两个光通信终端持续向对方传输信号光，并不断调整控制系统，保持链路的连接并控制跟瞄精度。下面以终端 A 为例，说明跟踪流程。

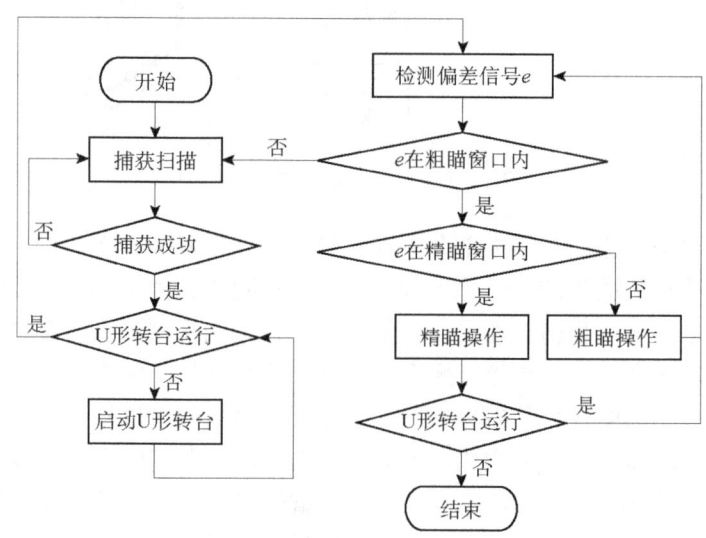

图 7-25　跟瞄实验流程

在跟踪过程中，终端 A 通过 CCD 探测器实时监测信标光入射角方向与发射天线光阑法向量间的夹角（ψ_h，ψ_v）。设 CCD 探测器的粗瞄窗口为 W_C，精瞄窗口为 W_F，在复合轴跟瞄系统中 $W_C \supset W_F$。跟瞄过程中通常有以下 3 种情况：

（1）（ψ_h，ψ_v）$\notin W_C$，表明跟瞄失效，通信中断。这时需要开始扫描捕获以重新建立链路。

（2）（ψ_h，ψ_v）$\in W_C$，但（ψ_h，ψ_v）$\notin W_F$，表明跟瞄误差较大，需启动粗瞄装置进行补偿。

（3）（ψ_h，ψ_v）$\in W_F$，表明跟瞄误差在精瞄装置的补偿范围内。

光通信终端的探测器为 CCD，当探测器测得入射光束的位置发生变化时，探测器将实时测得的瞄准角度误差的大小输入到控制系统，控制系统对偏移量进行补偿，从而校正光斑位置，即补偿两终端间存在的瞄准角度误差。将 CCD 实时地跟踪入射光斑位置的变化输出到计算机中，对实验数据进行处理后，与理论值相互比较。模拟实验主要包括以下几个方面：①光终端对不同的相对运动产生的瞄准角度误差的补偿效果 η；②对不同的瞄准角度误差系统的稳定跟踪方差；③改变信噪比，计算不同信噪比对收敛条件的影响。

在捕获扫描探测到信标光后，需要通过粗瞄和精瞄调整两终端信标光的相对角度偏差。首先，粗瞄装置将入射的信标光调整到 CCD 探测面中心附近，此后，精瞄装置对粗瞄误差和干扰进行补偿。之后进行双向跟瞄实验，即模拟实验装置运行的情况下，两终端根据实时测得的角度偏差同时进行复合轴瞄准。模拟实验过程中，还可利用人为干扰使链路中断演示在轨意外情况，这时终端 1 捕获扫描开始启动。跟踪过程中的捕获扫描需要同时考虑两终端相对运动的补偿问题，根据预测的轨道数据实时修正捕获扫描轨迹。

7.4.3 实验数据处理

通常粗瞄窗口的大小与 CCD 探测视阈有关，精瞄窗口的大小与粗瞄精度有关。在测试过程中，模拟实验装置的角速度为 0.1°/s～0.4°/s，信标光束散角为 150μrad。实验过程中，终端 A 通过数据总线连接上位机的跟瞄控制软件，实时记录跟踪过程中的实验数据。

实验中曝光时间分别为 19.2μs、96μs 和 192μs。不同曝光时间影响探测器接收到的光束信噪比，对应的平均灰度值分别为 160、190 和 200，背景噪声和探测器噪声的灰度值为 5，则对应的接收端平均接收到的光斑信噪比分别为 35、38、40。系统的平均补偿效果测试数据如表 7-2 所示。

表 7-2 不同相对运动速度和信噪比对应的系统补偿效果

SNR$_0$ \ 相对运动速度/(°/s)	0.10	0.15	0.20	0.25	0.30	0.35	0.40
35	0.45	0.40	0.43	0.40	0.34	*	—
38	0.49	0.49	0.45	0.44	0.44	0.22	—
40	0.58	0.58	0.55	0.58	0.54	0.47	0.25

*跟踪过程不能持续稳定进行,在实验中得到少数稳定情况的补偿效果为 0.20。

在相对运动角速度在 0.1°/s~0.25°/s,信噪比为 40 时,补偿效果最好,平均补偿效果接近 0.6。在 SNR$_0$=35,相对运动速度为 0.1°/s 时,平均补偿效果只有 0.45。随着信噪比的增加,系统可保持稳定性的最大相对运动速度也不同,在 SNR$_0$=35 时,保持稳定的最大相对运动速度为 0.3°/s;SNR$_0$=38 时,为 0.35°/s;SNR$_0$=40 时,为 0.40°/s。

比较不同的相对运动速度,在一定的误差范围内,系统的补偿效果基本一致,当相对运动速度超过 0.25°/s 时,系统的补偿效果明显降低。当相对角速度小于 0.25°/s 时,系统对瞄准角度误差的补偿效果较好,保持稳定跟踪状态对系统性能的要求不高。当相对角速度大于 0.25°/s 时,系统的补偿效果需要达到一定水平才能保持稳定跟踪状态。

表 7-3 为当信噪比和相对运动速度不同时,系统的平均瞄准角度误差均方差。CCD 探测器接收的光束信噪比越大,在速度为 0.1°/s 时,对应的均方差从 3μrad 增加到了 5μrad。

表 7-3 不同相对运动速度和信噪比对应的瞄准角度误差均方差

SNR$_0$ \ v/(°/s)	0.10	0.15	0.20	0.25	0.30	0.35	0.40
35	3.16	4.00	5.42	5.48	5.53	*	—
38	4.93	5.12	6.16	6.20	6.47	9.63	—
40	5.44	5.32	6.49	6.57	7.37	8.59	11.89

*跟踪过程不能持续稳定进行,在实验中得到稳定情况的均方差为 8.25。

表 7-4 为在信噪比为 38 时,不同补偿效果对应的瞄准角度误差均方差。系统的补偿效果在 0.31~0.39 时,跟踪误差均方差最小,控制在 4μrad 以内。系统的补偿效果在 0.4~0.7 时,瞄准角度误差在 5~11μrad。图 7-26 为信噪比为 38,相对运动速度为 0.15°/s 时,跟踪均方差与补偿效果的关系。

表 7-4　系统的补偿效果与跟踪误差均方差的关系

v/(°/s)	η	σ	η	σ	η	σ	η	σ
0.10	0.31	3.23	0.44	5.08	0.63	5.15	0.76	8.48
0.15	0.33	3.24	0.50	5.96	0.65	7.75	0.72	8.25
0.20	0.32	3.39	0.49	4.38	0.66	8.92	—	—
0.25	0.36	3.74	0.56	7.33	0.69	10.4	—	—
0.30	0.39	3.62	0.63	9.01	—	—	—	—
0.35	0.39	3.90	0.75	10.4	—	—	—	—

在实验中发现，跟踪开始时光斑的初始位置对系统的补偿效果有很大的影响。光斑越靠近中心位置，系统在整个跟踪过程中的补偿效果越好。将初始瞄准角度误差控制的范围越小，对跟瞄系统的精度要求越高，所需要的捕获时间也就越大。所以，在星间光通信过程中，不同的相对角速度对跟瞄系统的精度要求也不同，需要根据实际的链路情况进行对应调整。

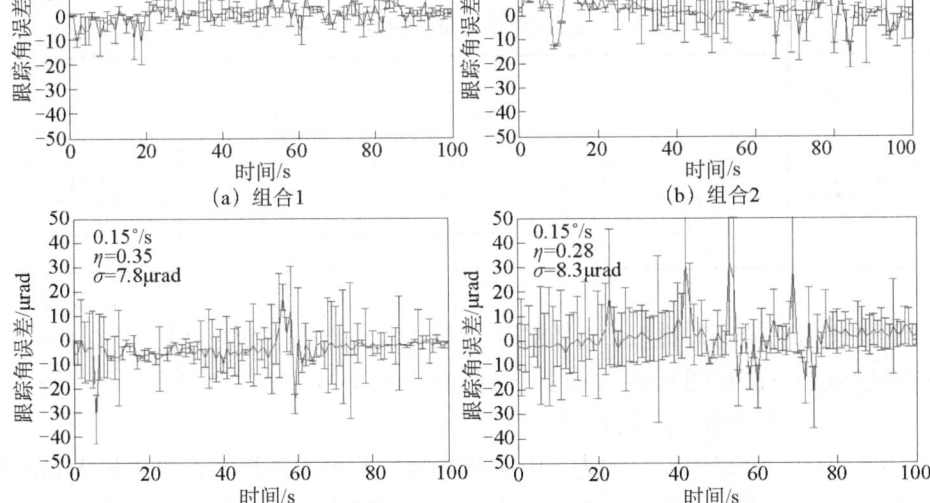

图 7-26　跟踪均方差与补偿效果的关系

表 7-5 表示信噪比不同时，保证跟踪过程稳定的最大初始瞄准角度误差的值。表中数值为距离中心位置的像素值。当信噪比为 40 时，系统允许的最大初始瞄准角度误差最大；当相对运动速度增加时，系统允许的最大瞄准角度误差减小。

在实验中我们发现,当相对运动速度越大时,跟踪开始时的初始瞄准角度误差越靠近中心位置。表 7-5 中数据为进行多次实验得到的经验结论,说明当相对运动速度增大,系统单位时间内产生的瞄准角度误差越大时,对初始值的要求越高,超出一定范围后系统不能保证跟踪的稳定进行。

表 7-5 保证稳定跟踪状态的初始最大瞄准角度误差

SNR$_0$ \ v/(°/s)	0.10	0.15	0.20	0.250	0.30	0.35	0.40
35	25	20	20	20	15	—	—
38	30	30	25	25	20	3	—
40	35	35	30	30	25	20	3

7.4.4 实验结果与理论结果比较

根据前面得到的稳定跟踪状态下对角度误差均方差的约束条件,可以将地面模拟实验中与理论公式对应的参数代入进行比较。其中信噪比 35、38、40 对应的系统最差补偿效果 η 分别为 0.20、022、0.25。在表 7-6 中,理论值与实验值基本一致,验证了理论结果的准确性。

表 7-6 σ_{max} 实验结果与理论结果比较

SNR$_0$ \ σ_{max}	$\dfrac{\theta_b}{4\sqrt{2q}}$	$\Phi \cdot \left(\dfrac{1}{n(1-\eta^2)} - \dfrac{1}{n^2(1-\eta)^2}\right)^{\frac{1}{2}}$	实验值
35	18.8~26.5 21.7(q=1.5)	7.54	8.24
38		9.94	10.8
40		12.1	12.1

通过模拟实验对链路保持时间作了比较,相对运动速度在 0.1°/s~0.4°/s,在不同补偿效果下的星间光通信链路保持时间如图 7-27 和表 7-7 所示。为了易于观察,图中链路保持时间(单位为秒)取了对数。

图中得到的链路保持时间为 10 次重复实验的平均结果。按照由最大瞄准角度误差约束条件推导出的最大初始瞄准角度误差的条件,可将链路保持时间提高数倍。当 0.2<η<0.6 时,本书的链路保持时间明显优于按照文献中的瞄准角度误差约束条件的实验结果。补偿效果很差(η<0.2)时,系统难以保证链路的稳定状态。当 η>0.6 时,系统对瞄准角度误差具有很好的补偿效果,系统可以保持长时间的稳定状态。在 η 为 0.3、0.35 和 0.4 时,约束条件可以在系统补偿效果较差的情况下,使链路保持时间延长。

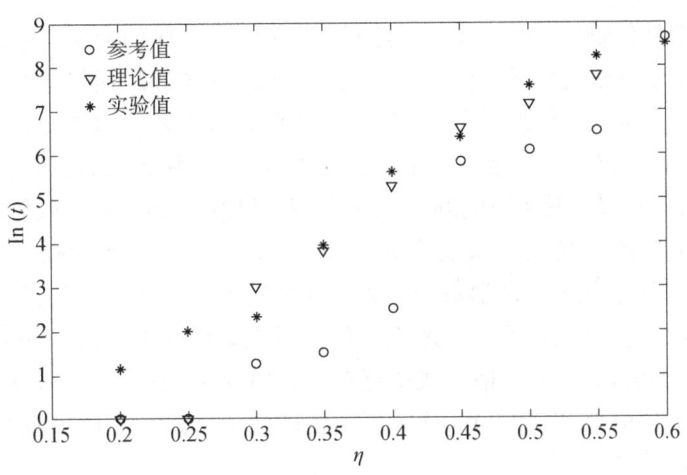

图 7-27 链路保持时间的比较

表 7-7 不同补偿效果对应的链路保持时间

η	参考值/s	理论值/s	实验值/s
0.20	0	0	3.1
0.25	0	0	7.3
0.30	3.5	20	10
0.35	4.5	45	52
0.40	12	200	270
0.45	350	750	600
0.50	455	1305	2000
0.55	700	2500	3780
0.60	5800	5800	5130

当信噪比大于 35，相对运动角速度小于 0.25°/s 时，系统的补偿效果对跟踪稳定性影响较小。当相对运动速度大于 0.25°/s 时，系统的补偿效果需要达到一定水平才能保持稳定跟踪状态。星间相对角速度不同时，保持跟踪稳定状态对系统的性能要求也不同。当系统的补偿效果大于 0.6 时，对于小于 0.4°/s 的相对角速度，链路可长时间保持稳定状态。当补偿效果低于 0.6 时，链路保持时间明显减小。

7.5 激光链路跟踪外场对接实验

7.5.1 外场实验系统概述

进行外场实验的主要目的是在地面验证星地激光链路跟踪技术，同时测试分析大气对激光信号传输的影响。实验链路搭建在哈尔滨市区内两栋高层建筑之间：发射端设置在哈尔滨市松北区一栋楼房中，距地面高约 100m；接收端设置在哈尔滨南岗区一栋楼房的楼顶，距地面高约 55m，两端的直线距离为 11.2km。发射端略高于接收端，激光链路略微向下倾斜。链路经过的区域主要为楼群、公路，另外经过一条河流（松花江）以及河流附近的湿地，可以较好地模拟星地链路下的复杂大气情况。

星地激光链路外场实验系统的组成如图 7-28 所示。使用 100mW 半导体激光器作为光源，激光束通过光学系统扩束并压缩束散角后进入大气信道。由于大气造成的光束漂移和光束展宽，经过大气信道后光斑直径扩展为 3~4m。在接收端，采用口径为 250mm 的卡塞格林式望远镜对传输光束进行接收。入射光通过反射镜后经透镜聚焦成像在 CMOS 探测器的光敏面上，最后由计算机对信号进行采集并进行数据处理。

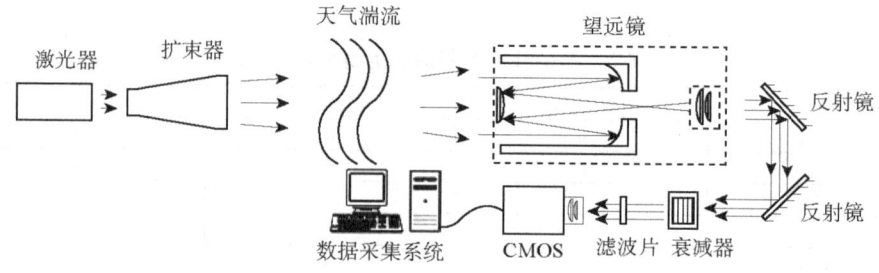

图 7-28 实验系统结构示意图

采用 CMOS 相机作为光强起伏测量的器件，最大采样频率为 1900Hz，通过计算机对 CMOS 图像上各像素的灰度值进行存储和分析。图 7-29 和图 7-30 分别为无湍流和有湍流时接收端 CMOS 上的光斑图像。在聚焦透镜前加滤波片和衰减片，来抑制背景噪声和饱和像素对光斑测量的影响。实验过程中，在发射端及接收端均设有温湿度计和风速计，用来监测实验环境的状态。

 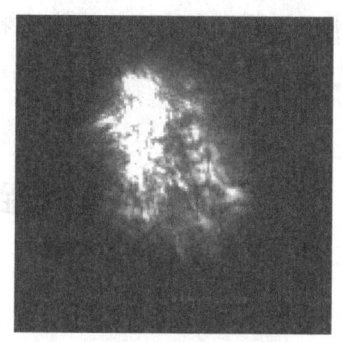

图 7-29 无湍流时光斑图像　　　　图 7-30 有湍流时光斑图像

以 50000 帧 CMOS 图像作为一个实验样本，每一帧 CMOS 图像上所有像素点的灰度之和可以作为该帧光强的量度，这样一个样本中所有图像的光强即形成一个光强序列，对该序列的进一步分析可以得到闪烁指数以及光强起伏概率密度等接收光强的统计性质。

7.5.2 跟踪性能测试结果

1. 静态链路跟瞄偏差角实验结果及分析

调整光学天线的方向，建立空间光链路，测试过程中保持收发两端的光学天线指向不变，利用 CMOS 光学传感器作为经大气信道后激光光斑分布的探测器件，实时采集光斑图像上各点的灰度值。调节 CMOS 光学传感器的亮度、增益等参数，尽量减小背景光及电子器件对探测光斑的影响。调节采集窗口的位置及大小，为了获得较高的采样频率，在实验中光斑采集窗口仅比光斑略大即可。

在各种不同光强闪烁指数情况下进行测量，每次测量 1000 帧作为一个实验样本，各像素点的灰度值与光强成正比，将像素点的灰度值作为光强值的度量。然后进行后续处理，提取不同情况下的光斑数据进行定位方法的对比分析。

分别用质心方法和形心方法对不同时刻入射光束跟瞄偏差角度进行计算，图 7-31 给出不同光强闪烁情况下跟瞄偏差角度探测方法得到的入射光跟瞄偏差角度的均方差值及其误差范围。按照光强闪烁指数分类，闪烁指数在 0.1~1 取值，取值间隔为 0.1。在相同大气闪烁指数情况下进行多次测量，每个样本测量 1000 帧，求出跟瞄偏差角度的均方差值，为了减小测量误差，图中每一点是同样条件下测量 10 个样本的平均值。图 7-32 和图 7-33 是图 7-31 中某一帧光斑对应的经过湍流前后的光斑图。

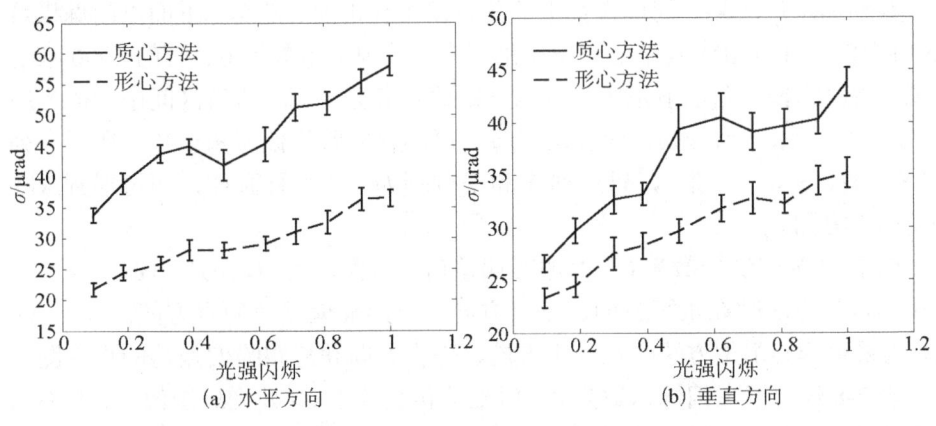

图 7-31 跟瞄偏差角度均方差随光强闪烁的变化

 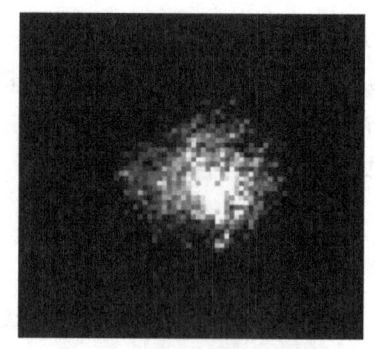

图 7-32　过湍流前成像光斑　　　　图 7-33　过湍流后成像光斑

从图 7-31 中可以看出，跟瞄偏差角的均方差值随着闪烁指数的增加而增大，说明随着闪烁指数的增加，大气湍流对跟瞄偏差角的影响加大，定位精度下降，跟瞄偏差角均方差值随之增大。图中采用形心方法计算得到跟瞄偏差角的均方差值都小于质心定位方法计算得到跟瞄偏差角的均方差值。不同闪烁指数下，沿水平方向，采用质心定位方法计算得到的跟瞄偏差角均方差值为（46.5±7.5）μrad，采用形心方法计算得到的跟瞄偏差角均方差值为（29.4±4.8）μrad，采用形心方法比质心定位方法计算得到的跟瞄偏差角精度提高 36.7 %；沿垂直方向，采用质心定位方法计算得到的跟瞄偏差角均方差值为（36.5±5.5）μrad，采用形心方法计算得到的跟瞄偏差角均方差值为（30.1±4.1）μrad，使用改进方法跟瞄偏差角精度提高 17.5%；总的跟瞄偏差角在不同闪烁指数情况下，采用质心定位方法计算得到的均方差值为（28.9±3.9）μrad，采用形心方法计算得到的跟瞄偏差角均方差值为（19.4±3.2）μrad，使用改进方法跟瞄偏差角精度提高 32.8 %。对于星地垂直链路激光通信，在弱起伏范围内采用形心方法可以使跟瞄偏差角均方差值减小，精度提高可以达到 17%以上。

跟瞄偏差角在某一闪烁指数下的分布规律有相同的趋势，下面以闪烁指数取 0.3 时为例，分析跟瞄偏差角分布变化规律。取闪烁指数为 0.3 时的 1000 帧仿真数据，将跟瞄偏差角取值范围划分为一定数目等分区间，所得区间中间值为序列 $X(X_1, X_2, X_3, \ldots, X_n)$，统计落在每一区间内的跟瞄偏差角个数，所得序列为 $Y(Y_1, Y_2, Y_3, \ldots, Y_n)$，以序列 X 和 Y 分别为横纵坐标画图，即可得到跟瞄偏差角的直方图。

图 7-34 为闪烁指数为 0.3 时跟瞄偏差角直方图，其中，(a)、(c)、(e) 为采用质心定位方法时在水平方向、垂直方向和总跟瞄偏差角的直方图；(b)、(d)、(f) 为采用形心定位方法时在水平方向、垂直方向和总跟瞄偏差角的直方图。

表 7-8 给出了在闪烁指数为 0.3 时数值仿真的 1000 帧光斑图像，采用不同方法定位光斑得到不同方向跟瞄偏差角分布的峰度、偏度和四分位差值。

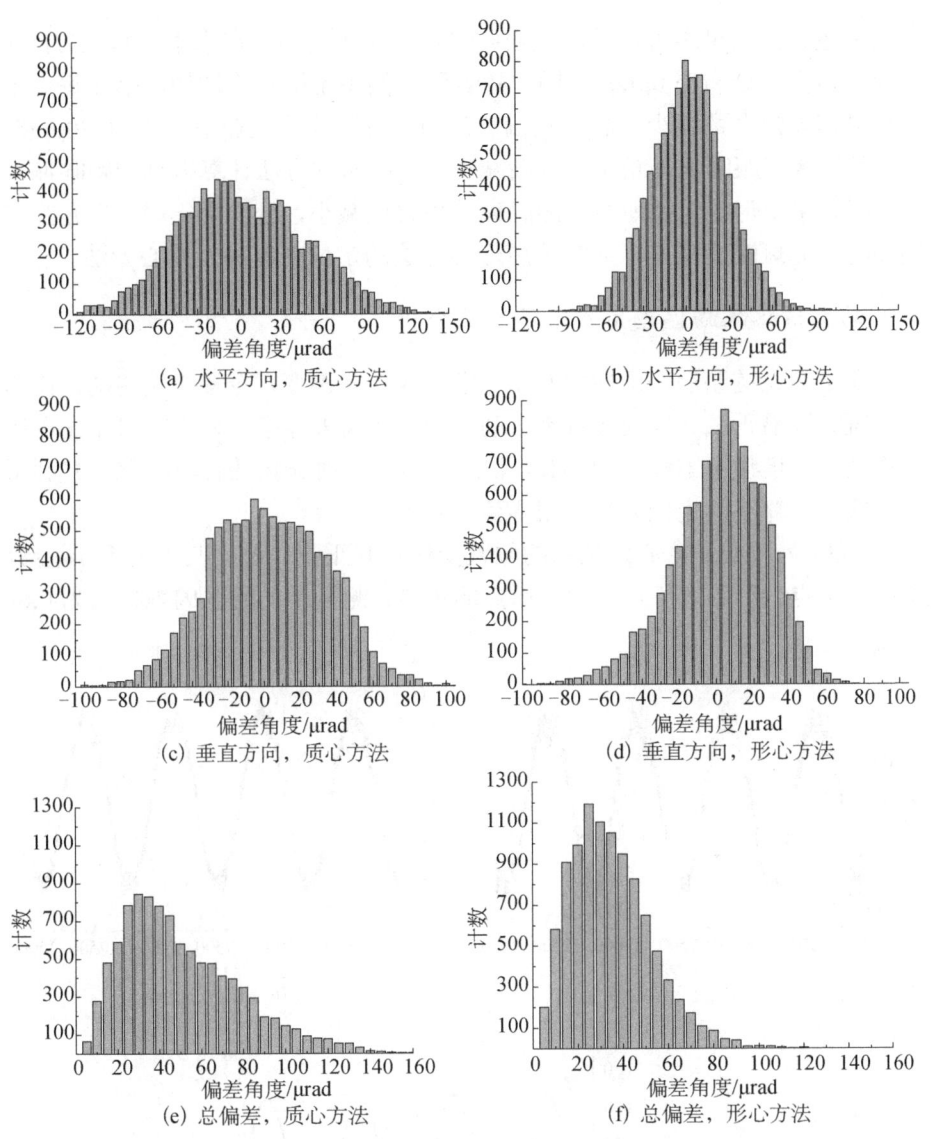

图 7-34 闪烁指数为 0.3 时跟瞄偏差角度的直方图

表 7-8 不同方法得到跟瞄偏差角分布情况

		峰度	偏度	四分位差
质心方法	水平方向	-0.347	0.143	63.7
	垂直方向	-0.314	-0.0153	46.5
	总方向	0.345	0.837	38.6
形心方法	水平方向	0.089	0.0415	35.2
	垂直方向	0.254	-0.452	33.6
	总方向	0.681	0.771	23.8

从上述试验结果中可以看出跟瞄偏差角的分布趋势：在水平、垂直方向上，跟瞄偏差角主要分布在0μrad周围，随着跟瞄偏差角绝对值增加，落在每一区间内的跟瞄偏差角个数减少；总跟瞄偏差角的直方图峰值处在中间值为30μrad区间，其两侧区间跟瞄偏差角个数逐渐减小。对比两种方法计算得到的跟瞄偏差角分布情况，采用形心方法所得的跟瞄偏差角普遍减小，分布更集中。当光强闪烁比剧烈时，光斑畸变严重，此时采用形心方法的定位精度高于质心方法。

2. 动态链路跟瞄偏差角实验结果及分析

建立空间光链路后，保持发射端光学天线指向不变，令接收端转动，使测量目标光斑分别沿正弦、螺旋线轨迹运动。为获得高采样率，采集窗口比光斑运动范围略大，采集频率1000~1200Hz。记录光斑移动时光斑的位置变化，并利用光斑运动轨迹计算不同定位方法的跟瞄偏差角度。

图7-35为质心和形心定位点的位置变化及其正弦轨迹，其中r_c和r_{RGC}分别为质心定位点、形心定位点坐标与原点的距离，测量时的光强闪烁指数为0.663。

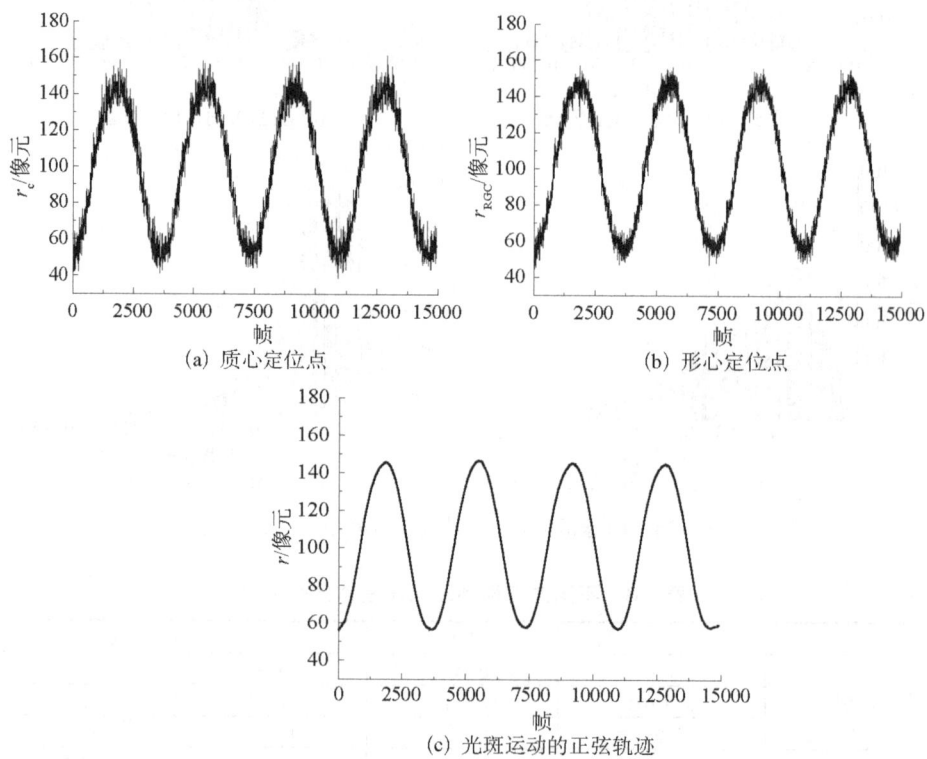

图7-35 定位点位置变化及光斑运动的正弦轨迹

根据图 7-35 中的数据可计算出相应的跟瞄偏差角度的均方差值为 σ_c=55.1μrad，σ_{RGC}=36.5μrad。因此得到在大气闪烁指数为 0.663，目标以正弦方式移动时，形心方法定位精度优于质心定位，跟瞄偏差角度测量精度提高 33.7%。

图 7-36 为质心和形心定位点的位置及其螺旋线轨迹，测量时的光强闪烁指数为 0.34。

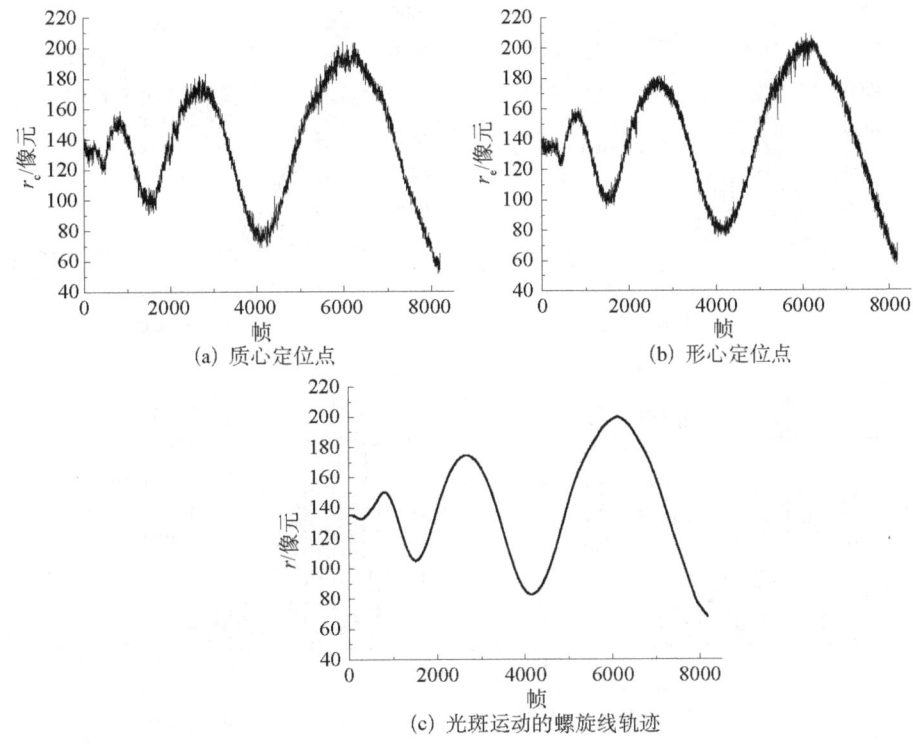

图 7-36　定位点位置变化及光斑运动的螺旋线轨迹

根据图 7-36 中数据计算出相应的跟瞄偏差角度的均方差值为 σ_c=40.6μrad，σ_{RGC}=29.1μrad。可以看出在闪烁指数为 0.347，目标沿螺旋线轨迹移动时，形心方法进行跟瞄偏差角度测量的精度优于质心定位方法，跟瞄偏差角度测量精度提高 28.1%。

7.5.3　大气影响测量结果

本节所述的光强起伏概率密度、光强闪烁指数与温差关系实验是在 2009 年 4 月至 7 月期间在哈尔滨进行的，共持续了三个月的时间。

图 7-37 给出了 4 个光强起伏实验样本的归一化光强直方图，其中的曲线

是直方图的对数正态拟合曲线，R^2 是实验数据和拟合曲线的相关系数，测量时间以及样本的闪烁指数也在图中一并给出。从图中可以看出，直方图和拟合曲线的相关系数都在 0.99 以上，证明了弱起伏情况下接收光强符合对数正态分布模型。

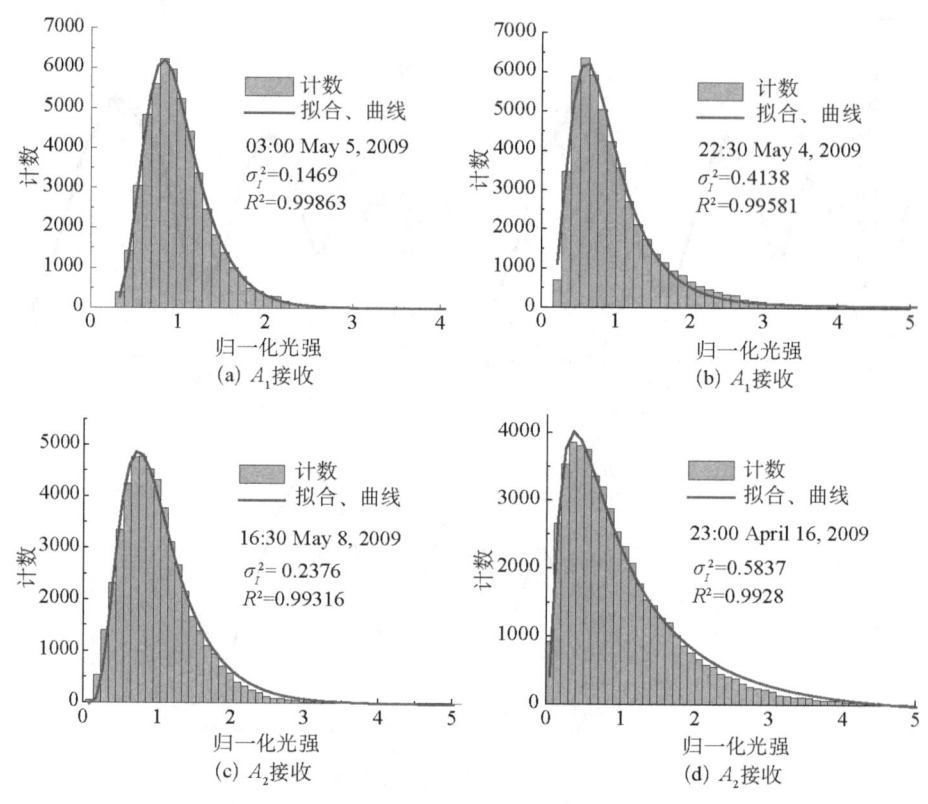

图 7-37　归一化光强直方图和对数正态拟合曲线

从本质上来讲，大气湍流对光传播的影响是因为湍流引起的折射率起伏，而大气折射率是和温度有关的，因此大气湍流引起的光强起伏效应也应该和环境的温度有关。在长达三个月的实验过程中，每次实验都对接收光强的闪烁指数和链路两端的温度进行了观测。图 7-38 给出了实验期间 A_2 端接收光强闪烁指数与链路两端温度差的绝对值的关系，图中 abs（·）表示取绝对值，T_1 和 T_2 分别表示 A_1 和 A_2 端的温度，图中的曲线是实验数据点的多项式拟合曲线。从图中可以看出，总体来说，链路两端温度差的绝对值越大，接收光强的闪烁指数也越大。

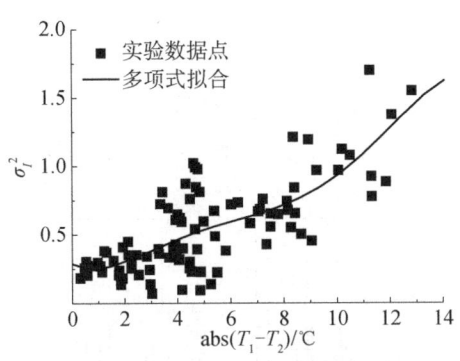

图 7-38　A2 端接收光强闪烁指数与链路两端温度差关系

长达三个月的实验测量获得了大量的实验数据，下面仅给出一些典型样本的分析结果。表 7-9 给出了实验中的两个典型样本，这两个样本测量过程中的环境参数也在表中一并给出。

表 7-9　实验样本的天气条件

样本	日期	时间	能见度	温度/℃	湿度/%	风速/（m/s）
T1	2009 年 7 月 13 日	23：55	8km	25	67	2.5
T2	2009 年 7 月 19 日	20：34	7km	22	88	2.2

图 7-39 给出了归一化光强随时间的变化情况，可以看出，探测到的光强随时间随机变化，经计算得，样本 T1 的 5 个接收系统的光强在该段时间内的闪烁指数分别为 0.3835、0.4051、0.3852、0.4780 和 0.4161。

用样本的平均值对样本中的采样像素和进行归一化处理得到相对光强，将相对光强的取值范围划分为一定数目的等分区间，计算落在每个区间的相对光强的个数，所有区间的中心值组成一个序列 $X=(X1, X2, \cdots, Xn)$，所有区间中相对光强的个数也组成一个序列 $Y=(Y1, Y2, \cdots, Yn)$。分别以 X 和 Y 作为横纵坐标即可得到该样本的归一化光强直方图，如图 7-40 所示。图中的曲线是直方图的对数正态拟合曲线，R^2 是直方图和拟合曲线的相关系数，若用 $Z=(Z1, Z2, \cdots, Zn)$ 表示拟合曲线上与 X 对应的纵坐标序列，则 R 可以表示为

$$R = \frac{\langle Y \cdot Z \rangle - \langle Y \rangle \cdot \langle Z \rangle}{\sqrt{DY \cdot DZ}} \tag{7-29}$$

式中，DY 和 DZ 分别是序列 Y 和 Z 的方差。

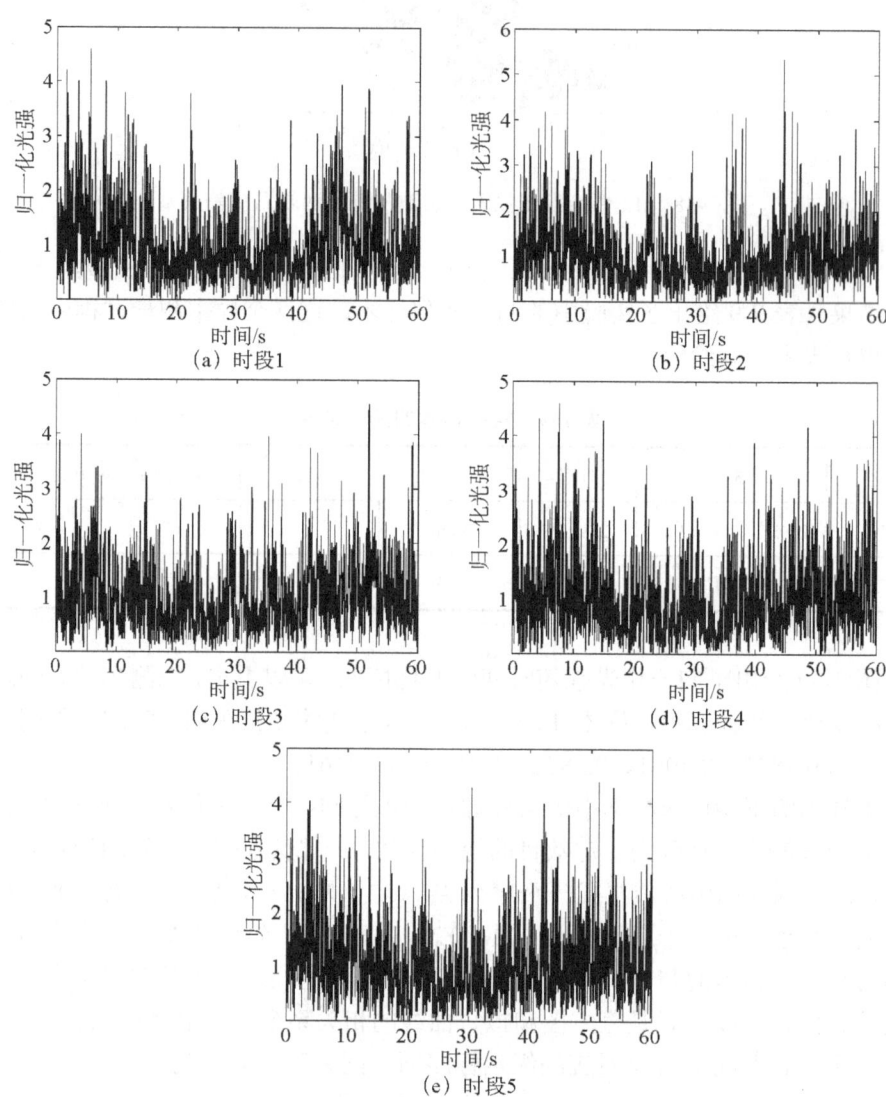

图 7-39 样本 T1 的所有接收系统的光强闪烁时间序列

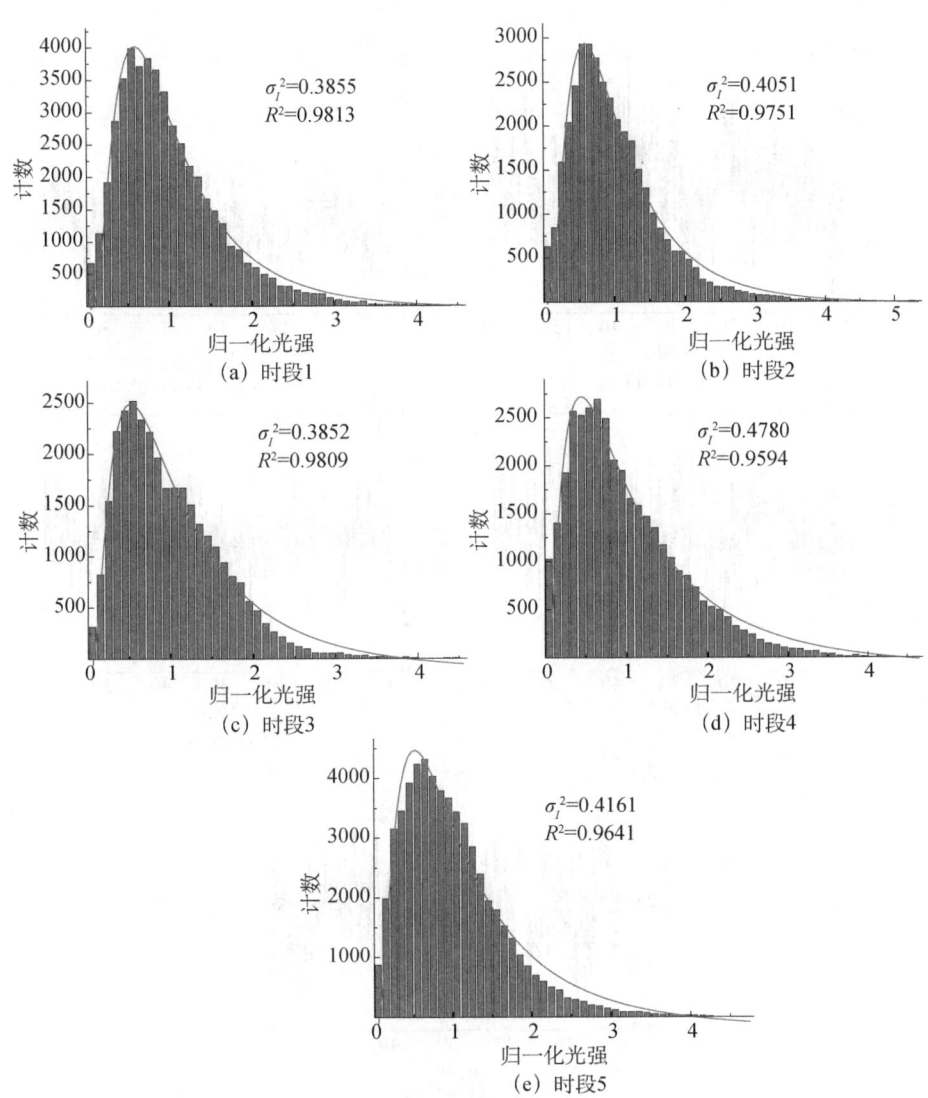

图 7-40 样本 T1 的所有接收系统光强起伏的归一化光强直方图

从图 7-40 中可以看到,直方图和拟合曲线十分吻合,5 幅图形中实验数据与拟合曲线的相关系数都在 0.959 以上,这说明对于弱起伏样本 T1,接收光强的概率分布都服从对数正态分布。

图 7-41 给出了用 CMOS 探测到的到达角在 60s 内的变化情况,可以看出,探测到的到达角随时间随机变化,经计算得,样本 T2 的 5 个接收系统的 CMOS 在该段时间内探测到的到达角起伏方差分别为 36.3μrad^2、30.2μrad^2、24.8μrad^2、26.0μrad^2 和 24.4μrad^2。

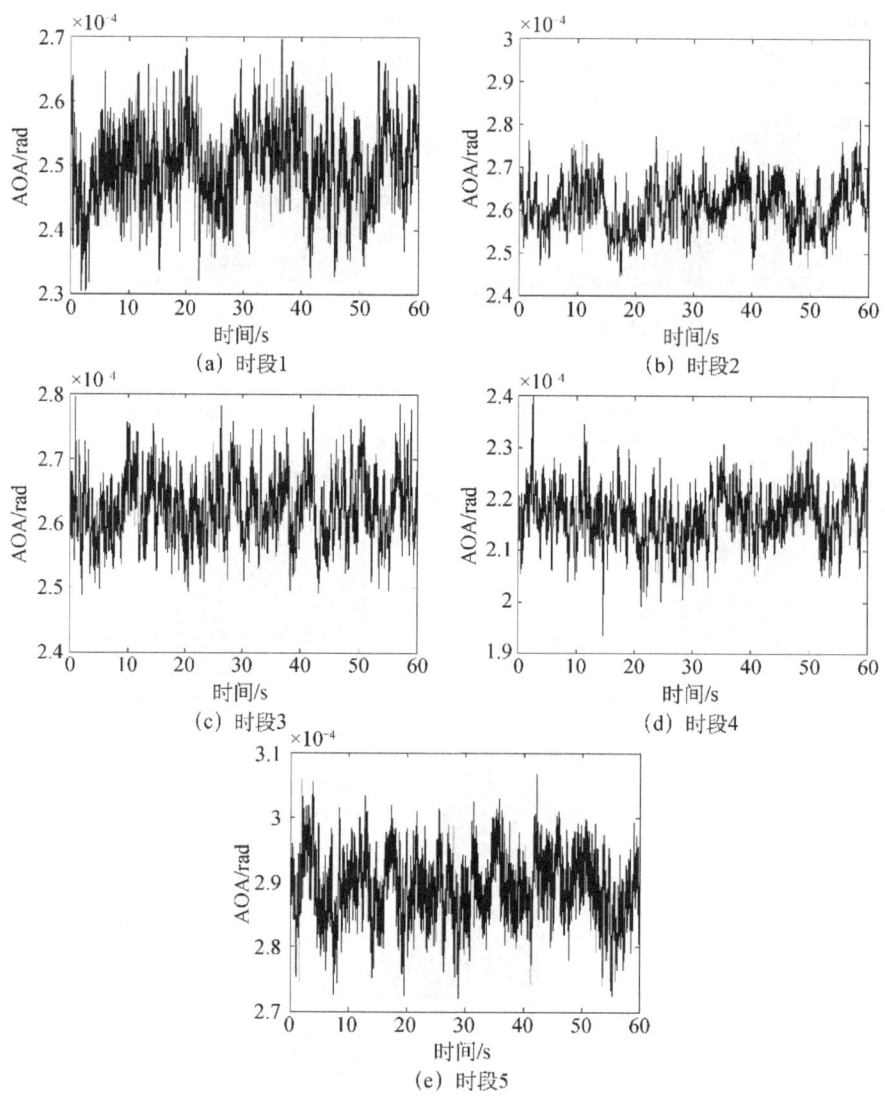

图 7-41 样本 T2 的所有接收系统到达角随时间的变化情况

图 7-42 为样本 T2 的到达角 x 方向与 y 方向分布直方图，图中实线为正态分布拟合曲线，R^2 是分布直方图与拟合曲线的相关系数。分布直方图与拟合曲线吻合，10 幅图中实验数据与拟合曲线相关系数都在 0.88 以上。这说明在样本 T2 的大气条件下，到达角 x 与 y 方向都服从正态分布。

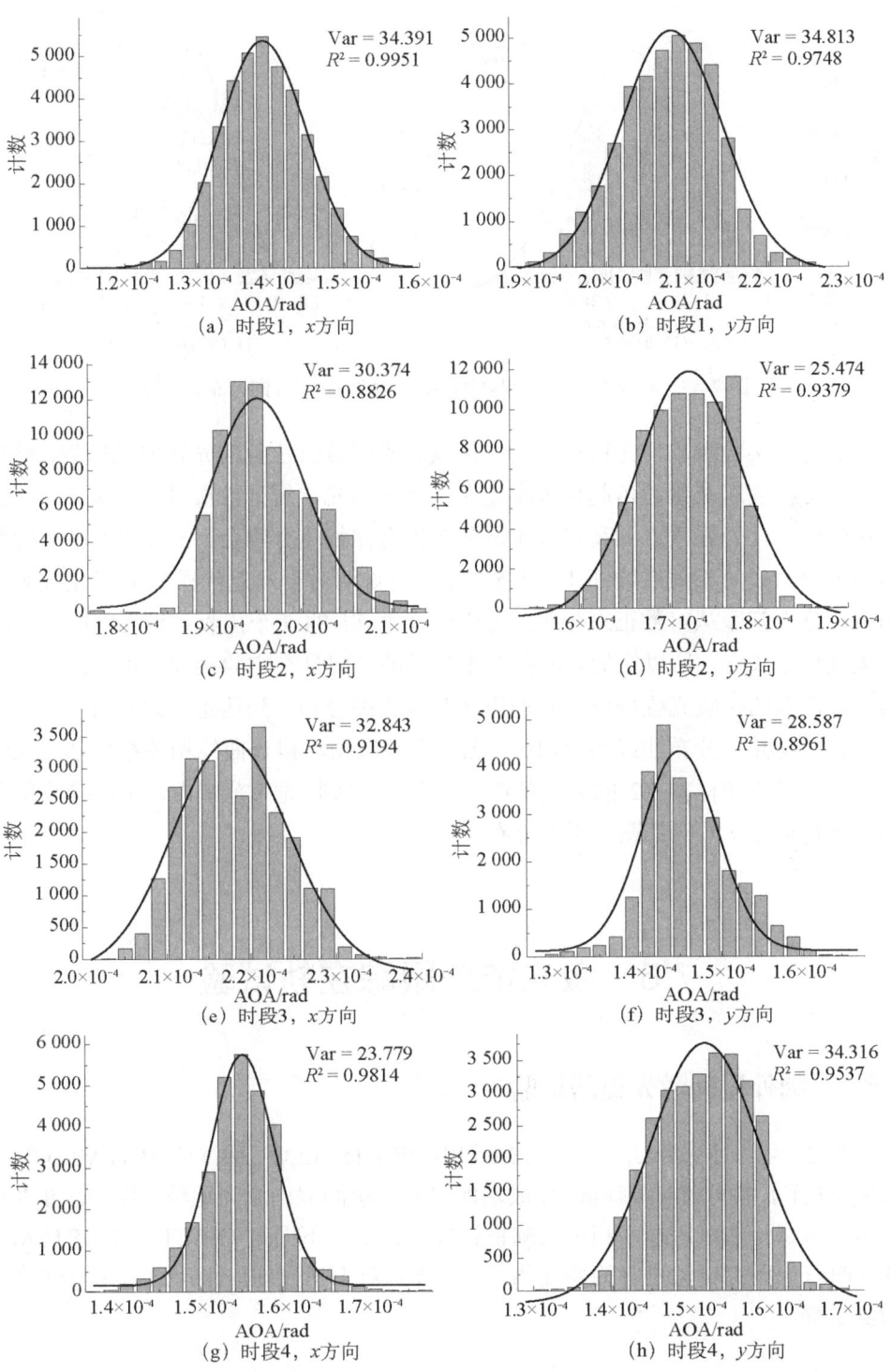

(a) 时段1，x方向
(b) 时段1，y方向
(c) 时段2，x方向
(d) 时段2，y方向
(e) 时段3，x方向
(f) 时段3，y方向
(g) 时段4，x方向
(h) 时段4，y方向

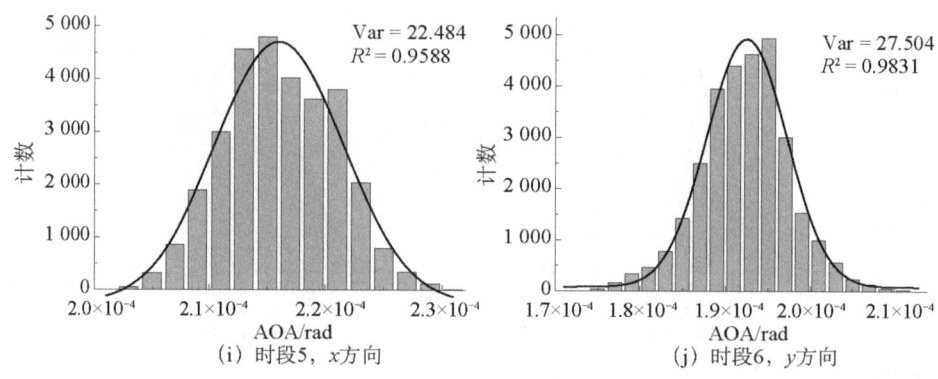

图 7-42 样本 T2 的所有接收系统到达角 x，y 方向分布直方图

通过该实验对高斯光束经过大气传输后不同接收位置的光强闪烁指数、接收光强概率密度以及到达角起伏等激光大气传输的光学统计性质进行了分析。光强起伏的归一化光强直方图和对数正态分布拟合曲线十分吻合，5 幅图形中实验数据与拟合曲线的相关系数都在 0.965 以上，这说明对于弱起伏样本 T1，接收光强的概率分布都服从对数正态分布。考虑到样本 T1 的 5 个接收系统之间的距离大于大气相干长度，所以它们之间是互不相关的，但是在实验接收光束范围内，不同接收位置的接收光强概率分布均服从对数正态分布。到达角 x 方向与 y 方向分布直方图与高斯分布曲线吻合，10 幅图中实验数据与拟合曲线相关系数都在 0.88 以上。这说明在样本 T2 的大气条件下，在实验接收光束范围内，不同接收位置的到达角 x 与 y 方向都服从正态分布。

7.6 激光链路跟踪在轨试验

7.6.1 国外星间激光链路试验

2005 年 12 月 9 日，JAXA 和 ESA 利用 OICETS（LEO 卫星）和 ARTEMIS（GEO 卫星）进行了星间双向跟踪试验，成功地建立了星间双向激光通信链路，如图 7-43 所示。该试验的跟踪技术相关文献报告较为详细，下面对 OICETS 和 ARTEMIS 的在轨双向跟踪试验进行简要介绍，以便读者对卫星光通信跟踪通信在轨试验有初步了解。

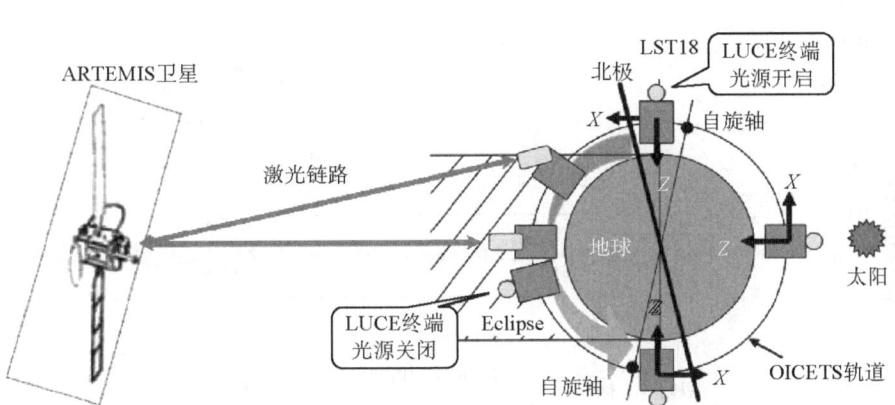

图 7-43　OICETS–ARTEMIS 在轨试验

OICETS 和 ARTEMIS 之间的通信实验从 2005 年 12 月 5 日开始。两个光通信终端的通信链路建立过程中，ARTEMIS 光终端发出捕获信标光，OICETS 光终端不发捕获信标光。具体激光星间链路捕获跟踪操作步骤如下：

（1）OICETS 和 ARTEMIS 光终端同时利用轨道姿态信息预测角度进行互相光电开环控制瞄准。

（2）ARTEMIS 光终端发出信标光，通过扫描覆盖 OICETS 光终端所在的位置，OICETS 光终端开启大视场模式，进行捕获信标光探测。

（3）一旦 OICETS 光终端检测到从 ARTEMIS 光终端发出的捕获信标光后，OICETS 光终端将向沿着捕获信标光到达方向发出跟踪信标光。

（4）在 ARTEMIS 光终端探测到从 OICETS 光终端发出的跟踪信标光后，停止捕获扫描，关闭捕获信标光，然后向 OICETS 光终端发出跟踪信标光。

（5）为了维持星间光跟踪链路，两个光通信终端持续向对方发射跟踪信标光，并不断调整粗瞄和精瞄控制系统，保持链路的连接并控制跟瞄精度。跟踪稳定后，开启信号光，进行通信信号传输。

图 7-44 给出了在 2005 年 12 月 9 日 2 时 5 分到 2 时 15 的卫星间光通信实验结果。在通信阶段跟踪误差小于±0.05°（0.87mrad）。图 7-45 为双向跟踪光通信过程中卫星相对运动速度变化，在通信链路成功后，系统的相对运动速度很小，在±100μrad/s 以内。在链路连接过程中，最大相对运动角速度不超过±0.15°/s（2.61 mrad/s）。

图 7-46 给出了 OICETS 光终端粗跟踪二维角度（X-Y 轴）误差。在星间激光链路捕获阶段完成后，X 轴的粗跟踪误差比较稳定，Y 轴的粗跟踪误差较大，最大粗瞄准误差超过 200μrad。

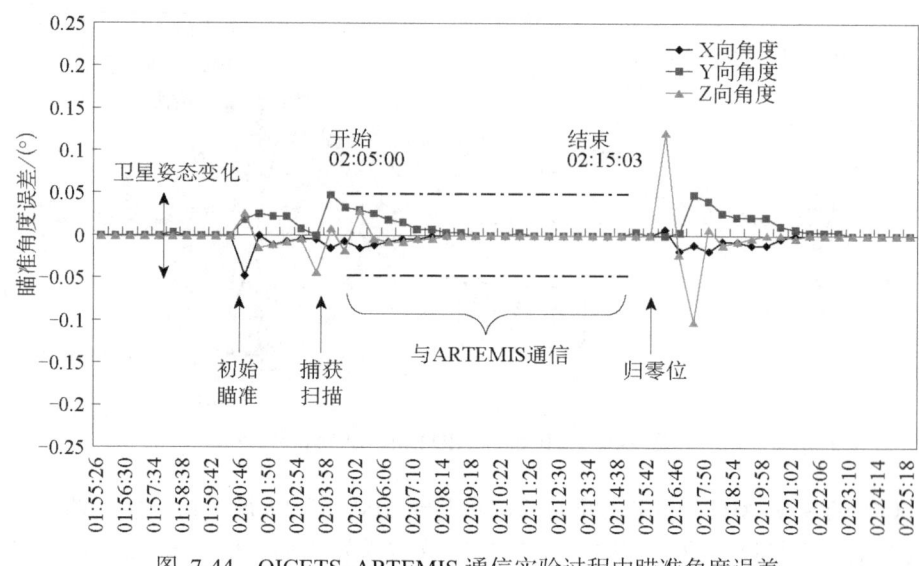

图 7-44 OICETS–ARTEMIS 通信实验过程中瞄准角度误差

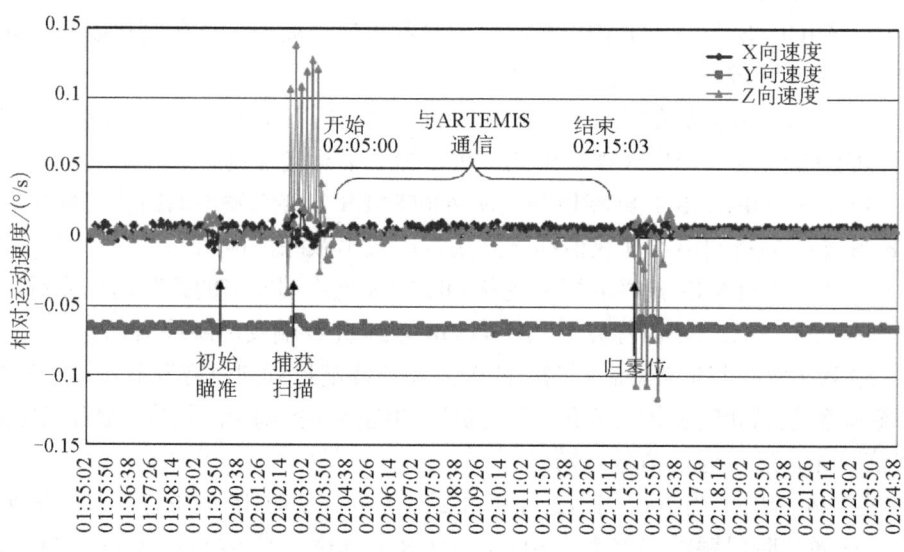

图 7-45 OICETS–ARTEMIS 通信实验过程中相对运动速度变化

图 7-47 给出了 OICETS 光终端的精跟踪二维角度（X-Y 轴）误差。总体来看，精瞄系统将星间激光链路跟瞄误差控制在±3urad 之内。虽然精瞄探测器的视域有一定的限制，但并没有对跟踪过程造成影响。在整个实验过程中，上行链路误码率为 0，下行链路的误码率是 10^{-5}。通过对激光光束远场参数的在轨修正、信号编码纠错等改进方法，可将误码率降低到 10^{-9}。

第 7 章 卫星光通信跟踪通信试验与应用

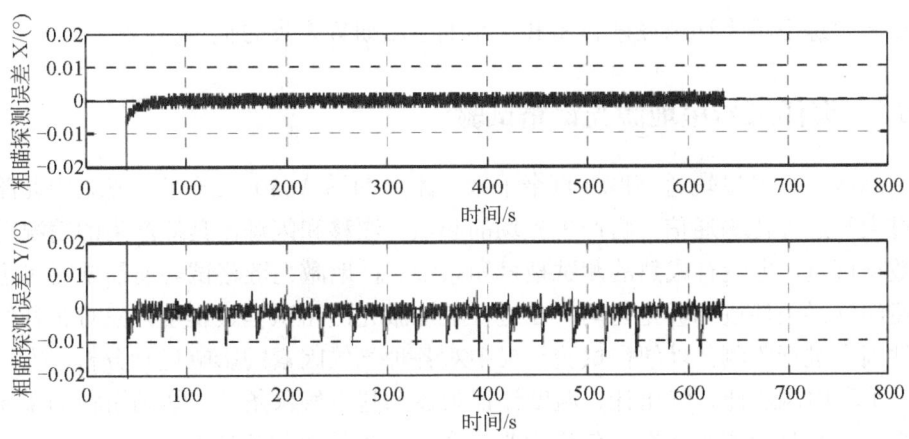

图 7-46 粗瞄探测器接收功率和粗瞄误差

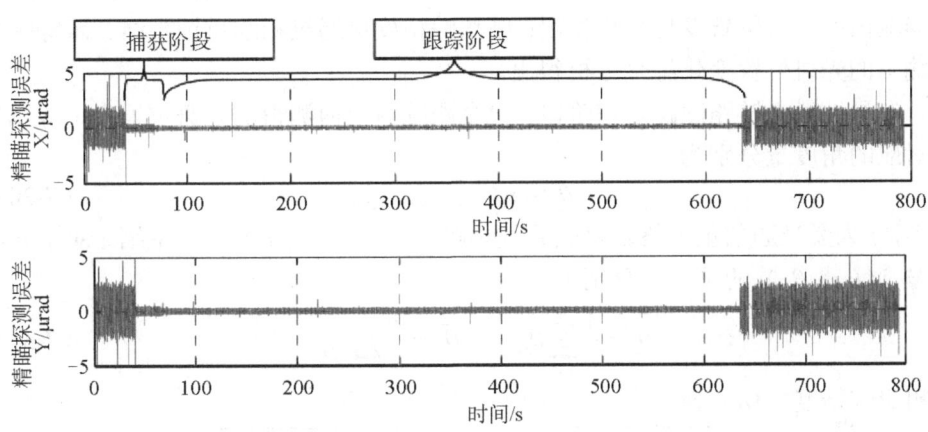

图 7-47 精瞄探测器接收功率和精瞄误差

JAXA 和 ESA 合作进行的 OICETS 和 ARTEMIS 两光终端间双向跟踪光通信实验中，通信链路在实验过程中具有很高的稳定性和很低的误码率，表明其星间激光链路跟瞄技术已经达到了较高的水平。通过总结，OICETS 和 ARTEMIS 双向跟踪光通信仍存在如下一些问题：

（1）OICETS 和 ARTEMIS 间的光通信时间只有 10min。而 GEO-LEO 的平均链路时间为 1~2h，链路能否保证在 1~2h 内保持通信状态还需要进一步的在轨实验验证。

（2）相对角运动速度对跟瞄稳定性具有较大影响，此次文献报道的双向跟踪光通信实验中的相对运动速度很低，在通信过程中只有 100μrad/s，未来应对更高相对角运动速度下的跟踪链路稳定性能进行验证。

综合以上问题，在不同星间链路轨道上，建立持续时间更长的通信链路是今后双向跟踪卫星光通信在轨试验和应用的重要研究发展方向。

7.6.2 海洋二号星地激光链路试验

海洋二号卫星轨道高度九百余千米，距地面站 1650 余千米，光束由此路径经过大气进行传输通信，将产生光场的起伏、漂移和闪烁，具体产生的情况无翔实数据可查，也没有成熟的测试技术和系统。星地激光链路试验前需要对可进行链路的气候条件进行界定，同时在进行星地激光链路试验过程中，应对各种气候条件因素进行监测，以便在试验结果中对各种气候因素的影响进行分析。方法如下：①利用风速计、气压计、温度计记录各个基本气象条件；②利用辅助激光传输系统，实时检测激光在该信道中光强变化、到达角起伏情况。

跟踪精度包含粗跟踪和精跟踪两部分。其中：粗跟踪精度可通过终端跟踪探测器输出的光斑位置变化分析得出；精跟踪精度可通过精瞄反馈数结合跟踪探测器输出的光斑位置变化综合分析得出。

在星地激光链路跟踪通信阶段，设全跟踪窗口内测得的光斑位置为 (x_i, y_i)，其对应的角度量分别为

$$\theta_{xi} = x_i/f, \qquad \theta_{yi} = y_i/f \tag{7-30}$$

其中，f 为激光通信星上终端接收系统焦距，(x_i, y_i) 与 f 取相同量纲。对于 n 次测量，$(\theta_{xi}, \theta_{yi})$ 的平均值分别为

$$\overline{\theta}_x = \frac{1}{n}\sum_{i=1}^{n}\theta_{xi}, \qquad \overline{\theta}_y = \frac{1}{n}\sum_{i=1}^{n}\theta_{yi} \tag{7-31}$$

则粗跟踪精度（1σ）为

$$\theta_a = \sqrt{\frac{1}{n-1}\sum_{i=1}^{n}(\theta_{xi} - \overline{\theta}_x)}, \qquad \theta_e = \sqrt{\frac{1}{n-1}\sum_{i=1}^{n}(\theta_{yi} - \overline{\theta}_y)} \tag{7-32}$$

(θ_a, θ_e) 分别为粗瞄准装置俯仰轴和方位轴的跟踪精度。设通过跟踪探测器输出光斑位置得到的精跟踪期望角度量为 $(\varphi_{xi}, \varphi_{yi})$，对应的精瞄装置反馈输出角度量为 (ψ_{xi}, ψ_{yi})，可得控制误差角度为

$$\omega_{xi} = \psi_{xi} - \varphi_{xi}, \qquad \omega_{yi} = \psi_{yi} - \varphi_{yi} \tag{7-33}$$

对于 n 次测量，$(\omega_{xi}, \omega_{yi})$ 的平均值分别为

$$\overline{\omega}_x = \frac{1}{n}\sum_{i=1}^{n}\omega_{xi}, \qquad \overline{\omega}_y = \frac{1}{n}\sum_{i=1}^{n}\omega_{yi} \tag{7-34}$$

则精跟踪精度（1σ）为

$$\omega_X = \sqrt{\frac{1}{n-1}\sum_{i=1}^{n}(\omega_{xi} - \overline{\omega}_x)}, \qquad \omega_Y = \sqrt{\frac{1}{n-1}\sum_{i=1}^{n}(\omega_{yi} - \overline{\omega}_y)} \tag{7-35}$$

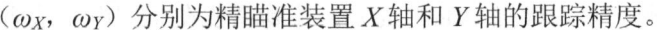

(ω_X, ω_Y) 分别为精瞄准装置 X 轴和 Y 轴的跟踪精度。

星地激光链路在轨试验测试过程中，共成功进行了近 50 次跟踪试验。统计结果表明，星地激光链路精跟踪精度：X 轴为±1.7μrad（1σ），Y 轴为±1.4μrad（1σ）；粗跟踪精度：Az 轴为±36μrad（1σ）；El 轴为±34μrad（1σ）。图 7-48 为每次进行跟踪性能在轨试验中粗跟踪精度和精跟踪精度的测试结果。

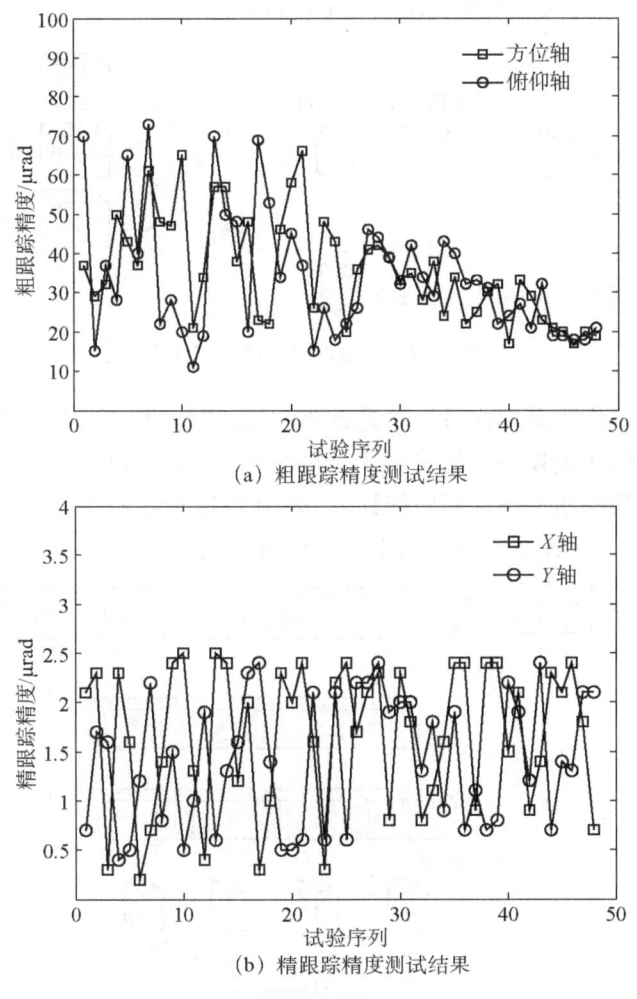

图 7-48　跟踪性能测试结果

从图中给出的试验结果可以看出：精跟踪精度变化不大，跟踪误差始终控制在 2.5μrad 以内；试验前期的粗跟踪精度不高，试验后期的粗跟踪精度有一定的提高并趋于稳定。对上述结果分析如下：星地链路系统通过对终端粗瞄控制参数的在轨校正，提高了粗瞄装置在空间环境下的整体性能，跟踪精度明显改善；精跟踪精度受卫星平台振动和大气扰动影响较大，控制精度在短期内无法明显提升，计划在今后的数据累计试验中进一步研究。

对于下行的 20Mbit/s 和 252Mbit/s/504Mbit/s 的卫星平台科学测量数据的传输，一般情况下需要进行分类存储、解扰、解交织、对偶基变换、RS 编码比对、对偶基反变换、反交织、校验比对等处理后才能得出误码率结果，工作量较大。图 7-49 给出了通信误码对比工作的基本流程。

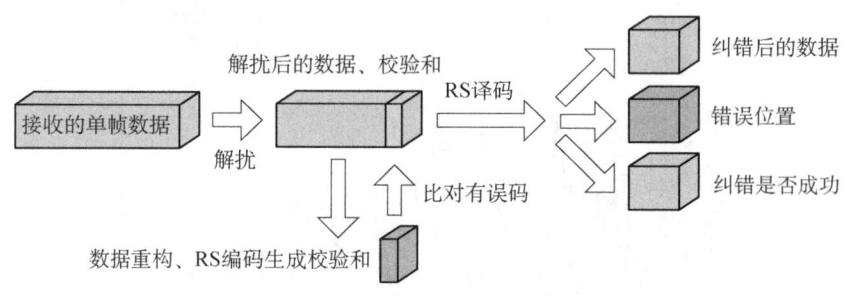

图 7-49　通信误码对比工作流程

由于上述工作不是本次星地激光链路在轨试验的重点，在进行通信性能测试过程中仅按数据传输帧进行粗略统计（每帧=8192 位，每帧数据中任何 1 位发生错误则按整帧数据错误进行误码统计），如图 7-50 所示，后续如按位统计（标准误码分析方式），预计结果会提高 1 到 2 个数量级。

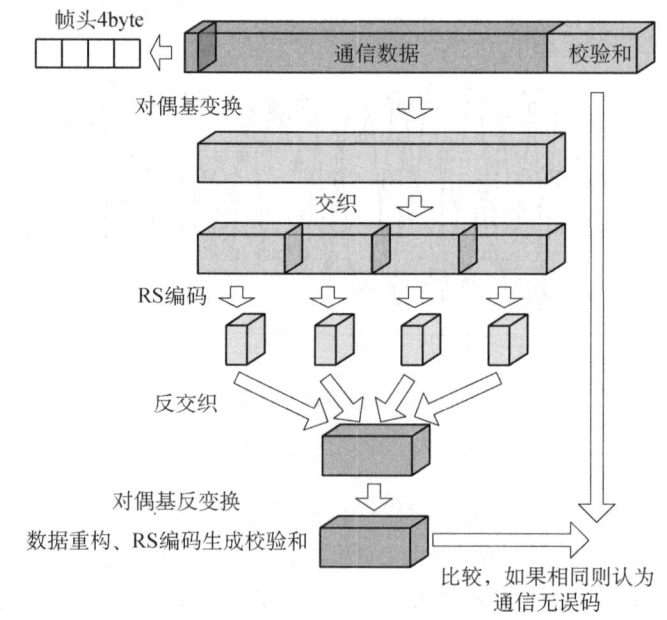

图 7-50　按帧通信误码率比对流程

对于星地激光链路的通信信号传输，需要将接收光强稳定维持在一定的水平才能够成功进行。除了受衰减的影响外，激光信号传输还要受到大气湍流引起的光强起伏效应影响。因此，星地激光链路的通信信号传输对天气情况的要求较捕获跟踪要高。

图 7-51 为不同地面望远镜仰角下的星地激光链路通信性能的在轨测试结果。随着仰角的增加，激光光束穿过大气层的距离缩短，大气衰减和湍流的影响减少，通信性能有一定的提高。

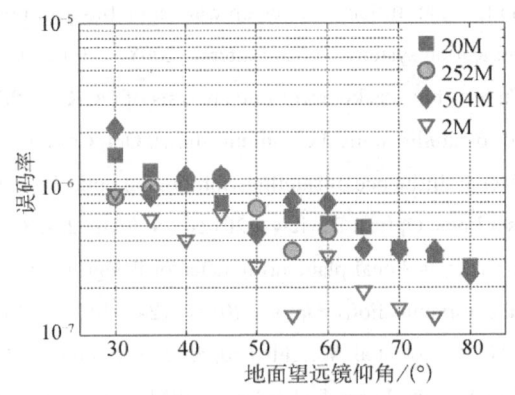

图 7-51　通信性能测试结果

通过本次在轨试验，初步评价了星地激光链路的大气信道特性和不同天气条件下的通信质量，实测并研究了影响卫星光通信系统性能的大气干扰和背景光噪声因素，为我国卫星光通信技术工程化应用奠定了基础。在轨试验期间，卫星用户代表多次参加了现场测试工作，并对激光通信下传的部分卫星平台科学测量数据进行了分析（数据率 252Mbit/s 和 504Mbit/s），经比对确认与微波数传通道下传数据一致，从另一方面验证了激光通信传输数据的性能。

海洋二号星地激光链路试验的成果，是我国卫星光通信技术研究的里程碑，为今后卫星光通信技术和相关学科技术的发展奠定了坚实基础。海洋二号卫星属低轨卫星，过顶时间一般仅有 5~8min，且每天只能在晨昏两个时间段的特定地点进行星地激光链路，有关大气信道对激光链路性能影响的科学数据累计量相对少。为实现我国卫星光通信高速通信网络在航天工程领域的广泛应用，还需早日进行高轨卫星与地面站间的星地激光链路、高轨卫星与低轨卫星间的星间激光链路以及低轨卫星间激光链路等在轨试验工作。

参 考 文 献

[1] Wang Q, Tan LY, Ma J, et al. A novel approach for simulating the optical misalignment caused

by satellite platform vibration in the ground test of satellite optical communication systems. Optics Express, 2012, 20 (2): 1038.3.11045

[2] Xie WQ, Tan LY, Ma J, et al. Received power analysis due to antenna deformation based on wavelet in inter-satellite laser communication links. Optik, 2012, 123 (8): 670-674

[3] Yu SY, Ma J, Tan LY. Detection of pointing errors with CMOS-based camera in intersatellite optical communications. SPIE, Advanced materials and devices for sensing and imaging Ⅱ, 2005, 5633: 287-294

[4] Ma J, Jiang Y, Tan L, et al. Influence of beam wander on bit-error rate in a ground-to-satellite laser uplink communication system. Optics Letters, 2008, 33 (22): 2611-2613

[5] Ma J, Jiang Y, Yu S, et al. Packet error rate analysis of OOK, DPIM and PPM modulation schemes for ground-to-satellite optical communications. Opt. Comm., 2010, 283: 237-242

[6] Ma J, Li X, Yu SY, et al. Influence of satellite vibration on optical communication performance for intersatellite laser links. Optical Review, 2012, 19 (1): 25-28

[7] Li X, Ma J, Yu SY, et al. Focal plane array detector design in the presence of vibration for intersatellite optical communications. Optik, 2013, 124 (14): 1948-1951

[8] Ran Q W, Yang Z H, Ma J, et al. Weighted adaptive estimating method and its application to satellite-to-ground. Optics and Laser Technology, 2013, 45: 639-645

[9] 于思源, 谭立英, 马晶, 等. 激光星间链路中振动补偿技术研究. 光电子·激光, 2004, 15 (4): 472-476

[10] 于思源, 高惠德, 韩琦琦, 等. 卫星光通信中正弦振动对误码率影响研究. 高技术通讯, 2001, 11 (12): 44-47

[11] 于思源, 高惠德, 王立松, 等. 卫星光通信复合轴跟瞄控制方法研究. 激光技术, 2002, 26 (2): 114-116

[12] 陈云亮, 于思源, 马晶, 等. 一种新型的卫星光通信高速跟瞄探测装置. 光电子·激光, 2005, 16 (5): 596-600

[13] 马晶, 韩琦琦, 于思源. 卫星平台振动对星间激光链路的影响和解决方案. 激光技术, 2005, 29 (3): 228-232

[14] 于思源, 韩琦琦, 马晶, 等. 卫星光通信终端CCD成像光斑弥散圆尺寸选择. 中国激光, 2007, 34 (1): 69-73

[15] 武凤, 于思源, 周洁, 等. 星间光通信链路双向光束稳定跟踪约束条件分析. 中国激光, 2013, 40 (11): 105003-1-05003-7

[16] 于思源, 闫珅, 马晶, 等. 星间光通信链路稳定保持时间估算. 中国激光, 2015, 42 (11): 1105004-1-1105004-7

[17] Yu SY, Ma ZT, Ma J, et al. Far-field correlation of bidirectional tracking beams due to

wave-front deformation in inter-satellites optical communication links. Optics Express，2015，23（6）：7263-7272

[18] Yu SY，Ma ZT，Wu F，et al. Overview and trend of steady tracking in free-space optical communication links. SPIE 2014，9521：95210N-1-95210N-10

[19] Yu SY，Wu F，Tan LY，et al. Research on the standards of indicators associated with maintain time in bidirectional beam tracking in inter-satellites optical communication links. Optics Express，2015，23（21）：26888-28105

彩　　图

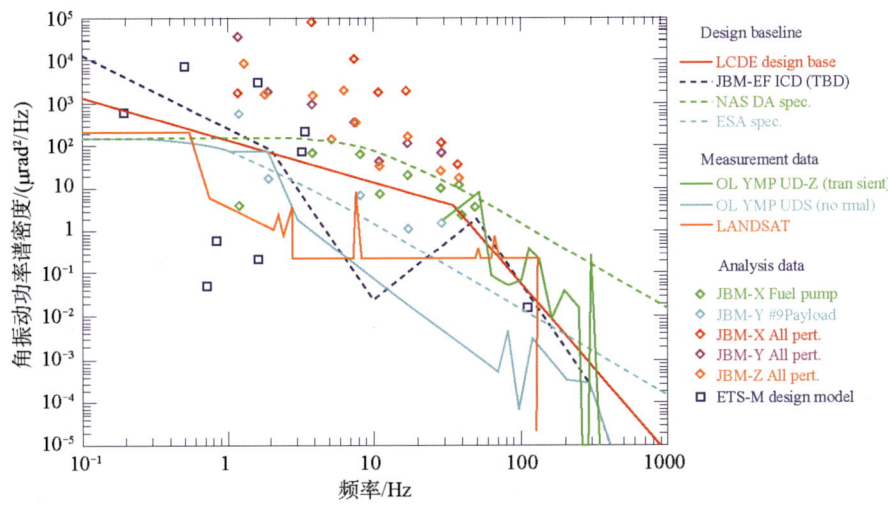

图 7-1　振动谱参考曲线